Vernis Martin

Museum für Lackkunst, Münster
13. Oktober 2013 bis 12. Januar 2014

Musée des arts décoratifs, Paris
12. Februar bis 8. Juni 2014

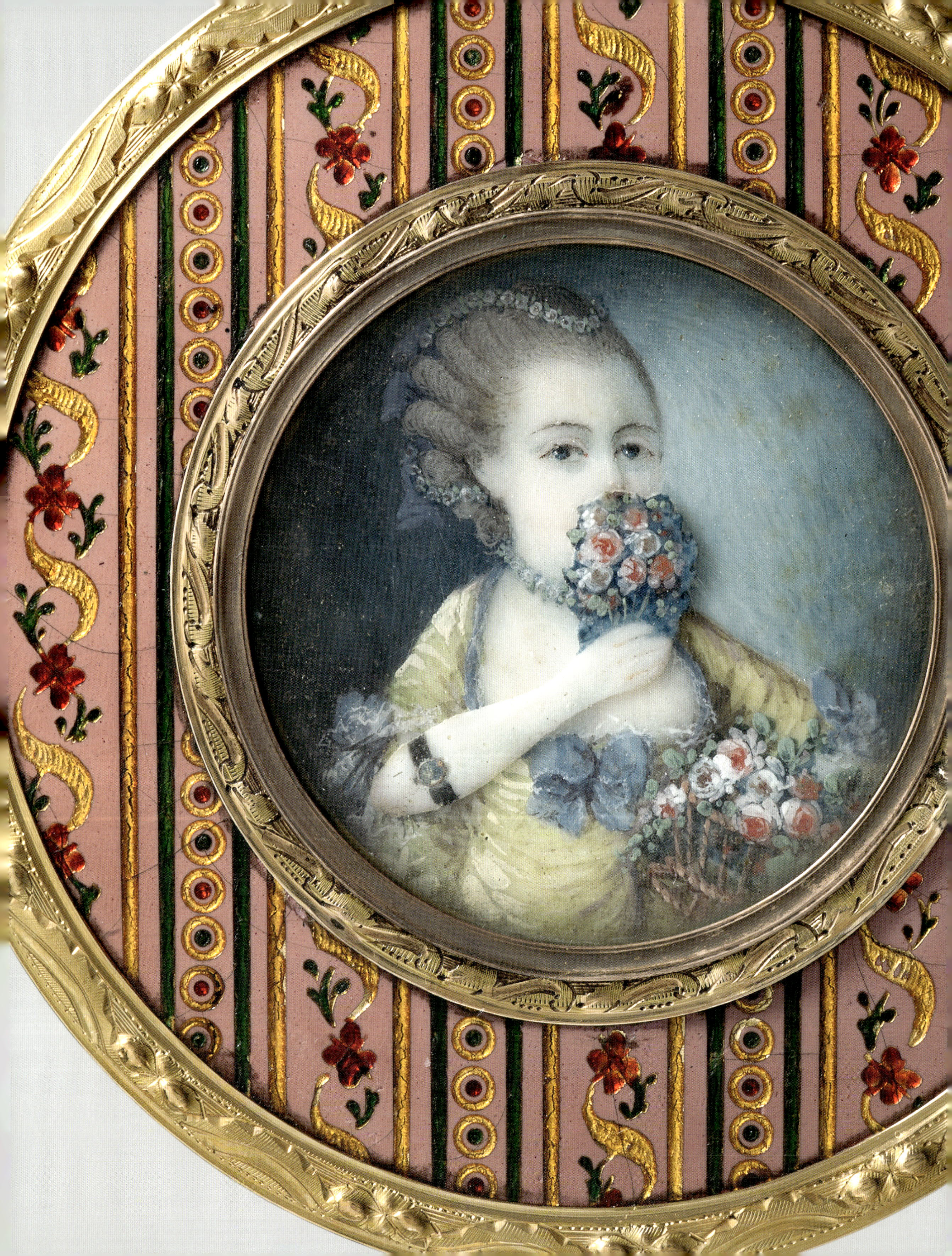

Monika Kopplin · Anne Forray-Carlier

Vernis Martin

Französischer Lack im 18. Jahrhundert

HIRMER

MUSEUM FÜR LACKKUNST
Eine Einrichtung der BASF Coatings GmbH

LES ARTS DECORATIFS

Inhalt

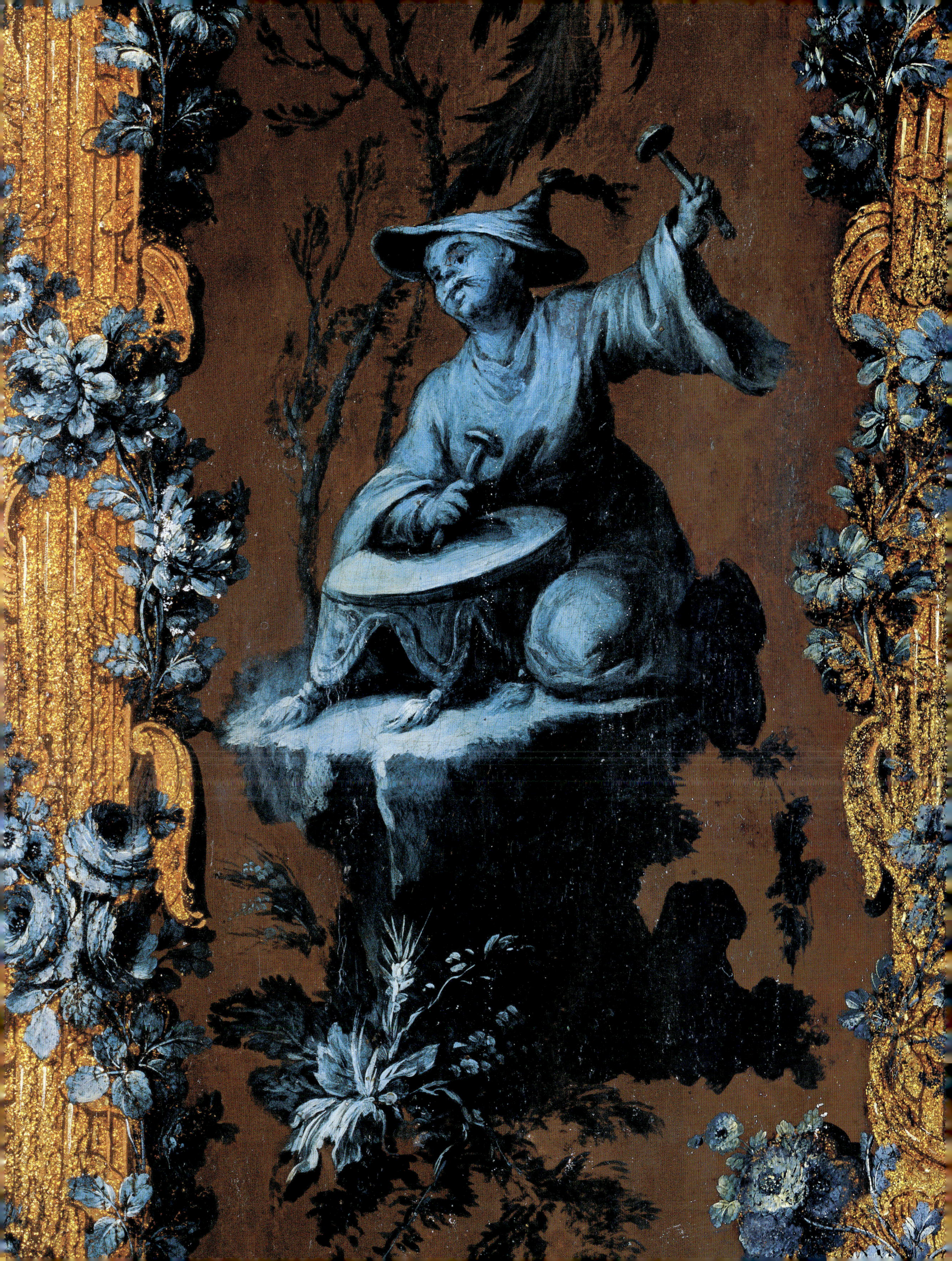

»Stellen sie sich nur einmahl
die schönste Tabattiere von Lac Martin vor,
die sie in ihrem Leben gesehen haben;
so sind alle Wägen gemahlet und laquirt;
sie finden Mahlereyen auf denen Wägen,
die in den ersten Mahlerey Gallerien stehen könnten;
und die meisten Clavier sind so.«

Leopold Mozart in einem Brief vom 4. März 1764
an Lorenz Hagenauer

Vorwort

Eine treffendere Charakterisierung der Omnipräsenz des Vernis Martin und seiner künstlerischen Bedeutung als die Bemerkungen Leopold Mozarts erscheint nicht vorstellbar. Leopold Mozart hatte Paris mit dem kleinen Wolfgang Ende 1763 bis Frühjahr 1764 besucht und war aufmerksamer Zeitzeuge des Wertes und der – in hoher Nachfrage dokumentierten – Wertschätzung der mit Lack gestalteten Kunstwerke, die aus den Werkstätten Martin hervorgingen und gerade im Zenit ihrer Entwicklung standen. Vernis Martin, schon im 18. Jahrhundert zum Begriff geworden, den der Kunsthandel im 19. Jahrhundert begierig aufgriff und endgültig etablierte, wurde zum Synonym französischen Lacks im 18. Jahrhundert – seiner Finesse, seiner lebhaften Farbigkeit und seiner malerischen Qualität. Erst die tiefere Beschäftigung mit dem Phänomen Vernis Martin zeigt jedoch die Problematik auf, diesem Begriff über seine Allgemeingültigkeit als Bezeichnung einer bestimmten Art französischen Lacks hinaus einzelne Werke als authentische Erzeugnisse aus einer der vielen Werkstätten der Familie Martin zuzuordnen. Dieses Vorhaben wird nicht leichter durch die Tatsache, dass sich, wie schon Mozart feststellt, Vernis Martin in einer Vielfalt sehr unterschiedlicher Gegenstände manifestiert: von der kleinen Tabatiere, der Schatulle und dem Schreibzeug bis zum Möbel, zur Boiserie und zur Karosse.

Das Museum für Lackkunst und das Musée des arts décoratifs haben es sich zur Aufgabe gestellt, das Phänomen Vernis Martin in einer ersten diesem Thema gewidmeten Ausstellung zu beleuchten. Sie berücksichtigt nicht nur alle Bereiche, in denen die Martins nachweislich tätig waren, sondern schließt auch das *tôle peinte* ein, einen in der zweiten Hälfte des 18. Jahrhunderts an Bedeutung zunehmenden Zweig des Lackhandwerks, in dem sich andere Hersteller hervortaten. Die Ausstellung entwirft damit das Bild eines blühenden Kunstzweigs, der in Frankreich erst im 18. Jahrhundert Bedeutung erlangte, um dann jedoch ad hoc durch das Wirken der Brüder Martin eine Vorreiterrolle einzunehmen. Richtungweisende Neuerungen, wie insbesondere die Hinwendung zum europäischen Dekor und polychromer Gestaltung oder die »Erfindung« der Lacktabatiere, nahmen in der Werkstatt Guillaume Martins ihren Anfang und sollten sich beispielgebend auf die weitere Entwicklung der europäischen Lackkunst auswirken.

Mit dem Ziel, das Schaffen der Martin in möglichst umfassender Bandbreite zu präsentieren und zugleich die vor allem in französischen, aber auch in deutschen Museen und Privatsammlungen vorhandenen Bestände zu erfassen, haben sich die verantwortlichen Kuratorinnen zu gemeinsamer Recherche aufgemacht. Die Suche hat nicht nur vieles bisher Unbekannte zutage gefördert, sondern auch verdeutlicht, wie wenig sich gemessen an der archivalisch dokumentierten Produktion erhalten hat – ein Tatbestand, der vor allem der Empfindlichkeit von Lackobjekten geschuldet ist.

Umso dankbarer sind wir für die Bereitschaft der Eigentümer, den zwei Stationen der Ausstellung in Münster und Paris ihre Lackpreziosen für die lange Dauer einer Doppelpräsentation zur Verfügung zu stellen – im Musée des arts décoratifs, das über bedeutend größere Räumlichkeiten verfügt, mit einer entsprechend größeren Zahl an Exponaten. Unser Dank richtet sich auch an alle Kollegen und einschlägig interessierten Sammler, Restauratoren und Kunsthändler für ihre Hinweise und vermittelnde Hilfe, an Frau Anne-Solenn Le Hô für die vorgenommenen Materialanalysen. Die Bereitwilligkeit der BASF Coatings, die Ausstellung in Münster, die der Union des Arts décoratifs, ihre zweite Station in Paris mit den erforderlichen finanziellen Mitteln auszustatten, hat erst das Gesamtprojekt ermöglicht. Dafür sprechen wir den jeweils Verantwortlichen unseren herzlichen Dank aus. Desgleichen dem Hirmer Verlag, Herrn Peter Grassinger für das Layout sowie Frau Katrin Boskamp-Priever für Übersetzung und Lektorat der deutschen Ausgabe des Katalogs. Wir sind dankbar, dass wir uns gemeinsam ein noch nicht hinlänglich erforschtes, überaus facettenreiches Gebiet erschließen und unsere Ideen und Ziele in einer deutsch-französischen Kooperation bündeln konnten. In dem Bewusstsein, mit dieser Ausstellung erst die Basis für weiterführende kunsthistorische und kunsttechnologische Forschung beizutragen, wünschen wir ihr, dass sie einem breiteren Publikum die Augen für Vernis Martin als einem besonders reizvollen Aspekt französischen Kunstschaffens im 18. Jahrhundert öffnet und zum Verständnis seiner spezifischen Lackästhetik beiträgt.

Monika Kopplin
Direktorin
Museum für Lackkunst

Anne Forray-Carlier
Conservateur en chef
Musée des arts décoratifs

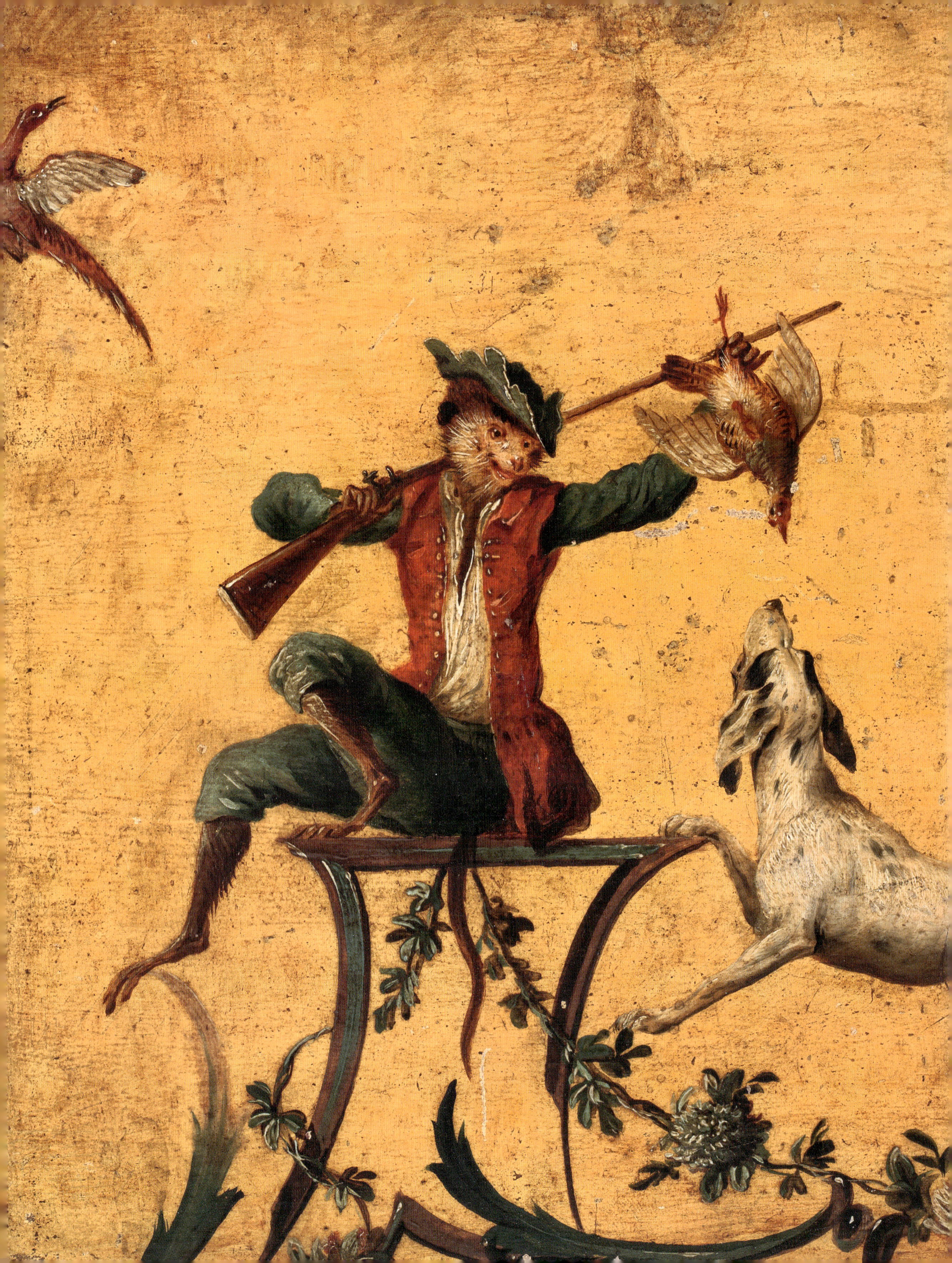

Leihgeber der Ausstellung

Musée des arts décoratifs, Bordeaux

Museum für Kunst und Gewerbe, Hamburg

Bayerisches Nationalmuseum, München

Museum für Lackkunst, Münster

Musée des arts décoratifs, Paris

Musée des arts et métiers – Cnam, Paris

Musée Carnavalet – Histoire de Paris, Paris

Musée Cognacq-Jay, Paris

Musée du Louvre, Département des objets d'arts, Paris

Musée du Louvre, Département des peintures, Paris

Petit Palais, Musée des Beaux-Arts de la Ville de Paris, Paris

The Museum of Far Eastern Antiquities / Östasiatiska Museet, Stockholm

Musée national des châteaux de Versailles et de Trianon, Versailles

The Rothschild Collection (Waddesdon Family Trust), Waddesdon

sowie private Sammlungen in Deutschland, Frankreich und Großbritannien

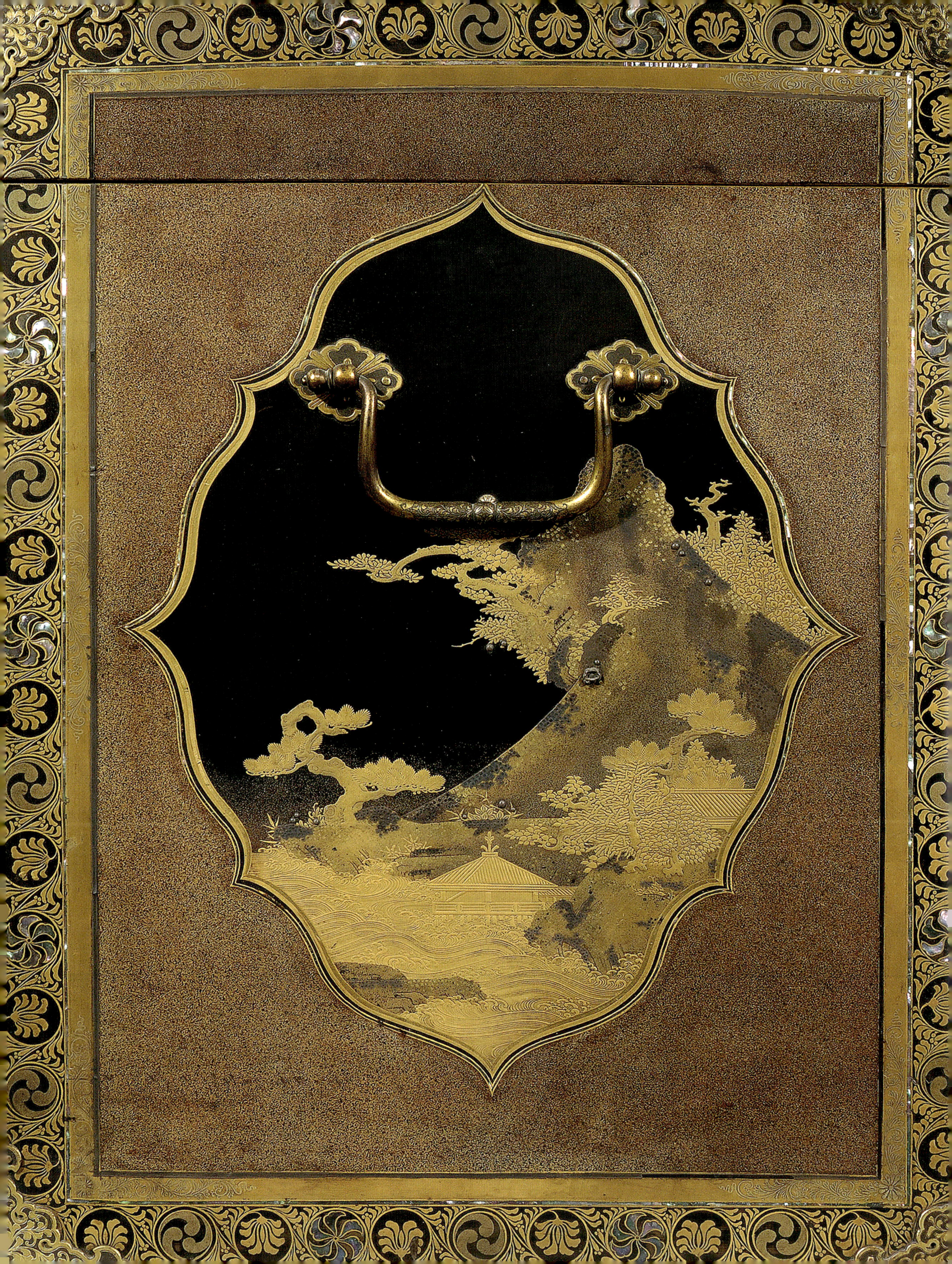

Monika Kopplin

Die Anfänge eines französischen Lackhandwerks im europäischen Kontext des 17. Jahrhunderts[1]

Lack und Firnis – zur Terminologie

Lack war in Europa ein schon in der Antike bekannter, bei Plinius dem Älteren mehrfach beschriebener[2] und aufgrund seiner hervorragenden konservierenden und ästhetischen Eigenschaften insbesondere im Bereich der Plastik eingesetzter Werkstoff. Johann Joachim Winckelmann weiß bereits über mit Lackfarben gefasste Marmorfiguren zu berichten.[3] Griechische Bronzen wurden mit einer auf der Basis von Bitumen (Asphalt) und Olivenöl hergestellten künstlichen Patina versehen,[4] wie auch späterhin, in der italienischen Bronzeplastik des 15. und 16. Jahrhunderts, Lacküberzüge zum Einsatz kamen.[5] In der Malerei reicht die Praxis, farbig gestalteten Oberflächen mittels eines Glanz verleihenden Überzugs zu gesteigerter Wirkung zu verhelfen, ebenfalls in das Altertum zurück und war ein im Augusteischen Rom übliches Verfahren.

Antiken Ursprungs sind nicht zuletzt die Bezeichnungen für diesen Werkstoff. Den Römern war der Schellack als *gomma lacca* geläufig – ein Name aus der Verbindung von *gomma* (Gummi), der Bezeichnung für harzartige, aber wasserlösliche Baum- und Strauchsäfte, und dem Begriff *lacca* (Lack), der sich aus dem altindischen *lākṣā* – »die rote [Substanz]« – ableitet.[6] Damit war Schellack gemeint, das Stoffwechselprodukt einer in Indien und Südostasien beheimateten Schildlausart (*Kerria lacca*), die harzhaltigen Laubbäumen Rindensaft entzieht. Dieser wird von den Insekten in Form einer roten Harzmasse wieder ausgeschieden und auf den Zweigen der Wirtsbäume abgelagert. Die rotbraune Kruste wurde abgeschlagen und kam nach der Extraktion des wasserlöslichen roten Farbstoffs als Schellack in den Handel.

Das Wort Firnis leitet sich dagegen von der Hafenstadt Berenice in der Cyrenaika ab (dem heutigen Bengasi in Libyen). In der Antike war sie ein bedeutendes Handelszentrum unter anderem für den aus Nord- und Nordwestafrika stammenden Sandarak, einem vom Sandarakbaum (*Tetraclinis articulata*) abgeernteten Harz, das in der europäischen Lackherstellung von großer Bedeutung war.

Beide Begriffe, Lack und Firnis, wurden im 17. und 18. Jahrhundert parallel und ohne erkennbare systematische Unterscheidung verwendet. In der Enzyklopädie von Diderot und d'Alembert findet sich unter dem Eintrag »Laque« eine Beschreibung des Schellacks und heimischer harzhaltiger Substanzen,[7] während der ostasiatische Lack unter den Stichwörtern »Vernis de la Chine« und »Vernis du Japon« abgehandelt wird.[8] In der Praxis, das heißt in Auktionskatalogen, Rechnungsbüchern, Inventaren und Lacktraktaten, wurde *laque* im 18. Jahrhundert jedoch überwiegend zur Kennzeichnung ostasiatischer Lackgegenstände, *vernis* bevorzugt für das heimische Produkt verwendet, was letztlich zur Herausbildung des Terminus Vernis Martin führte. Mit dieser terminologischen Ausrichtung beschritt Frankreich aber einen Sonderweg, da sich in den meisten europäischen Sprachen schon im 18. Jahrhundert das Wort Lack allgemein durchsetzte, sodass Firnis allmählich zum historischen Begriff wurde und auch heute noch den farblos-durchsichtigen Überzug auf alten Gemälden meint.

In »Creuzburgs Lackierkunst« werden die beiden Begriffe schon 1821 wie folgt unterschieden: »Unter Firnis versteht man im allgemeinen eine Flüssigkeit, welche die Eigenschaft besitzt, in dünnen Schichten an der Luft schnell zu trocknen und einen glänzenden, durchsichtigen, harten und dauerhaften Ueberzug auf den damit überzogenen Gegenständen zu bilden. [...] Im engeren Sinne jedoch versteht man unter Firnis ein durch irgendwelche besondere Behandlung schnell trocknend gemachtes fettes Oel, wie Leinöl, Mohnöl u.s.w. Diese werden passend mit dem Namen Oelfirnis belegt und beruhen auf der Eigenschaft einer Reihe von fetten Oelen, in dünnen Schichten auf Gegenstände aufgetragen, zu einem festen, elastischen, für Wasser undurchdringlichen Ueberzug zu erhärten. Im Gegensatz zum Oelfirnis versteht man unter Lackfirnis oder Lack eine mit Harzen versetzte Flüssigkeit, welche in dünnen Schichten aufgetragen, durch das Verdunsten oder gleichzeitige Erhärten des Lösungsmittels, dieselben mit einer Harzschicht überzieht. Sie besitzen vor dem gewöhnlichen Oelfirnis zwei Vorzüge: 1. schneller zu trocknen und 2. nach dem Trocknen einen größeren Glanz zu besitzen als dieser.«[9]

Lack, seine Wasserresistenz und sein Glanz, beides dem Harz geschuldet, war in Europa längst bekannt, die zugehörigen Begriffe und die grundlegenden Erkenntnisse auch das Mittelalter über bewahrt, als mit dem Vorstoß portugiesischer Seefahrer nach Ostasien – 1513 treffen sie in China, 1543 in Japan ein – der

Nachtstuhl aus umgearbeiteten Japanlackpaneelen, Detail, Schwarzlack mit Goldstreudekor und Einlagen aus Perlmutter, Japan, 1640–1660; Versailles, Musée national des châteaux de Versailles et de Trianon (Inv.-Nr. T552C)

ostasiatische Lack und die mit ihm überzogenen und verzierten Gegenstände ins Blickfeld der Europäer gelangten. Obschon grundsätzlich den bis dahin im Okzident hergestellten und genutzten Lacken verwandt, vermochte erst der ostasiatische Lack durch seine unerreichte Materialqualität und die außergewöhnliche Kunstfertigkeit seiner handwerklichen und künstlerischen Verarbeitung eine tiefgreifende und das eigene Kunstschaffen nachhaltig befruchtende Begeisterung für die diesem Material immanente Ästhetik auszulösen.

Die ersten Sammlungen

Ziel der Portugiesen – wie der ihnen mit unterschiedlichem Erfolg nacheifernden Spanier, Niederländer oder Engländer – war die Etablierung gewinnbringenden Handels mit den in Europa nicht vorkommenden und umso begehrteren Luxusgütern Asiens, zu denen neben dem Porzellan von Anbeginn auch Lackarbeiten zählten. In ihrer Herstellung bedeutend teurer als die Porzellane und zudem empfindlicher, stellten Lackwaren aber immer nur ein vergleichsweise kleines Handelsvolumen dar. Zu den frühen, nachweislich schon im 16. Jahrhundert nach Europa gelangten und heute noch in situ erhaltenen Stücken zählt eine Lackarbeit aus Cochin oder Malakka, eine rot gefasste Schale mit Golddekor in Schloss Ambras bei Innsbruck, die sich im 1596 aufgestellten Inventar der Kunst- und Wunderkammer des Erzherzogs Ferdinand von Tirol (reg. 1564–1595) erwähnt findet.[10] In Frankreich war es die Kunstkammer König Franz' I. (reg. 1515–1547), die, wie das Inventar von 1560 zeigt, bereits »divers objets façon d'Inde« umfasste, darunter unter Nummer 210 »Une petite boëte façon des Indes«.[11]

Erst im Verlauf des 17. Jahrhunderts, als der Handel vor allem mit Japan durch die Faktorei der Verenigde Oostindische Compagnie (VOC) auf der Insel Deshima in der Bucht von Nagasaki sehr effektiv organisiert war, gelangte mit bald jedem aus Fernost ankommenden Schiff, das an der Texeler Reede vor der Küste von Oudeschild, einem der Amsterdamer Seehäfen, anlegte, ein Kontingent von Exportlacken in den Handel.[12] Agenten kauften unmittelbar in Amsterdam ein, um den wachsenden Bedarf auch der französischen Klientel zu decken. So versicherte sich Kardinal Richelieu auf der Suche nach Lack und anderen Raritäten der Dienste seines in Holland tätigen spanischen Agenten Alfonso Lopez.[13] Während Richelieu, wie seinem Nachlassinventar zu entnehmen ist, der Ausstattung des Palais Cardinal (das heutige Palais Royal) noch insbesondere mit chinesischen Lacken exotische Exklusivität zu verleihen suchte – so beispielsweise mit einem »grand paravent de la Chine«[14] – setzte Kardinal Mazarin vor allem auf solche aus Japan und sollte sich mit dieser Vorliebe als früher Exponent eines sich immer stärker ausprägenden französischen Geschmacks für japanische Lacke erweisen. Der bei seinem Ableben 206 Objekte zählenden, allein 26 »coffres en verny de la Chine« umfassenden Sammlung[15] gehörten einige der feinsten japanischen Lackmöbel an, die im 17. Jahrhundert hergestellt wurden, darunter der »coffre Mazarin«[16] und eine kürzlich wieder aufgetauchte zweite, in derselben Werkstatt gefertigte Lacktruhe von übereinstimmender Qualität.[17] Sie waren vermutlich 1658 in Amsterdam über seinen Agenten François Lescot erworben worden.

Trotz bereits erkennbarer Präferenzen machen die Nachlassinventare, der im 17. Jahrhundert üblichen Terminologie entsprechend, zwischen chinesischem und japanischem Lack noch keinen Unterschied; »verny de la Chine« ist die gebräuchliche Bezeichnung, die das exotische Material charakterisiert. Der Fixierung auf China entsprechend, nannten sich einschlägig spezialisierte Händler wie beispielsweise Pierre Desmartin (gest. 1639), als »gardien des curiosités de la Chine du roi« Hoflieferant Ludwigs XIII., aber auch selbst als Maler und Lackierer tätig, »marchand de la Chine«;[18] ihre Waren, die Porzellan, Mobiliar, Lackarbeiten und andere fernöstliche Erzeugnisse einschlossen, wurden unter dem Sammelbegriff »La chinage« (auch »lachinage«) gehandelt.[19]

Mit der Ausweitung des Fernhandels im 17. Jahrhundert entstanden in Frankreich wie in anderen europäischen Ländern, so beispielsweise am dänischen Hof,[20] die ersten bedeutenden Lacksammlungen. Der ostasiatische Lack weckte als ein in Europa noch vor wenigen Jahrzehnten unbekanntes und seiner Eigenschaften wegen bewundertes Material zunehmendes, auch wissenschaftliches Interesse. Die Tatsache, dass es sich um den Saft des Lackbaums handelte – er ist als *Rhus vernicifera* in China, Korea und Japan, in der Gattung *Rhus succedanea* in Vietnam und auf Taiwan heimisch – wurde erstmalig 1655 im *Novus Atlas Sinensis* des Jesuitenpaters Martin Martini festgehalten: »ein Leym Cie genant, so auß den Bäumen schwitzt«.[21] Mit diesem Wissen war es naheliegend, sich auch mit dem Rohlack eingehender zu befassen, der aus der Rinde vielfach beigebrachten Ritzwunden austritt und in kleinen Fässern aufgefangen wird, um anschließend in einer mehrstufigen Prozedur gereinigt, entwässert, homogenisiert und pigmentiert zu werden. So beauftragte Cosimo III. de' Medici, Großherzog der Toskana, seinen Leibarzt, den Universalgelehrten Giuseppe del Papa (1648–1735) im Jahr 1690, eine Probe des aus Ostasien eingeführten Lacks zu analysieren.[22] Dieser Versuch musste jedoch scheitern, da Rhuslack sich, ist er einmal ausgehärtet, als unauflöslich erweist. Del Papas Untersuchungen zum »vernice della China, venuta dall' India al Granduca« wurden in einer 1734 in Florenz erschienenen Abhandlung veröffentlicht.[23]

Das auf Geheiß des Großherzogs durchgeführte Experiment war nicht nur um der bloßen Erkenntnis willen angestoßen worden, denn längst war man sich in Europa auch der merkantilen Aspekte des Lacks und der Fertigung von Lackarbeiten bewusst. Wäre del Papas Bemühungen Erfolg beschieden gewesen, hätte sich aus dem Import des unverarbeiteten Lacks ein eigenes Gewerbe entwickeln können. Diesem Ziel kam man jedoch auch ohne den – in seiner Qualität freilich unerreichten – ostasiatischen Rhuslack näher.

Frühe Werkstätten

Schon wenige Jahrzehnte nach dem Eintreffen der ersten chinesischen und japanischen Lacke taten sich in einigen europäischen Ländern erste Werkstätten auf und wandten sich zumindest namentlich bekannte Handwerker der Herstellung lackierter

Gegenstände zu. In Amsterdam scheint Willem Kick (1579–1647) in einem zunftgleichen Zusammenschluss von *lackwerckers* eine führende Rolle gespielt zu haben. Diese »compagnie van lackwercken« wird erstmals 1610 erwähnt und ist wohl kurz nach 1600 ins Leben gerufen worden.[24] »Een groote kiste van lacwerck schoon vergult binnen Amsterdam gemaeckt«,[25] die 1612 dem türkischen Sultan als Geschenk überreicht wurde, ist vermutlich aus ihrer Fertigung hervorgegangen. Desgleichen findet sich im Bürgerbuch der Hansestadt Hamburg schon 1622 ein gewisser Evert Sachsenhausen als »Indianischer Lackwerker« namentlich aufgeführt.[26] Aus den »Wedderechnungen« (Rechnungen einer als »Wedde« bezeichneten hamburgischen Behörde) geht hervor, dass bereits das ganze 17. Jahrhundert über kontinuierlich »Lackwercker« in der Stadt angesiedelt waren.[27] Berlin sollte sich gegen Ende des Jahrhunderts zu einem bedeutenden Standort der an Profil gewinnenden europäischen Lackkunst entwickeln. Mit der Berufung von Gérard Dagly (1660–1715) aus Spa durch den Großen Kurfürsten entstand 1686 in Berlin die erste auf Lack spezialisierte Hofwerkstatt überhaupt, die schon 1689 durch den Bruder Gérards, Jacques Dagly (1665–1728), personell erweitert wurde. Aus der florierenden, bis 1713 aktiven und sehr produktiven Werkstatt ging teilweise noch erhaltenes Mobiliar hervor, dessen Machart und Stil sich als bahnbrechend erwiesen.[28] Schon zwischen 1667 und 1670 hatte der an den dänischen Hof gerufene holländische »Marmormacher« und Lackierer Francis de Bray einem Raum in Schloss Rosenborg eine Lackvertäfelung aus imitiertem Schildpatt und chinoisen Szenen verliehen.[29] Sie stellt nicht weniger als das älteste bekannte Zeugnis der Lackkunst in der gerade aufkeimenden Chinoiserie dar. Aus anonymer Londoner Fertigung hat sich zwar eine frühe, durch die auf einem Stück aufgebrachte Jahresangabe 1619 in die Zeit um 1620 datierbare Gruppe lackierter Schatullen und Möbel erhalten,[30] doch setzt der eigentliche Beginn einer englischen Lackkunst erst nach der Rückkehr Karls II. aus dem niederländischen Exil 1660 ein. Lackvertäfelung und Lackmobiliar sollten fortan im englischen Interieur eine bestimmende Rolle zugewiesen bekommen, sodass es nicht verwunderlich erscheint, dass zwei der frühesten und zugleich einflussreichsten Lacktraktate englischer Herkunft sind: 1672 erschien in erster Auflage *Polygraphice: or the Arts of Drawing, Engraving,* [...] *Varnishing, Gilding* von William Salmon (1644–1713),[31] gefolgt von John Stalkers und George Parkers *A Treatise of Japaning and Varnishing,* 1688 in Oxford publiziert – ein Werk, das seine Bedeutung und verbreitete Nutzung nicht zuletzt den darin enthaltenen 24 Kupferstichtafeln mit Motivvorlagen für allerlei Lackarbeiten verdankte (S. 74, Abb. 1).[32]

Die Anfänge eines Lackhandwerks in Frankreich im Verlauf des 17. Jahrhunderts lassen sich nur an einigen wenigen Namen festmachen, die archivalisch nachweisbar sind, ohne dass sich auch nur ein einziges Möbel, eine einzige Schatulle erhalten hätte, die ihnen mit Gewissheit oder einiger Wahrscheinlichkeit zugewiesen werden könnte. Der erste französische Name, der mit der Fertigung von Lackarbeiten in Verbindung gebracht werden kann, ist Étienne Sager (gest. 1633), der als »Maître faiseur d'ouvrages de la Chine« von Maria von Medici ein festes Salär bezog,

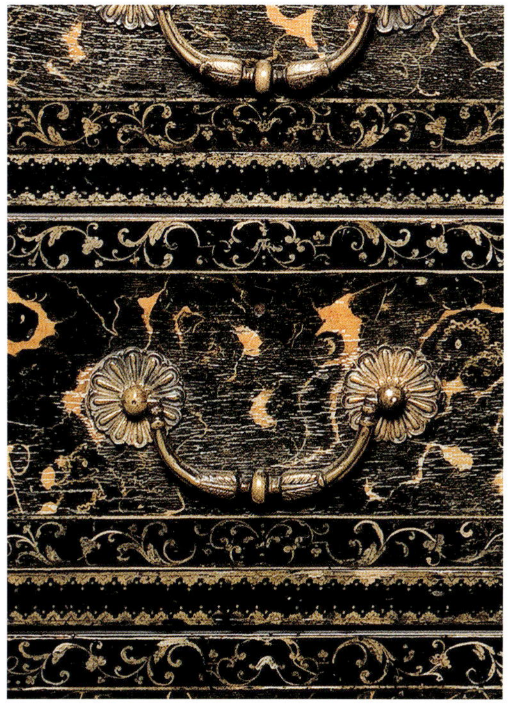

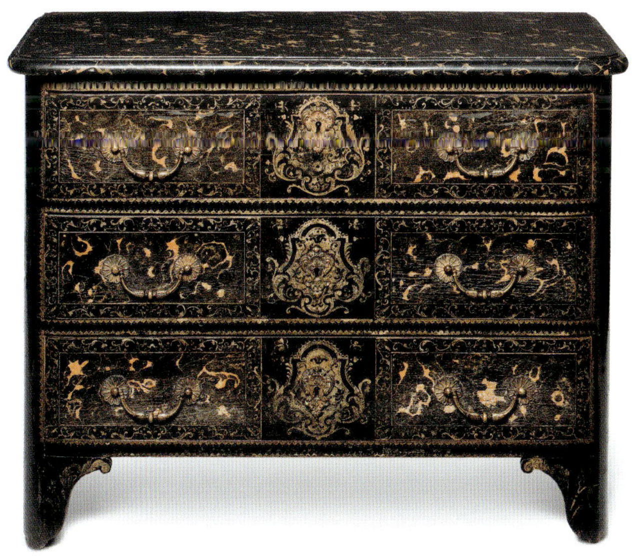

1 Kommode, Vorderansicht und Detail, Nussbaum und Tanne, Schwarzlack mit gemalter Imitation von Schildpatt und Metalleinlagen, Anfang 18. Jahrhundert; Paris, Musée des arts décoratifs (Inv.-Nr. 45746)

um für die Königin »avec gomme laque et peinture dorée, en usage dans ledit pays [Chine], cabinets, coffres, boîtes, lambris, ornements d'église, chapelets et autres meubles et ustenciles« zu fertigen.[33] Nur wenig mehr ist über Nicolas-Guillaume, genannt Nicolas de La Fleur (um 1600–um 1663) bekannt, der nicht nur als Miniaturmaler und Sticker, sondern auch als *peintre-vernisseur* tätig war. Nach seiner Rückkehr aus Italien bezog er im Louvre Wohnung und führte für Kardinal Mazarin die Lackfassung von Tischgestellen für (vermutlich ostasiatische) Kabinette und von Rahmen für italienische Majolika aus.[34] Erst zu Pierre Gole (um 1620–1684), der, aus den Niederlanden zugewandert, sowohl für Mazarin wie für Ludwig XIV. tätig war, haben sich präzisere Nachrichten erhalten. Obwohl aus seiner berühmten Werkstatt überwiegend Prunkmöbel mit kostbaren floralen Intarsien aus Holz und Elfenbein hervorgingen, hat er für den Hof auch Lackmöbel gefertigt. Für das Jahr 1663 ist eine Lieferung von Tischen »de verny façon de la Chine« und »de verny façon de nacre de perle« nach Vincennes dokumentiert,[35] für 1667 die Fertigung eines prachtvollen pyramidenförmigen Kabinettschranks »tout couvert d'ouvrages du plus fin de la Chine«.[36] Zehn Jahre später verzeichnet das *Journal du Garde-Meuble de la Couronne* einen von Gole hergestellten Schreibtisch, der »de verny façon de lapis« bemalt war.[37] Gole selbst war Ebenist und beauftragte, wie aus einer seinem Nachlassinventar hinzugefügten Liste der bei ihm beschäftigten Gesellen hervorgeht, mit der Ausführung der Lackdekore den Lackierer Daniel Desessars (auch Des Essarts),[38] der sich als »vernisseur« und »ébéniste« auch im *Livre commode des adresses de Paris pour 1692* aufgeführt findet.[39] Eine zunehmende Bedeutung des Lacks ist nicht zuletzt in der ersten französischen Abhandlung dokumentiert, die Anleitungen zur Herstellung von »laque fine« sowie Rezepturen für harzhaltige Farben enthält, dem 1674 erschienenen *Traité de Mignature* von Claude Boutet.[40]

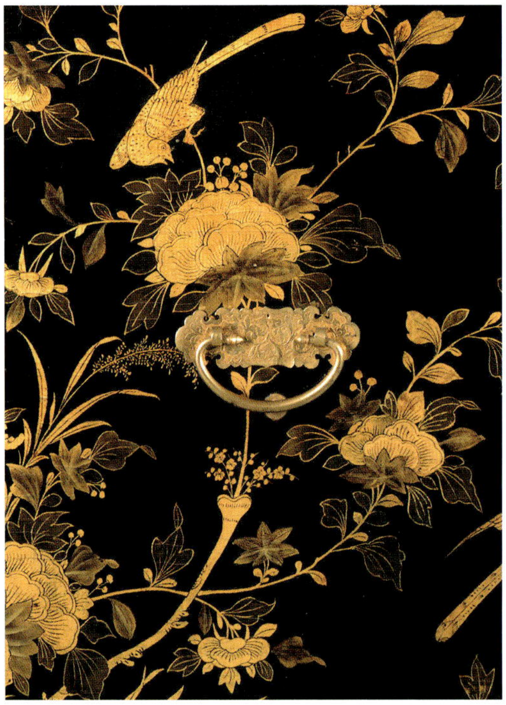

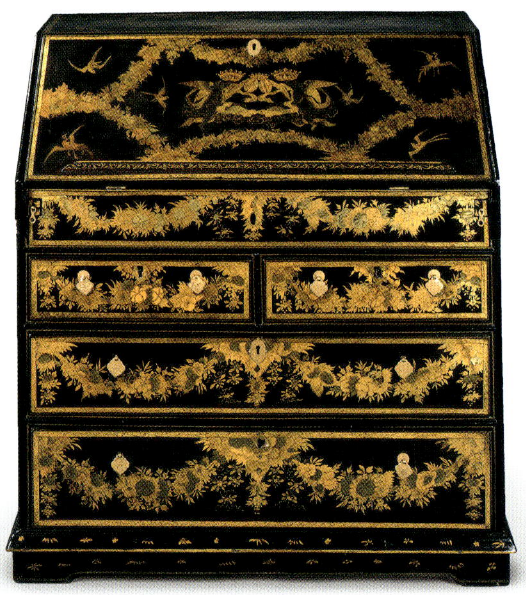

2 Pultschreibtisch mit dem Wappen der Marie de Rabutin-Chantal, Marquise de Sévigné, Vorder- und Detail der Seitenansicht, Tanne, Schwarzlack, Dekor in Goldlack, China, um 1680; Paris, Musée Carnavalet (Inv.-Nr. MB 224)

Die Imitation kostbarer Materialien mit Lack

Die sich verdichtenden Hinweise verdeutlichen nicht nur ein seit den sechziger Jahren des 17. Jahrhunderts zunehmendes Interesse an Lackmobiliar, sie zeigen auch eine bei Ludwig XIV. ausgeprägte Vorliebe für Trompe-l'œil-Effekte auf. Imitationen von Schildpatt und Lapislazuli scheinen besonders gefragt gewesen zu sein. So war, wie der *Neuen Beschreibung der Stadt Paris* von 1706 zu entnehmen, die Petite Galerie in Versailles mit Spiegeln und Zierleisten aus vergoldeter Bronze »sur des fonds d'écaille de tortuë & d'un lapis assez bien contre-fait« ausgestattet.[41] Die Nachahmung unterschiedlicher kostbarer Materialien mit Lacktechniken, zu denen immer auch Marmor zählte, war ein nicht auf Frankreich beschränktes Phänomen, das vielmehr etwa zeitgleich länderübergreifend aufkommt. Das erste bekannte und zudem erhaltene Beispiel ist die oben erwähnte, nach Art von Schildpatt ausgemalte Turmkammer in Schloss Rosenborg aus den späten sechziger Jahren.[42] Aus dem Jahr 1772 datiert die Erstausgabe von William Salmons Handbuch *Polygraphice*, in dem er der Imitation

3 Bucheinband (*Histoire de l'Académie royale*), Ziegenleder, bemalt und lackiert, Paris 1717; London, British Library (Davis 536)

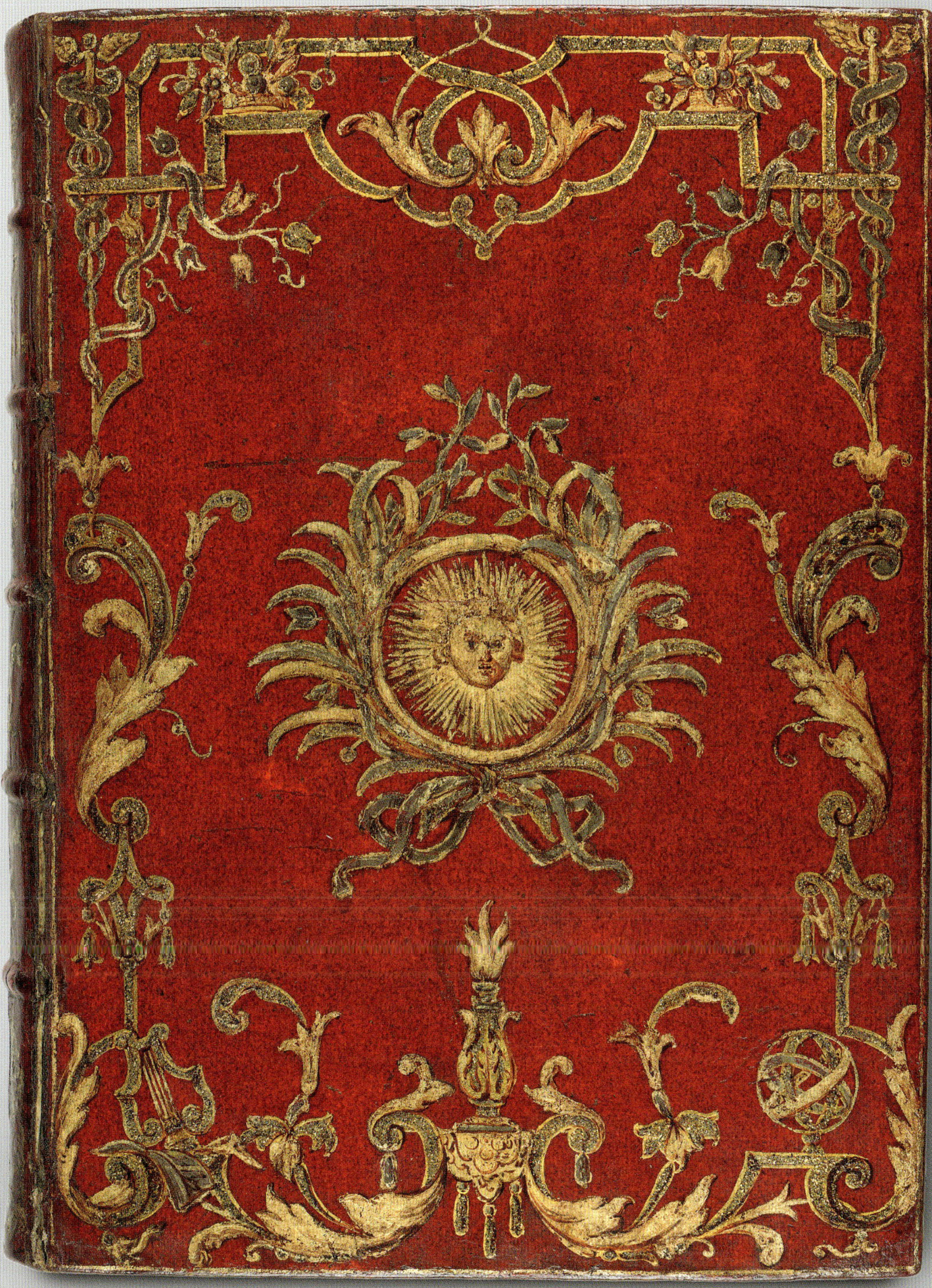

von Marmor, Schildpatt und Lapislazuli praktische Anleitungen widmet,[43] und auch Stalker und Parker schließen in ihr Lacktraktat von 1688 ein ganzes Kapitel »To imitate and counterfeit Tortoise-Shell and Marble« ein.[44] Lackimitationen waren allenthalben en vogue und blieben es in Frankreich bis in das frühe 18. Jahrhundert. Unter den wenigen erhaltenen Lackmöbeln aus der späten Regierungszeit Ludwigs XIV. (1643–1715) weist eine Kommode nicht zufällig einen Dekor nach Art von Boulle-Marketerie,[45] eine weitere die Imitation von eingelegtem Schildpatt auf (Abb. 1), wie sich denn auch in dem 1714 aufgestellten Inventar des *tablettier* und *vernisseur* Jean-Baptiste Bonnebeaud die Technik des »vernis à façon d'écaille« erwähnt findet.[46]

Die Lackchinoiserie

Die Chinoiserie und insbesondere das japanisierende Lackrelief spielten dagegen im späten 17. Jahrhundert eine noch untergeordnete Rolle – ganz im Unterschied zu England, wo Dekore nach dem Vorbild ostasiatischer Techniken und Motive schon um 1680 aufkamen und das Erscheinungsbild englischen Lackmobiliars bis in die zweite Hälfte des 18. Jahrhunderts prägen sollten. Die Berliner Hofwerkstatt brillierte mit technisch wie künstlerisch besonders einfühlsamen Nachahmungen vor allem japanischer Lacke, als deren ältestes erhaltenes Beispiel ein nachweislich vor 1696 entstandenes Münz- und Medaillenkabinett Gérard Dagly zweifelsfrei zugewiesen werden kann.[47] Die Kunde von den authentisch asiatisch anmutenden Berliner Lackmöbeln erreichte Versailles, wie einem 1704 an die Kurfürstin Sophie von Hannover gerichteten Brief der Liselotte von der Pfalz zu entnehmen ist: »Man muß gutte arbeyter zu Berlin haben, daß sie so schönne sachen machen können; es ist vielleicht ein Indianer, so die schönne cabinetten zu Berlin macht.«[48] In Frankreich ließ die Lackchinoiserie dagegen auf sich warten. Möglicherweise hat erst der spektakuläre Auftritt der siamesischen Gesandtschaft 1686 in Versailles dem Geschmack für das Exotische einen entscheidenden Impuls gegeben. Die Siamesen überreichten dem französischen König einen wahren Schatz an Geschenken, darunter in großer Anzahl japanische Lackarbeiten, die nicht ohne Wirkung geblieben sein können.[49] Ein Pultschreibtisch aus dem Besitz der Marquise de Sévigné (1626–1696), in dessen Lackdekor europäische und ostasiatische Elemente eine etwas erzwungene Verbindung eingehen und der über niederländische Mittelsmänner als Auftragsarbeit wohl in China entstand, stellt einen frühen Beleg für (original) asiatische Motive auf einem Lackmöbel französischer Prägung dar (Abb. 2). Ein ebenfalls gegen Ende des 17. Jahrhunderts entstandener Tisch aus einer unbekannten französischen Lackwerkstatt weist dagegen eine französische Interpretation und Umgestaltung ostasiatischer Motivvorlagen auf – und entbehrt in der streng symmetrischen Anordnung der in Gold auf Schwarzlack aufgebrachten Dekorelemente, in dem völligen Mangel an lebendiger Bewegung, die für ostasiatische Naturschilderungen so charakteristisch ist, noch jeder tieferen Einfühlung in die fremde Ästhetik.[50] Es war möglicherweise erst Jacques Dagly vorbehalten, der unmittelbar nach Schließung der Berliner Hofwerkstatt 1713 nach Paris ging und dort gemeinsam mit Pierre de Neufmaison (um 1672–1752) und Claude Audran (1658–1734) eine mit königlichem Privileg versehene Werkstatt in den Gobelins eröffnete, eine französische Lackchinoiserie feinerer Ausprägung zu etablieren. Ohne dass wiederum ein aus der Anfangsphase erhaltenes und mit Wahrscheinlichkeit zuweisbares Beispiel davon Zeugnis ablegen könnte,[51] wird genau diese Fähigkeit den Inhabern der Gobelins-Werkstatt in Dubois de Saint-Gelais' *Histoire journalière de Paris 1716–1717* attestiert: »[…] ils entendent fort bien les dessins chinois, de manière qu'il sort de leurs mains des morceaux tout à fait dans le goût de la chine.«[52]

Die Société de Vernis des Gobelins hatte am 28. Oktober 1713 vom Conseil d'État das Privileg erhalten, »d'établier une manufacture de vernis pour être appliquée sur toutes de toiles et étoffes de laine, de soie, de cuir et autres matières ployables et de toutes couleurs, propres à faires des meubles et ce pendant vingt années«.[53] Die Beschränkung auf biegsame Materialien schloss Leder ausdrücklich ein, das bevorzugt auf Sitzmöbeln und Paravents zum Einsatz kam. Es erscheint jedoch nicht ausgeschlossen, dass »ce beau vernis ploiable nouvellement inventé«[54] auch in der Buchbinderei Verwendung fand (Abb. 3). Schon Jacques' Bruder Gérard hatte 1692 für die Kurfürstliche Bibliothek einen in seiner Zusammensetzung überlieferten Lack entwickelt, der – über Silber aufgetragen – die Goldprägung von Bucheinbänden ersetzte.[55] Jacques könnte dieses Rezept nach Paris mitgebracht haben.

1 Die venezianischen Lacke aus der zweiten Hälfte des 16. Jahrhunderts werden, von Vorbildern aus dem islamischen Orient inspiriert, in diesem Überblick nicht berücksichtigt.

2 Plinius, C. Secundus: Naturalis historiae. 3 Bde. o. O. [Leiden, Officina Elseviriana] 1635, Bd. 3, liber XXXIV, CAP. IV, S. 373; liber XXXV, CAP. VI, S. 424 und CAP. 10, S. 438.

3 So erwähnt er in seiner Beschreibung einer 1760 in Herculaneum gefundenen Figur der Diana »Lackfarbe«; Winckelmann, Johann Joachim: Geschichte der Kunst des Altertums. Berlin 1942, S. 45.

4 Formigli, Edilberto: Die »natürlichen« und künstlichen Patinae. In: Brinkmann, Vinzenz (Hg.): Zurück zur Klassik. Ein neuer Blick auf das alte Griechenland. Liebieghaus Skulpturensammlung, Frankfurt am Main (Ausst.-Kat.), München 2013, S. 289–294.

5 Brachert, Thomas: Una vernice al bronzo molto bella. Reflexionen zur Oberfläche von Frührenaissance-Bronzen. In: Restauro. Zeitschrift für Kunsttechniken, Restaurierung und Museumsfragen, Jg. 94, 1988, Nr. 3, S. 181–183.

6 Thieme, Paul: Die Heimat der indogermanischen Gemeinsprache. Wiesbaden 1953 (Akademie der Wissenschaften und der Literatur: Abhandlungen der Geistes- und Sozialwissenschaftlichen Klasse, Bd. 11), S. 552–554.

7 Diderot / d'Alembert 1751–1765 / 1772, Bd. 9, 1765, S. 289–290.

8 Ebd., Bd. 17, 1765, S. 76–78.

9 Tormin, R. (Hg.): Heinrich Creuzburgs Lehrbuch der Lackierkunst. 10. Aufl., Weimar 1884 (Neuer Schauplatz der Künste und Handwerke, Bd. 14), S. 1; mehrfach bearbeitete Ausgabe von Christian Thon, Vollständige Anleitung zur Lackirkunst, von 1821.

10 Meisterwerke der Sammlungen Schloss Ambras. Wien 2008 (Kurzführer durch das Kunsthistorische Museum, Bd. 9), Nr. 80.

11 Belevitch-Stankevitch 1910, S. XXXIII, Nr. 2.

12 Impey / Jörg 2005.

13 Wolvesperges 1998, S. 62.

14 Levi, Honor: L'Inventaire après décès du cardinal de Richelieu. In: Archives de l'Art français, Bd. 27, 1985, S. 40, Nr. 542. Bei dem Paravent handelte sich offensichtlich um einen Schirm aus Koromandellack.

15 Yoshida-Takeda, Tomiko: Inventaire dressé après le décès en 1661 du Cardinal Mazarin. Paris 2004 (Mémoires de l'Académie des Inscriptions, Bd. 30), Nr. 777, 787, 795–801, 804–805, 807–812, 814–816, 826, 829, 835, 839, 840, 843.

16 Impey / Jörg 2005, S. 91, Abb. 138 a, b. – Yoshida-Takeda 2004 (wie Anm. 15), Nr. 810.

17 Rouillac, Vente au Château de Cheverny, XXVe vente, 9./10. Juni 2013 (Aukt.-Kat.), Los 80, Le coffre de Mazarin. – Yoshida-Takeda 2004 (wie Anm. 15), Nr. 829.

18 Czarnocka 1989, S. 62.

19 Ebd., S. 17.

20 Boyer, Martha: Japanese Export Lacquers from the Seventeenth Century in the National Museum of Denmark. Kopenhagen 1959. – Impey / Jörg 2005, S. 319 und 320.

21 Martini, Martin: Novus Atlas Sinensis. Amsterdam 1655, S. 118.

22 Nappo, Tommaso: Indice biografico italiano. Italian Biographical Index. Italienischer biographischer Index. 2. Aufl., München 1997, Bd. 3, S. 333.

23 Trattati vari fatti in diverse occasioni dal Dottor Giuseppe del Papa primo Medico dell' Altezza Reale del Serenissimo Granduca di Toscana. Florenz 1734.

24 Baarsen, Reinier: Kistjes van Kick? Hollands lakwerk uit de vroege 17de eeuw. In: Bulletin van het Rijksmuseum, Bd. 56, 2008, Nr. 1/2, S. 12–27.

25 Lunsingh Scheurleer, Th. H.: Aanbesteding en verspreiding van Japansch lakwerk door de Nederlanders in de zeventiende eeuw. In: Oudheidkundig Genootschap, 1939/40 / 1940/41, Nr. 82–83, S. 57.

26 Conradt, Armin: Hamburger Musikinstrumente des 18. Jahrhunderts mit Lackmalerei. In: Jahrbuch der Hamburger Kunstsammlungen, Jg. 9, 1964, S. 48.

27 Ebd.

28 Baer, Winfried: Die Lackmanufaktur der Gebrüder Dagly in Berlin. The Dagly Brothers' Japanning Workshop in Berlin. In: Kühlenthal, Michael (Hg.): Japanische und europäische Lackarbeiten. Japanese and European Lacquerware. München 2000 (Arbeitshefte des Bayerischen Landesamtes für Denkmalpflege, Bd. 96), S. 288–330.

29 Boesen, Gudmund: »Chinese« Rooms at Rosenborg Castle. In: The Connoisseur, Bd. 200, 1979, Nr. 803, S. 34–39.

30 Huth 1971, S. 11 und 12, Taf. 30–44.

31 Das Handbuch war so erfolgreich, dass bis 1701 sieben weitere Auflagen folgten.

32 Kopplin 2010, S. 318–349.

33 Batiffol, Louis: Marie de Médicis et les arts (premier article). In: Gazette des Beaux-Arts, Jg. 34, 1905, S. 240. – Wolvesperges 1998, S. 62.

34 Michel, Patrick: Mazarin, prince des collectionneurs. Les collections et l'ameublement du cardinal Mazarin (1602–1661). In: Histoire et analyse. Notes et documents des musées de France, 1999, Nr. 34, S. 269, 427, 429, 436, 495.

35 Lunsingh Scheurleer, Th. H.: Pierre Gole, ébéniste du roi Louis XIV. In: The Burlington Magazine, Bd. 122, 1980, Nr. 927, S. 389.

36 Ebd., S. 389.

37 Ebd.

38 Pradère 1990, S. 49.

39 Fournier 1878, Bd. 1, S. 242–243.

40 Boutet, Claude: Traite de Mignature, pour apprendre aisément à Peindre sans Maistre. Paris 1674. Das Buch erschien in wenigstens drei weiteren Auflagen, die vierte 1681.

41 Brice, Germain: Description nouvelle de la vile de Paris. 2 Bde., Paris 1706, Bd. 1, S. 85.

42 Jacobson 1993, Abb. S. 40.

43 Salmon, William: Polygraphice: or The Arts of Drawing, Engraving, Etching [...]. 5. Aufl., London 1685, S. 222–224.

44 Stalker, John: A Treatise of Japaning and Varnishing. Oxford 1688, S. 79–82.

45 Wolvesperges 2000, S. 94, Abb. 67.

46 Ebd., S. 92.

47 Fischer, Christian: Ein Münzschrank von Gérard Dagly aus der Kunstkammer des ehemaligen Berliner Schlosses. In: Bandle, Werner (Hg.): Lacklegenden. Festschrift für Monika Kopplin. München 2013, S. 152–169.

48 Bodemann, Eduard (Hg.): Aus den Briefen der Herzogin Elisabeth Charlotte von Orléans an die Kurfürstin Sophie von Hannover. Ein Beitrag zur Kulturgeschichte des 17. und 18. Jahrhunderts. 2 Bde., Hannover 1891, Bd. 2, S. 89–90.

49 Belevitch-Stankevitch 1910, S. 256–262. – Impey / Jörg 2005, S. 351–354.

50 Wolvesperges 2000, S. 88, Abb. 65.

51 Wolvesperges 1995, S. 55–76. Die von Wolvesperges vorgeschlagene Zuweisung eines Schlittensitzes an Jacques Dagly (Compiègne, Musée national de la voiture) aufgrund einer vermeintlichen Signatur Daglys in pseudochinesischen Schriftzeichen wird hier nicht geteilt; der Stil des Lackdekors weist keine hinreichende Gemeinsamkeit mit dem der Berliner Hofwerkstatt auf. Auch erscheint die spielerische Verwendung pseudochinesischer Schriftzeichen vor dem Hintergrund des sehr ernsthaften Verständnisses, das die Brüder Dagly den ostasiatischen Vorbildern entgegenbrachten, zu abwegig.

52 Dubois de Saint-Gelais, Louis-François: Histoire journalière de Paris 1716–1717. Paris 1885, S. 149.

53 Czarnocka 1989, S. 118.

54 Visite de Pierre le Grand aux Gobelins et à la Monnoie des Médailles. In: Revue Universelle des Arts, hg. von Paul Lacroix, Bd. 10, 1859/60, S. 110.

55 Huth 1955, S. 19.

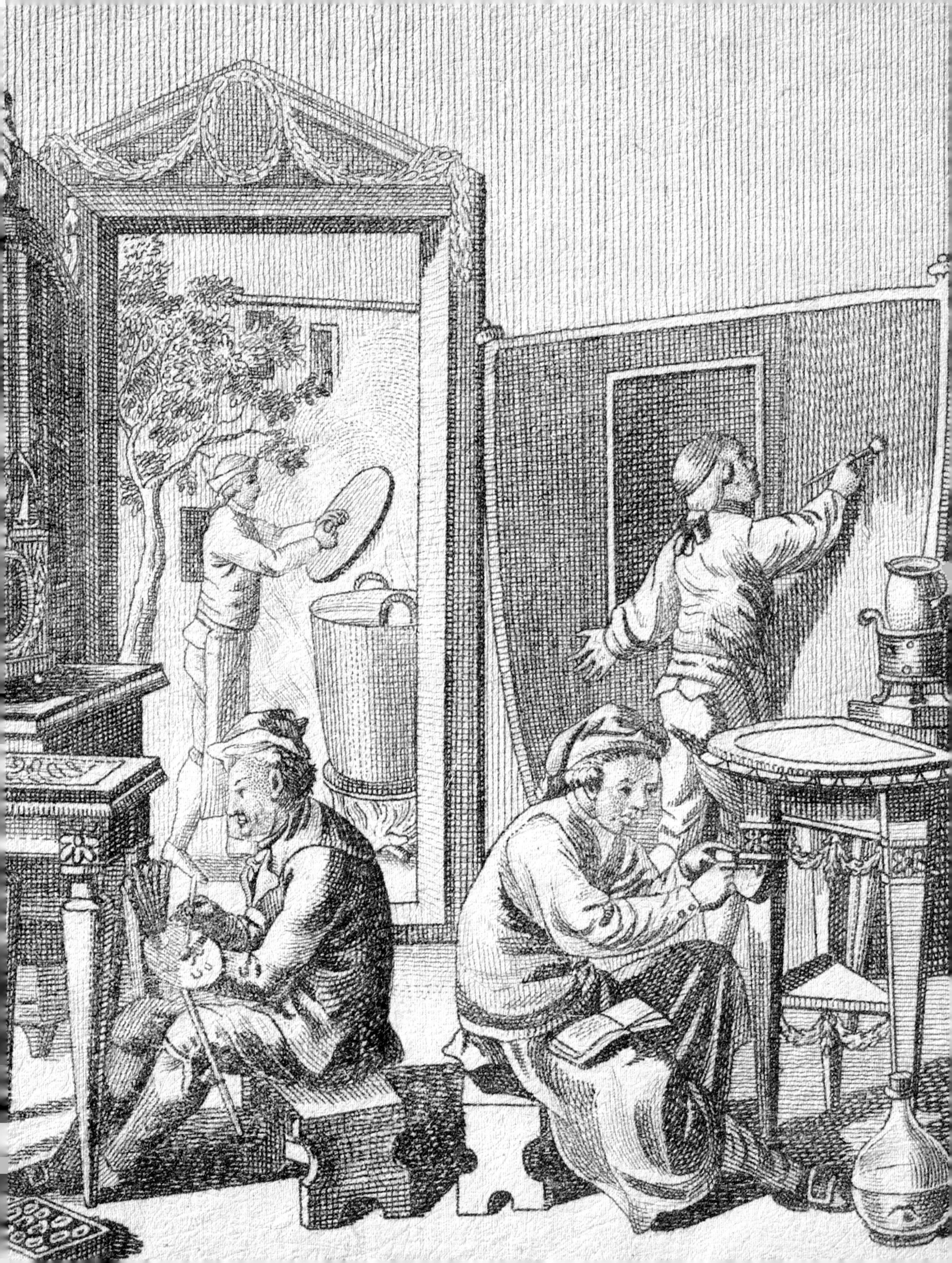

Anne Forray-Carlier

Die Martin – zum Forschungsstand

Geläufig wie Durand oder Dupont, hat der Familienname Martin in der angewandten Kunst einen besonderen Klang, denn er steht als Vernis Martin für ein Verfahren der Lackbearbeitung, das die in Paris tätigen Brüder und ihre außerordentlichen Verdienste berühmt gemacht hat. Gleichwohl verdient der Terminus »Vernis Martin« nähere Betrachtung. Als er erstmalig Ende des 18. Jahrhunderts in dieser Form erscheint, waren die Brüder seit langem als Gesellschafter verbunden. Die frühe Rezeption stammt aus der Feder der Baronin von Oberkirch, die 1789 ihre Memoiren verfasste,[1] während die Ausdrücke »vernis de Martin« oder »vernis par Martin« bereits eher im Jahrhundert begegnen.[2] Auf den ersten Blick scheint sich im abweichenden Gebrauch von »de« und »par« ein Unterschied anzudeuten, demzufolge das Werk mit einem Lack in der von den Martin verwendeten Technik überzogen oder sogar von einem der Martin selbst ausgeführt wurde. Bei näherer Betrachtung scheint es indes übertrieben, dieser Nuance so viel Gewicht beizumessen, da doch beide Termini auch ohne Unterscheidung zur Bezeichnung derselben Sache gebraucht wurden![3]

Was bedeuten die beiden Worte für uns heute, was bezeichneten sie für die früheren Generationen, welche Fragen ergeben sich daraus?

In den neuesten Ausgaben der einschlägigen Wörterbücher sind hierzu nicht die geringsten Hinweise zu finden.[4] Der Ausdruck »vernis« wird dort als eine Verbindung von Binde- und Lösungsmitteln beschrieben, mit denen eine harte, glänzende, transparente oder farbige Oberfläche hergestellt werden kann.[5] Nur die in den enzyklopädischen Ausgaben enthaltenen Erläuterungen verdienen hier referiert zu werden. Das *Grand dictionnaire encyclopédique* Larousse macht in der Ausgabe von 1984 zum Eintrag »vernis« folgende nähere Angaben: »Im 17. Jahrhundert bezeichnete man die aus dem Fernen Osten importierten Lacke als ›vernis de la Chine‹, ›vernis de Coromandel‹ und ›vernis de Japon‹. Zur Imitation dieser Lacke haben die Brüder Martin im 18. Jahrhundert ein Verfahren auf Basis von Kopal entwickelt. Seitdem und bis zum Erscheinen synthetischer Lacke diente der Ausdruck Vernis Martin zur Bezeichnung aller auf Möbel und Dekor aufgetragenen französischen Lacke und Firnisse.« Zwei Verweise leiten den Leser auf die Einträge »Lack« und »Martin«. Der Artikel zu Lack bezieht sich auf Vernis Martin, der als »Imitation von Lack« bezeichnet wird. Der Eintrag zu Martin enthält Informationen sowie Mutmaßungen zu den Geschwistern. Die vom »Inventaire général des monuments et des richesses artistiques de la France« entwickelten wissenschaftlichen Erfassungsprinzipien enthalten unter dem Eintrag »vernis Martin« die Angaben: »Polychrome Malerei, auf verschiedenen Materialien und auf Metall, etwa Bronze, Kupfer oder Zink, ausgeführt. Mit dieser Malerei können Goldapplikationen oder Einlegearbeiten in Perlmutter und Edelmetallen verbunden sein; das Ganze ist von einem transparenten, glänzenden Kopal bedeckt, der *vernis Martin* genannt wird.«[6] Eine Anmerkung präzisiert die von der Familie Martin eingenommene Rolle in der Ausarbeitung. Man kommt nicht umhin festzustellen, dass in beiden Einträgen die Technik genau genommen oberflächlich erläutert wurde und dass die Äußerungen auf die Familie Martin verweisen. Die wissenschaftliche Perspektive scheint aufgegeben und es bleibt eine gewisse Unschärfe bestehen, die sicherlich durch die Nebeneinanderstellung der beiden Begriffe begünstigt wird, die sich einerseits auf Techniken – nicht bloß eine Technik – und andererseits auf eine Familie und nicht auf ein einzelnes Individuum beziehen.

Für ein Resumée der Forschungslage erscheint es wenig ergiebig, die allgemeinen Publikationen zu konsultieren; von den spezielleren und den dem Thema Vernis Martin mehr oder weniger gewidmeten Beiträgen sind nur wenige ertragreich. Die ersten Historiker mit Interesse für die Martin waren: Jacquemart, Courajod und Champeaux. Die älteste Erwähnung vonseiten der Geschichtswissenschaft datiert von 1861. Jacquemart veröffentlichte einen kurzen Artikel in der *Gazette des Beaux-Arts* mit dem Ziel, die Allgemeinheit von der Existenz einer Lackmanufaktur in Paris im Jahr 1767 in Kenntnis zu setzen.[7] Von der ersten Zeile an unterstreicht er die Gefahr, die darin besteht, sämtliche der mit diesem berühmten Lack beschichteten Werke den Martin zuzuweisen, ermutigt den Neugierigen zur Konsultation der öffentlichen Archive und schließt mit dem Wunsch, dass man einige Werke der in Rede stehenden Lackarbeiten dieser Art identifizieren könne. Sowohl die Methode wie auch die Zeit sollten Jacquemart für einige Objekte Recht geben, wenn auch im Jahr 2013 noch

Johann Leitner nach Ambrosius Gabler, *Der Lackirer*, Detail, Radierung; Münster, Museum für Lackkunst

immer kein Werk mit Sicherheit der Produktion in Vernis Martin zugeschrieben werden kann. Louis Courajod war unbestritten der erste – gestützt auf Archivdokumente – mit ersten, die Martin betreffenden Daten. Seine Veröffentlichung der beiden aus dem Journalbuch (»livre-journal«) erhaltenen Register des Kunsthändlers Lazare Duvaux, denen eine Studie über den Geschmack und den Handel mit Kunstobjekten im 18. Jahrhundert vorangeht, widmet den Martin drei Seiten. Die Auswertung archivalischer und literarischer Quellen erlaubt einen kurzen Abriss über die Tätigkeitsbereiche der Familienmitglieder, was zweifellos den Ausgangspunkt der nachfolgenden Forschungen darstellt. Zwölf Jahre später veröffentlichte Alfred Champeaux sein zweibändiges Werk über das Möbel. Im dritten Kapitel des zweiten Bandes, der dem Möbel der Régence und der Regierungszeit Ludwigs XV. gewidmet ist, erhielten die Martin ebenso wie Cressent, Oeben oder Verberckt eine ganze Unterabteilung. Ohne wirklich neue Daten vorzubringen, gibt Champeaux einen Überblick über die vielfältigen Erzeugnisse der Familie und betont einmal mehr die Unmöglichkeit der Zuschreibung der einzelnen Werke an den einen oder anderen. Gleichwohl unterstreichen diese etwa fünfzehn Seiten die Bedeutung der Lackobjekte in der gewerblichen Produktion der Zeit und die Rolle der Pariser Maler-Lackierer. In ihren Arbeiten tradieren alle drei Autoren den Begriff »Vernis Martin« fort, ohne ihm allerdings eine wissenschaftliche Basis hinsichtlich des Materials und des Einsatzes am Objekt geben zu können. Zeitgleich erschienen kurze Abrisse zum Verfahren, einer von 1887, der andere von 1892.[8] Die Lektüre ist enttäuschend, weil sich die Autoren hinter dem Argument des Berufsgeheimnisses sowie hinter der Annahme der Eigenhändigkeit für jeden Künstler verschanzen und sich permanent auf das Werk von Jean-Félix Watin (1728–1804) stützen.[9] Zwar ist Vernis Martin das ganze 20. Jahrhundert hindurch Gegenstand einzelner Kapitel oder Artikel, doch ist unverkennbar, dass jeder der Autoren die vorangegangenen Schriften in den Kontext der eigenen Studie so integriert, dass zum Thema nicht viel Neues hinzukommt![10]

Erst die Arbeiten der beiden Kunsthistoriker Michaël Sonenscher und Anna Honorata Czarnocka brachten neue Daten zutage. Sonenscher behandelte das Thema im Rahmen seiner Studie zur Arbeit der Handwerker im Paris des 18. Jahrhunderts,[11] Czarnocka im Rahmen ihrer an der Universität Bonn 1989 eingereichten Dissertation.[12] Zehn Jahre später griff Thibaut Wolvesperges für seine Dissertation auf beider Erkenntnisse zurück.[13] Jeder der genannten Autoren konnte dank gründlicher Sichtung von Archivdokumenten und erneuter zielgerichteter Lektüre genauere Erkenntnisse gewinnen, einerseits hinsichtlich der Biografie eines jeden Familienmitglieds, andererseits in Bezug auf die Einschätzung der Produktion. In allen drei Fällen reflektiert der auf die Martin gerichtete Blick die Problematik ihrer Forschungen. Im Rahmen dieser Ausstellung möchten wir unterstreichen, wie viel wir der Arbeit eines jeden der drei Autoren verdanken, die vielfach Ausgang für unser eigenes Herangehen war. Keine nachfolgende archivalische Entdeckung wird ihre Publikationen revolutionieren oder ihre Erkenntnisse grundlegend verändern. Uns blieb das Bemühen, sie – bezogen auf die Gesamtheit dessen, was das Werk der Geschwister Martin ausmacht – auf je unterschiedliche Weise zu nutzen; der Versuch, Zeugnisse dieser Produktion zusammenzutragen angesichts der paradoxen Situation, dass mit der Ausnahme von einigen Werken die Herkunft aus den Werkstätten der Brüder Martin für keines gesichert und auch keines als repräsentativ anzusehen ist. Unter der Vielzahl der zur Verfügung stehenden Quellen lassen sich die gedruckten in zwei Kategorien einteilen: die gern und oft zitierten Quellen literarischen Ursprungs wie Voltaire oder Mirabeau, die zur Festigung des Ruhmes beitrugen,[14] sowie die in den zeitgenössischen Zeitschriften zu Zwecken kommerzieller Unternehmung, um nicht zu sagen Werbung, erschienenen.[15] Hinzu kommt eine spezifische Kategorie: die Auktionskataloge der Kunstwerke, die seit dem 18. Jahrhundert die Martin erwähnen, ohne sie je zu unterscheiden – ein Beweis für ihre Bekanntheit und dafür, dass kein anderer Pariser Vernisseur an dieser Anerkennung teilhatte. In größter Zahl vorhanden sind handschriftliche Quellen, sie können noch neue Informationen liefern. Nicht weniger als etwa hundert notarielle Akten betreffen die Familie. Dazu kommen verschiedene andere Dokumente aus der Verwaltung des Garde-Meuble de la Couronne, der Bâtiments du Roi und der Menus-Plaisirs, des Parlaments und des Châtelet sowie einige Privatarchive. Ihr genaues Studium hat es Michaël Sonenscher ermöglicht, die Geschichte dieser Familie, die Beziehungen zwischen den Brüdern, Onkeln und Neffen zu rekonstruieren und ihre Tätigkeiten offenzulegen.

Wenige Zeilen mögen genügen, um die Komplexität, die sich heutzutage unter dem einfachen Familiennamen Martin verbirgt und die den seinerzeitigen Einfluss der Familie erklären hilft, zu ermessen.[16] Als Ältester der Geschwister und etwa zehn Jahre von seinen jüngeren Brüdern getrennt, kann Guillaume als treibende Kraft angesehen werden. Er wurde 1689 als Sohn des Kostümschneiders Étienne Martin und der Damenschneiderin Claude Blot geboren und hatte noch vier weitere Brüder: Étienne-Simon (1703–1770), Julien, dessen Geburtsdatum unbekannt bleibt und der 1765 starb, Robert (1705–1765), Guillaume II. (1710–1770) und zwei Schwestern, Marie-Anne[17] und Angélique-Reine, deren Geburtsdaten nicht bekannt sind und die um 1765 beziehungsweise 1737 verstarben.[18] Alle vermählten sich, was die nachfolgende Generation auf eine Anzahl von zwanzig Personen ansteigen ließ, von denen drei Kinder gleichermaßen den Beruf des Maler-Lackierers ergriffen.

Bei der Lektüre der verschiedenen Rechtshandlungen, die jeweils das Leben der Martin strukturierten, zeigt sich zum einen, wie man den Umstand auszunutzen verstand, dass alle denselben Beruf ausübten, zum anderen der Wunsch einzelner, unabhängig zu leben. So schlossen sich im Jahr 1727 Guillaume und Étienne-Simon zusammen, obwohl jeder von ihnen unabhängige Werkstätten führte.[19] Guillaume, der zu diesem Zeitpunkt bereits auf zwanzig Jahre praktische Erfahrung zurückblickte, hatte seinen Ruf gefestigt, während Étienne-Simon höchstens etwa zehn Jahre Tätigkeit vorweisen konnte, in erster Linie in der Rue de Grenelle. Dieser Zusammenschluss währte allerdings nur kurz und scheint in dem Moment geendet zu haben, als jeder der Brüder sich niederließ – der eine in der Grande Rue du Faubourg Saint-Denis, der andere in der Grande Rue du Faubourg Saint-Martin. Nicht weit voneinander verlaufen diese beiden Straßen in der Verlängerung jeweils der Rue Saint-Denis und der Rue Saint-Martin jenseits des alten Stadtmauerrings parallel und erlaubten dem einen wie dem anderen, die Werkstätten zu erweitern, was mit der Entwicklung der Arbeiten für die Kutschen und die Bâtiments du Roi korrelierte.

Beide nahmen jeweils den ältesten Sohn in das Unternehmen auf. Guillaume ab 1731, als er anlässlich der Hochzeit seines Sohnes Guillaume-Jean mit Claude-Marguerite Rousseau die Konditionen der Gesellschaftsgründung definierte und dies für eine Dauer von zehn Jahren.[20] Étienne-Simon ab 1760, als sein Sohn Étienne-François Jeanne-Charlotte Pottier Desportes zur Gemahlin nahm. Der Vertrag legte die Bedingungen genau fest, wobei sie eher einem Erbvorbezug gleichkamen als denen einer Gesellschaft um ein Kapital.[21] Diese Zusammenschlüsse währten jeweils nur kurze Zeit, im März 1741 veräußerte Guillaume, der sich von den Geschäften zurückziehen wollte, Werkstätten und seinen Laden an seinen Sohn, vorbehaltlich des Rechts, bis 1742 arbeiten zu können. Guillaume-Jean gelang es allerdings nicht, die von seinem Vater geforderte Summe aufzubringen. Ein neuer Gesellschaftsvertrag wurde aufgestellt und 1744 wieder annuliert. Hinter den finanziellen Schwierigkeiten zeichnen sich Einigungsprobleme ab, wie die Abfolge von Verträgen zwischen 1741 und 1744 bezeugt, als sich Guillaume-Jean schließlich als Selbstständiger in der Rue du Bac niederließ, um bald darauf Frankreich zu verlassen. Die finanzielle Situation blieb prekär, er ging nach Italien, wo man ihn bis 1756 nachweisen kann, als er als Maler des Königs beider Sizilien erwähnt wird.[22] Étienne-François hingegen ließ durch Vertrag vom 6. August 1767 die väterliche Abmachung verändern.[23] Er verstarb etwas mehr als ein Jahr nach seinem Vater. Das postume Inventar und die Nachfolgeregelung sechs Jahre später zeigen, dass das Geschäft und die Verfahren beim Tod des Vaters in seinen Besitz übergegangen waren. Am 20. März 1772 verkaufte seine Witwe Marie Henriette Blondel das Geschäft an Jean Alexandre Martin, den Sohn von Robert Martin und Cousin ersten Grades ihres verstorbenen Gemahls.[24]

Tätigkeit und Leben des dritten Bruders, Robert Martin, sind zwar durch mehrere Dokumente nachvollziehbar, bleiben aber durch den Verlust des Inventars nach seinem Tod unvollständig.[25] Robert wurde 1705 geboren und ließ sich wie seine Brüder zum Maler und Vernisseur an der Académie de Saint-Luc ausbilden.[26] Wenn er auch zeitweise für seinen älteren Bruder gearbeitet zu haben scheint, existiert doch kein Dokument, das einen wie auch immer gestalteten Zusammenschluss belegt, übrigens auch nicht mit dem anderen Bruder Étienne-Simon.[27] Ganz anders im Fall des Letzteren, ist hier aber dokumentiert, dass Robert ihm bei seinem Tod eine kleine Summe Geldes für die Ausführung von Malereien schuldete.[28] Robert hat also seine Werkstatt unabhängig in einem Haus geführt, das freilich ebenso in der Grande Rue du Faubourg Saint-Denis lag und das er von den Erben von Jacques Dedelay am 15. Juli 1741 erworben hatte.[29] Die Abwicklung seiner Nachfolge ist das einzige notarielle Dokument, das heute Kenntnis über seine Tätigkeiten erlaubt. Es zeigt, dass Robert wie seine Brüder Guillaume und Étienne-Simon die Sparte von Lackarbeiten auf Kutschen zwar ausgebaut hatte, sie jedoch in seiner Werkstatt nicht die Haupttätigkeit gewesen zu sein scheint. Mehr noch widmete er sich wohl der Verzierung von Tabatieren, Kästen und Bijoux, Toilettentischen, Parfüm- und Likörkästen, Teedosen, Urnen, Encoignuren und Tabletts. Wie Thibaut Wolvesperges gezeigt hat, gibt es für beide Tätigkeitsbereiche Belege in Form von Annoncen, die in Anzeigen, Aushängen und verschiedenen Bekanntmachungen am 16. September 1762 erschienen: »Le sieur Robert Martin, faubourg Saint-Denis Aux Armes d'Angleterre, continue de faire différens bijoux en relief à l'imitation du Japon et d'un goût nouveau. On trouve dans sa manufacture toutes sortes d'équipages.«[30] Diese Beilage lässt einige Schlussfolgerungen zu, vor allem hinsichtlich der Wahl des Firmenschildes. Es zeigt, dass Robert mit seinen Erzeugnissen selbst handelte und nicht nur für andere Händler arbeitete. Auch das Verb »continue« (»setzt fort«) verweist auf weitere Tätigkeiten, die Erwähnung »en relief à l'imitation du Japon« (»mit Relief in Nachahmung des Japanlacks«) lässt darauf schließen, dass es sich nicht um ein ausschließlich von seinen älteren Brüdern eingeführtes Verfahren handelte und dass auch er in Kenntnis des Geheimnisses war. Schließlich verrät der Ausdruck »d'un goût nouveau« (»nach einem neuen Geschmack«), dass sich 1762 die Dekore und Motive erneuerten. Die Laufbahn von Robert liegt allerdings hinsichtlich der Jahre 1743 bis 1751 weiterhin im Dunkeln, was wohl mit dem Aufenthalt in Preußen im Dienst Friedrichs des Großen in Zusammenhang steht.[31]

Sein Sohn Jean-Alexandre, ausgebildet in der elterlichen Werkstatt, ergriff ebenfalls denselben Beruf und war neben seinen Cousins Guillaume-Jean und Étienne-François der dritte Vernisseur der zweiten Generation. Dass Jean-Alexandre seinem Vater nach Preußen folgte und dass er dort bis etwa 1764 blieb, kann man nur vermuten, da dies durch kein Dokument belegt ist.[32] Zurück in Frankreich übernahm er wieder die Werkstatt seines Vaters. 1772 erwarb er zur selben Zeit, als er das Haus und die Werkstätten in der Grande Rue du Faubourg Saint-Martin mietete, außerdem die Werkstatt seines Cousins Étienne-François, was belegt, dass seine Geschäfte florierten. 1777 verkaufte seine Mutter das Haus in der Grande Rue du Faubourg Saint-Denis an Daniel Aubert, einen Maler-Lackierer, der wiederum mit den Vincent – einer anderen wichtigen Familie von Vernisseuren in Paris – verwandt war.

Julien Martin, der im selben Jahr wie Robert starb, hatte eine andere berufliche Stellung als seine Brüder. Die Dokumente enthalten keine Angaben hinsichtlich seines Geburtsdatums. Da er zum Zeitpunkt seiner Hochzeit mit Marie Anne Frion 1719 minderjährig war, könnte er zwischen 1699 und 1702 geboren sein.[33] Die ersten Jahre seiner Tätigkeit liegen ebenfalls im Dunkeln: Zwischen 1719, als seine Heiratsurkunde ihn als Vernisseur benennt, und dem 27. Dezember 1736, als er mit seinem Bruder Guillaume einen Gesellschaftsvertrag abschließt, vergingen 17 Jahre, ohne dass irgendetwas nach außen dringt.[34] Arbeitete er bereits mit seinem Bruder Guillaume, der seinen viel jüngeren Bruder vielleicht in seiner Werkstatt beschäftigte? Infolge des Ablaufs der Verbindung zwischen Guillaume Martin und seinem Sohn Guillaume-Jean, schlossen sich Julien und sein Neffe 1741 für einen Zeitraum von zehn Jahren zusammen.[35] In der Praxis fuhr Julien allerdings fort, unter der Leitung seines älteren Bruders Guillaume zu arbeiten, der bis zu seinem Tod 1749 in seinen Werkstätten Meister blieb, trotz der Übertragung und der anschließenden Rückübertragung durch seinen Sohn Guillaume-Jean. Guillaume-Jean weilte zu diesem Zeitpunkt schon nicht mehr in Frankreich, auch Julien konnte seit Herbst auf eigene Rechnung arbeiten oder wenigstens von 1751 an, als er von allen Verpflichtungen gegenüber Guillaume-Jean entbunden war. Im Unterschied zu seinen Brüdern war Julien nicht im Bereich der Bâtiments du Roi und der Kutschen tätig. Er konzentrierte sich auf kleine Objekte und arbeitete beinahe exklusiv in der Sparte der »bijoux de laque«.[36] Bei seinem Tod fanden sich in nicht unerheblicher Zahl Kästen aus Orangen-, Zitronen-, Granatapfel-, Myrten- und Lorbeerbaumholz, was Fragen aufwirft. Hatte er einen anderen Handelszweig ausgebaut,[37] hat er die Essenz dieser Pflanzen in die Komposition seiner Lacke miteinbezogen oder arbeitete seine Ehefrau in der Parfümerie?

Der letzte Martin hieß mit Vornamen wiederum Guillaume, ein Umstand, der nicht geringe Verwirrung verursachte. Er wurde 1710 geboren, und es versteht sich von selbst, dass er sich – umgeben von Lackmalern – für diesen Beruf interessierte. Gleichwohl unterschied er sich von seinen Brüdern, denn er entwickelte ein Verfahren für den Einsatz von Lack bei der Marine, was seine Abreise nach Rochefort zur Folge hatte. Am 19. Mai 1759 untersuchte die Académie des Sciences die Wirksamkeit dieses Lacks, der unter der Bezeichnung »Carmoulot« berühmt geworden ist und für den Guillaume das Privileg erhielt. Er starb 1770 in Rochefort.

Wenn es nun nach einhundertfünfzig Jahren gelungen ist, mithilfe jüngster Recherchen Licht in diese Familiengeschichte zu bringen, die Irrtümer zu korrigieren und die Mutmaßungen zu präzisieren, irritiert den Historiker nach wie vor die in den Archivdokumenten verwendete unpersönliche Form »de Martin«. Wie oft wünscht er sich eine genauere Bezeichnung desjenigen, der sich dahinter verbirgt! Noch immer im Dunkeln liegen die Beziehungen zur Aufsicht der Bâtiments du Roi und ihrer aristokratischen Käuferschaft. Ungeklärt ist weiterhin, welcher Natur die Beziehungen der Martin zu den Kunsthändlern, den Ebenisten, den Juwelieren und Sattlern waren, mit denen sie zwangsläufig in beruflicher Verbindung standen. Die Archivdokumente verraten hierüber viel und zugleich nicht genug. Man hört bei der Lektüre der Geburtsurkunde eines Kindes oder bei einer Heiratsurkunde wohl heraus, dass die Wahl der Patenonkel und -tanten wie auch der Trauzeugen niemals unerheblich war. Das wiederum lässt auf freundschaftliche, in jedem Fall aber professionelle Beziehungen schließen, die die Martin mit anderen Gewerken der vor- und nachgelagerten Berufssparten zur Ausübung ihres eigenen Metiers verbanden. Möge diese Ausstellung zu neuen Überlegungen und Entdeckungen führen.

1 Die Baronin von Oberkirch hielt sich dreimal, 1782, 1784 und 1786, in Paris auf. Am 14. Juni 1782 schrieb sie: »Das Haus von M[onsieur] Beaujon, das er seine Ermitage nennt [...]. Das Haus ist prächtig eingerichtet, vor allem mit antiken Möbeln und mit bewundernswerten *vernis-Martin*.« Sie verfasste ihre Memoiren 1789, die erste französische Ausgabe erschien 1853. Der Begriff »Vernis Martin« wird hier zu einem Zeitpunkt verwendet, als diese Technik bereits aus der Mode gekommen war, sich der Terminus jedoch nachweislich etabliert hatte und sie ihn verwenden konnte.

2 Eine der ersten Erwähnungen von »vernis de Martin« ist im Inventar nach dem Tod der Maréchale d'Estrées, Punkt 426, zu finden. Der Sachverständige war der Kunsthändler [Thomas-]Joachim Hébert. Paris, Archives nationales, M. C., LXXXVIII, 558, 13. Januar 1738.

3 Die geläufige Erwähnung des Begriffs »vernis de Martin« bezeugt schon für sich allein, dass es ein allgemeiner Terminus geworden war.

4 Larousse, Robert, Littré, Ausgaben 2013.

5 Petit Larousse illustré, Ausgabe 2013.

6 Band Metallkunst (»arts du métal«), Paris 1998, S. 309.

7 Jacquemart 1861, S. 309–311.

8 Berville 1887; Robert 1892.

9 Watin 1773.

10 Dilke 1901, S. 199–203; Cordier 1910, S. 98 ff.; Holzhausen 1958, S. 107–135; Verlet 1945–1990, Bd. 2, 1955, S. 23–24; Jullian 1962, S. 42–49; Huth 1955, S. 14–16; Huth 1971, S. 84–99; Huth 1975, S. 24–29; Jarry 1981, S. 163–166; Bresinsky 1988, Teil 1, S. 195–210, Teil 2, S. 269–284; Honour 1991, S. 47–59; Whitehead 1992, S. 189–192; Sargentson 1996, S. 88, 89, 177, 178.

11 Sonenscher 1989. Das »The Parisian Luxury Trades and the Workshop Economy« betitelte siebte Kapitel beruht ganz auf den Forschungen zur Familie Martin und ihren verschiedenen Werkstätten.

12 Czarnocka 1989.

13 Mobilier parisien en laque du XVIIIe siècle. Université de Paris IV Sorbonne, 1997.

14 Voltaire: Premier discours sur l'inégalité des conditions, philosophisches Gedicht, erschienen 1736; Les Tu et les Vous, Dichtung, erschienen 1741; Nanine, Theaterstück, erschienen 1749; Victor Riqueti Marquis de Mirabeau: L'Ami des Hommes, Ausgaben 1755, S. 244, und 1759, S. 331–332.

15 Mercure de France, Annoncen, Aushänge und verschiedene Bekanntmachungen, Almanache.

16 Zur genauen Geschichte der Familie Martin siehe Sonenscher 1989, S. 210–243, und Wolvesperges 2000, S. 96–121.

17 Marie-Anne Martin heiratete einen Maler-Lackierer mit Namen Charles Mathieu. Nach 1765 erscheint sie in keinem anderen Erbaufteilungsdokument bezüglich ihrer Brüder, was bedeuten würde, dass sie zwischen diesem Zeitpunkt und 1767 gestorben ist, gefolgt von ihrem Bruder.

18 Auch ohne die genauen Geburtsdaten der beiden Schwestern zu kennen, spricht nichts gegen ein angenommenes Geburtsdatum zwischen 1690 und 1702, den Jahren, die die älteren beiden Brüder trennen.

19 Rechtsakt, erwähnt im Inventar der Geschäftsunterlagen, ausgefertigt beim Tod der ersten Ehefrau Guillaume Martins. Dieses Dokument gehört bedauerlicherweise zu den verlorenen Originalurkunden der Notariatskanzlei Maître Prévosts.

20 Paris, Archives nationales, M. C., LXII, 258, 14. November 1731.

21 Paris, Archives nationales, M. C., LVII, 442, 28. September 1760. Die Mitgift setzte sich aus dem Geschäft, den Gerätschaften und den davon abhängenden Verfahren für eine geschätzte Summe von 20 000 Livres zusammen, verbunden mit der Auflage, davon 1000 Livres pro Jahr für ein junges Paar auszugeben, das mit Kost, Wäsche und Logis einzustellen war.

22 Paris, Archives nationales, M. C., CXXI, 368, 24. November 1756.

23 Paris, Archives nationales, M. C., LVII, 480, 6. August 1767. Étienne-François, »der den Eindruck vermittelte, als Privatperson leben zu wollen« (»ayant paru désirer vivre dans son particulier«), trat von den seit seinem Heiratsvertrag auferlegten Bedingungen zurück, um seinem Vater den ganzen Besitz des Geschäfts zurückzugeben gegen Bezahlung von 1000 Livres pro Jahr bis zur Rückerstattung der 20 000 Livres aus der Mitgift sowie dem Gehalt von 2 000 Livres pro Jahr für die ganze Zeit, wo er auf Rechnung seines Vaters und die Nutzung dreier Zimmer in der zweiten Etage des väterlichen Hauses arbeiten würde.

24 Paris, Archives nationales, M. C., CV, 1310, 20. März 1772.

25 Wolvesperges 2000, S. 112 und 405.

26 Sonenscher, Wolvesperges und Czarnocka geben als Datum 1706 an, doch im Heiratsvertrag von Robert Martin wird dessen Alter mit 28 Jahren angegeben, er ist also 1705 geboren. Paris, Archives nationales, M. C., CI, 303, 3. November 1733.

27 Im Inventar nach dem Tod der ersten Ehefrau von Guillaume Martin schuldete dieser seinem Bruder 685 Livres für mehrere Tage Arbeit. Paris, Archives nationales, M. C., LVII, 332, 22. August 1730.

28 Vgl. die Analyse der Güter aus der Gemeinschaft von Robert Martin und seiner Ehefrau, Paris, Archives nationales, M. C., XXXIII, 563, 27. Februar 1767.

29 Ebd.

30 »Herr Robert Martin, Faubourg Saint-Denis Aux Armes d'Angleterre, stellt weiterhin verschiedene Bijoux mit Reliefdekor in Nachahmung des Japanlacks und nach dem neuen Geschmack her. Man findet in seiner Werkstatt alle Arten von Kutschen.«

31 Leider sind die deutschen Archivbestände zu diesem Abschnitt der Geschichte von Schloss Sanssouci zerstört. In Frankreich sind keine Akten gefunden worden, die näher als zehn Jahre an die fragliche Zeit heranreichen. 1752 war er wieder Bürger von Paris und erwarb ein zweites Haus in der Rue Saint-Eustache, das er vermietete, Paris, Archives nationales, M. C., CXXI, 353, 16. Mai 1752.

32 In dieser Zeit schickte ihm sein Vater Handelsware, wie er ihm auch die Summe von 12 390 Livres und 15 Sols bestätigte, die Jean-Alexandre seinem Vater zum Zeitpunkt von dessen Tod schuldete. Paris, Archives nationales, M. C., XXXIII, 563, 27. Februar 1767.

33 Ohne besonderen Grund rücken die jüngeren Autoren Julien an dritte Stelle unter den Geschwistern (vgl. Sonenscher 1989, S. 212; Czarnocka 1994, S. 57; Wolvesperges 2000, S. 96). Er könnte indes gut zwischen Guillaume und Étienne-Simon geboren sein. Die Volljährigkeit war im Alter von 21 Jahren erreicht, der früheste Termin wäre 1699, womit er bei seiner Hochzeit 20 Jahre gewesen wäre. Sinnvollerweise kann als spätestes Datum 1702 angenommen werden, als er 17 Jahre alt gewesen war. 1703 kam Étienne-Simon auf die Welt.

34 Paris, Archives nationales, M. C., V, 309, 13. Januar 1719; XXX, 267, 27. Dezember 1736.

35 Paris, Archives nationales, M. C., CXXI, 319, 13. März 1741.

36 Siehe den Zustand seiner Werkstatt im Inventar nach seinem Tod; Paris, Archives nationales, M. C., XXXIII, 556, 22. Juli 1765.

37 Von Sonenscher 1989, S. 228, vorgeschlagene Hypothese.

Étienne Martin (? – um 1715)
⚭ Claude Bot (? – nach 1733)

- Guillaume Martin (1689–1749) *vernisseur*
  ⚭ Marie-Louise Lamy (? –1728) (erste Ehefrau)
  ⚭ Jeanne Catherine Simon (zweite Ehefrau)
  verwitwet (Doru), verwitwet (Bourgeon)
- Marie-Anne Martin (? – um 1765)
  ⚭ Charles Mathieu *vernisseur*
- Julien Martin *vernisseur* (? –1765)
  ⚭ Marie Anne Frion
- Étienne-Simon Martin *vernisseur* (1703–1770)
  ⚭ Marie Françoise Delaporte
- Robert Martin *vernisseur* (1706–1765)
  ⚭ Marie-Jeanne Papillon
- Angélique-Reine Martin (? –1731)
  ⚭ Robert-Michel Desforges
- Guillaume II. Martin (1710–1770)
  ⚭ Jeanne Desforges (erste Ehefrau)
  ⚭ Catherine Hetz (zweite Ehefrau)

- Guillaume-Jean MARTIN (1713 – ?) *vernisseur*
  ⚭ Claude Marguerite ROUSSEAU
  - Marie Claude MARTIN
    ⚭ Pierre Guy BINET
  - Angélique-Geneviève MARTIN
  - Marie Pélagie MARTIN
  - Henriette MARTIN (? –1755)
  - Marie-Jeanne MARTIN
- Marie-Julienne MARTIN
  ⚭ Lochu [Vorname]
- Marie-Victoire MARTIN
  ⚭ Jean-Augustin GRANGER
- Marie-Élisabeth MARTIN
  ⚭ Pierre SAGERET *vernisseur*
- Louise-Anne MARTIN
  ⚭ Joseph COTTEZ

- Louis Alexandre MARTIN
- Jacques Marie MARTIN

- Claude-Hortense MARTIN (um 1720 – um 1738)

- Étienne-François MARTIN *vernisseur* (? –1771)
  ⚭ Jeanne Charlotte Pottier DESPORTES (erste Ehefrau)
  - Étienne-François-Jean MARTIN (1764 – ?)

  ⚭ Marie-Henriette BLONDEL (zweite Ehefrau)
  - Louis-François MARTIN
- Marie Jeanne Gabrielle MARTIN
  ⚭ Antoine Gérard GALLEY
  - Adélaïde Jeanne GALLEY
  - Antoine Louis GALLEY
  - Gabriel Louis GALLEY
  - Étienne GALLEY
- Claudine Françoise MARTIN
  ⚭ Sébastien Thomas DUBOT
- Michelle MARTIN
- Jeanne Thomas MARTIN
  ⚭ Edme Charles JEANNEL

- Jean-Alexandre MARTIN *vernisseur*
  ⚭ Angélique Louise Joséphine DUBERTRAND
- Jean-Étienne MARTIN
- André-Germain MARTIN
- Antoine-Nicolas MARTIN
- Marie-Julie MARTIN
  ⚭ B. L. GAILLARD
  - Marie Julie GAILLARD

- Guillaume Robert DESFORGES

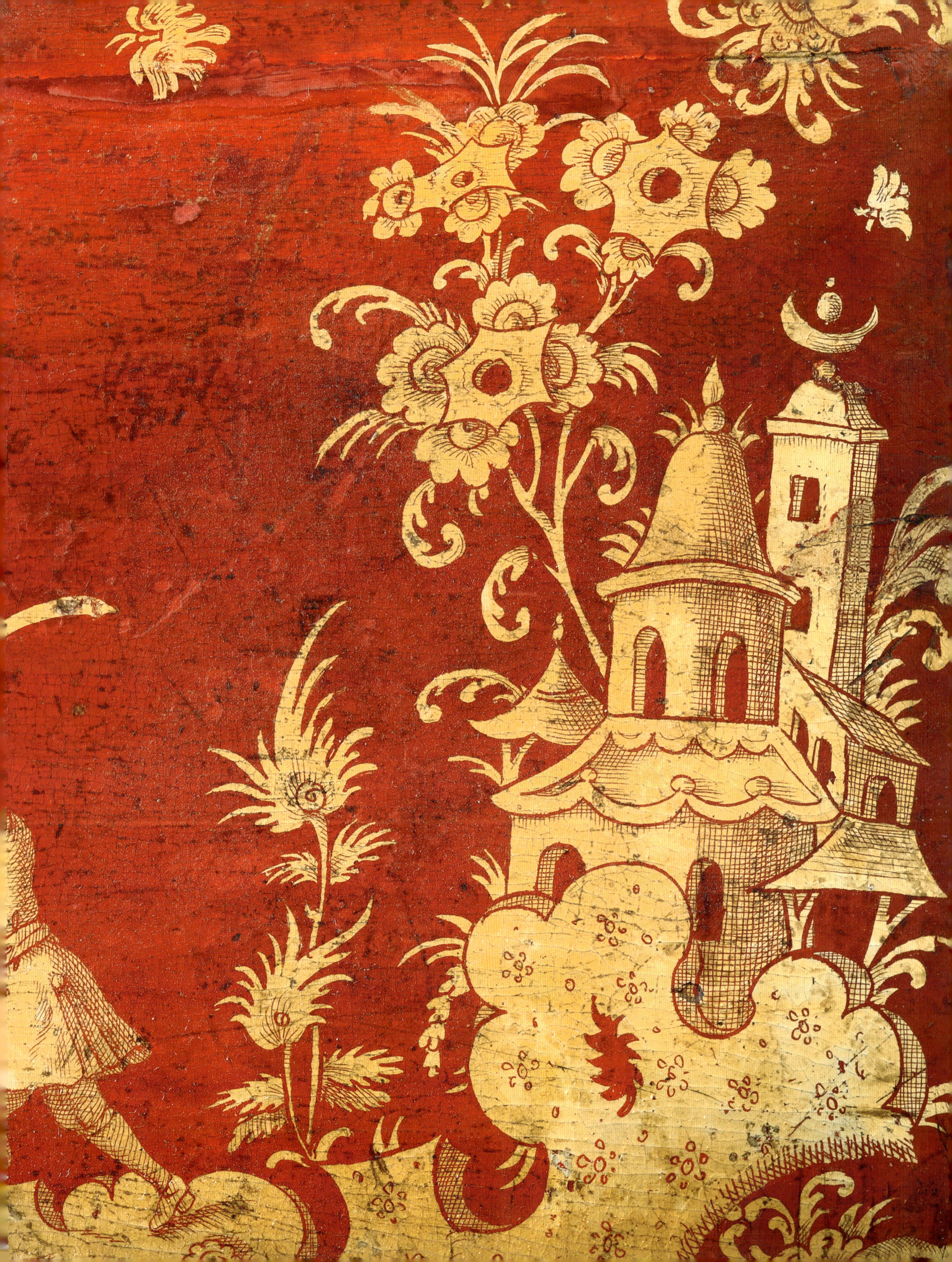

Anne Forray-Carlier

Die Anfänge der Martin

Sind die zu den Brüdern Martin gesammelten Informationen mittlerweile umfangreich, bleiben doch Berufswahl und Ausbildung von Guillaume, dem ältesten der Geschwister, weiterhin ungeklärt. Die jüngeren Brüder können zwar ihre Unterweisung auch durch fremde Meister erfahren haben, doch liegt es nahe, dass sie vom Können des Älteren profitierten und dass Guillaume sie anfangs unter seine Fittiche nahm.

Nachforschungen zu den Eltern Étienne Martin und Claude Blot in dieser Frage waren vergeblich. Anfang des 18. Jahrhunderts wohnte das Paar in der Rue de Charonne in einem Quartier, das zur Pfarrgemeinde Saint-Paul gehörte. Zu unbekanntem Zeitpunkt zogen sie in das von den Holzkunsthandwerkern geschätzte Quartier Faubourg Saint-Antoine,[1] obwohl beide Berufe ausübten – er Kostümschneider, sie Damenschneiderin –, die der Holzbranche fernstanden.[2] Ungewiss ist auch das Todesdatum Étiennes, der bei der Hochzeit des ältesten Sohnes 1711 noch lebte, bei der Hochzeit von Julien 1719 hingegen schon verstorben war. Claude Blot hat nicht wieder geheiratet und lebte noch 1733, als sich Robert Martin als letztes der Kinder vermählte.

In einer Gesellschaft, in der es üblich war, dass man den Beruf der Eltern ergriff, hatten die Kinder Martin diese Option nicht. So wäre die berufliche Orientierung kaum anders als mit Entstehung und Aufschwung des neuen Metiers des Vernisseurs gerade im Faubourg Saint-Antoine zu erklären.[3] Dieser Beruf mag in den Augen von Étienne und Claude Martin, die sich eine gute Zukunft für ihre Kinder wünschten, die Möglichkeit des Erfolges geboten haben. Gaben demnach die vorausschauenden Eltern Guillaume bei einem der wenigen Lackmalermeister, die im Faubourg wohnten, in die Lehre? Tatsächlich war es nur den Meistern erlaubt, Lehrlinge auszubilden, wozu ein Vertrag im Beisein eines Notars oder auch ein Gesellenbrief ohne Urschrift ausgefertigt wurde.[4] Möglicherweise geschah auch Guillaumes Vermittlung in dieser Form, denn es wurde kein Vertrag gefunden noch erwähnt. Mangels Dokumenten verdienen, um eine Hypothese zu wagen, unter den Maler-Lackierern diejenigen Aufmerksamkeit, die im Faubourg zwischen 1695 und 1710 tätig waren – der Zeitspanne, die für die Ausbildung von Guillaume Martin anzunehmen ist. Darunter erscheinen drei Namen nennenswert, die auch Abraham Du Pradel in seinem *Livre commode des adresses de Paris pour 1692* erwähnt: Vater und Sohn Langlois, ein gewisser Le Roy und Jean Pati, von dem wenig bekannt ist und der Arbeiten in »façon de la Chine« ausführte.[5] Von Le Roy am Rande des Faubourg heißt es, er führe »toutes sortes de meubles en verni façon de la Chine« aus und arbeite »dans les appartements aux ornements de Peintures«,[6] zwei Bereiche, in denen auch die Martin herausragten. Mathieu Langlois schließlich wohnte in der Rue du Faubourg Saint-Antoine nahe der Rue de Charonne, wo die Martin zu Hause waren. Du Pradel nennt Mathieu zusammen mit seinem Sohn Jacques: »Les sieurs Langlois, père et fils, font des cabinets et paravents façon de la Chine, d'une beauté singulière …« und im folgenden Jahr »Le Sieur Langlois père, et le sieur Langlois fils aîné, qui imitent et raccommodent en perfection les meubles de la Chine …«.[7] Bedeutsam sind die Äußerungen insofern, als sie zeigen, dass die Langlois nicht nur Möbel und Objekte in »façon de la Chine« lackierten, sondern auch asiatische Lackarbeiten ausbesserten, die ihnen anvertraut worden waren. Auch Guillaume sollte sich in diesem Bereich, für den die genaue Kenntnis der Materialien und des Dekors unerlässlich war, einige Jahre später profilieren. Dennoch ist Zurückhaltung bei solcherlei Bezügen geboten, da Guillaume sich auch gut bei einem anderen Vernisseur hat ausbilden lassen können. Mit genauerer Kenntnis der sozialen Beziehungen und Verbindungen von Étienne und Claude Martin ließen sich sicherlich noch weiterführende Überlegungen zur Lösung dieser Frage anstellen.

Doch auch die Ausbildung der anderen Brüder bleibt unklar! Vierzehn Jahre trennen Guillaume von seinen jüngeren Geschwistern; Juliens Geburt könnte allerdings auch in dieses Intervall fallen.[8] Eine Äußerung anlässlich der Hochzeit Juliens 1719 mit Marie-Anne Frion besagt, dass sie ihm als Tochter eines Vergoldermeisters den Meistertitel einbrachte,[9] was die Frage aufwirft, ob Julien die Bekanntschaft seiner zukünftigen Frau nicht während der Lehre bei Louis Frion gemacht hat.

Für Étienne-Simon und Robert ergeben sich aus den verschiedenen zur Verfügung stehenden Quellen keinerlei Indizien, sodass als wahrscheinlichste Hypothese die einer Ausbildung bei Guillaume bleibt, für den – ohne dass dies durch vorschriftsmäßige Regelungen oder Übereinkünfte gestützt worden wäre –,

Kasten für Toilettenzubehör, Detail, Rotlack mit Dekor in graviertem Blattgold, 1710–1720; Münster, Museum für Lackkunst (Kat.-Nr. 2)

seine jüngeren Brüder arbeiteten. Nur allmählich konnte sich jeder einzelne als selbstständiger Unternehmer etablieren. Im Falle Juliens ist offen, wo er nach seiner Hochzeit wohnte. Zumindest für die dreißiger Jahre des 18. Jahrhunderts weiß man, dass er ein Haus in der zur Gemeinde Saint-Laurent gehörenden Grande Rue du Faubourg Saint-Martin bezog, in dem er bis zu seinem Tod lebte. Den Beschreibungen nach besaß es zwei auf den Hof gerichtete Zimmer mit Blick auf den Garten, die ihm zur Ausübung seines Berufes dienten.[10] Julien arbeitete tatsächlich für seinen Bruder Guillaume bis zu dessen Tod und anschließend sicherlich noch eine Weile für seinen Neffen Guillaume-Jean. Ab 1751 arbeitete Julien selbstständig. Étienne-Simon hatte sich seinerseits in der Rue de Grenelle niedergelassen, die zur Gemeinde Saint-Eustache gehörte. Dort entfaltete er von Anfang an seine Tätigkeit, wie eine öffentliche Bekanntmachung bezeugt, die 1724 im *Mercure de France* erschien.[11] 1736 erwarb er ein Haus in der Grande Rue du Faubourg Saint-Martin, wo er seine Werkstatt betrieb und dringend benötigte Schuppen zur Unterstellung von Kutschen errichtete.[12] Von da an ist von wechselseitigen Diensten zwischen den beiden Brüdern nicht mehr die Rede. Robert war erst von 1741 an, nach dem Erwerb eines Hauses in der Grande Rue du Faubourg Saint-Denis, nahezu in Nachbarschaft seines Bruders Guillaume, völlig selbstständig.[13] Bis zu diesem Datum, so bezeugt es das nach dem Tod der ersten Frau Guillaume Martins erstellte Inventar, arbeitete Robert für seinen Bruder und zweifellos ebenfalls für Étienne-Simon.[14]

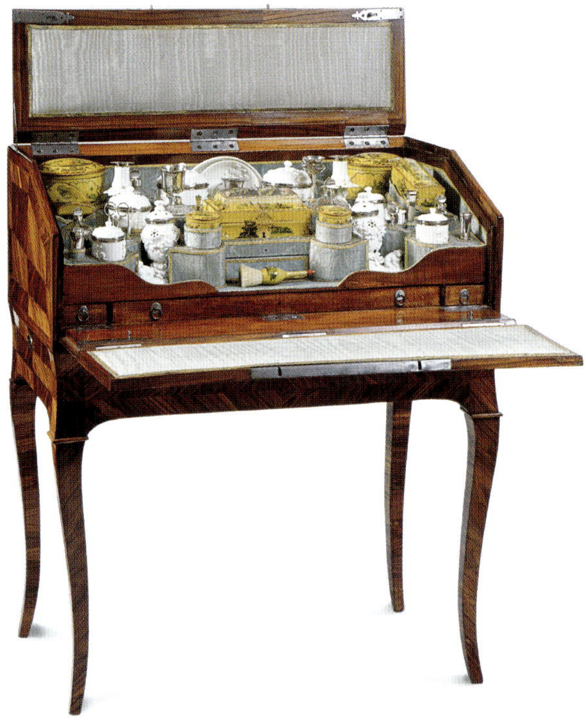

2 Toilettentisch, gestempelt Péridiez, satiniertes Holz (?), Porzellan aus Mennecy, Silber, Vernis Martin und Moiré; Kopenhagen, Sammlung David (Inv.-Nr. 12/1984)

Besonders das genannte Inventar sowie eine beträchtliche Anzahl von Dokumenten, die Guillaume Martin zu Beginn seiner Tätigkeit ausfertigen ließ, erlauben eine Einschätzung der Produktion – von den Anfängen der Brüder Martin bis in die dreißiger Jahre des 18. Jahrhunderts.[15] Die frühesten Schriftstücke informieren uns über den Betrieb der Werkstatt. Wie Thibaut Wolvesperges zutreffend betont, gibt allein schon der am Kopf eines jeden Dokuments erscheinende Titel für Guillaume hinreichend Auskunft über sein Fortkommen innerhalb seines Berufes, aber auch über die Unschärfe der Berufsbezeichnung Vernisseur.[16] Die Bandbreite ist groß und reicht von »vernisseur de la Chine« über kurz »vernisseur« bis »vernisseur et graveur sur vernis«. Entsprechend lässt unter den ersten von Guillaume getroffenen Vereinbarungen die mit einem Radierer-Kupferstecher erkennen, dass er sich die Sachkenntnis eines Graveurs für den Dekor seiner Erzeugnisse aneignen musste. Eine zweite Vereinbarung mit einem Maler und Zeichner hingegen beinhaltete trotzdem Gravurarbeiten (Abb. 1)![17] Eine der Betitelungen verdient zitiert zu werden, weil bereits hieraus erhellt, dass die von Martin angewandte Technik sich auf unterschiedlichen Gründen aufbringen lässt, die anschließend durch Metall vervollständigt werden: »Guillaume Martin Vernisseur en Verny de la chine tant sur bois, ebenne, yvoir qu'autres Tant pour toilettes de femmes qu'autres ouvrages«. Vernis Martin beschränkt sich also nicht auf einen auf Holz aufgebrachten Lack. Schließlich stellt die Betitelung die »toilette« für die Damen voran, eines der wichtigsten Erzeugnisse, wenn auch nicht das einzige in den Anfangszeiten der Martin.

Für die Zeitspanne von Oktober 1711 bis Oktober 1714 sind vierzehn Dokumente erhalten, meist Abmachungen mit Lackgraveuren, von denen vier die Inanspruchnahme von Gehilfen betreffen. Zudem erlauben sie einen Einblick in die Werkstattorganisation. Die Arbeit begann im Winter um sieben, im Sommer um sechs Uhr. Es wurde bis acht Uhr abends, sechs Tage die Woche, das ganze Jahr hindurch gearbeitet. Martin kümmerte sich um die Fertigung des Lacks und vertraute die Gravurarbeiten den Lackgraveuren an. Einer von ihnen war François-Philippe Dubercelle. Vom Mai 1712 datiert der erste Vertrag zwischen ihm und Guillaume Martin, worin Dubercelle sich verpflichtete, ein Jahr lang bei sich für Martin zu arbeiten, während es Martin oblag, ihn mit zwei Toilettentischen pro Woche oder einem gleichwertigen Ob-

1 Kasten für Toilettenzubehör, anonyme Lackwerkstatt, Holz, Rotlack mit Dekor in graviertem Blattgold, 1715–1720; London, Victoria and Albert Museum (Inv.-Nr. 8506-1863)

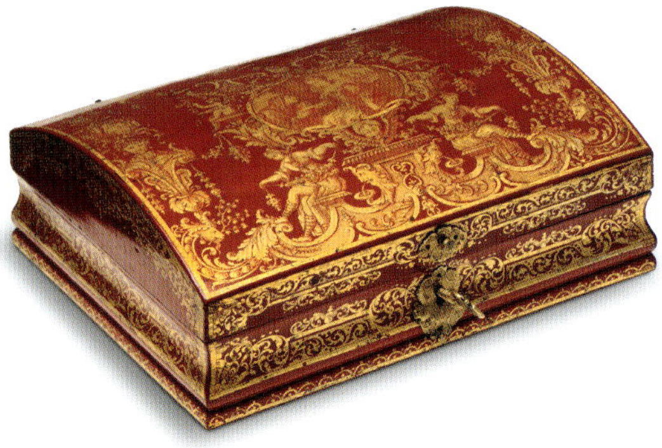

jekt zu beliefern. Noch bevor dieser erste Vertrag auslief, verpflichteten sich beide Männer erneut für ein Jahr, doch in diesem Fall kam Dubercelle zu Martin. Sechs Monate später schlossen sie eine neue Vereinbarung für die Dauer von zwei Jahren ab, während Guillaume Martin in derselben Zeitspanne noch mit weiteren Lackgraveuren Verträge schloss, was für die Erhöhung der Produktion spricht. Unter den Gehilfen wurden zwei junge Mädchen mit der Politur der Erzeugnisse betraut. Auch die Ehefrauen von Martin waren in den Werkstätten tätig und arbeiteten mit.[18] Bleibt schließlich zu betonen, dass abhängig vom Handwerker die Arbeitsaufgaben und -löhne stark divergieren konnten.[19]

Wenn auch nun durch die Archive die Namen verschiedener Lieferanten und Handwerker ans Tageslicht kommen, die auf fremde Rechnung für die Martin und an der Vollendung der Objekte arbeiteten, bleiben doch einige Aspekte ungeklärt. Wer stellte den Korpus der Holzmöbel her? Ein als Subunternehmer arbeitender und zuliefernder Tischler, ein befristet beschäftigter Arbeiter oder eher Martin selbst – und war er selbst wiederum der Subunternehmer und Zulieferer für einen Kunstdrechsler oder einen Kunsthändler (Abb. 2)? Ebenso unklar bleibt, was mit dem vollendeten Objekt geschah. Naheliegende Vertriebswege sind zum einen der über den Kunsthändler, dessen Laden zu Beginn des 18. Jahrhunderts der bevorzugte Ort für Neuheiten und Luxus geworden war. Antoine Watteau schildert ein solches Geschäft in seinem berühmten Gemälde *L'Enseigne de Gersaint*, gemalt für den gleichnamigen Kunsthändler. Im Vordergrund ist auf dem Ladentisch ein Kasten in Vernis Martin zu erkennen (Abb. 3).

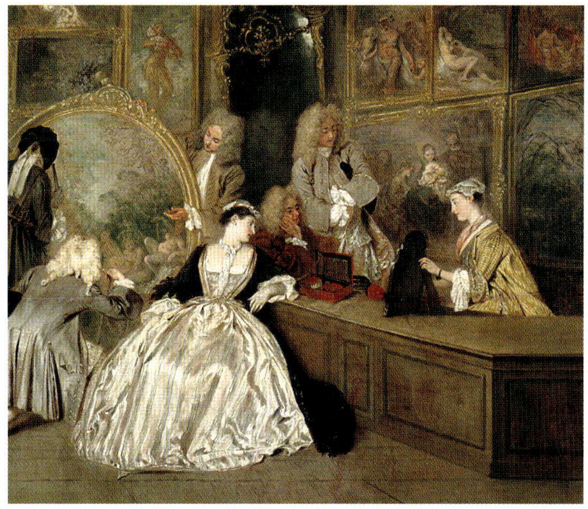

3 Antoine Watteau, *L'Enseigne de Gersaint*, Detail, 1721, Öl auf Leinwand; Berlin, Staatliche Schlösser und Gärten, Schloss Charlottenburg (Inv.-Nr. GK I 1200/1201)

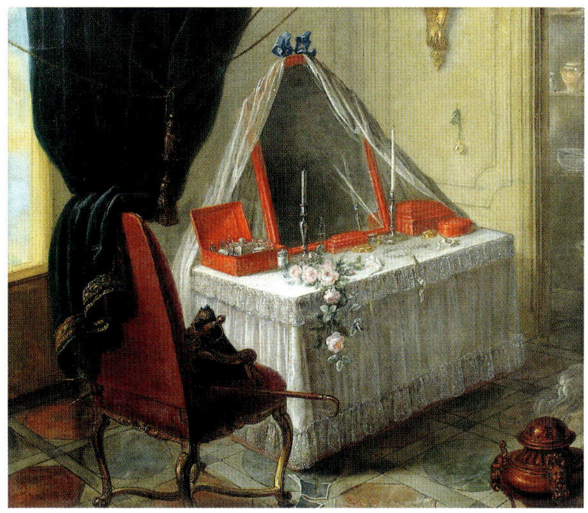

4 Nicolas Henry Jeaurat de Bertry, *La table de toilette*, um 1775, Öl auf Leinwand; Standort unbekannt

Der andere Vertriebsweg ist der über den Spiegelfabrikanten und -händler, der die wichtigsten Elemente des Toilettentisches zusammenbrachte und verkaufte. Zu den berühmtesten Spiegelfabrikanten und -händlern des 18. Jahrhunderts gehört die Familie Delaroue. Alexis Delaroue und nach ihm sein Sohn belieferten unter anderem seit zwölf Jahren den Garde-Meuble zur Ausstattung der Königstöchter, entweder gleich mit vollständigen Toilettengarnituren oder zumindest mit Erneuerungen. Unter den vielen Gegenständen, aus denen die Toilettenensembles der Damen bestanden, waren der Spiegel, das Nähkästchen, eine Handtasche aus Stoff, eine kleine Bürste sowie Bürsten aus »vernis façon du Japon, fond vert et or à figures«.[20] Den Dokumenten ist zu entnehmen, dass Alexis Delaroue und die Martin Beziehungen unterhielten, die immerhin so freundschaftlich waren, dass Guillaume Martin und seine Frau die Gemahlin des Spiegelfabrikanten und -händlers Suzanne Delaroue zur Patentante ihres ältesten, am 7. Dezember 1713 geborenen Sohnes erwählten.[21] Patenonkel war wiederum Jean Le Roy, ein weiterer Spiegelhersteller und -händler. Wahrscheinlich ist daher, dass mehrere Toilettengarnituren das Ergebnis ihrer Zusammenarbeit sind.[22]

Die »toilette« war zwar das Haupterzeugnis der Martin-Werkstatt, sie war aber beileibe nicht das einzige. Im Jahr 1728 verstarb Marie-Louise Lamy, die Ehefrau von Guillaume Martin. Das zwei Jahre später anlässlich ihres Todes erstellte Inventar erlaubt es, die Werkstatttätigkeit und den Étienne-Simon zukommenden Anteil zu ermessen. Tatsächlich hatten sich die beiden Brüder 1727 zu einem Zusammenschluss entschieden, die Konditionen bleiben allerdings unbekannt, da das Dokument endgültig verloren ist.[23] Drei Umzüge beweisen schon, dass die Tätigkeit im Verlauf nur weniger Jahre zunahm. 1714 verließ Guillaume die Rue Saint-Bernard und bezog ein in der Rue du Faubourg Saint-Antoine gelegenes Haus mit dem Firmenschild »Le roy de Siam«. Sechs Jahre später erneuerte er das Pachtverhältnis.[24] 1725 verließ er das Quartier Saint-Antoine, zog ins Quartier Saint-Eustache und mietete in der Rue Théveneau ein größeres dreigeschossiges Haus mit Hof, Remise und Pferdestall, jede Etage mit vier Zimmern.[25] Anderthalb Jahre später trat er von diesem Vertrag zurück, um ein anderes Haus zu pachten, diesmal in der Grande Rue du Faubourg Saint-Denis, wo er bis zu seinem Tod wohnte.[26] Das Inventar zeigt auch, dass der von Étienne-Simon ausgeführte Teil mehr als ein Drittel der Gesamtherstellung und die Mehrheit der »toilettes« ausmachte. Eine Toilettengarnitur bestand, wie bereits ausgeführt, aus mehreren Objekten (Abb. 4). Die genannten Dekore sind wie die zum Einsatz kommenden Techniken sehr unterschiedlich.[27] Die für die Anfänge charakteristische Lackgravur erscheint in Verbindung mit Dekoren, deren Relief als »Japon en faux«, »en la Chine«, »en la Chine relief« beschrieben wird.

Die Tabletts (»cabarets«) bilden schließlich den wichtigsten Teil. Vor allem Guillaumes Werkstatt stellte sie her. Mit dem aus China importierten Lacktablett wurde das Cabaret sehr schnell in europäische Gebräuche integriert und nachgeahmt. Es wurde eingesetzt, um Porzellanobjekte und Schmuckstücke abzulegen und zu arrangieren. Man ergänzte es mit einem Gestell, um daraus einen kleinen leichten Tisch zu machen (Abb. 5). Das Holz war bisweilen vergoldet, häufiger jedoch mit Lack überfangen. Schwarzer Grund und Aventurin herrschen neben roten, gelben oder grünen Hintergründen vor. Als Dekore werden Figuren und Gebäude genannt, einige Cabarets sind mit Perlmutter versehen.

Anschließend wird das Mobiliar aufgeführt. Es besteht im Wesentlichen aus Kommoden, Encoignuren und Tischen, für welche dieselben Motive und Fondfarben verwendet wurden. Hier stammen wenige Objekte von Étienne-Simon. Stücke kleineren Formats wie Kästen, Tabletts und Spinnrad gehören zu den 1730 noch wenig vertretenen Erzeugnissen, die aber bald vorherrschen. So zeugen auch die in einem Schuppen befindlichen Gegenstände – erwähnt werden Gabeldeichsel, Schlitten und Maschinen zum Waschen der Kutschen – davon, dass man auch in diesem Bereich tätig geworden war, selbst wenn im Inventar davon kein einziges Objekt als Schätzung erscheint.

Vereinzelt werden einige asiatische Stücke erwähnt, fünf Kabinettschränke, vier Tabletts und eine Truhe, deren Schätzungen gegenüber den europäischen Lackobjekten höher ausfallen. Handelte es sich um Stücke, die Martin zur Ausbesserung anvertraut worden waren, wie dies für die Truhe genau vermerkt ist, oder dienten die Lacke dieser Objekte Martin als Vorbild? Der einmalig erscheinende Vermerk »Ausbesserung« bestätigt wohl, dass ihnen Lackarbeiten dieser Art vertrauensvoll überlassen wurden. Wenig später ergaben sich Ausbesserungsarbeiten ohnehin, da asiatische Lackobjekte mehr und mehr in den Dekor der europäischen Möbel integriert wurden. Eine wertvolle Information stellt allein die mit Blick auf jedes Einzelstück vorgenommene Schätzung dar, die allerdings in Hinblick auf den Zustand der Objekte im Arbeitsprozess – vollendet, begonnen, Entwurf, Stückwerk oder Rohling – mit Vorsicht zu genießen ist. Im Fall der anscheinend vollendeten Toilettengarnituren ist erkennbar, dass der Preis durchaus dem einer Kommode oder sogar einer höherwertigen, mit aufwendigem Dekor versehenen Encoignure vergleichbar ist. Herrschen unter den Pariser Lackmalern schwarze und rote Hintergründe am Beginn der Produktion vor, zeigt das Inventar, dass gelber Hintergrund, oft als »couleur jonquille« (»Narzissenfarbe«) bezeichnet, und ganz besonders ein grüner Fond verwendet wurden (Abb. 6),[28] wohingegen die blaue Farbe erst viel später erschien.[29]

Viele weitere Gesichtspunkte rund um den Betrieb der Werkstatt bleiben leider unerschlossen! Das auf das der Handelswaren folgende Inventar der Geschäftsunterlagen nennt mehrere Verzeichnisse, etwa von Verkaufserlösen oder Verzeichnisse der Beschäftigungstage der Arbeiter, die zu kennen für den Forscher von großem Wert wäre. Die Aufzeichnung der Schulden Martins enthüllt die Namen derjenigen, bei denen er Gold, Aventurin oder andere Rohstoffe erwarb, von verschiedenen Malern, denen er Arbeiten anvertraute, von einem Goldschmied, einem Drechsler und von weiteren Kreditoren ohne Berufsangabe. Hinsichtlich seiner Debitoren ist weniger zu erfahren, insbesondere werden vier Kunden mit Schulden in unterschiedlicher Höhe erwähnt: Madame de Tonnerre mit 66 Livres, der Duc de Bouillon mit 200 Livres, der Duc de la Trémoïlle mit 496 Livres und schließlich der König mit 3 500 Livres, allein die entsprechenden Aufträge und Arbeiten fehlen. Hinzuzufügen ist noch der Name von Madame Courcillon, deren Schulden sich auf 1 520 Livres summieren und die sich verpflichtet, den Betrag in den zwei kommenden Jahren zu begleichen.[30] Von da an entzieht sich das wirtschaftliche Handeln der Martin unserer Kenntnis. Unklar bleibt auch, ob das im Inventar erwähnte, nicht auf die Straße, sondern auf den Hof hinausgehende Geschäft als eigentlicher Verkaufsort diente oder ob Martin generell über die Vermittlung eines Kunsthändlers oder eines Möbelhändlers arbeitete.[31] In jedem Fall zeigt die Existenz einiger Namen, darunter der glanzvolle des Königs, dass die Martin unmittelbar handeln konnten. Zweifellos kann man darin die Frucht der Auszeichnung »vernisseur du roi« erkennen, die ihm der König am 23. Juni 1725 gewährte. Auch seine Brüder führten diesen Titel und Guillaume ergänzte, um sich von ihnen abzuheben, die Bezeichnung »premier vernisseur du roi«, die in einigen Dokumenten begegnet, ohne dass diese Bezeichnung »premier« einen besonderen Unterschied ausmachte.[32] Der Titel ist allerdings als Zeichen dafür zu werten, dass Guillaume Martin von nun an die höchste Anerkennung in seinem Metier erreicht hatte und in dem Beruf eine Berechtigung genoss, die ihm später noch Schwierigkeiten einbringen sollte.

5 Tabletttisch, anonyme Lackwerkstatt, Lindenholz, Pariser Lack, um 1740; Paris, Musée Carnavalet (Inv.-Nr. MB 452)

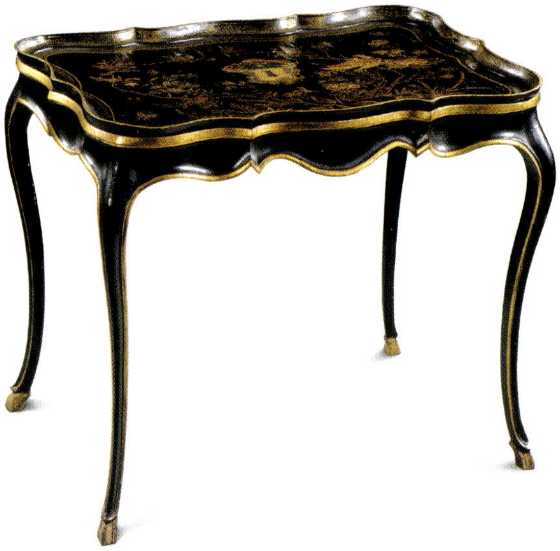

1 Zum Zeitpunkt von Guillaume Martins Geburt lebte das Paar in der zur Gemeinde von Saint-Germain l'Auxerrois gehörigen Rue des Bourdonnais.
2 Vgl. die Heiratsverträge ihrer Kinder, die einzigen in dieser Hinsicht präzisen Dokumente.
3 Vgl. den Beitrag von Daniel Alcouffe in der französischen Ausgabe dieses Kataloges.
4 Allerdings konnte Daniel Alcouffe (wie Anm. 3) zeigen, dass einige, ohne Meister zu sein, Lehrlinge und Leiharbeiter aufnahmen.
5 Alcouffe 2008, S. 229.
6 Ebd., S. 199.
7 Ebd., S. 184, und Wolvesperges 2000, S. 91.
8 Angesichts fehlender notarieller Dokumente ist es äußerst schwierig, ein Geburtsdatum für Julien und seine beiden Schwestern anzugeben. Infrage kommt die Zeitspanne zwischen Guillaumes und Étienne-Simons Geburt oder auch zwischen den beiden anderen Brüdern mit bekannten Geburtsdaten. Vgl. den Beitrag »Die Martin – zum Forschungsstand« in diesem Katalog S. 20 und 23, Anm. 18.
9 Paris, Archives nationales, M. C., V, 309, 13. Januar 1719. Thibaut Wolvesperges (vgl. S. 112) liest Louis Sion; wir lesen Frion.
10 Paris, Archives nationales, M. C., XXXIII, 556, 22. Juli 1765.
11 Thibaut Wolvesperges konnte den Beweis für die Urheberschaft dieser Bekanntmachung erbringen; sie lässt die Anfänge der Brüder Martin in neuem Licht erscheinen. Vgl. Wolvesperges 2000, S. 110.
12 Im Beisein des Notars Maître Prevost getätigte Erwerbung, die Originalausfertigungen sind verloren. Es scheint, dass Étienne-Simon schon Mieter des Hauses war, weil in dem nach dem Tod der Ehefrau von Guillaume erstellten Inventar von 1730 seine Werkstätten im Faubourg Saint-Martin erwähnt werden, und laut einem Dokument von 1731 ist er in der Grande Rue du Faubourg Saint-Martin ansässig; vgl. Paris, Archives nationales, M. C., XXXIX, 342, 10. Februar 1731.
13 Von den Erben von Jacques Dedelay erworbenes Haus mit Gerichtsurteil des Châtelet vom 15. Juli 1741.
14 Paris, Archives nationales, M. C., LVII, 332, 22. August 1730. Guillaume schuldete seinem Bruder 685 Livres für Arbeitstage.
15 Ebd.
16 Wolvesperges 2000, S. 99.
17 Paris, Archives nationales, M. C., II, 369, 23. Oktober 1711 und XXVIII, 118, 16. Mai 1712.
18 Im Gesellschaftsvertrag, der Guillaume mit seinem Bruder Julien verband (Paris, Archives nationales, M. C., XXX, 267, 27. Dezember 1736), wird ausgeführt, dass die Ehefrau von Julien und die gemeinsame Tochter Claude Hortense für Guillaume zu arbeiten haben. Weil Guillaume seinerseits einen Vertrag mit dem Bijoux-Piqueur Guillaume Daumont abgeschlossen hatte, betrifft dieser auch seine Ehefrau (Paris, Archives nationales, M. C., XXXVIII, 302, 12. Januar 1739); Marie-Jeanne Papillon, die Ehefrau von Robert Martin, arbeitete in der Werkstatt bis zum Tod ihres Mannes.
19 Wolvesperges 2000, S. 100.
20 Paris, Archives nationales, O[1] 3312, fol. 182 verso; 184 verso; O[1] 3313, fol. 147; O[1] 3314, fol. 10; 101; O[1] 3315, fol. 20 verso; 21 verso; O[1] 3319, fol. 96.
21 Vgl. die für Guillaume-Jean am 20. März 1741 erstellte Zeugenurkunde; Paris, Archives nationales, M. C., CXXI, 319.
22 Bei der Auflösung und Aufteilung der Güter von Robert Martin wird Delaroue in mehreren Fällen als Kreditor wie als Debitor genannt; Paris, Archives nationales, M. C., XXXIII, 563, 27. Februar 1767.
23 In der Notariatskanzlei von Maître Prévost am 10. November 1727 ausgestelltes Dokument, Verlust.
24 Paris, Archives nationales, M. C., I, 257, 15. Juli 1714.
25 Paris, Archives nationales, M. C., XII, 390, 25. August 1725.
26 Im Notariat von Maître Prévost am 28. August 1727 ausgestelltes Dokument, Verlust.
27 Wolvesperges 2000, S. 99–103, Analyse des Inventars.
28 Erstaunlicherweise weisen die wenigsten der erhaltenen Objekte diese Farbe auf. Eine Encoignure mit grünem Fond und Architekturdekor in einer Landschaft mit Stempel des Ebenisten Maclard bei Christie's New York, 9. Mai 1985, Los 120, Standort unbekannt; vgl. Abb. 6.
29 Noch paradoxer ist, dass sich Möbel und Objekte mit blauem Hintergrund erhalten haben, obwohl diese Farbe in den Inventaren praktisch nicht erscheint. Ein bis zwei Nennungen kommen bei den Martin auf mehrere Dutzend mit grünem, gelbem oder rotem Hintergrund vor.
30 Paris, Archives nationales, M. C., LVII, 332, Aktenzeichen 12 des Inventars der Geschäftsunterlagen.
31 Thibaut Wolvesperges betont diesbezüglich, dass die Möbel ohne Bronze sind, Indiz dafür, dass sie nicht unmittelbar für Einzelkunden bestimmt waren; vgl. ebd., S. 101.
32 Die Erwähnung des Zeugnisses gehört zu Aktenzeichen 4 des Inventars der Geschäftsunterlagen.

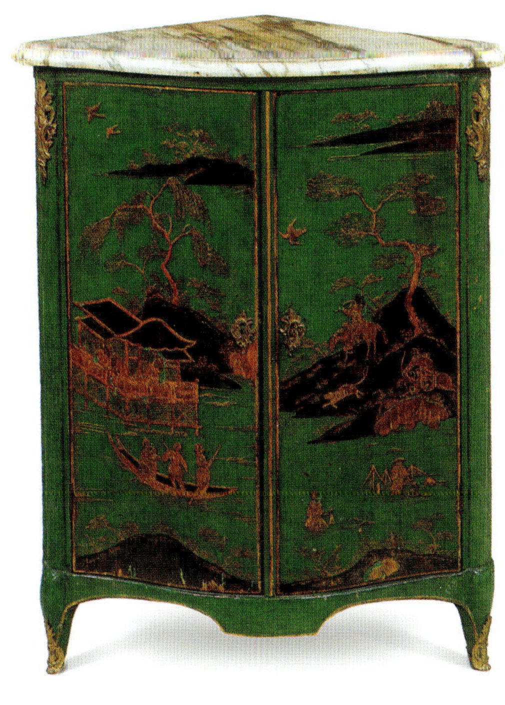

6 Charles Maclard, Encoignure aus einem Paar, Nadelholz, brauner Pariser Lack und Gold auf grünem Hintergrund, im Innern rot lackiert; Auktion Christie's, New York, 9. Mai 1985, Los 120

1 *La toilette*

Jean-Baptiste Pater (1695–1736)

Öl auf Leinwand

H. 47 cm, B. 37,5 cm

Paris, Musée du Louvre, Département des peintures, Inv.-Nr. MI 1096

Literatur: Ingersoll-Smouse 1928, Nr. 522, S. 79. – Compin / Roquebert 1986, Bd. 4, S. 127.

Die Morgentoilette mit ihren intimen Momenten hat viele Maler zu einfühlsamen Darstellungen angeregt. Eine allerdings eingeschränkte Intimität, denn die Hausherrin ist an Ort und Stelle von ihren Bediensteten umgeben oder nutzt die Gelegenheit, um Freunde zu empfangen und sich zu unterhalten; Lieferanten treffen ein und sie erfährt von ihnen Neuigkeiten oder der Sekretär erscheint, dem sie ein paar Schreiben diktiert. Die eigentliche Toilette ist zu dieser Tageszeit schon beendet. Es bleibt nur, letzte Hand an die Frisur und die Maquillage zu legen, bevor sie das für die erste Tageshälfte gewählte Kleid anzieht. Alle Maler, sei es Jean-François de Troy, François Boucher, Nicolas Lancret oder Jean-Baptiste-Siméon Chardin, um nur einige unter ihnen zu nennen, postierten den Toilettentisch in die Mitte, die Gerätschaften darum herum. Ein einfacher rechteckiger Tisch erhielt eine Decke aus weißem Baptist und Spitze, auf der all die ebenfalls als »toilette« bezeichneten, unerlässlichen Utensilien Platz fanden. Das wichtigste Element, der Spiegel, erhielt zwei rechteckige Kästen – »carrés« genannt – als seitliche Begleitung, um darin Schmuckstücke und Edelsteine aufzubewahren; weiterhin zwei runde Dosen für den Puder sowie zwei kleinere für Creme und Schönheitspflästerchen, ein Kästchen mit Nadelkissen, eine kleine Flusenbürste und schließlich ein oder zwei Haarbürsten. Wie auch auf diesem Bild festzustellen ist, das eine Toilette mit roter Lackfassung zeigt, ist nicht notwendigerweise alles dargestellt. Als zentrales Motiv der Komposition und grundlegender Bestandteil des weiblichen Mobiliars erscheint der Toilettentisch wie das Meisterstück des französischen Esprits des 18. Jahrhunderts. Eine der frühesten Erwähnungen findet sich im Möbelverzeichnis, das Mademoiselle Molière 1705 in die Ehe mit Sieur Montalant mitbrachte: »une petite table de toilette en sapin, avec sa toilette, composée d'un dessous de toilette d'étoffe de soie, avec un dessus de toilette de mousseline à falbalas, un miroir, deux boîtes à poudre, un petit coffret, une boîte de Chine …«[1] Handelt es sich bei dieser Dose um eine chinesische Lackarbeit? Doch wahrscheinlich eher um eine Dose in Vernis Martin in Nachahmung chinesischer Lacke und auf die übrigen Bestandteile der Toilette abgestimmt. So legen diese kostbaren Interieurs Zeugnis ab vom Gebrauch der Toilettenutensilien in Vernis Martin, die bis in die letzten Jahre des 18. Jahrhunderts zu den wichtigsten Erzeugnissen der Maler-Lackierer gehörten und die in ihren Dekoren der Mode- und Geschmacksentwicklung der Zeit folgten.

---

1 Havard 1887–1890, Bd. 4, Spalte 1351: »ein kleiner Toilettentisch aus Tannenholz, mit seinem Toilettenzubehör, bestehend aus einer Unterlage der Toilette aus Seide, mit einem Überhang aus Mousseline mit Falbalas, einem Spiegel, zwei Puderdosen, einem Kästchen, einer Dose aus China […]«.

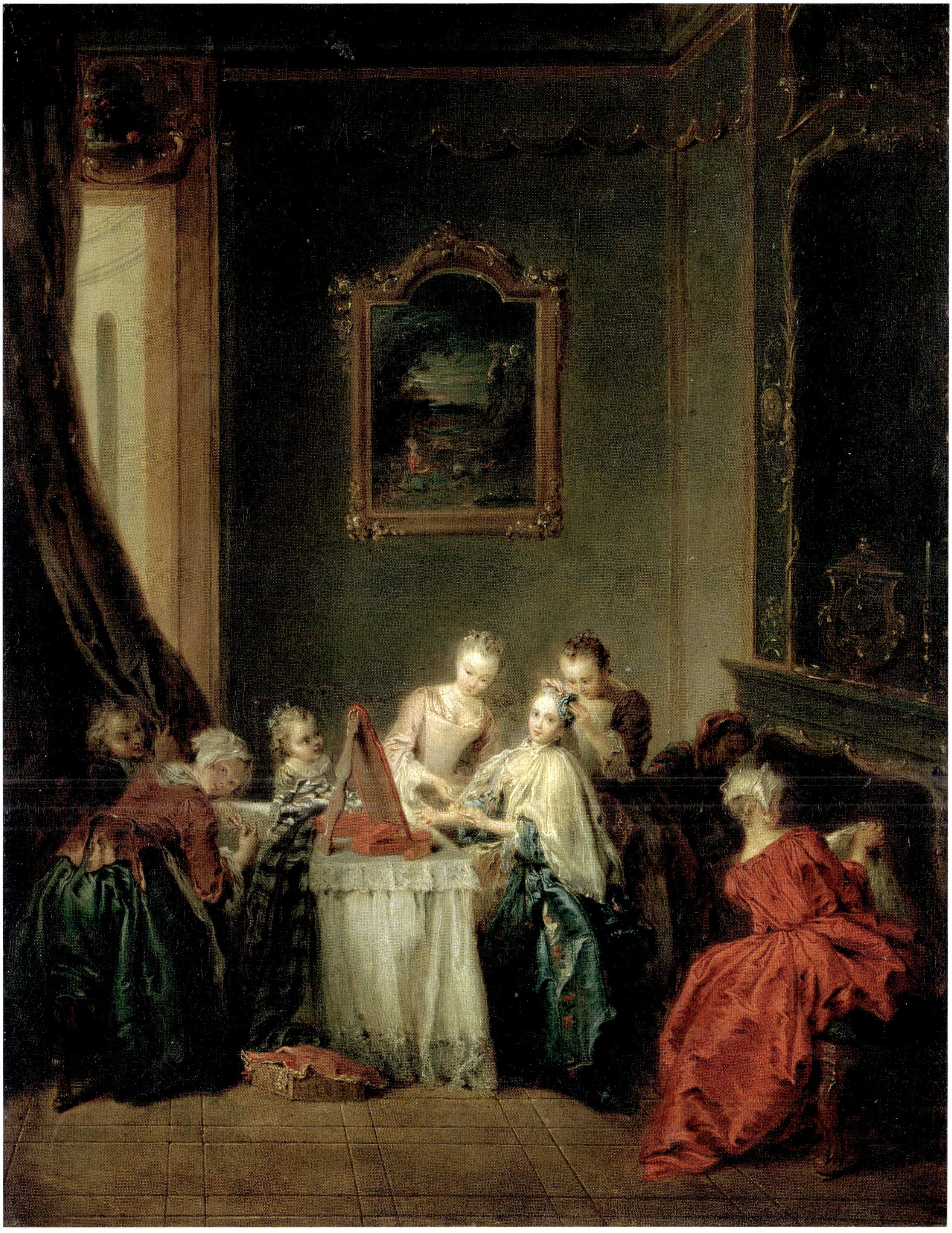

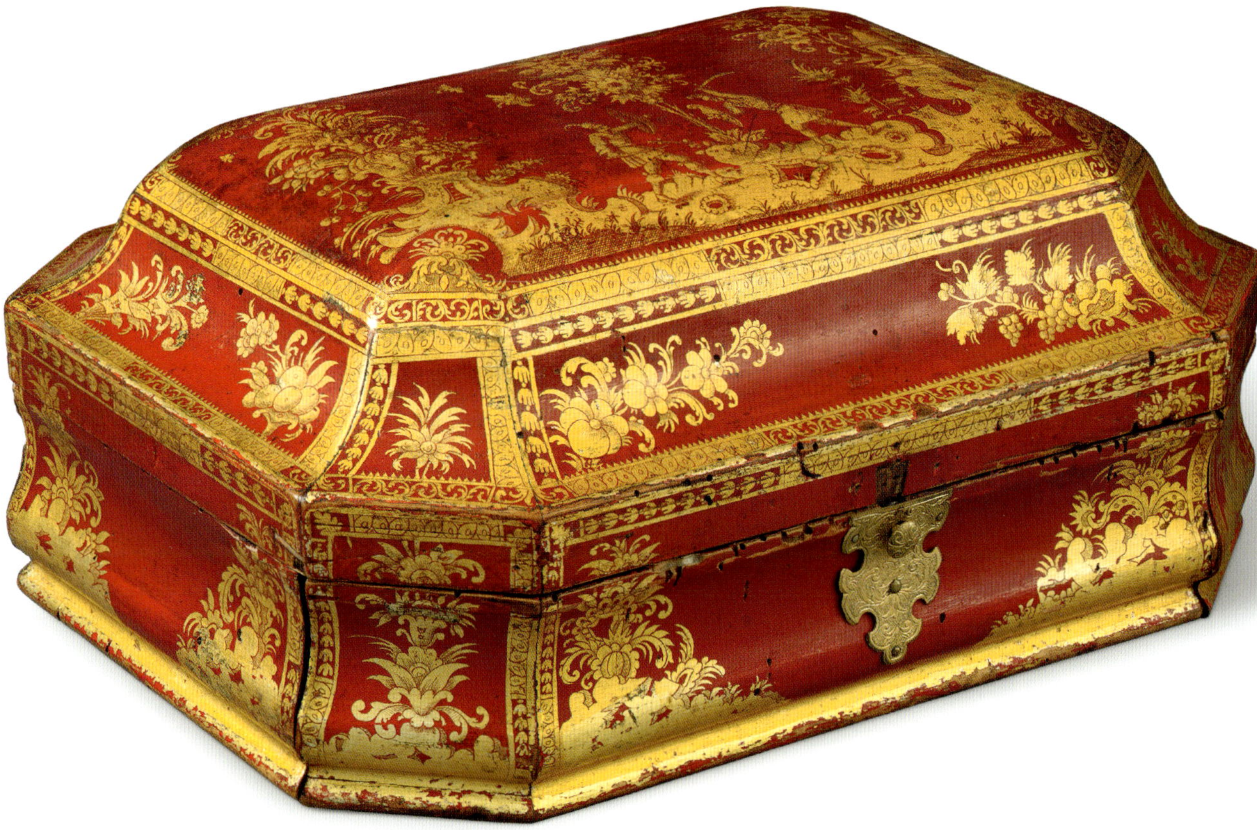

2 Toilettenkasten »en tombeau«

Holz; Rotlack, Dekor aus graviertem Blattgold, Klarlack; im Innern Schwarzlack und Klarlack mit eingestreuten Metallflocken; vergoldetes und graviertes Kupfer

H. 13 cm, B. 31 cm, T. 22 cm

Frankreich, anonyme Lackwerkstatt, 1710–1720

Münster, Museum für Lackkunst, Inv.-Nr. EU-I-b-2

Literatur: Holzhausen 1958, S. 100, Taf. V. – Kopplin 2010, Nr. 11.

Obschon in den Lackarbeiten die Formen der silbernen Toilettenutensilien wiederaufgenommen wurden, bildeten sie insofern nicht deren Ersatz, als sie durchaus neben Goldschmiedeobjekten auf dem Toilettentisch liegen konnten, wie es das von Jean-François de Troy gemalte Gemälde zeigt: eine Dame bei der Toilette, die ihren Kavalier empfängt (Kansas City, Missouri, Nelson-Atkins Museum of Art). Von den schlichtesten bis zu den reichsten bilden sie die unabdingbaren Toilettenutensilien einer modernen Frau. Die rechteckigen, zu Unrecht Perückenkasten genannten Behälter konnten Bürsten und Kämme enthalten oder auch diverse Flakons mit Duftwasser. Meist erscheinen die Kästen paarweise und rahmen den Spiegel, der in der Mitte des Tisches thront. Der Dekor ist hier in Gold auf rotem Hintergrund ausgeführt und beispielhaft für eine frühe, in den Jahren

1710 bis 1720 ausgeführte Gruppe von Toilettenutensilien. Obwohl kein signifikantes Merkmal die Zuweisung an eine bestimmte Werkstatt erlaubt, steht dieser Kasten Arbeiten aus den Werkstätten Guillaume Martins nahe. Zwischen 1711 und 1715 schließt Martin zudem verschiedene Verträge mit Kupferstechern, Lackgraveuren und Miniaturmalern ab, die nicht nur zeigen, welche Spezialisierungen zur Bearbeitung des neuen Materials erforderlich waren, sondern auch wie sich seine Tätigkeit in Richtung einer Imitation der asiatischen Lacke fortentwickelte. So gab Martin beispielsweise bei Philippe Dubercelle, der als Maler-Zeichner wie als Graveur qualifiziert war, die Lackgravur von wenigstens zwei Toiletten in der Woche in Auftrag.[1] Darunter sind der Spiegelrahmen sowie die beiden Kästen, die zusammen eine Toilette bilden, zu verstehen. Dagegen begab sich der Miniaturmaler Pierre Mercier zu Martin, um auf Lack zu gravieren, für 30 Sols pro Tag im ersten Jahr, dann für 35 Sols im Folgejahr.[2] In einer anderen Übereinkunft wird der Preis für zwei Toilettenkästen entsprechend ihrer Form und ihrem Dekor benannt. Ein »carré en tombeau« wie dieser wurde durch Martin mit 22 Livres das Paar bezahlt.[3] Die Entwürfe lieferte Martin.[4] Diese ersten Dekore sind kaum chinois, nur die Architekturen, die zerteilten Hügel, die an die berühmten chinesischen Löcherfelsen erinnern, und die üppigen Pflanzen evozieren mehr oder weniger den Fernen Osten.

---

1 Convention Philippe Dubercelle, 16. Mai 1712, Paris, Archives nationales, M. C., XXVIII, 118.
2 Convention Pierre Mercier, 15. November 1712, Paris, Archives nationales, M. C., XXVIII, 121.
3 Convention Pierre Gourdin, 2. Oktober 1714, Paris, Archives nationales, M. C. XXVIII, 131.
4 Convention Antoine Bercy, 6. Mai 1713, Paris, Archives nationales, M. C., XXVIII, 123.

3 Kleiner Kasten für Toilettenzubehör

Holz; Grundierung, Rotlack, Dekor aus graviertem Blattgold, Klarlack; im Innern Schwarzlack mit eingestreuten Metallflocken; vergoldetes und graviertes Kupfer

H. 4,5 cm, B. 14,5 cm, T. 5 cm

Frankreich, 1710–1720

Privatsammlung

Unveröffentlicht

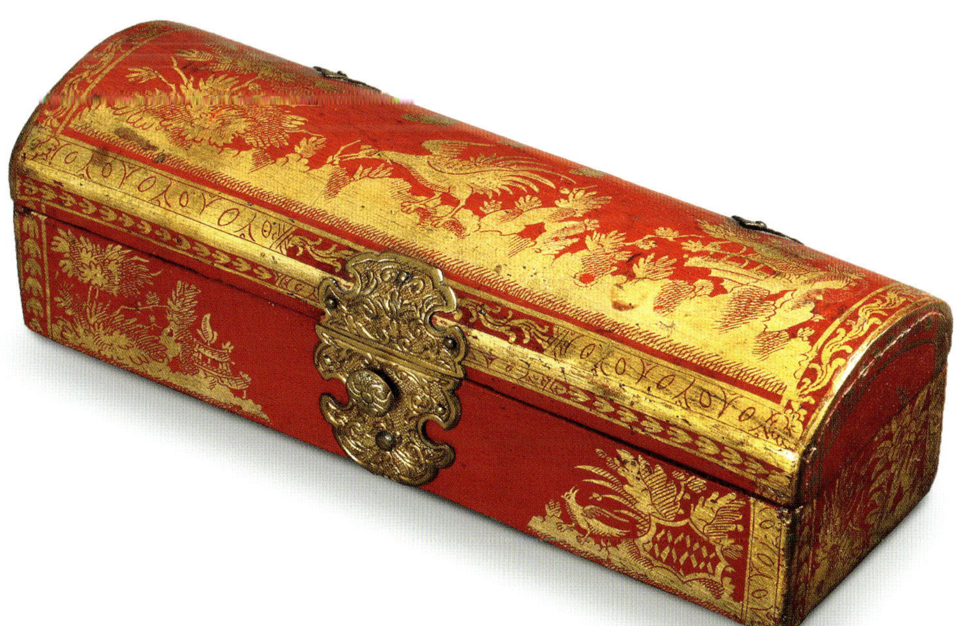

4 Kasten für Toilettenzubehör

Holz; Grundierung, Rotlack, Dekor aus graviertem Blattgold, Klarlack; Silber; im Innern neues Futter aus grünem Samt

H. 12,5 cm, B. 22,7 cm, T. 13,8 cm

Frankreich, anonyme Lackwerkstatt, um 1720

Deutschland, Privatsammlung

Unveröffentlicht

Der Dekor dieser beiden Kästen (Kat.-Nr. 3 und 4) mit leichtgewölbten Deckeln ist in Verbindung mit einem Archivdokument zu sehen, das hierdurch Sinn erhält. Guillaume Martin traf am 6. Mai 1713 eine Vereinbarung mit dem Lackgraveur Antoine Bercy, in der ein Verzeichnis der Entwürfe erstellt wurde, die er Bercy anvertraute. Zudem enthielt es Preise, die gemäß den Entwürfen und der Ausführungsqualität angesetzt wurden. Darüber hinaus wird von Bercy verlangt »dans le milieu et vuide qui est sur chacun des 4 dessins la gravure sur verny des sujets de métamorphoses lesquels luy seront fournis par le dit Martin«.[1] Diese Erwähnung erhält mit Blick auf den großen Kasten Bedeutung, der auf seinem Deckel in einem zentralen Medaillon eine Darstellung von Vertumnus und Pomona zeigt, gerahmt von reichen Ornamenten. Die in der Vereinbarung enthaltenen Informationen werden in diesem Zusammenhang verständlich, da Martin sich verpflichtete, 10 Livres für jedes Stück Gravur auf Lack gemäß einem Entwurf Nummer eins zu zahlen, und je sechs Livres für die Arbeitsvorlagen auf den Entwürfen Nummer zwei, drei und vier. Diese Entwürfe sollten den verschiedenen auf den Rändern eines Objekts platzierten Bordüren oder Ornamenten entsprechen. Für den nach seinen Entwürfen jeweils ausgeführten mittleren Teil war der von Martin bezahlte Preis nicht derselbe, 50 Sols für die geringsten Stücke, 3 Livres für die Sujets mittlerer Größe und 5 Livres für die schönsten. Der Rest des Dekors geht zurück auf von Bérain entwickelte Motive. Gerade in den Bordüren entfaltet sich mit Grotesken belebtes, mehr oder weniger raffiniertes Ranken- und Flechtwerk, das einen Rahmen für normalerweise den Deckel bevölkernde figürliche Szenen bildet. Es ähnelt denen der Kommode. In Hinblick auf die Technik erhielt das Trägermaterial zunächst einige Lackschichten in der Farbe der gewünschten Hintergrundes. Der Miniaturmaler oder der Lackgraveur entwarf die Ornamentik, die anschließend mit Beize – einem Anlegemittel – bedeckt wurde, die von Werkstatt zu Werkstatt verschieden sein konnte. Für den folgenden Vorgang riet Watin dazu, einen mit Zinnoberrot angereicherten Bernsteinlack zu verwenden. Sobald das Anlegemittel annähernd trocken war, trug man Gold, und zwar in Form von Blattgold, Pulver oder Beimischung auf. Einzelne Details traten nun durch die Gravur hervor, die zum Teil auch die Vergoldung wieder abtrug. Der letzte Schritt bestand darin, erneut ein bis zwei Schichten eines transluziden Lacks aufzutragen.

---

1 Paris, Archives nationales, M. C., XXVIII, 123 »[…] in der Mitte und Leere, die auf jeder der vier Entwürfe ist, die Lackgravur mit Sujets der Metamorphosen [auszuführen], die ihm durch den genannten Martin geliefert werden«.

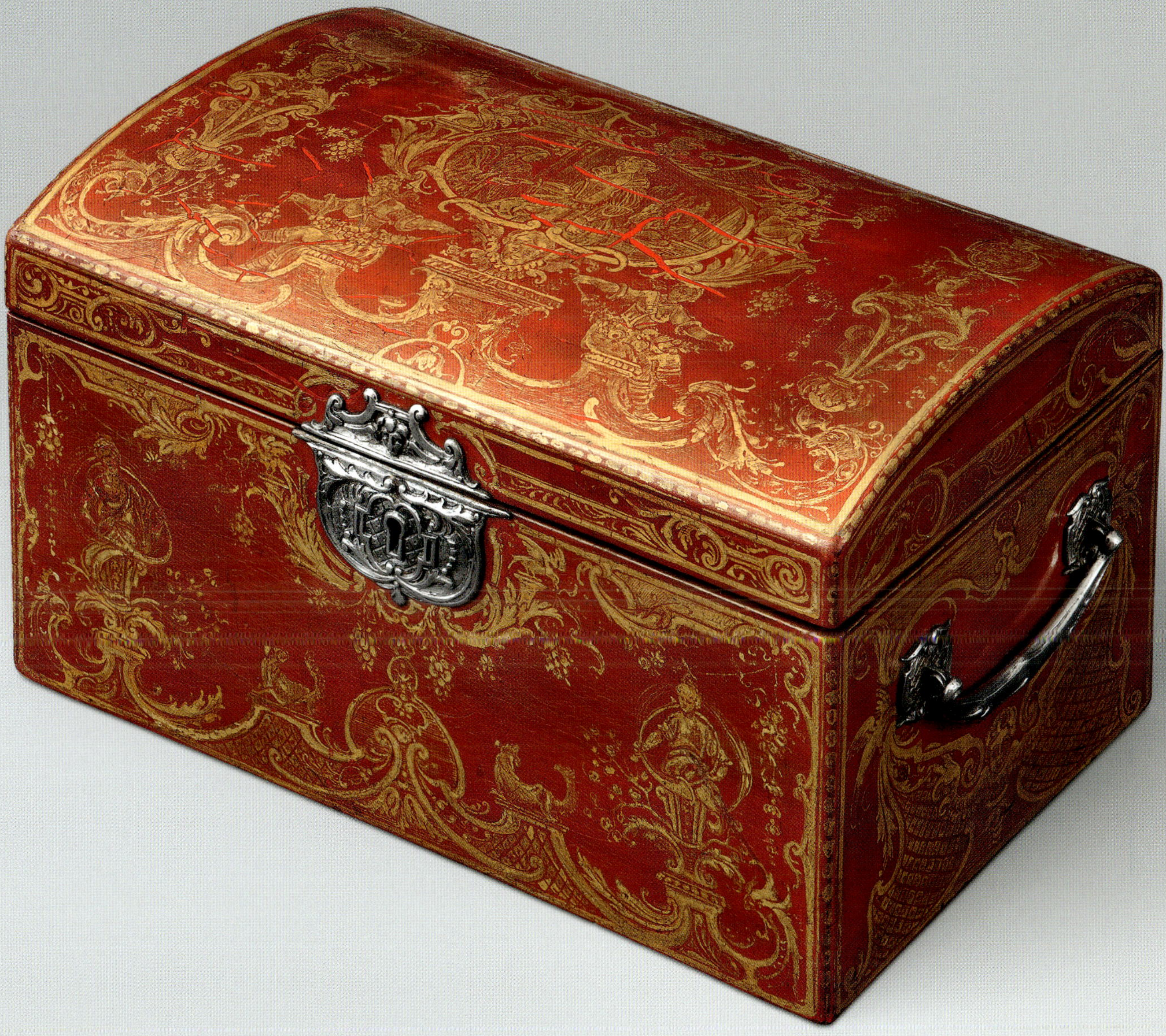

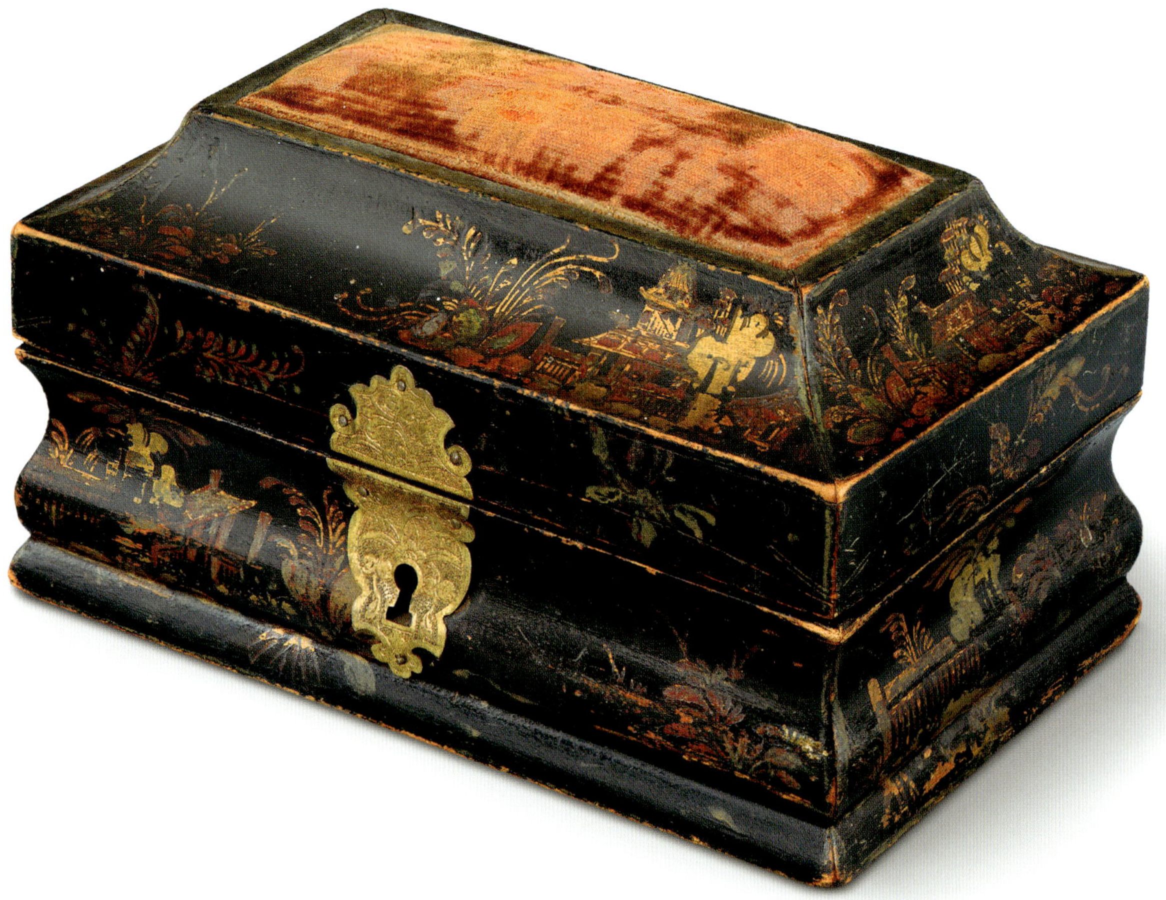

5 Nähkästchen

Holz; Schwarzlack, Dekor aus graviertem Blattgold über Rotlack mit Höhungen in grüner Lasur; im Innern Rotlack; Nadelkissen mit braunrotem Samt bespannt

H. 10,3 cm, B. 17,3 cm, T. 10,6 cm

Paris, anonyme Lackwerkstatt, um 1720

Münster, Museum für Lackkunst, Inv.-Nr. 2006–3

Unveröffentlicht

Das Nähkästchen als ein nicht ausschließlich auf dem Toilettentisch benötigtes Accessoire war auch in der Schneiderei oder Stickerei unerlässlich, wie es Chardins Gemälde *La mère laborieuse* (Paris, Musée du Louvre) bezeugt. Im Vordergrund links erscheint neben einem liegenden Mops ein Nähkästchen aus Lack. Wenn auch der Maler den Dekor nicht genauer differenziert hat, so entspricht es doch zweifellos dem als »bastiment à la Chine« ou »en la Chine« betitelten Kasten, der im 1730 anlässlich des Todes der ersten Frau Guillaume Martins erstellten Inventar der Handelswaren erwähnt wird. Die Unterscheidung zwischen den verschiedenen Dekortypen, welche die Werkstatt Guillaume Martins und seines Bruders Étienne-Simon ausführte, ist darin ganz eindeutig, denn die Begriffe »en relief« oder »en Japon« bezeichnen Toiletten, deren Dekor in Lackrelief ausgeführt ist.

6 Kleiner Kasten für Toilettenzubehör

Holz; Schwarzlack, Reliefauflage auf Basis von Bleiweiß, Schwarzlack, Dekor in Rotlack und Gold, Klarlack; im Innern Rotlack; vergoldetes und ziseliertes Kupfer

H. 5,1 cm, B. 14,2 cm, T. 5,5 cm

Paris, anonyme Lackwerkstatt, um 1730

Paris, Musée des arts décoratifs, Inv.-Nr. 2013.20.1

Unveröffentlicht

Martins 1730 im Rahmen des Inventars erstelltes Warenverzeichnis ermöglicht es, die Vielfalt des in der Werkstatt ausgeführten Toilettenzubehörs abzuschätzen. Die Vermerke in diesem für den Kunsthistoriker wertvollen Dokument – und seien sie auch noch so kurz – erlauben auch die Beurteilung der verschiedenen Fertigungsphasen. Einige Kästen wurden gerade begonnen, andere waren in der ersten Vorbereitung, weitere bereit zur Bemalung oder fast vollendet, um schließlich lackiert und am Ende auf verschiedenste Weise mit figürlichen Dekoren, mit einem Hahn, mit Gebäuden oder mit Vasen, mit Kindern auf schwarzem, rotem, grünem, gelbem, kaffeebraunem oder goldenem Aventuringrund geschmückt zu werden. Von der Qualität des Dekors hingen die Preise ab, die aufwendigsten kosteten zwischen 160 und 300, die meisten jedoch zwischen 50 und 70 Livres. Nur vier rechteckige Kästen »gravez lachinés« werden erwähnt, zudem mit dem Vermerk, dass sie alt sind. Das zeigt, dass Martin 1730 seinen anfänglichen Stil völlig aufgegeben hat und nunmehr Lacke anbietet, die wie dieser rechteckige Kasten in Technik und Dekor die chinesischen und japanischen Vorbilder imitieren. Nach vier bis fünf Schichten auf Basis von in Wasser zerstoßenem und mit Leim angerührtem Bleiweiß, die die Modellierung von Reliefs erlauben, sind Überzüge aus Schwarzlack für den Hintergrund aufgebracht, dann folgen die Farblacke, das Gold und schließlich drei bis zehn Schichten transluziden Lacks. Jede Schicht – ganz gleich welchen Materials – wird, bevor die nächste Schicht aufgetragen wird, poliert.

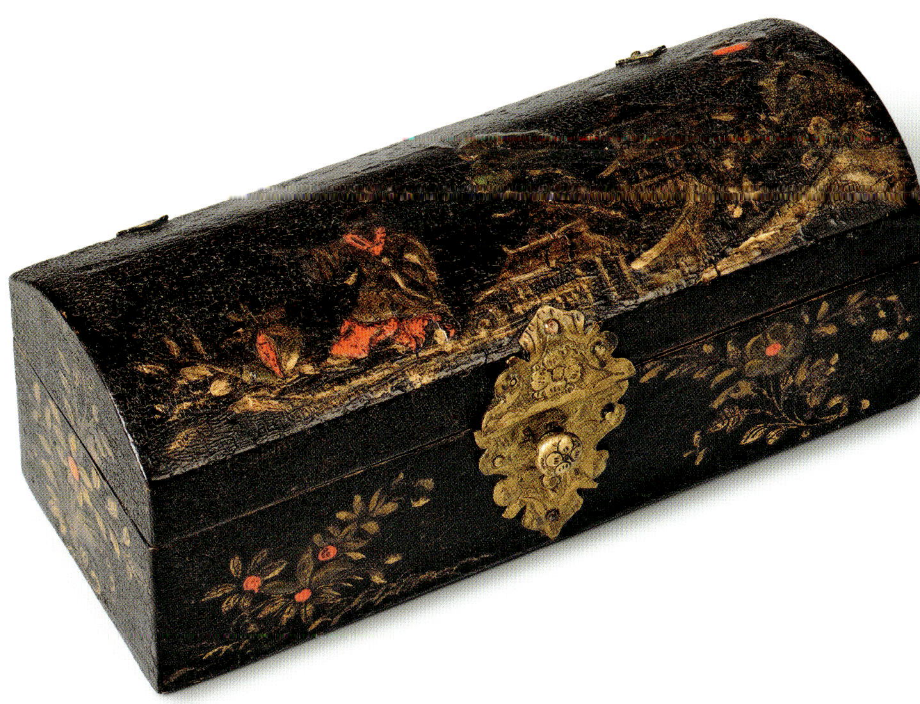

7 Schreibzeug

Holz; Grundierung, Rotlack, Dekor in graviertem Blattgold, Klarlack, vergoldete Bronze

H. 8 cm, B. 37 cm, T. 27,5 cm

Paris, anonyme Lackwerkstatt, um 1720

Privatsammlung

Unveröffentlicht

Auch auf diesem Schreibzeug finden sich Ornamente nach einer denselben Regeln folgenden, mehr oder weniger vorgegebenen Komposition. Das die Schreibutensilien aufnehmende, halbrund vertiefte Fach beansprucht den größten Teil. Die Komposition ist um ein zentrales Motiv angelegt, gerahmt von zwei floralen Motiven, großen Blumen, Pflanzen, stilisierten Felsen und figürlicher Staffage. Der Dekor auf den Seiten hingegen beschränkt sich auf die Ecken mit kleinen asiatischen Figuren in landschaftlicher Umgebung, in der sich florale Fantasiegebilde und große Blumen türmen. Dieser Objekttyp kommt in den Produktionsanfängen Guillaume Martins nicht vor, wohingegen zwei Schreibzeuge unter den Arbeiten Étienne-Simon Martins erwähnt werden, der zu der Zeit bereits mit seinem Bruder assoziiert war. Gleichwohl mahnt die Lakonie der Äußerungen zur Vorsicht. In nicht geringer Zahl produziert, stellten sie keine Besonderheit dar. Zudem auf Anfrage hin ausgeführt, erschienen sie weniger zahlreich in den Verzeichnissen der Händler, die erstellt werden konnten. Maler-Lackierer wie Jacques Garnier (gest. 1748), der zugleich ein Konkurrent Guillaume Martins war, oder Antoine Gouvart (gest. 1749), Charles Lesage, Vincent Party oder auch Nicolas-Denis Renault können solche Objekte ebenfalls ausgeführt haben.[1]

1 Vgl. Wolvesperges 2000, S. 400–406 (Anhänge, Lexikon der Maler-Lackierer).

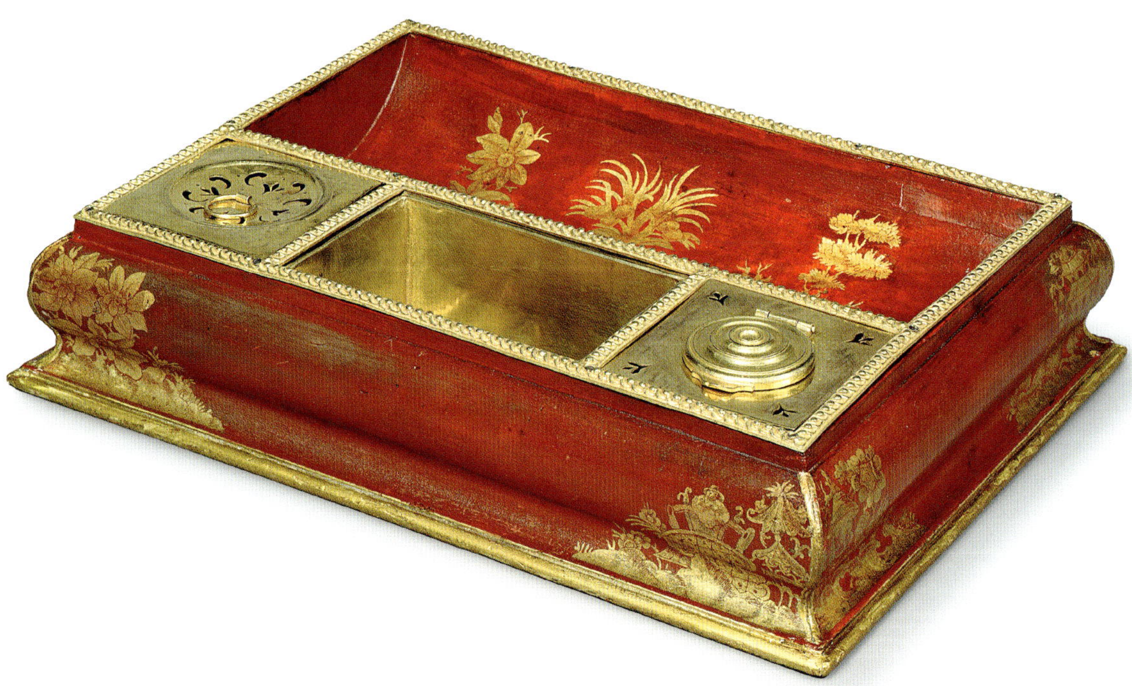

8 Etagere

Holz; Grundierung, Rotlack, Dekor in graviertem Blattgold, Klarlack

H. 60 cm, B. 43 cm, T. 13 cm

Paris, anonyme Lackwerkstatt, um 1720

Privatsammlung

Unveröffentlicht

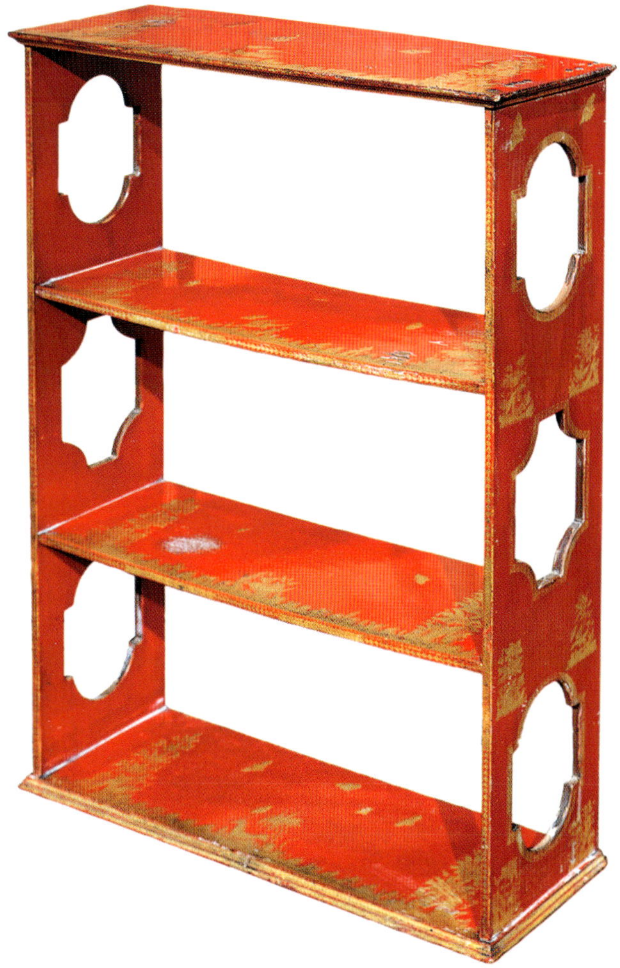

Selten bietet sich die Gelegenheit, einem Objekt zu begegnen, das auf einem Gemälde dargestellt ist. Diese Lacketagere ist auf einem Stillleben zu sehen, das dem Musée des arts décoratifs in Paris gehört. Diente es möglicherweise einem Pariser Kunsthändler als Ladenschild? Auf einem im Vordergrund auszumachenden japanischen Lackkabinett postiert und eine Reihe kleiner Kostbarkeiten bergend, stellt die rote Etagere das zentrale Motiv der Komposition dar. Auf ihr sind verschiedene bemalte und unbemalte Porzellangegenstände und Pagoden aufgestellt, daneben Metallvasen, auf denen exotische Vögel Platz genommen haben unter dem aufmerksamen Blick eines Affen, dem eine rote Leine locker um die Hüfte gebunden ist. Eine schöne Würdigung der aus dem Fernen Osten stammenden und in der westlichen Welt so begehrten Gegenstände mit dem Fokus auf Lack und Porzellan. Durch den Rotlack ruft diese Etagere Ostasien in Erinnerung und stellt ein schönes Beispiel dieser farbigen Möbel dar, die auch auf einigen Interieurs von der Hand François Bouchers zu finden sind.[1] In Ermangelung einer Stückliste aller vermerkten Objekte im 1730 erstellten Inventar der Werkstatt Guillaume Martins kann sich der Typus dieses kleinen Möbels freilich auch hinter dem Begriff der »tablettes« verbergen. Doch waren die Martin nicht die einzigen Hersteller von Lackarbeiten, auch in den anderen Pariser Werkstätten wurden ähnliche Werke gefertigt. Vor allem fällt die offenkundige Verwandtschaft des Dekors dieser Etagere mit den auf den Toiletten zusammengestellten Motiven ins Auge, die auf ein gemeinsames Vorbild verweist.

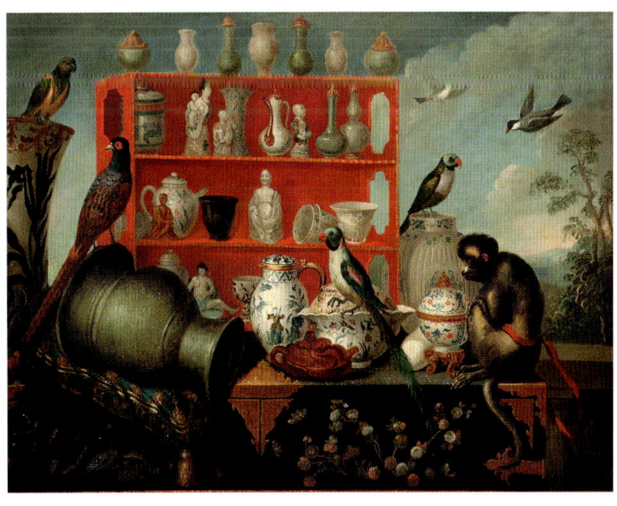

Unbekannter Künstler, *Nature morte à l'étagère rouge*, um 1725, Öl auf Leinwand; Paris, Musée des arts décoratifs (Inv.-Nr. 29896)

---

1 Zwei kleine Encoignuren-Etageren sind auf dem *Le déjeuner* betitelten Gemälde in Paris, Musée du Louvre, zu sehen (siehe Abb. S. 140); eine kleine Etagere über der *Femme allongée sur un sofa*, New York, Frick Collection.

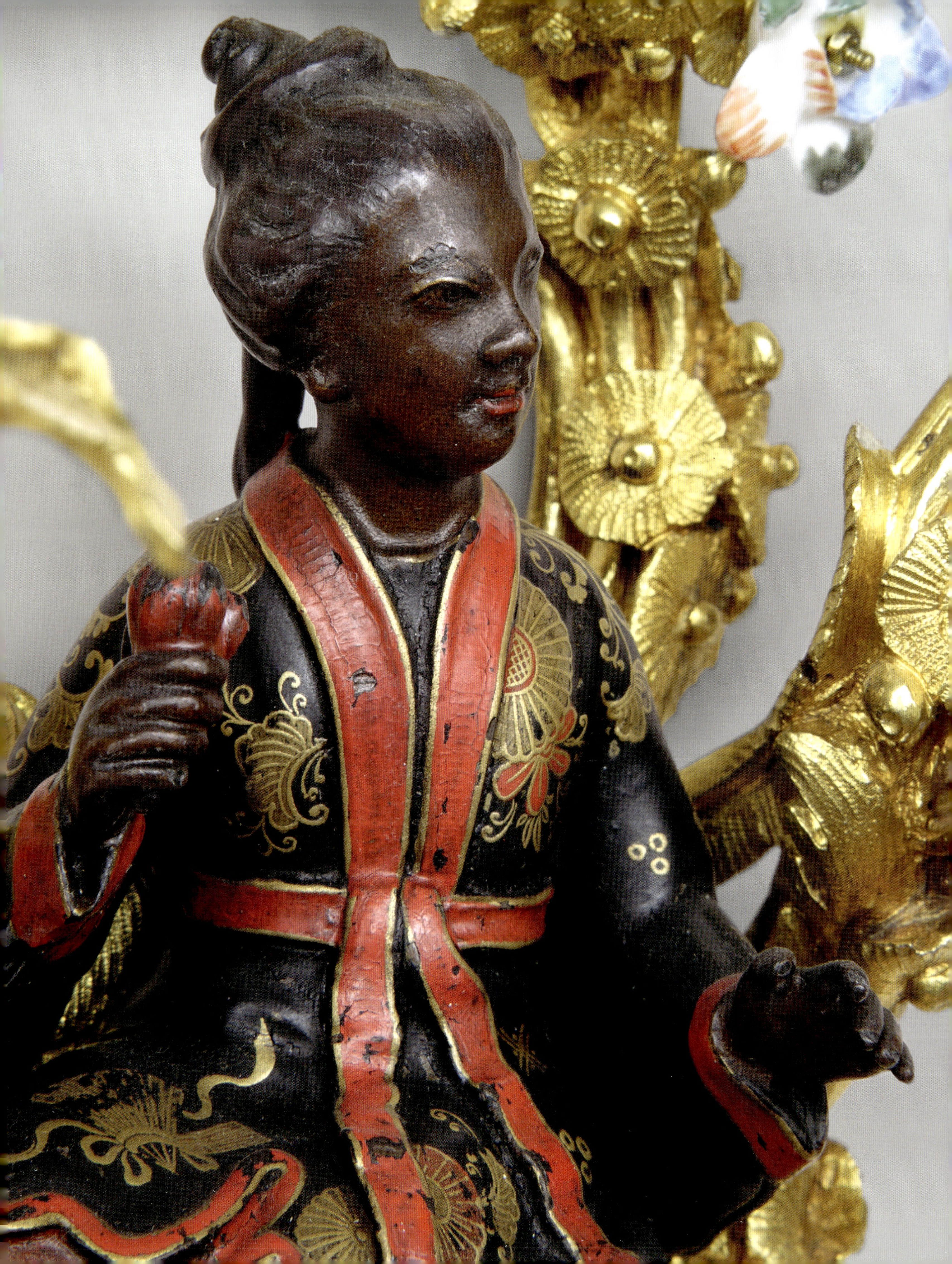

Anne Forray-Carlier

Die Begeisterung für Vernis Martin in der Gestaltung von Interieur und Mobiliar

Von 1710 bis um 1730 setzten sich Guillaume Martin und seine Brüder allmählich in der Fertigung von Lackwaren durch. Die Werkstatt Guillaume Martins war in vollem Aufschwung, als ihm Ludwig XV. am 23. Juni 1725 als Zeichen höchster Anerkennung seines Könnens den Titel des »vernisseur du Roi« verlieh.[1] Es schlossen sich am 27. November 1730 Patentbriefe an, die ihm für zwanzig Jahre das Privileg verliehen, »[...] de fabriquer, faire, vendre et débiter toutes sortes d'ouvrages en relief de sa composition, dans le goût du Japon ou de la Chine [...]«.[2] Gleichwohl gelang es Guillaume Martin nie, seine Patentbriefe beim Parlament eintragen zu lassen, was königliche Absicherung und – damit verbunden – Gunstbeweise zur Folge gehabt hätte. Ein Parlamentsbeschluss der Zivilkammer mit Datum vom 22. August 1736 stellt die verschiedenen darauf gerichteten Vorstöße Guillaumes und die seiner Gegner – alle Pariser Maler-Lackierer – zusammen. Anliegen seiner Kontrahenten war es hervorzuheben, dass ihre Arbeiten sich in nichts von denen Guillaume Martins unterschieden.[3] Das Parlament verwies den Rechtsstreit zum endgültigen Urteil wieder an die Académie des Sciences zurück, das zu Ungunsten Guillaumes ausfiel.[4] Unter den Prozessgegnern erscheinen Jean Peinte, Jacques Garnier,[5] Jacques Justice, Adrien Vincent[6] und Guillaume-Jean – sein eigener Sohn!

Dessen Präsenz unter den Kontrahenten lässt auf eine komplizierte Vater-Sohn-Beziehung schließen.[7] Guillaume Martin hatte anlässlich der Hochzeit seines Sohnes die Zusage gegeben, sich mit diesem in der Rechtsform einer für zehn Jahre vorgesehenen Gesellschaft zu verbinden.[8] Da Guillaume-Jean die finanziellen Klauseln wohl nicht erfüllte, musste er weiter unter der Aufsicht seines Vaters arbeiten. Nach Ablauf von zehn Jahren beabsichtigte Guillaume Martin, sich von den Geschäften zurückzuziehen, um – wie er selbst formulierte – »se procurer un état plus tranquille et dégagé de tous les embarras, soins, peines et inquiétude que cause aux Sr et Dme Martin père et belle-mère un établissement aussi considérable qui leur a beaucoup altéré la santé [...]«. Zugleich entschloss er sich, das Geschäft seinem Sohn zu übertragen.[9] Guillaume-Jean Martin gelang es wiederum nicht, die finanziellen Auflagen dieser Abtretung zu erfüllen, woraufhin Vater und Sohn am 5. April 1742 eine neue Gesellschaft gründeten, die beide erneut mit Dokument vom 25. Juni 1744 liquidierten![10] Weil keine Übereinkunft zu erzielen war, arbeiteten Vater und Sohn von da an getrennt. Guillaume-Jean ließ sich in der Rue du Bac nieder, stieß jedoch auf Schwierigkeiten, die ihn zum Verlassen Frankreichs nötigten.[11] Guillaume hingegen konnte sich, anders als geplant, nicht aus dem Geschäft zurückziehen, sondern war bis zu seinem Tod am 11. August 1749 tätig.

Die fast zwanzig Jahre zwischen dem Tod der ersten Frau Guillaumes und dem eigenen Ableben waren von reger Tätigkeit erfüllt. Neben den bereits genannten Dokumenten informieren weitere über die von Guillaume Martin eingegangenen Verpflichtungen. Ab 1731 galt die Vereinbarung mit dem Bruder Étienne-Simon, die diesem die Teilhabe am vom König exklusiv gewährten Privileg gestattete.[12] Im Dokument wird hervorgehoben, dass die besondere Spezialität beider Brüder die Arbeit in Relief »dans le goût du Japon et de la Chine« war, und eigens vermerkt, dass Étienne-Simon selbst auch über das Geheimnis der Technik verfügte. Als diese Übereinkunft 1736 erneuert wurde, ging es aller Wahrscheinlichkeit nach nicht mehr um eine Gesellschaft zwischen den beiden Brüdern. Étienne-Simon führte fortan seine Werkstätten als Eigentümer und unabhängig in der Grande Rue du Faubourg Saint-Martin.[13] Die Geschäfte Étienne-Simon Martins nahmen zu jenem Zeitpunkt, wie zu bemerken ist, einen gewissen Aufschwung, insbesondere nachdem er mehrere Aufträge von den Bâtiments du Roi erhielt, worauf zurückzukommen sein wird. Im Dezember 1736 gründete Guillaume dann mit seinem Bruder Julien eine Gesellschaft für zehn Jahre, für welche Julien sich ebenso in seinem Namen wie in dem seiner Ehefrau und der gemeinsamen Tochter Claude Hortense verpflichtete, alle Lackarbeiten auszuführen, mit denen Guillaume sie beauftragen würde, und sie zu dem vom älteren Bruder festgelegten Preis zu verkaufen.[14] Dieser wiederum verpflichtete sich, sie mit den für ihre Arbeit nötigen Farben, Lacken, Werkzeugen und Utensilien zu versorgen. Darüber hinaus räumte sich Guillaume das Recht ein, die zwei anderen Brüder in die Gesellschaft aufzunehmen, falls er es für notwendig erachtete. Dieser letzte Eintrag zeigt, dass Guillaume seine Brüder auch als Erwachsene in einer gewissen Abhängigkeit hielt.

Paar Appliken mit chinoisen Figurinen, Detail, patinierte Bronze mit Lackdekor, um 1750; Privatsammlung (Kat.-Nr. 12)

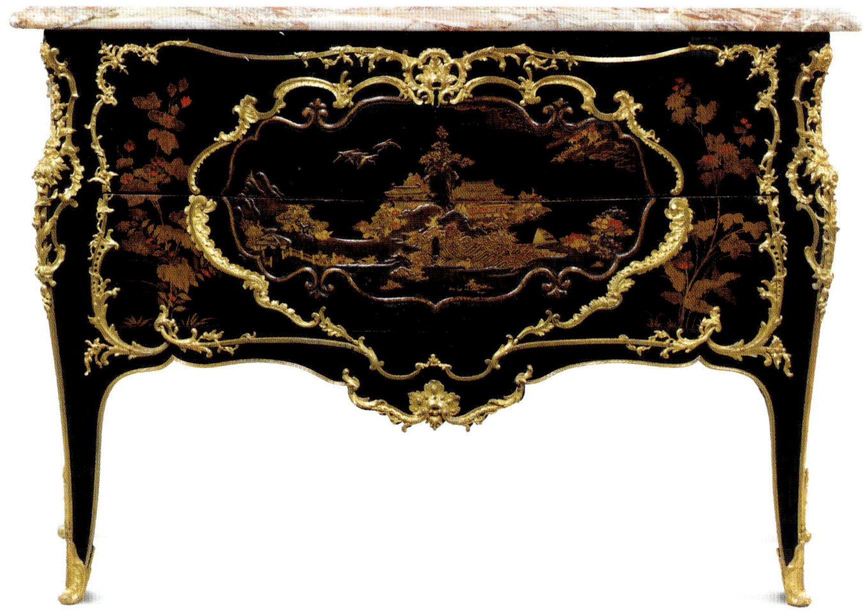

1 Kommode des »arrière-cabinet« der Maria Leszczyńska in Schloss Fontainebleau, Bernard II van Risenburgh, Paris, 1737, Eiche, Japanlack und Vernis Martin, vergoldete Bronze, Sarrancolin-Marmor; Paris, Musée du Louvre, Département des objets d'art (Inv.-Nr. OA 11193)

Zum 1. Januar 1738 trat der Meister und Maler Louis Pons für die Dauer von zehn Jahren in den Dienst von Guillaume Martin. Ihm wurde die Aufgabe anvertraut, die Tätigkeiten, die von den verschiedenen bei Martin beschäftigten Arbeitern ausgeführt wurden, zu überwachen. Pons erhielt neben 1 000 Livres Entlohnung im Jahr Unterkunft, Wäsche und Heizung.[15] Im Januar des nächsten Jahres traf Martin mit dem Bijoux-Piqueur Guillaume Daumont und dessen Frau Anne Le Camus für drei Jahre die Vereinbarung, dass Guillaume beide mit Arbeit versorgte.[16] Das flüchtig formulierte Dokument beschreibt Daumonts Tätigkeit nicht genau, belegt aber, dass Guillaume Martin zu diesem Zeitpunkt seine Tätigkeit bereits auf die Herstellung kleiner Kästen, Tabatieren und Etuis ausgeweitet hatte. Als eine der letzten Einstellungen in der Werkstatt Guillaume Martins wurde 1744 mit dem als Zeichner angesprochenen David Durand derjenige benannt, dem Guillaume seinen Beruf als Vernisseur beizubringen versprochen hatte.[17] Das Dokument bestimmt präzise, dass Martin nach einer Frist von zehn Jahren das Geheimnis seiner Kunst schriftlich mitzuteilen habe. Doch Guillaume verstarb vorzeitig und konnte sein Wissen nicht mehr weitergeben.

Doch trifft das Verständnis von einem Berufsgeheimnis nach heutigem Kenntnisstand noch zu? Die Académie des Sciences hatte seinerzeit nach dem Vergleich mit den Arbeiten der anderen Vernisseure anders entschieden. Bereits zu Lebzeiten der Martin sahen viele ihre Erzeugnisse als Werke höchster Güte an, sodass sich die Frage anschließt, ob nicht doch Guillaumes spezielles Können einen gewissen Unterschied ausmachte.

Während sich Guillaume um die Registrierung seines Privilegs bemühte, bezeichnete er sich einmal selbst als jemanden, der über eine eigene Lackrezeptur verfügte, dann aber in der Vereinbarung mit seinem Bruder Étienne-Simon als Erfinder der Rezeptur aller Arten von Reliefarbeiten. Bedeutet das, dass seine Spezialität in Auswahl und Dosierung der verwendeten Rohstoffe besteht oder beruht sie auf einem eigenen Verfahren für die Aufbringung auf das Objekt? Jean-Félix Watin (1728–1804) bleibt hier vage. Im Abschnitt *L'Art de faire le vernis* betont er, dass der Ruhm »du fameux Martin« auf seinem aus Kopal erzeugten »weißen Firnis«(»vernis blancs«) beruhe.[18] Diese Äußerung haben alle späteren Autoren gelesen und übernommen, doch die nach dem Tod Martins für das Inventar vorgenommene Erhebung der in den Werkstätten vorgefundenen Rohstoffe erwähnt Kopal gar nicht! Verschiedene Gummi: Karabe (Bernstein), Gummigutte, Sandarak und Lack (Schellack) werden neben den anderen von Watin beschriebenen Rohstoffen genannt, die für die Herstellung unerlässlich sind, doch kein Wort von Kopal. Die Vorräte umfassen auch mehrere Flaschen vollständig vorbereiteten Lacks, dessen Komponenten ungenannt bleiben – zweifellos um der Geheimhaltung willen! Gehört Kopal dazu? Watin erläutert, dass die Qualität von Kopallack zunimmt, je ausgeruhter er ist.[19] Neben einer allgemeinen Grundlage, die sich auch bei Watin beschrieben findet, verfügt jede Werkstatt augenscheinlich über ihre eigene Mischung und Dosierung. Die vom Laboratoire de Recherche des Musées de France vorgenommenen Untersuchungen lassen nicht auf einen regelmäßigen Einsatz von Kopal schließen.[20] Welche Erkenntnisse sind daraus zu ziehen? Trotzdem ist erstaunlich, dass Kopal nicht unter demselben Titel wie die anderen Harze in den Vorräten der Vernisseure erscheint!

Stellt die Verwendung asiatischer Lackpaneele für den Innendekor wie für das Mobiliar gleichwohl eine französische Besonderheit dar, so bestand Guillaume Martins Begabung und Geschick möglicherweise gerade darin, sich in diesem Bereich durchzusetzen und zu dem erfolgreichen Vernisseur schlechthin zu werden. Watin bemerkt, Martin habe in Bezug auf die Nachahmung asiatischer Lacke zu täuschen vermocht: »Le fameux Martin a trompé à cet égard plus d'une fois les plus habiles connoisseurs; ces chefs-d'œuvre sont encore recherchés avec le même empressement que les anciens laques«.[21] Das nach dem Tod seiner ersten Frau erstellte Inventar ist eindeutig, 1730 stellten Guillaume und seine Brüder Lackarbeiten nach dem »goût de la Chine« wie nach dem »goût du Japon« her, der Begriff »en relief« erscheint öfter. Seine Ausbildung könnte Guillaume wie eingangs erwähnt bei einem Vernisseur absolviert haben, der wie Langlois Vater und Sohn im Bereich der Ausbesserungsarbeiten alter Lacke sehr kompetent war.[22] Guillaume vervollkommnete seine Fertigkeiten und wusste sich offenbar bei Kunsthändlern, die Lackobjekte weiterverkauften, einen Namen zu machen, darunter Thomas-Joachim Hébert, auf den die Verwendung asiatischer Lackpaneele im Mobiliar zurückgeht. Die erste Lieferung eines solchen Möbels für den Hof ist für das Jahr 1737 bekannt, die Kommode wurde von dem Ebenisten Bernard van Risenburgh ausgeführt und war für das »cabinet de retraite« der Königin Maria Leszczyńska in Schloss Fontainebleau bestimmt (Abb. 1). Sie stellt das erste erhaltene Möbel dieser Art überhaupt dar. Auch das Journalbuch des Ebenisten Pierre Migeon unterrichtet darüber, dass dieser zwischen 1732 und 1735 mehrere mit Lackpaneelen versehene Möbel an Hébert lieferte.[23] Es handelt sich also um eine Praxis, die im ersten Drittel des 18. Jahrhunderts entstand und sich ab 1730 weiterentwickelte.[24] Die Einarbeitung eines Lackpaneels erforderte nicht selten die Inanspruchnahme eines erfahrenen Vernisseurs. Einerseits mussten kleinere versehentlich entstandene Schäden kaschiert werden, die beim Aus- und Zuschneiden des Lacks und der Aufbringung auf dem Korpus entstanden, andererseits das ausgewählte Paneel vervollständigt werden. Nur ein versierter Vernisseur konnte bei einem solchen Möbel den Anschein einer ausschließlich asiatischen Lackarbeit entstehen lassen – und Martin war einer von ihnen, doch sicherlich nicht der einzige! Leider dürfte das Fehlen von Kennzeichnungen eine zweifelsfreie Identifikation eines durch seine Hände gegangenen Möbels unmöglich machen. Allerdings ist von professionellen Verbindungen zwischen den Martin und Hébert auszugehen. Im Jahr 1730 schuldete Guillaume Hébert einen bestimmten Betrag und Hébert wiederum hatte Schulden bei Étienne-Simon.[25] Lazare Duvaux, dessen Journalbuch für die Jahre von 1748 bis 1758 erhalten ist, hat ebenso auf ihre Dienste zurückgegriffen.[26] Hervorzuheben ist auch, dass ihre Lieferungen und Leistungen Tabatieren, Navettes, Etuis und eine Vielzahl an »raccommodages« (»Ausbesserungen«) am Lack von Möbeln und Kabinetten umfassten, die der Marquise de Pompadour gehörten.[27] Der Vorname ist oft weggelassen, sodass die Identifizierung desjenigen der Brüder Martin, der lieferte, schwerfällt. In Ermangelung älterer Quellen ist nur zu vermuten, dass Duvaux bereits früher mit den Martin in Geschäftsverbindung stand, die indes ab 1750 offenkundig nur noch Étienne-Simon und Robert betraf.[28] Die assoziierten Händler Hécéguère und Poirier standen ebenfalls in Verbindung zu Étienne-Simon[29] und Julien führte ein Warenverzeichnis, das er Poirier übergab.[30] Schließlich war Robert Martins Schwager der Kunsthändler François-Louis Papillon.

Die Beziehungen zu Kunsthändlern überdecken ein wenig die beruflichen Kontakte zu Ebenisten, welche die Martin in ihrem Umfeld durchaus unterhalten haben konnten. Die eigene Schwester Angélique-Reine heiratete 1730 Robert-Michel Desforges, den Bruder des Ebenisten Jean Desforges. Zwei Jahre später vermählte sich Guillaume II. Martin mit Jeanne Desforges, der Schwester von Jean und Robert-Michel[31] und es ist anzunehmen, dass diese doppelten Verbindungen die Zusammenarbeit begünstigten. Eine in Fontainebleau aufbewahrte Kommode mit der Kennzeichnung von Château d'Anet und Desforges zugeschrieben, könnte diese Zusammenarbeit illustrieren (Abb. 2). Die Qualität ihres Vernis Martin, der den japanischen Lack bis zur Perfektion nachahmt, könnte gut auf einen der Martin zurückgehen. Es sei auch daran erinnert, dass Guillaume Martin durch seine erste Hochzeit Anne Chevallier zur Schwägerin bekam, die Tochter und Schwester von Ebenisten.[32] Durch die Chevallier erweiterte sich der Kreis auf die Familien Saunier, Coulon und Criaerd. Vor dem Hintergrund solcher Verbindungen konnten die Martin natürlich Möbel aus diesen Werkstätten wie auch aus anderen lackieren, ohne jedenfalls die einzigen zu sein, die so arbeiteten.[33]

Die Kunsthändler sind es, die um 1740, als die Mode des Lackmöbels ihren Höhepunkt erreicht hatte, den Handel dominierten. Sie waren es, bei denen man sich versorgte, die Lackpaneele organisieren konnten, die Ergänzungen bestellten und die schließlich die Emanzipation vom asiatischen Vorbild ermöglichten. Im Fall der Martin lässt sich im Bereich des Möbelgeschäfts eine Abnahme der Tätigkeit beobachten, die dann auf andere Geschäftszweige, zudem lukrativere – wie Holzvertäfelung, Fahrzeuge, Kutschen und Galanteriewaren – verlagert wurde. Um den Sattlern näher zu sein, ging diese Veränderung mit einem Umzug vom Quartier der Ebenisten im Faubourg Saint-Antoine zu den Faubourgs Saint-Denis und Saint-Martin einher, was nicht gänzlich die Aufgabe des Möbels bedeutete, sondern nur eine Verlagerung in der wirtschaftlichen Strategie. Zwar waren die Martin hinrei-

2 Kommode, Jean Desforges zugeschrieben, Paris, um 1740, Eiche, Vernis Martin, vergoldete Bronze, Brocatelle-Marmor; Fontainebleau, Musée national du Château de Fontainebleau (Inv.-Nr. F.76 C)

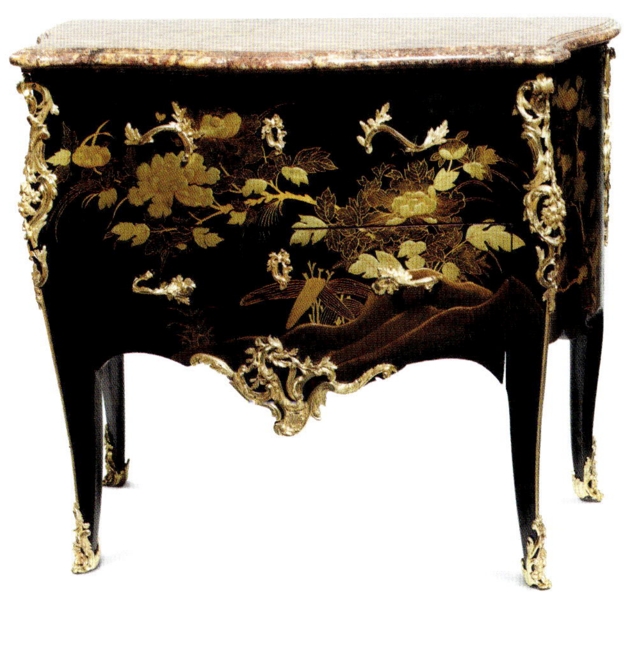

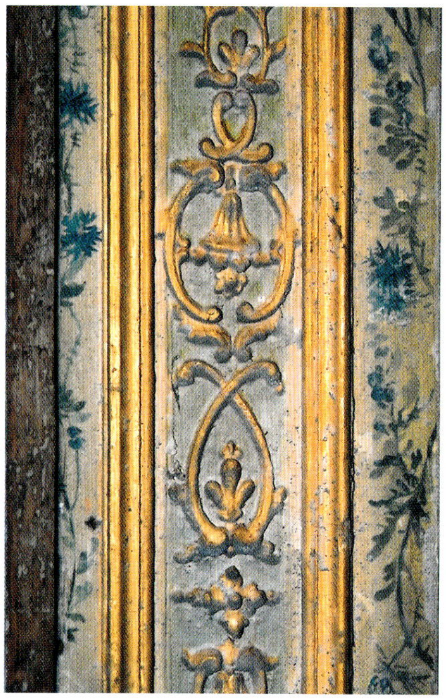

3 Château de Versailles, Cabinet de la pendule, Detail des hinter einem Paneel aufgefundenen Dekors

chend bekannt, doch war ihnen bewusst, dass sie nicht gegen die Kunsthändler agieren konnten. Insbesondere durch die Verlagerung auf den Dekor der Holzvertäfelung wussten sie das Monopol der Lackmalerei bei Hofe durchzusetzen und zu halten. Kein geringerer als Voltaire hatte in diesem Kontext bereits 1736 vermerkt: »Et tandis que Damis, courant de belle en belle / sous des lambris dorés et vernis par Martin«. Die Martin hatten eine gewisse Reputation erlangt, was zu einer Vielzahl an für den König ausgeführten Arbeiten führte,[34] darunter 1738 einige Aufträge in den »petits cabinets« des Königs, für die Martin 3000 Livres erhielt. Antoine-Augustin Bruzen de la Martinière reagierte darauf in seinem in mehreren Auflagen erschienenen *Grand Dictionnaire Historique et Géographique*[35] ebenso wie der Duc de Luynes.[36] Juli 1740 empfing Martin 3 578 Livres für ausgeführte Arbeiten in der »petite galerie des cabinets« der Königin.[37] Ab Herbst 1748 gab Tournehem Anweisung, mit den Arbeiten für das Kabinett der Dauphine Maria Josepha von Sachsen zu beginnen, das sechs Monate später vollendet wurde, und diesmal verzeichnen die Dokumente genau, dass es sich um Étienne-Simon handelte.[38] Zwischen 1750 und 1752 würdigte man im Umkreis der Marquise de Pompadour das im Dekor ihrer neuen Appartements im Erdgeschoss von Versailles unter Beweis gestellte Talent Étienne-Simons.[39] Die Dokumente sind hinsichtlich der Art der Arbeiten weniger präzise, nur der Duc de Croÿ spricht von einem Kabinett in rotem Lack und es stellt sich die Frage, ob es diese Tätigkeiten waren, für die Martin hinzugezogen wurde.[40] Lazare Duvaux lieferte für dieses Appartement einige Möbel und Objekte, etwa einen von Martin restaurierten Kabinettschrank.[41] Gegen 1755 wurden weitere Arbeiten bei der Dauphine Maria Josepha von Sachsen ausgeführt, darunter die Lackboiserie für ihr »arrière-cabinet«, das 1770 im ersten Geschoss für die Dauphine Marie-Antoinette angebracht wurde. Dieser im Lauf der Jahre restaurierte Dekor existiert noch immer, heute ist es das »arrière-cabinet de la Reine«. 1756 widmete Étienne-Simon Martin sich der Ausschmückung der Bibliothek des Dauphin und erhielt hierzu am 17. Februar den Auftrag, mit den Arbeiten zu beginnen.[42] Nahezu gleichzeitig arbeitete er im Kabinett von Madame Victoire und drei Monate später in dem der Madame Adélaïde.[43] Die Dekore der Martin waren weit davon entfernt, unmodern zu werden und blieben aktuell. Die Dokumente der Bâtiments du Roi sind sowohl hinsichtlich der Technik wie der Materialien im Wortlaut genauer. Für das 1749 ausgeführte Kabinett und den Durchgang der Dauphine waren 1 189 Arbeitstage der Malerarbeiter nötig, davon 417 für die Schleifer. Martin begab sich selbst dreißigmal an Ort und Stelle.[44] Die wassergrüne Malerei war über fünfzehn Schichten Weiß aufgetragen, gefolgt von acht Schichten Feinweiß (»blanc fin«). Sie selbst bestand aus fünf Schichten. Schließlich vollendeten fünfzehn weitere Lackschichten das Werk. Der plastische Dekor wurde in verschiedenen Farben herausgearbeitet, jede Schicht sorgfältig geschliffen.[45] Martin übernahm schließlich als weitere Arbeiten das Bemalen, Lackieren und Polieren von Sofas, Sesseln, Stühlen, Schemeln und dem Kaminschirm, die zusammen das Mobiliar des Zimmers ausmachten. Von all diesen Dekoren ist so gut wie nichts oder nur wenig ursprünglich erhalten geblieben. Einige verschwanden infolge der weiteren Um- und Neugestaltungen des Schlosses, andere wurden weitgehend überarbeitet.[46] Ein wenn auch bescheidenes, so doch interessantes Zeugnis findet sich hinter dem Paneel einer Holzboiserie im Cabinet de la pendule.[47] Einige Zeichnungen aus dem Büro des ersten Architekten Jacques V. Gabriel geben Aufschluss über die ab 1738 unternommenen und Jahre währenden Umgestaltungen in den inneren Appartements des Königs.[48] Die im Halbkreis herumgeführte Mauer, die das neue Kabinett des Königs und sein an den Cour de Marbre angrenzendes Arbeitszimmer teilt, umgibt einen kleinen Raum, der spärlich Licht erhielt. Zugänglich durch eine hinter der Wandbespannung gelegene Tür, diente er als Boudoir und hatte einen raffinierten Dekor mit gemaltem, vergoldetem und lackiertem Rankenwerk erhalten: Zarte Kornblumengirlanden begleiten eine aus Flechtwerk gebildete Schnitzerei, geformt aus Agraffen, Rosetten und vergoldeten Zierleisten, die sich von einem heute blassgrünen, seinerzeit zweifellos ursprünglich blauen Hintergrund abheben (Abb. 3). Die Zuschreibung wird in Ermangelung von Rechnungen oder sonstiger genauer Aufzeichnungen hypothetisch bleiben, doch möglicherweise handelt es sich hier um ein seltenes Original der Martin in Versailles.

Dieser Dekortypus wurde für den König, den Dauphin und seine Gemahlin, für die Töchter des Königs ebenso wie für die Favoritin ausgeführt und fand sich beizeiten in der Innenausstattung der reichen Kurtisanen wieder. Voltaire war nicht mehr der einzige, der ein Loblied auf die Martin sang. Jean-François Bastide erhob die Martin und ihren Lack in seinem 1753 erschienenen *Petite-Maison* in den Rang von Boucher, Huet, Cafieri und Germain. Comte Mirabeau versäumt es in seinem zwei Jahre zuvor erschienenen *Ami des Hommes* nicht, den Lack von Martin rühmend zu erwähnen, als er die Entwicklung des Luxus beschreibt.[49] Mirabeau beschrieb auch die Entwicklung der Innenausstattung des 18. Jahrhunderts und meinte: »Il [l'architecte] livre au décorateur sa cage contournée, celui-ci cherche des angles et des crochets, dérobe la cheminée, cache les portes, niche le lit, proportionne les Paneel; le vernis et les glaces font le reste«.[50] Das zeigt die Bedeutung dieser Lacke in den Interieurs der Jahrhundertmitte. Die Geschäftspapiere der Martin lassen uns die vielfältigen Arbeiten, die sie in diesem Bereich ausführten, erkennen. Guillaume Martin hatte sich dazu am 5. Dezember 1739 mit dem Vernisseur Eugène-François Magny assoziiert.[51] Es werden etwa der Marquis de Souvré, der Comte d'Estrée oder der Marquis de Mirepoix erwähnt. 1756, bald nach dem Tode Martins, verkaufte Magny diesen Zweig seiner Tätigkeit an den Vernisseur Noël Pecquerie.[52] Im Falle Étienne-Simons und seines Sohnes blieb der Dekor der Holzvertäfelung eine wichtiger Bereich ihrer Tätigkeit. Unter ihren Kunden findet man den Duc de Saint-Simon, für den Étienne-Simon 1746 in dessen Hôtel in der Rue de Bourbon arbeitete, den Prince de Turenne oder den Marquis de Bailler.[53] Später arbeitete er für den Duc d'Orléans in dessen Château du Raincy und in anderen Residenzen des Prinzen, für Monsieur de Bercy in dessen gleichnamigem Schloss, für die Comtesse de l'Hôpital in ihrem Hôtel in der Rue du Temple.[54] Schließlich ist die Tätigkeit Roberts in diesem Bereich zu erwähnen, der sich einige Zeit außerhalb des Landes, von 1747 bis 1753 in Potsdam aufhielt, um dort den Dekor des Blumenzimmers (die sogenannte Voltaire-Kammer) in Schloss Sanssouci für Friedrich den Großen auszuführen.[55] Der Verlust seines Inventars stellt eine große Beeinträchtigung unserer Vorstellung von seiner Arbeit dar. Allerdings scheint sich Robert in diesem besonderen Bereich des Interieur-Wanddekors auf die Herstellung lackierten Papiers spezialisiert zu haben, das man auf Rahmen spannte. In seinem eigenen Appartement in dem Haus, das er in der Grande Rue du Faubourg Saint-Denis erworben hatte, fanden sich mehrere Beispiele, namentlich im getäfelten Salon, der zwischen den Pilastern Paneele mit Papier »de la Chine verny et poly« aufwies.[56] Auch Lazare Duvaux versorgte sich im Februar 1753 mit dem als »papier la Chine à pagodes« beschriebenen Erzeugnis.[57] Auch darin waren die Martin wie in allen Sparten der angewandten Künste präsent. Versteht man zudem den Dekor des Interieurs als eine Gesamtheit, in der sich alle Erzeugnisse miteinander im Einklang befinden, konnte sich der Lack noch der geringsten Oberflächen bemächtigen. Pendeluhren, Appliken, Kaminschirme und Möbel passten sich den vorherrschenden Farben des Interieurs an. Lässt man die Pagoden und anderen chinoisen Dekore außer Acht, erschien hier ein entschieden abendländischer Schmuck.

Zwei Faktoren scheinen diese Entwicklung begünstigt zu haben: zum einen die sich um 1750 abzeichnende Abkehr von der Imitation des ostasiatischen Dekors, eine Entwicklung, die sich bereits durch die zwischen 1735 bis 1745 vermehrte Pigmentierung des Lacks ankündigte. Zum anderen das technische Verfahren, das für den Dekor der Holzvertäfelungen und der Kutschen angewendet wurde. Watin bezeichnet es als Lack mit Ölmalerei.[58] Étienne-Simon sah sich, wie eingangs erwähnt, vor die Aufgabe gestellt, nicht nur die Holzvertäfelungen mit Farbe zu versehen, sondern auch das Mobiliar des Kabinetts des Dauphins. Das Inventar von Étienne-François Martin nennt mehrere in Arbeit befindliche Sitzmöbel.[59] Die Sorge um die perfekte Übereinstimmung der Möbel zum Dekor nutzend, wusste sich der Kunsthändler Hébert durchzusetzen. Für die Einrichtung des Chambre bleue im für Madame de Mailly bestimmten Château de Choisy lieferte er zwischen Oktober 1742 und Januar 1743 eine Kommode,

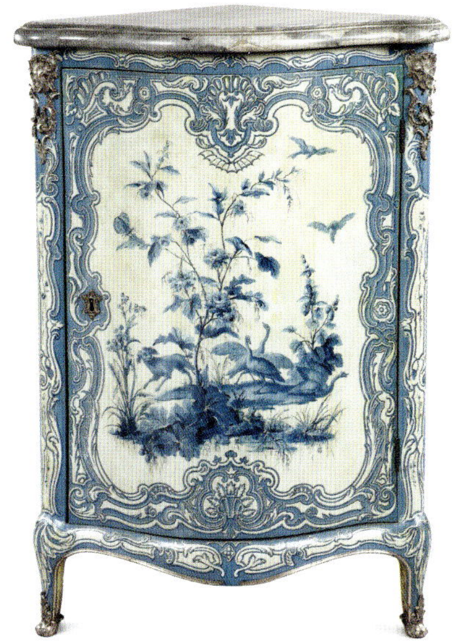

5 Encoignure aus dem Zimmer der Duchesse de Mailly im Château de Choisy, Matthieu Criaerd, Paris, 1743, Eiche, Furnier aus Obstbaumholz, Vernis Martin, versilberte Bronze, Bardiglio-Marmor; Paris, Musée du Louvre, Département des objets d'art (Inv.-Nr. OA 9533)

4 Kommode aus dem Zimmer der Duchesse de Mailly im Château de Choisy, Matthieu Criaerd, Paris, 1742, Eiche, Vernis Martin, versilberte Bronze, Bardiglio-Marmor; Paris, Musée du Louvre, Département des objets d'art (Inv.-Nr. OA 11192)

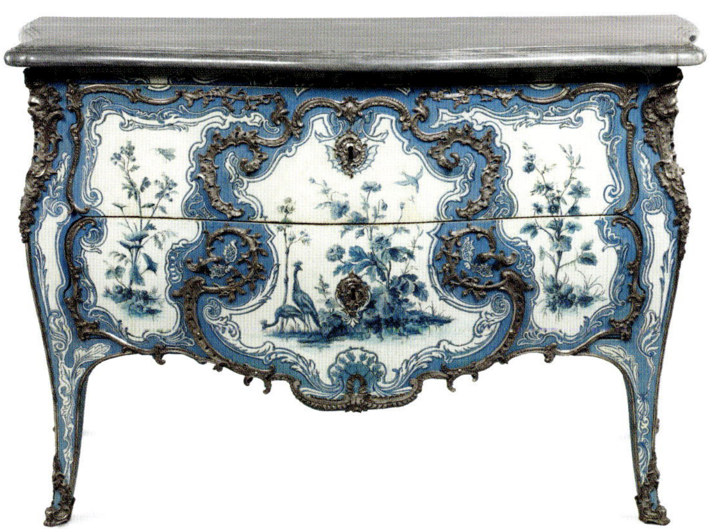

eine Encoignure, einen Schreibtisch und zwei Encoignuren mit Lack auf weißem Hintergrund, eine Malerei mit Blumen, Pflanzen und Vögeln, verziert mit blauen Ornamenten und ziselierter, versilberter Brone – alles in perfekter Harmonie mit dem blauweißen Moiré des Zimmers. Davon sind nur die Kommode und die Encoignure erhalten, sie zeugen von der zarten Raffinesse, welche der Lack dem Möbel verleihen konnte (Abb. 4 und 5).[60] Bei der Auslieferung dieser Möbel wird der Name des Ebenisten ebenso wenig genannt wie der des Vernisseurs und nur durch die Stempel von Criaerd war der Ebenist zu identifizieren. Nichts gibt Aufschluss darüber, wem Hébert die Lackarbeit übertrug, weswegen die Versuchung groß ist, den Namen Guillaume Martin einzubringen. Doch muss dies hypothetisch bleiben, denn auch Étienne-Simon wie Robert können die Urheber gewesen sein. Erscheinen die Martin hier als Protagonisten in der Ablösung vom asiatischen Vorbild, dem ihre Spezialisierung vormals gegolten hatte, so stellt sich die Frage, welchem unter ihnen die Entwicklung hin zu einem durch und durch abendländischen Dekor zu verdanken ist. Der Tod von Guillaume 1749 mag da als ein Wendepunkt erscheinen. Als Étienne-Simon das Kabinett von Madame Adélaïde mit Lackarbeiten versah, lieferte Joubert eine Kommode, die das Journalbuch des Garde-Meuble als »vernie de Martin« bezeichnete. Hier war es zweifellos Étienne-Simon, den Joubert bemüht hatte, denn das Möbel musste zu den Dekoren passen, die dieser für die Tochter Ludwigs XV. ausgeführt hatte.

Das Verfahren der Ölmalerei auf Lack gab dem Möbel in Vernis Martin einen neuen Aufschwung, es wurden bildhafte Kompositionen entwickelt, die sich am Werk zeitgenössischer Maler inspirierten. So zeigen die Paneele einer Kommode mit zwei *en suite* gestalteten Encoignuren, gestempelt von Boudin, im Königlichen Palast von Stockholm Szenen, die vom Werk François Bouchers inspiriert sind.[61] Zudem wäre unter den bekannten Stücken eine außergewöhnliche Kommode, gestempelt von Jean-Louis Grandjean, zu nennen, deren Front sich an einem Stich von Silvestre orientiert, den dieser nach *L'Hallali au cerf* von Jean-Baptiste Oudry ausführte. Die Seiten lehnen sich an Illustrationen Oudrys nach den Fabeln von La Fontaine an (Abb. 6). In diese Szenen sind eine vorgetäuschte Montierung aus vergoldeter Bronze wie auch eine als Trompe-l'œil wirkende große dunkelrote Draperie mit Posamentenbesatz eingebunden, die möglicherweise auch der Anverwandlung des Möbels mit dem Dekor des Zimmers, für das es bestimmt war, dienten.[62]

Es findet also eine wirkliche Synthese von Wanddekor und Mobiliar statt, die zugleich den Höhepunkt des Vernis Martin markiert. Kostbar und diskret auf dem Deckel einer Tabatiere oder auf einem Etui, in größerem Format auf den Fronten und Seiten der Möbel oder ganz den Blicken aller an den Türen einer Berline dargeboten, führt der Vernis Martin in den gemalten Dekoren ein Raffinement ein, das aus der Leuchtkraft und Vielschichtigkeit des Materials und seiner Verfahren herrührt. Wenn auch die Chinoiserien weiterhin geschätzt werden, sind sie nun von Themen begleitet, die von den Fantasien der Rocaille und dem leichten Esprit der Schäferszenen geprägt sind sowie dem Charme der von Oudry, Boucher, Greuze und ihren Nachahmern entwickelten Genreszenen. Deren Werke erfuhren durch dieses Medium in ihrer Verbreitung neue Unterstützung. Um auf die Erfordernisse einer in Neuheiten verliebten Kundschaft zu reagieren, konnte fast jedes Objekt der Möbelschreinerei einen Dekor in Vernis Martin erhalten und so an der Eleganz der Interieurs dieses verfeinerten Jahrhunderts teilnehmen.

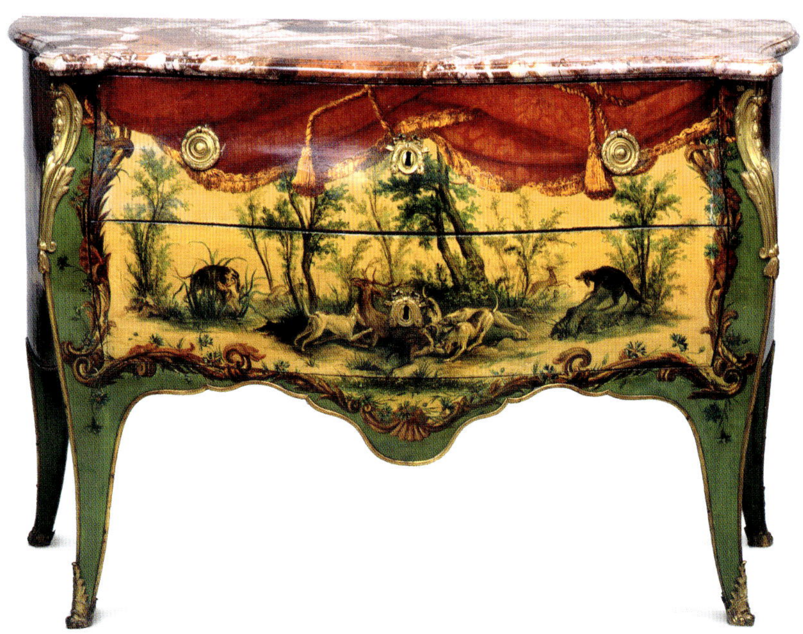

6 Kommode, Jean-Louis Grandjean, Paris, 1765–1770, Eiche, Vernis Martin, vergoldete Bronze, Marmor-Brekzie; Waddesdon, The Rothschild Collection (The National Trust, Inv.-Nr. WI/57/8)

1 Im Inventar der Geschäftsunterlagen Martins nach dem Tod der ersten Frau erwähnter Patentbrief; Paris, Archives nationales, M. C., LVII, 332, 22. August 1730, Aktenzeichen 4.
2 Paris, Archives nationales, O^{1*} 74, fol. 462 ff.
3 Paris, Archives nationales, X^{1a} 7353, fol. 342 ff.
4 Leider existiert das Protokoll der Académie des Sciences für diese Jahre nicht mehr. Ich danke Konservatorin Madame Greffe für ihre Hilfe und Nachforschungen. Der einzige Bericht zu den Martin bezieht sich auf Guillaume II., den jüngeren Bruder von Guillaume Martin und auf seine Erfindung des Carmoulot genannten Lacks (Sitzung von Samstag, 19. Februar 1759).
5 Jacques Garnier war ein wichtiger Vernisseur, seine Tätigkeit ist dank der jeweils nach dem Tod der ersten und zweiten Ehefrau und des Verkaufs seines Geschäfts an seinen Sohn erstellten Inventare bekannt. Vgl. Wolvesperges 2000, S. 122–123 und 402.
6 Adrien Vincent war eine Weile für Guillaume Martin beschäftigt, der sich für zwei Jahre verpflichtete, Vincent mit Arbeiten in Malerei und Lackgravur zu beauftragen; Paris, Archives nationales, M. C., XXVIII, 131, 21. September 1714. Als Ironie der Geschichte verkaufte die Witwe von Guillaume Martin das Handelsgeschäft ihres verstorbenen Mannes an Antoine Vincent, den Sohn von Adrien Vincent.
7 Ein Prozess, in dem sich Sohn und Vater gegenübergestanden hatten, war bisher nicht bekannt, lediglich die komplexen finanziellen Transaktionen. Eine Urkunde vom 5. September 1746 könnte allerdings ebenfalls auf die angespannte Beziehung verweisen. Vgl. Paris, Archives nationales, M. C., CXXI, 338.
8 Paris, Archives nationales, M. C., LXII, 258, 14. November 1731.
9 Ebd., CXXI, 319, 7. März 1741.
10 Ebd., CXXI, 323, 5. April 1742.
11 Im Jahr 1749 hält sich Guillaume-Jean in Parma und 1756 in Neapel auf. Anschließend verliert sich seine Spur; vgl. Wolvesperges 2000, S. 110.
12 Paris, Archives nationales, M. C., XXXIX, 342, 10. Februar 1731.
13 Dem vorangegangenen angehängtes Dokument.
14 Paris, Archives nationales, M. C., XXX, 267, 27. Dezember 1736.
15 Ebd., XXXVIII, 296, 7. Februar 1738. Die Verbindungen mit Guillaume Martin sollten sich vier Jahre später wieder festigen, als Louis Pons Marie-Jeanne Doru ehelichte, die Schwiegertochter von Guillaume nach seiner Wiederverheiratung mit Jeanne-Catherine Simon, verwitwet in erster Ehe mit Gabriel Doru, dem Sekretär des Kardinals von Noailles.
16 Ebd., XXXVIII, 302, 12. Januar 1739.
17 Ebd., CXXI, 332, 1. November 1744. Durand arbeitete bereits für Martin. Sicherlich übernahm Durand infolge des Todes von Louis Pons (Mai 1743) die Position des Werkstattleiters und Guillaume bestätigte ihn mit diesem Dokument.
18 Watin 1774. Vgl. Kapitel I, Abschnitt I, »Vernis gras ou à l'huile«, S. 237.
19 Ebd., S. 235. Anm. d. Übers.: »Gummigutte« so erläutert Watin in der dt. Ausgabe, »ist eigentlich ein verdickter, gummiresinöser Saft, der fest, trocken und safranfarbig ist, und von dem Baum Carcapulli kömmt. Es giebt dem Firniß Consistenz, Glanz und eine Citronfarbe. Man gebraucht es insgemein zum Goldfirniß, und läßt ihn zu dem Ende in Weingeist zergehen. Wenn es gut seyn soll, so muß es im Bruche glatt und nicht schwammig seyn«. Bei »Lack« oder »Schellack« handelt es sich laut Watin um »eine Art von dunkelrothen, hartem Harze. Man sagt, gewisse fliegende Ameisen tragen es auf gewisse Bäume, um sich Zellen davon zu machen. Es kömmt auf dreyerley Weise aus Indien nach Europa«. Watin 1774, S. 190 und 192 f., irrte sich auch hier, denn Schellack ist ein Erzeugnis aus dem Stoffwechselprodukt bestimmter Läuse (siehe S. 11).
20 Siehe den Beitrag von Madame Le Hô, Laboratoire du Recherche des Musées de France, in der französischen Katalogausgabe.
21 Watin 1774, S. 283. Deutsche Übersetzung laut Watin 1774, S. 277: »Es ist eine bekannte Sache, daß der berühmte Martin die größten Kenner mehr als einmal hintergangen hat. Seine besten Stücke werden heutiges Tages ebenso begierig als der alte Lack von Liebhabern gesucht«.
22 Siehe S. 27.
23 Mouquin, S.: Pierre IV Migeon. Paris 2001, S. 35 f.
24 Wolvesperges 2000, S. 157. Erste Erwähnungen von Lackkommoden gehen auf 1718 zurück.
25 Aus dem Inventar, das nach dem Tod von Guillaumes erster Frau erstellt wurde, lässt sich schließen, dass Guillaume Hébert 125 Livres schuldete (Paris, Archives nationales, M. C., LVII, 332, 22. August 1730). In Héberts Inventar der Handelsgüter, das anlässlich seiner Wiederverheiratung 1730 erstellt wurde, ist vermerkt, dass Guillaume Martin 163 Livres schuldete (Paris, Archives nationales, M. C., CXXII, 591, 15. Oktober 1730).
26 Courajod 1873.
27 Ebd., 1873, Bd. II, Art. 648; 841; 1213; 2521; 2547.
28 Bei seinem Tod schuldete Étienne-Simon Martin Duvaux 1216 Livres; Paris, Archives nationales, M. C., XCIV, 290, 29. November 1758.
29 Vgl. das nach dem Tod Michel Hécéguères erstellte Inventar; Paris, Archives nationales, M. C., XCIV, 261, 5. April 1753, zit. nach Wolvesperges 2000, S. 177.
30 Paris, Archives nationales, M. C., XXXIII, 556, 22. Juli 1765, Aktenzeichen 6 im Inventar der Geschäftsunterlagen.
31 Demetrescu 1992, S. 77–78 .
32 Von 1714 bis 1725 waren Guillaume und seine Frau Mieter in einem Haus in der Rue du Faubourg Saint-Antoine, wo auch Jean-Baptiste Chevallier als Mieter wohnte; Paris, Archives nationales, M. C., I, 257, 15. Juli 1714.
33 Wolvesperges 2000, S. 116.
34 Im *Mercure de France* vom Dezember 1732, S. 2730, werden in einer Bekanntmachung die Fertigkeiten und das Geschick von Guillaume Martin erwähnt, namentlich in der »peinture des appartements«.
35 Bruzen de la Martinière, Ausgabe 1741, VI, S. 121.
36 Luynes 1860–1865, Bd. 4, S. 293.
37 Nolhac 1898, S. 119 f.; Paris, Archives nationales, O^{1} 2240, 7. Juli 1740, und La Martinière 1741, S. 118.
38 Nolhac 1898, S. 153; Paris, Archives nationales, O^{1} 1769, Gedächtnis für Martin. Es sei daran erinnert, dass Guillaume im August 1749 verstarb.
39 Nohlac 1898, S. 213
40 Croÿ 1906–1907, S. 207 und 358.
41 Courajod 1873, Bd. 2, Nr. 841. Siehe auch Hans, Pierre-Xavier: La folie de bâtir. In: Salmon 2002, S. 81–83.
42 Nolhac 1898, S. 140.
43 Ebd., S. 167.
44 Paris, Archives nationales, O^{1} 1795, April 1749.
45 Ebd., O^{1} 1806 Dossier 350. Die Abfolge von Schichten und ihre Schleifung sind es, die für den Eindruck von Tiefe sorgen; sie ist dem asiatischen Lack vergleichbar und lässt diese Lacktechnik dem fernöstlichen Verfahren ähneln.
46 Die inneren Kabinette des Dauphin und der Dauphine wurden in den achtziger Jahren des 20. Jhs. restauriert und 1986 wiedereröffnet.
47 Didier 2004, S. 70–73.
48 Paris, Archives nationales, O^{1} 1770^{1} Nr. 26 und O^{1} 1768^{A2} Nr. 2. Vgl. Le Guillou, Jean-Claude: La création des cabinets et des petits appartements de Louis XV au château de Versailles, 1722–1738. In: Gazette des Beaux-Arts, April 1985, S. 137–146.
49 Mirabeau 1755, Bd. 1, S. 244. [dt. Der Menschenfreund oder Traktat über die Bevölkerung, 1756].
50 Ebd., 1759, S. 331 f. »Er [der Architekt] händigt dem Dekorateur den Entwurf aus, dieser sucht die Winkel und die Haken für die Abhängung, verbirgt den Kamin, verdeckt die Türen, versteckt das Bett, passt die Paneele an; die Lacke und die Spiegel machen den Rest aus«.
51 Paris, Archives nationales, M. C., CXXI, 345, 18. August 1749, Aktenzeichen 14 des Inventars der Geschäftsunterlagen von Guillaume Martin.
52 Ebd., LXI, 469, 3. Februar 1756. Ein Verzeichnis der Waren und Utensilien ist angehängt, das die Aussagen von Watin hinsichtlich der von den Vernisseuren bei Lackarbeiten auf Holzvertäfelung eingesetzten Materialien und angewendeten Techniken bestätigt.
53 Ebd., CV, 1302, 13. Juni 1770, Aktenzeichen 11, 12 und 13 des Inventars der Geschäftsunterlagen.
54 Ebd., XCVIII, 621, 15. April 1777, Abrechnung, Auflösung und Aufteilung des Nachlasses von Étienne-François Martin. Wichtig ist die aufgezählte Klientel, Comtesse de Provence, Duc d'Aiguillon, Prinzessin von Monaco, Comte de Paulmy, Duc d'Ayen, Maréchal de Broglie, Baron de Breteuil, Duchesse de Noailles, um nur einige von ihnen zu nennen, doch die Art der ausgeführten Arbeiten ist nur sehr selten angeführt.
55 Huth 1971, S. 73, und Czarnocka 1989, S. 145, und 1994, S. 64 f.
56 Paris, Archives nationales, Z^{1}j, 4. November 1765, Besichtigung und Schätzung infolge des Todes von Robert Martin der beiden ihm gehörenden Häuser.
57 Courajod 1873, Bd. 2, Nr. 1354.
58 Watin 1773, S. 101.
59 Paris, Archives nationales, M. C., CV, 1309, 29. Oktober 1771.
60 Im Louvre aufbewahrt, können diese Möbel wegen der Neugestaltung der Säle zum 18. Jh. im Département des objets d'art nicht in die Ausstellung ausgeliehen werden. Zu ihrer Geschichte vgl. Verlet 1945–1990, Bd. 1, 1945, S. 6–8, sowie Nouvelles acquisitions du département des Objets d'art 1990–1994, 1995, S. 134–136.
61 Setterwall 1966, S. 135.
62 Bellaigue 1974, Bd. I, S. 221–223.

9 Kommode mit zwei Schüben

Korpus: Eichenholz; Vernis Martin: Grundierung, Schwarzlack, Dekor aus Blattgold und Blattsilber mit Höhungen in Schwarzlack, Klarlack; ziselierte und vergoldete Bronze; Marmor-Brekzie

H. 88,5 cm, B. 162,5 cm, T. 73 cm

Paris, Matthieu Criaerd (1689–1776) zugeschrieben, um 1750

Privatsammlung

Literatur: L'Exotisme dans l'art européen. Galerie Aveline, Galerie Neuse, Paris 2010 (Ausst.-Kat.) S. 54 und 55.

Die Kommode ist Teil eines Ensembles, das nicht das Schicksal der Versteigerung oder Zerstreuung erlitten hat. Vervollständigt wird es durch zwei *en suite* gestaltete Encoignuren. Es bietet ein interessantes Beispiel schwarzgrundigen Vernis Martins mit Blumen- und Blattwerkdekor, der frei und ungehindert an Front und Seitenteilen der Möbel emporklettert. Hinsichtlich der Motivik ist das Rankenornament aus dem in *hiramaki-e* angelegten Rankendekor hervorgegangen, der für japanische Namban-Lacke des späten 16. und beginnenden 17. Jahrhunderts charakteristisch ist, die von den Portugiesen in großer Zahl importiert wurden. Die über die gesamte Oberfläche rankenden Ornamente mit Blumen sind mit äußerster Leichtigkeit behandelt und von außergewöhnlich feinen Bronzen eingefasst. Der Übergang zu ausschließlich westlichen Dekoren erfolgte mit schrittweiser Aufgabe der asiatischen Themen durch die Maler-Lackierer. Diese Kommode befindet sich am Scheideweg. Mit ihrem schwarzen Hintergrund und den die Rahmenkonstruktion der Encoignuren zierenden Drachen verweist sie unmittelbar auf die anfängliche Idee des Lacks und ruft noch einmal die fernöstliche Quelle der Inspiration in Erinnerung. Sie ist hierfür nicht das einzige Beispiel und steht möglicherweise auch der Kommode in Vernis Martin mit rotem Hintergrund im Musée Carnavalet nahe,[1] die einen vergleichbaren, jedoch ausschließlich in Gelbgold ausgeführten Dekor zeigt, während hier die Raffinesse des Einsatzes von Gold und Silber zum Tragen kommt. Die alte, mit Tinte verfasste Aufschrift »Le Piple« auf einer der Schubladen könnte auf die Provenienz dieses Möbels verweisen. Das Château du Piple im Südosten von Paris war Mitte des 18. Jahrhunderts im Besitz des Moritz Graf von Sachsen (1696–1750), genannt Maréchale de Saxe, wurde 1819 von Baron Hottinguer erworben und befindet sich noch heute im Besitz seiner Nachkommen. So könnten diese Möbel, obwohl nicht gestempelt, aus dem Umkreis der Produktion von Mathieu Criaerd stammen, einem Ebenisten, der mehrere Möbel in Vernis Martin auf Rechnung von Kunsthändlern lieferte, darunter das Ensemble für die Comtesse de Mailly, eines der ersten Beispiele der Emanzipation des Vernis Martin vom ostasiatischen Vorbild.

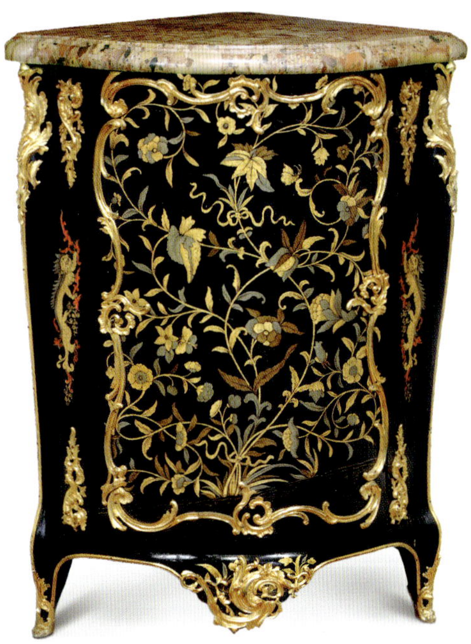

1 Forray-Carlier, Anne: Le mobilier du musée Carnavalet. Dijon 2000, S. 96, Nr. 30.

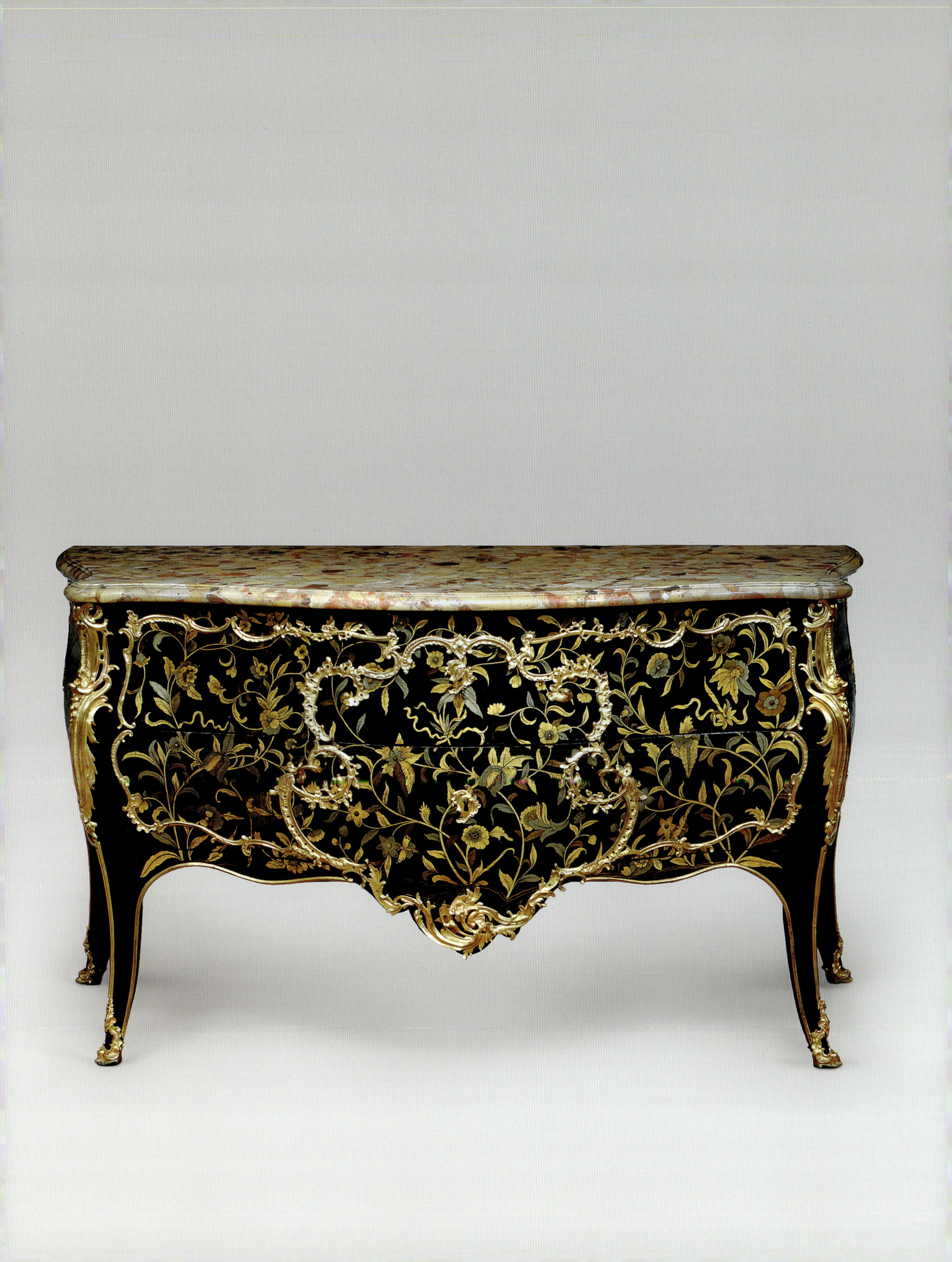

10 Pultsekretär der Marquise de Pompadour

Korpus: Pappel- oder Lindenholz, Bergahorn- und Nussbaumholz; Vernis Martin: Grundierung, blauer Lack, Dekor in Relief in verschiedenen Brauntönen, Rot, Goldpulver, Aventurinlack, Klarlack; im Innern: Furnier aus Pflaumenbaum- und Amarantholz, blaues Moiré, blaues Papier, vergoldete und versilberte Bronze

H. 88 cm, B. 69 cm, T. 43 cm

Paris, Adrien Faizelot-Delorme zugeschrieben (1715/20 – nach 1783), um 1750

Paris, Musée des arts décoratifs, Inv.-Nr. 32636

Literatur: Holzhausen 1958, S. 110, Abb. 70, und S. 126–127. – Huth 1971, Taf. 230 und S. 92. – Salmon 2002, Nr. 138 und S. 66–67. – Kyoto 2008, Nr. 115, und S. 264–265. – Wolvesperges 2000, S. 28 und 118.

Trotz der Unbeholfenheit, mit der die Aventurinbordüre die Formen des Möbels wiederaufnimmt, stellt dieser Pultsekretär eines der bedeutendsten Beispiele für den Emanzipationsprozess des französischen Lacks vom ostasiatischen Vorbild dar. Die Einführung der farbigen Lackfassung zeigt den Wunsch, ganze Möbelensembles zu schaffen, die sich in den Dekor des Interieurs integrieren, indem sie in der ersten Hälfte des 18. Jahrhunderts die farbige Gesamtgestaltung von Boiserien und schillernden Stoffen aufgreifen. Wegen seiner Provenienz verdient der Sekretär zudem ein besonderes Interesse. Von der Marquise de Pompadour zur Möblierung ihres Schlosses Bellevue erworben, fügte er sich bestens in den dort bereits vorhandenen Dekor aus chinesischen und indischen Tapeten, Lackobjekten und Porzellanen, mit denen Bellevue angefüllt war, ein und spiegelt ihr Gefallen an der Chinoiserie. Der Sekretär war anschließend Teil des Mobiliars, das Ludwig XV. erwarb, als er 1757 Eigentümer des gesamten Anwesens von Bellevue wurde. Wegen der außergewöhnlichen Qualität seiner vergoldeten Reliefs wurde er ausführlich beschrieben: »un secrétaire de bois verni bleu et or à figures et fleurs de laque de la Chine et bordure aventurine orné de boutons et chaussons de bronze doré d'or moulu. Le devant fermant à clé s'abat et forme une table couverte de velours bleu encastré, le dedans de Holz satiné à placages, garni d'une trappe à coulisse et de trois tiroirs dont un du côté droit contient un encrier, poudrier et boëte de cuivre argenté …«[1] Wie die zeitgenössische Wortwahl heute in die Irre führen kann, zeigt die Beschreibung anhand der für den Lack gewählten Bezeichnungen, denn die vermeintlichen »figures et fleurs de laque de la Chine« beziehen sich nicht auf asiatischen, sondern auf französischen Lack, dessen Qualität der besonderen Fertigkeit der Brüder Martin in der Nachahmung des Japanlacks in Relief zu verdanken ist. Gerade ein Dekor aus Japanlack vom Ende des 17. Jahrhunderts diente zugleich als Vorbild und als Inspirationsquelle. Die Szene, die mit Hunden spielende chinesische Kinder zeigt, war ein besonders beliebtes Sujet, das man mit leichten Varianten auf etlichen für den europäischen Markt bestimmten Lacken findet. Auf einer Truhe (Musée Namban, Osaka), einem Dokumentenkasten (Musée du Louvre, Département des Objets d'Art, Collection Thiers, Abb. S. 87) wie auch auf dem Paneel einer der 1782 von Madame Adélaïde erworbenen Encoignuren Carlins findet sich mindestens das aus zwei Kindern gebildete Paar: eines, das dem Hund einen kleinen Fisch hinhält, wie auch das von hinten gesehene Kind (Département des Objets d'Art du Louvre, Dépôt Château de Versailles).

Welcher der Brüder Martin an diesem Meisterwerk gearbeitet hat, wird sich nie eruieren lassen, doch hatte er sicherlich ein japanisches Vorbild vor Augen. Auch ist zu fragen, wer der Kunsthändler am Ausgangspunkt dieser Lieferung war? Von Duvaux, der sonst zahlreiche Möbel in Lack und in Vernis Martin an Marquise de Pompadour lieferte, stammte dieses nicht. Eher war es wohl Hébert oder auch Julliot. Da sie ungestempelt ist, kann die Arbeit des Ebenisten wegen der Marqueterie im Innern nur Adrien Delorme zugeschrieben werden, der seit 1748 Meister war. Die alternierenden Fischgrätmuster aus Pflaumenbaum- und Amarantholz sind typisch für ihn. Bekannt ist, dass Delorme 1748 Catherine Madeleine Duval, Witwe des Ebenisten Albert Pothier heiratete. Seine Schwägerin Françoise Pothier hatte Jean Desforges geheiratet, dessen familiäre Verbindungen zu den Martin bekannt sind. Die Bordüre in Aventurinlack bekräftigt die Zuschreibung an einen der Martin, wahrscheinlich Étienne-Simon, da Guillaume im August 1749 verstarb. Blauer Lack kam in den vierziger Jahren am Hof auf und scheint nicht länger als bis in die fünfziger Jahre verbreitet gewesen zu sein, mit Ausnahme der Hintergründe auf einigen Berlinen. In dem beim Tode Guillaumes

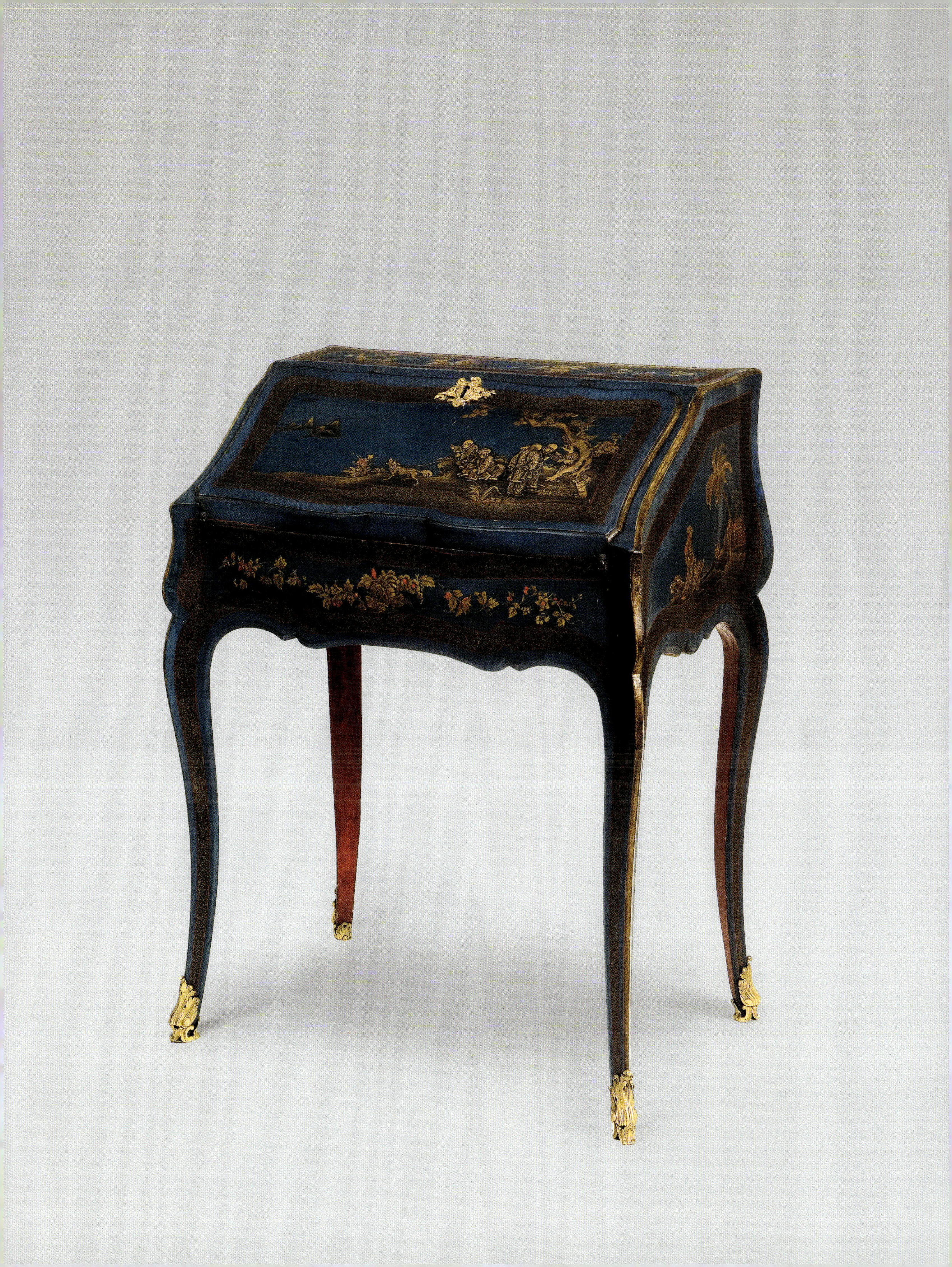

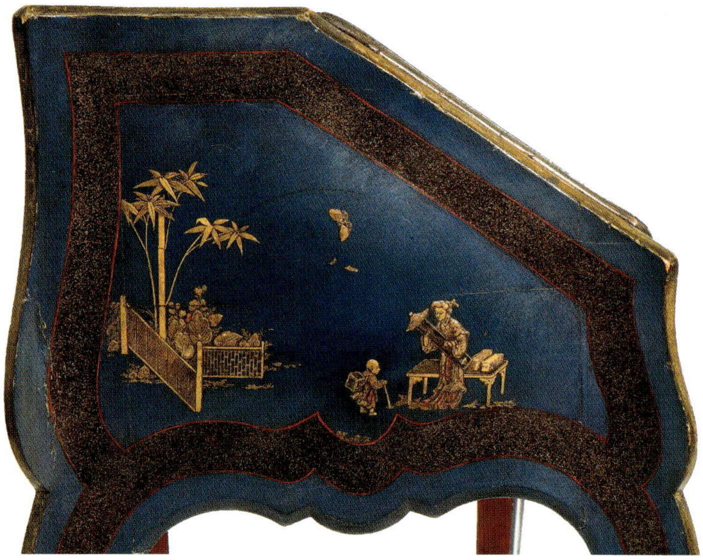

erstellten Inventar findet sich diese Farbe übrigens nur einmal erwähnt. Unter den heute bekannten Beispielen mit blauem Hintergrund lassen sich einige Gruppen unterscheiden, die auf verschiedene Werkstätten schließen lassen. Das auffallende Motiv des blühenden Astes, das man ebenso auf einer Kommode von Dubois[2] oder auf einem Kasten für Toilettenutensilien findet (Kat.-Nr. 41), kann Hinweis auf eine Herkunft aus derselben Werkstatt sein. Der Sekretär bleibt Zeuge einer ephemeren Mode, denn die fernöstlichen Motive wurden schnell zugunsten westlicher Sujets aufgegeben, in die das Relief nicht mehr passte. Mit der Entwicklung des Geschmacks wurde diese Art Möbel in die nachrangigen Bereiche verbannt. So gehörte der Sekretär, als Bellevue 1786 Eigentum der Töchter Ludwigs XV. geworden war, tatsächlich zum Mobiliar der ersten Kammerfrau von Madame Adélaïde.

1 Paris, Archives nationales, O^1 3317.
2 Kommode in einer Privatsammlung, ausgestellt von der Galerie Hermanovits auf der Biennale des Antiquaires de Paris im Herbst 2012.

11 Papierbeschwerer

Ziselierte und vergoldete Bronze; Figuren aus patiniertem Kupfer, Gewänder mit drei Schichten Grundierung aus organischem Material, Schwarzlack, Dekor in Gold und Rotlack, Klarlack

H. 16 cm, B. 16,5 cm, T. 8,7 cm

Paris, anonyme Lackwerkstatt, um 1750

Paris, Musée des arts décoratifs, Inv.-Nr. RI 2004.13.1

Unveröffentlicht

Die Enzyklopädie von Diderot und d'Alembert enthält zur Definition des Begriffes *magot* die folgende Ausführung: »Figures en terre, en plâtre, en cuivre, en porcelaine, ramassées, contrefaites, bizarres, que nous regardons comme représentant des Chinois ou des Indiens. Nos appartements en sont décorés. Ce sont des colifichets précieux dont la nation s'est entêtée; ils ont chassé de nos appartements des ornements d'un goût beaucoup meilleur. Ce règne est celui des magots.«[1] Um sich von der Richtigkeit dessen zu überzeugen, genügt ein Blick in das Inventar der Duchesse du Maine, die auch eine große Liebhaberin alter Japanlacke war und deren Interieur im neuesten Geschmack ausgestattet war. Der Experte verwendete dafür den Begriff »pagode«, was nur eine andere Bezeichnung für die chinoisen Figuren war:[2] »Dans la chambre à coucher à coté [...] n° 443, pendule faitte par Pierre Le Roy dans une boete de bronze doré avec trois pagodes et au bouquet verny de Martin prisée 400 livres [...] dans la chambre en suitte ditte cabinet de la Chine [...] n° 521 deux girandoles à deux branches de cuivre doré portée sur deux pagodes de verny de Martin montées en bronze doré d'or moulu prisées 140 livres [...] n° 538, pendule faitte par Mesnil dans une boëte de lac du Japon soutenue par deux pagodes de verny de Martin sur un plateau de verny du japon prisée 250 livres ; n° 539 item deux pots pouris dont chacun est porté sur deux pagodes, le tout de verny du Japon prisés ensemble 180 livres«.[3] Keine Auktion einer Sammlung des 18. Jahrhunderts, ohne einen Magot in Vernis »par« Martin darunter. Die Figuren aus lackierter Bronze erscheinen gleichwohl nicht in den Inventaren der Handelsgüter der Martin. Doch wie eingangs erwähnt, dürfte die Wortwahl der Verkaufsexperten – die Mehrheit der Kunsthändler – mit der Formulierung »de« und »par« Martin ihre

Urheberschaft belegen. Einige Erwähnungen können sicherlich mit den heute als »une Pagode de goût Chinois, en vernis de Martin fond noir et or de relief, garnie de terrasse en bronze, formant pierre à papier« aufbewahrten Objekten in Verbindung gebracht werden.[4] Die offenbar unterschiedlich bezeichneten Magot-Figuren bereicherten westliche Gegenstände wie Leuchterarme, Kamine, Pendulen und Schilder sowie Potpourris um eine exotische Note. In verschiedenster Haltung sind sie nicht selten in Verbindung mit Porzellanblumen oder anderen luxuriösen Materialien zu finden, die wie sie selbst die Raffinesse des Fernen Ostens evozierten.

---

1 Diderot/d'Alembert 1751–1765/1772, Bd. 9, S. 861–862: »Figuren aus Ton, Gips, Kupfer, Porzellan, zusammengeklaubt, missgestaltet, wunderlich, die wir als Darstellungen von Chinesen oder Indern ansehen. Unsere Wohnungen sind damit dekoriert. Es ist kostbarer Tand, auf den die Nation sich versteift hat; sie haben aus unseren Wohnungen die Ornamente eines viel besseren Geschmacks vertrieben. Dieses Reich ist das der Magots.«

2 Kisluk-Grosheide 2002, S. 177–197.

3 Paris, Archives nationales, M. C. XXXV, 672, 19. Februar 1753: »Im Schlafzimmer auf der Seite [...] Nr. 443, Pendule von Pierre Le Roy ausgeführt, Kasten aus vergoldeter Bronze mit drei Pagoden und mit einem Blumenstrauß [in] Vernis von Martin geschätzt auf 400 Livres [...] im daran anschließenden, Cabinet de la Chine genannten Zimmer [...] Nr. 521 zwei Girandolen mit je zwei Armen aus vergoldetem Kupfer, gehalten über zwei Pagoden aus Vernis von Martin, montiert in mit Goldpulver vergoldeter Bronze, geschätzt auf 140 Livres [...] Nr. 538, Pendule von Mesnil ausgeführt mit einem Kasten aus Japanlack, gestützt von zwei Pagoden in Vernis von Martin auf einer Platte aus Japanlack geschätzt auf 250 Livres; Nr. 539 desgleichen zwei Potpourris, von denen jedes von zwei Pagoden getragen wird, das Ganze in Japanlack, zusammen auf 180 Livres geschätzt«.

4 Vgl. Auktion Julienne, 22.–30. Mai 1767, Los 1613, Experten Rémy und Julliot.

12 Paar Appliken *Abb. S. 56/57*

Ziselierte und vergoldete Bronze; Figuren in patinierter Bronze, für die Gewänder Schichten mit Grundierung aus organischem Material, Schwarzlack, Dekor in Gold und Rotlack, Klarlack; Blumen in Weichporzellan

H. je 26,5 cm, B. je 25 cm, T. je 12,5 cm

Paris, anonyme Lackwerkstatt, um 1750

Deutschland, Privatsammlung

Unveröffentlicht

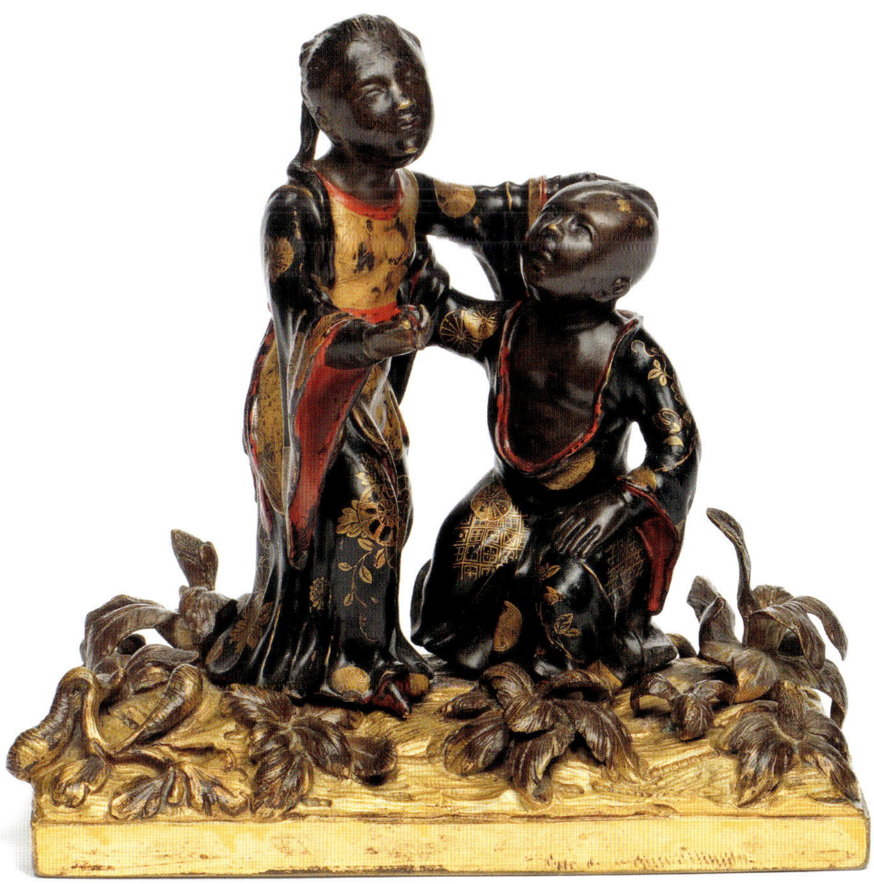

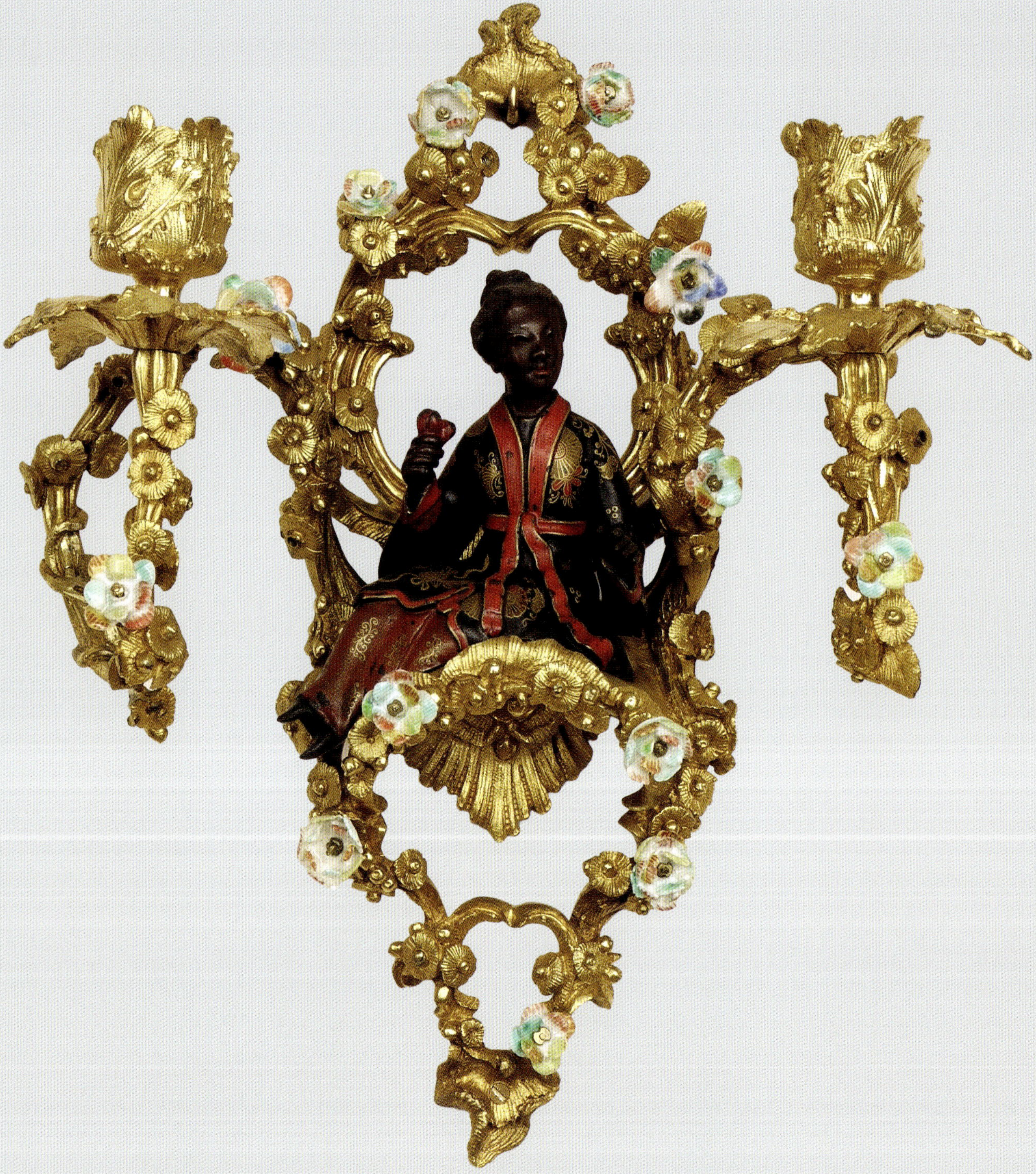

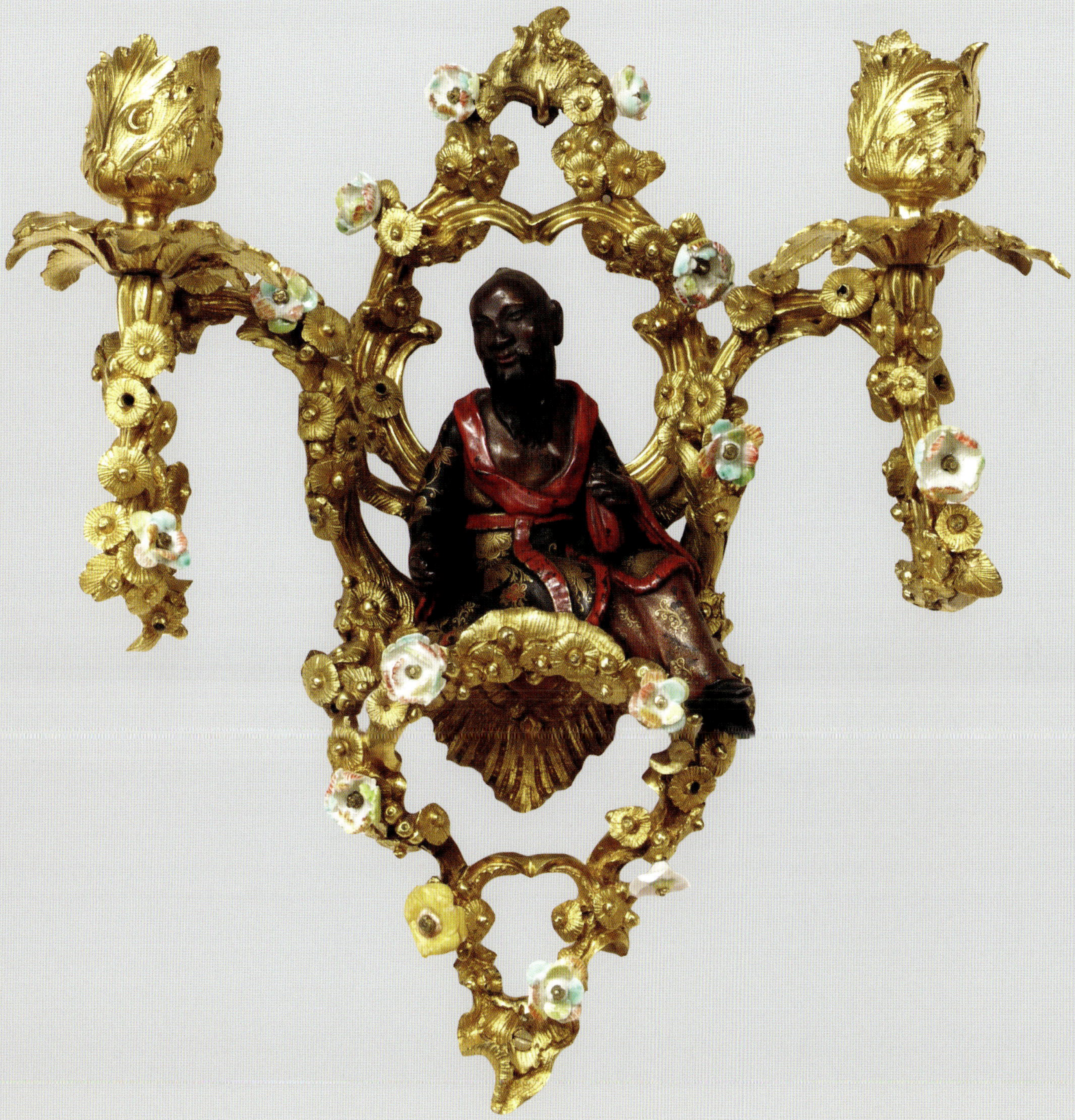

13 Kommode, in einen Konsoltisch umgearbeitet

Korpus: Eiche und Nadelholz; Vernis Martin: Grundierung, grüner Lack, Dekor in Ölmalerei, Klarlack; vergoldete Bronze; Sarrancolin-Marmor

H. 87 cm, B. 143 cm, T. 64 cm

Paris, um 1755; gestempelt »J. A. GRANDJEAN« für Jean-Louis Grandjean (1739 – um 1785), »MACRET« für Pierre Macret (1727–1796) und Marke JME

Waddesdon, The Rothschild Collection (Rothschild Family Trust, Inv.-Nr. 0001976)

Literatur: Leben 2004, S. 19, Abb. S. 20.

Die Ölmalerei auf Lack ging mit der Emanzipation durch Vernis Martin einher, der in gewisser Weise seinen Höhepunkt in großen gemalten Kompositionen erreichte. Sie war auf den Fronten und Seiten der Möbel zu finden, ebenso auf Dosen, Etuis und auf den Türen der Berlinen, deren Aufschwung parallel zu beobachten ist. Welcher Bereich beeinflusste den anderen? Keiner, scheint es, denn das Beispiel der Brüder Martin zeigt, dass die Vernisseure sich dieser Tätigkeit in verschiedenen Sparten widmeten. Selbst die Staffeleimalerei lässt sich auf das Mobiliar ein und dient dem Möbel zur Verschönerung. Das Ornament hat dann nur wenig Platz und wird nicht selten wie hier in die Rahmungen des offenen Gitterwerks der Weinrebe verbannt, die an die Vorbilder von François-Thomas Mondon (um 1709–1755), Alexis Peyrotte (1699–1769) oder noch Jean Pillement (1728–1808) erinnert und umspielt die kleinen Amoretten, die einem Bacchantenzug entsprungen zu sein scheinen. Das hier gezeigte Möbel – es handelt sich um eine ursprünglich zwei Schübe besitzende, anscheinend bald umgearbeitete Kommode,[1] zu der zwei Encoignuren (Abb.) gehören – ist der Kommode desselben Ebenisten in Waddesdon Manor[2] vergleichbar (S. 48, Abb. 6): Derselbe grüne Hintergrund entfaltet sich, darüber eine nach einer druckgrafischen Vorlage gemalte Szene. Die genaue Quelle für diesen kleinen Bacchantenzug war nicht zu finden, sie steht jedoch Stichserien nach Werken Bouchers mit Kindern nahe, die Jahreszeitenzyklen, die Elemente oder auch die Künste darstellen. Wenige Möbel dieses Typs sind heute erhalten, worin sich zweifellos die limitierte Produktion spiegelt, die wohl den Wünschen und Vorlieben weniger Kunstliebhaber zu verdanken ist. Ende des 19. Jahrhunderts erfuhren genau diese Stücke durch Ebenisten wie Linke, Beurdeley, Sormani eine letzte Blüte.

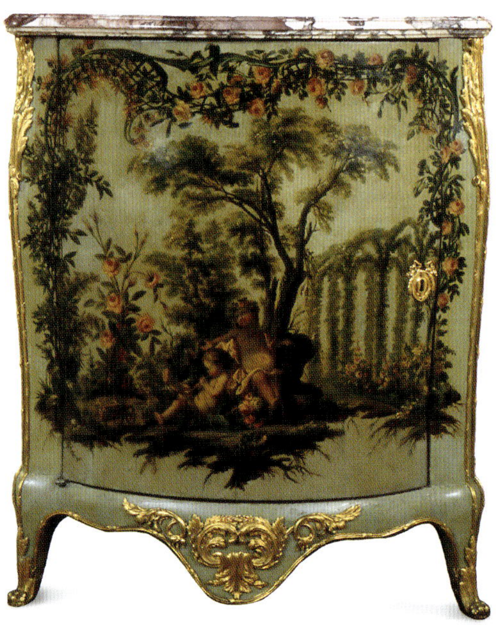

1 Das Möbel war 1995 Gegenstand einer Analyse (UCL Painting Analysis Ltd). Freundliche Information von Emily Roy.

2 Vgl. meinen Beitrag, S. 48. Die Anwesenheit des Stempels von Macret neben dem von Grandjean lässt erkennen, dass die Kommode durch seine Hände gegangen sein muss; möglicherweise war er der Urheber der Umarbeitung.

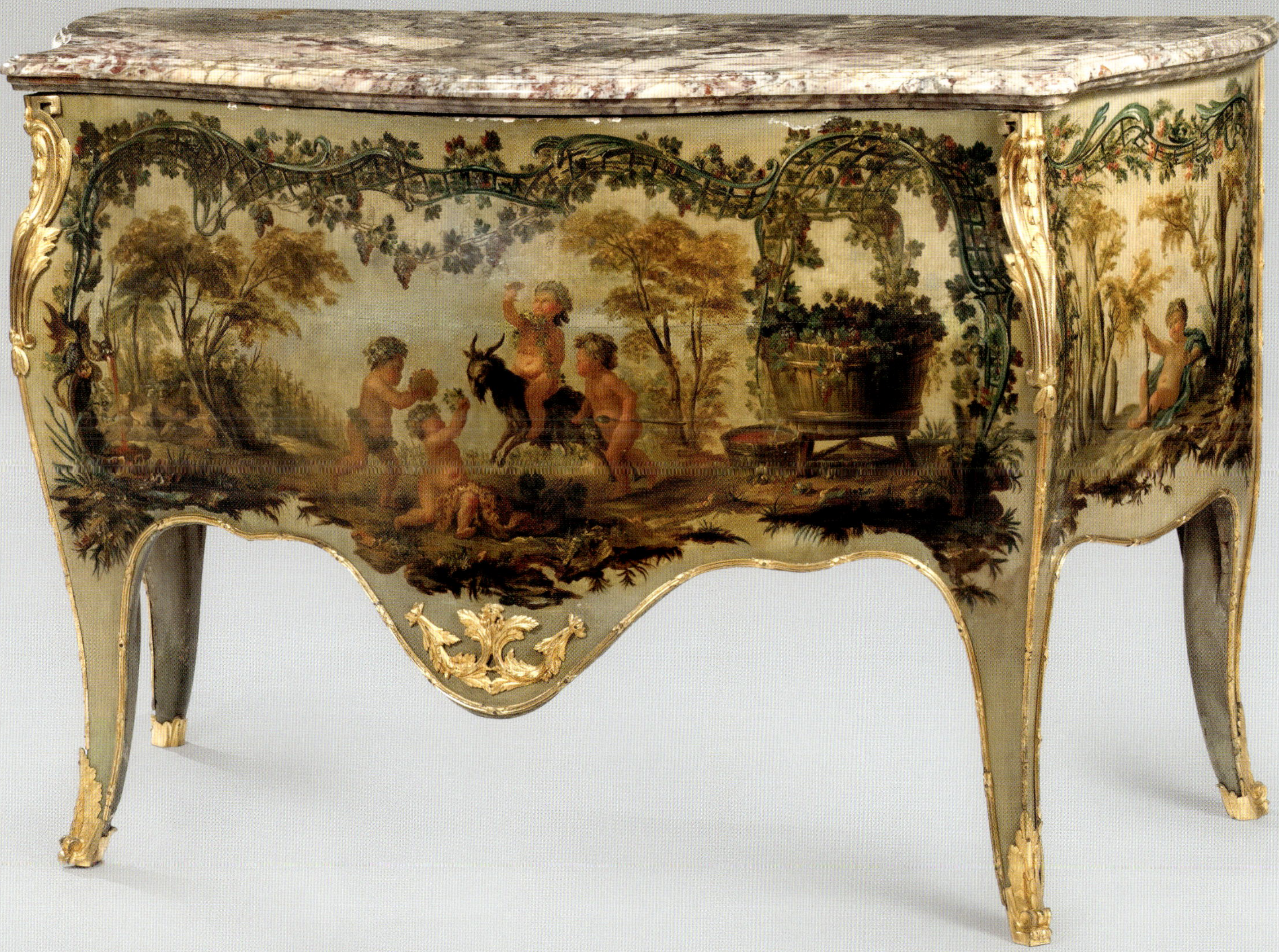

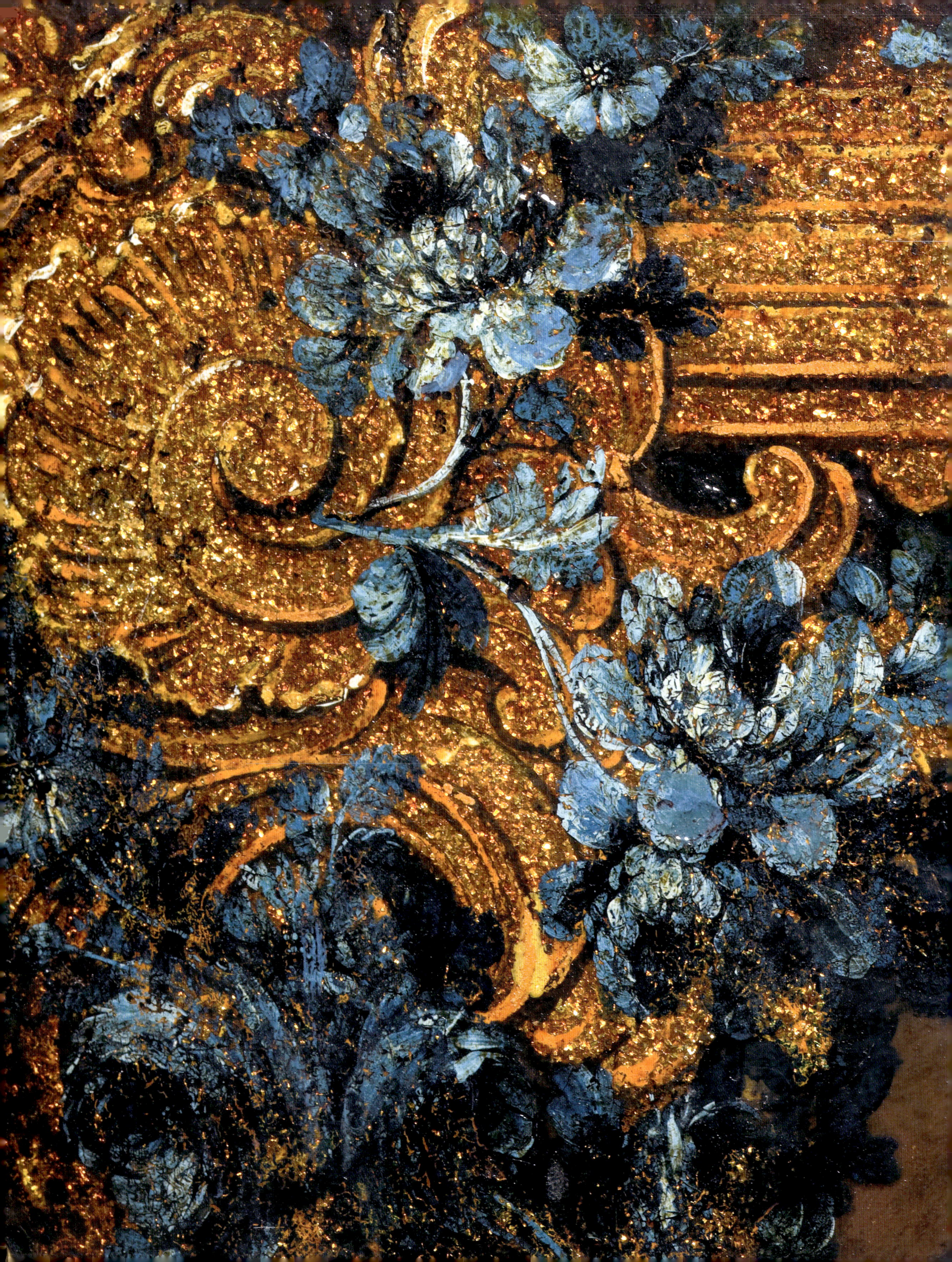

Anne Forray-Carlier

Eine Besonderheit der Martin: die Berline

»Parmi les merveilles dont cette Capitale abonde, on peut regarder les Équipages comme une de ces choses rares, dont il sera fait mention dans la postérité. Mr Lucas, excellent Peintre d'histoire & Académicien, est Auteur de la plupart de ces voitures brillantes, dont les panneaux font autant de Tableaux précieux qu'un Curieux seroit flatté d'avoir dans son Cabinet. Dutour, Huet & Crépin, avec leur pinceau sçavant & délicat, peignent journellement de ces magnifiques voitures. Dutour peint les animaux; Huet, les fleurs, & Crépin, les paysages. On peut toujours voir de ces équipages précieux, peints par ces Artistes, & vernis par Martin, chez les plus fameux Selliers de Paris, & notamment chez Lancry, rue S. Nicaise […]«.[1]

Wie kein anderes Objekt verkörpert der Pferdewagen des 18. Jahrhunderts – dem voranstehenden Zitat Antoine-Nicolas Joubert de l'Hiberderies nach zu urteilen – den Gipfel an Verfeinerung und Luxus, den die angewandte Kunst in Frankreich erreicht hat. Jean-Louis Libourel hat in seiner diesem Thema gewidmeten Arbeit dargelegt, wie sehr sich der Wagen »als das beste Mittel, sich zu zeigen, und das sicherste, um bemerkt zu werden« durchsetzte.[2] Die Erbauer überboten sich im Einsatz kostbarster Materialien, in der Zurschaustellung eines beispiellosen Gepränges ebenso wie in besonderer Sorgfalt bei der Herstellung und Ausführung. Der Höhepunkt dieser Entwicklung war im 18. Jahrhundert erreicht, die Kutsche ein in ganz Europa begehrtes Erzeugnis und Paris die erste Adresse für die Herstellung der Karosserie. In der zweiten Hälfte des Jahrhunderts waren nicht weniger als zweihundert Werkstätten zu verzeichnen, die meisten auf dem rechten Seineufer um die durch die Rue Saint-Denis geformte Achse gelegen. Viele begüterte Monarchen und Fürsten orderten in Paris. Zu den denkwürdigsten der überlieferten Bestellungen kann sicherlich 1727 die Johanns V. von Portugal gezählt werden, der vierundzwanzig Berlinen für die anlässlich des Prinzesinnentauschs zwischen dem französischen und dem portugiesischen Hof stattfindende Zeremonie bestellte, oder der Auftrag für den österreichischen Botschafter Fürst Joseph Wenzel von Liechtenstein. Zwei der Bestellungen vermeldete der *Mercure de France*, und zwar mit dem Hinweis, dass die dritte Kutsche von »le S[ieu]r. Martin le jeune« vergoldet worden war, und ergänzt: »Le quatrième Carosse était une Berline, doré par le Sr. Martin l'aîné, doublé de velours cramoisi, enrichi d'une broderie d'or, l'Imperiale étoit surmontée de bronzes dorés, & l'Attelage étoit de huit chevaux Danois, dont les ornemens des crinieres & des aigretes étoient en cramoisi & or; les Harnois de maroquin rouge, garnis de bronze dorés« (Abb. 1).[3]

Joubert de l'Hiberderie hat demnach die heute völlig in Vergessenheit geratene Bedeutung dieses Gefährts zutreffend eingeschätzt. In wenigen Zeilen nennt er die wichtigsten an der Herstellung von Kutschen Beteiligten, die Sattler und die für den Dekor verantwortlichen Künstler, darunter Martin, der in einem Zug mit Lucas und Huet genannt wird, die in dieser Zeit im selben Bereich tätig waren.[4]

Zur Fertigung der Kutschen trugen die verschiedensten Berufsstände bei, deren Tätigkeit durch strenge Zunftgesetze geregelt war. Dazu gehörten Stellmacher, die den Zug vorbereiteten, Schlosser, die die Achsen und die verschiedenen Eisen- und Hufbeschläge herstellten, Sattler, die sich um die Bestandteile aus Leder kümmerten, Schreiner, die für den Bau des Kutschkastens sorgten, Bildhauer, die den plastischen Dekor übernahmen, Spiegelhersteller, die die Spiegel lieferten, Sattler, die das Innere verzierten, und schließlich Vergolder, Maler und Lackierer, die den äußeren Dekor ausführten (Abb. 2). Der in den Archiven vorhandene Bestand, der sich auf die Fertigung einiger außergewöhnlicher Wagen bezieht, erlaubt uns heute, die Zuarbeit eines jeden Gewerks zu ermessen und vor allem die herausragende Funktion zu verstehen, die den Sattlern zukam.[5] In der zweiten Hälfte des 17. Jahrhunderts hatten sie für Wagen jeglicher Art die Erlaubnis zu Herstellung und Verkauf erhalten und machten auf diese Weise den Stellmachern und Wagenbauern Konkurrenz. Nachdem sich die Sattler das Recht zur Lieferung kompletter Wagen gesichert hatten, entwickelten sie sich im 18. Jahrhundert zu den bei der Herstellung maßgeblichen Künstlern. Indem sie die wichtigen Teile des Wagens in Fremdvergabe und durch Unteraufträge herstellen ließen, erschien ihr Name jeweils an erster Stelle. Die ihnen zuliefernden und – wenn man so will – bescheideneren Gewerke standen im Hintergrund, doch hätten die Wagen ohne jene Künstler niemals ihre außergewöhnliche Qualität erlangt.

Paar Paneele einer Berline, Detail, blaue Camaieumalerei und Bordüre aus Aventurinlack, um 1745; Münster, Museum für Lackkunst (Kat.-Nr. 15)

Dank den Aufzeichnungen in privaten Archiven ist die Einschätzung der für einen Wagen aufzubringenden Kosten und deren Aufteilung unter den Gewerken möglich.[6] Für eine Berline à l'Allemande,[7] 1754 für die Marquise de Kerouan ausgeführt, belief sich der Preis letzten Endes auf 5 324 Livres und 16 Sols; geliefert hat der Sattler, in diesem Fall der »sellier du Roi« La Fontaine. Mit der Ausführung der achatgrauen Hintergründe, der Initialen der Marquise, eingefasst von floralem Dekor, und der Vergoldung des Korpus und des zinnoberroten Zugs war ein Maler-Lackierer beauftragt worden, dessen Name in den Aufzeichnungen nicht erscheint und dessen Arbeiten sich auf die Summe von 750 Livres beliefen, was kaum ein Siebtel des Gesamtpreises ausmachte. Der plastische, gemalte und lackierte Dekor stellt, obschon er den eigentlichen Reichtum des Wagens ausmacht, nicht den kostenträchtigsten Anteil dar. Der entstand vielmehr durch die diversen, vor allem der Bequemlichkeit im Inneren dienenden Textilien und Besatzstoffe.

Mehrere, meist anlässlich des Todes erstellte Werkstattinventare, wie auch die der Brüder Martin, oder selbst die Verkaufsunterlagen lassen die Besonderheit dieser Situation erkennen: Der Maler-Lackierer ist wie jedes der Gewerke Glied einer Kette. Der Wagendekor ist dem Arbeitsfortschritt entsprechend protokolliert wie auch der Name des Besitzers, bei dem es sich augenscheinlich bald um einen einfachen Sattler, bald um einen Meister handelt, wie das Beispiel von Pierre Sageret zeigt, dem Schwiegersohn von Guillaume Martin, der 1760 sein Geschäft an den Maler-Lackierer Jacques-Gabriel Robert verkaufte.[8] Von der Chaise de Poste bis zur Berline über die Diligence wurden in seinen Werkstätten etwa fünfzig Arbeiten zeitgleich ausgeführt. Neununddreißig Kutschen gehörten den Sattlern L'Espine, Liénard, de Case und Petit, zwölf anderen Privatleuten, darunter der Comte de Durfort, der Duc de Praslin und der Duc de Cossé sowie der Marquis de Crussol. Dass sich Wagen gleichzeitig in der Werkstatt befinden, die teils Privatleuten, teils Sattlern gehören, lässt aufhorchen. Wenn es sich so verhält, dass der Sattler den Maler-Lackierern die Mal-, Vergoldungs- und Lackarbeiten anvertraute, ist zu Recht zu fragen, wer den Maler-Lackierer auswählte – der Sattler oder der Auftraggeber?[9] Und wie erklärt sich aber das Vorhandensein von Wagen, deren Eigentümer bekannt sind? Obwohl jeder Berufsstand seine Tätigkeit in einem genau festgelegten Bereich ausführte, bleibt die Verteilung der Aufgaben bei der Ausarbeitung wie in der Umsetzung eines Wagens unklar und es scheint, dass es einzelnen Maler-Lackierern gelang, die Sattler zu umgehen,[10] was möglicherweise auch bei den Martin der Fall war. Von den elf Fahrzeugen, die im Inventar von Guillaume Martin aufgezählt wurden, gehörten sechs Sattlern und fünf Privatleuten. Bei seinem Bruder Étienne-Simon entfielen von einundzwanzig Wagen sechs auf Kunden, die nicht näher zu bestimmen sind, und fünfzehn auf bekannte Auftraggeber wie den Duc d'Orléans, den Duc de Mortemart oder die Duchesse de Chaulnes. Étienne-Simon war außerdem für die Dauphine Maria-Josepha von Sachsen mit der Pflege ihrer Wagen befasst. Was Étienne-François Martin angeht, gehörten von den achtundzwanzig Fahrzeugen fünf den Sattlermeistern Louis, Blereau und Neveu, der Rest Privatleuten, darunter dem Duc und der Duchesse de Chartres, dem Comte de Noailles und dem Maréchal de Broglie. Dass die Inventare der Geschäftspapiere fehlen, die zusammen auch ein Verzeichnis bildeten, in dem die Arbeiten, die Rechnungen, Lieferungen und Leistungen eingetragen waren, stellt einen umso schmerzlicheren Verlust dar, als sie über den Werkstattbetrieb, die Listen der Arbeiter und Zulieferer, denen beim Tod des Vernisseurs Geld geschuldet wurde, genauere Angaben hätten liefern können. Im Fall Étienne-François Martins sind etwa zehn Arbeiter, von denen mehrere schon bei seinem Vater arbeiteten, zu verzeichnen, hinzu kommen noch sechs Maler. Die an verschiedene Gewerke wie Stellmacher, Goldschläger, Schreiner, Bildhauer und Zeichner sowie weitere Zulieferer geleistete Bezahlung offenbart,

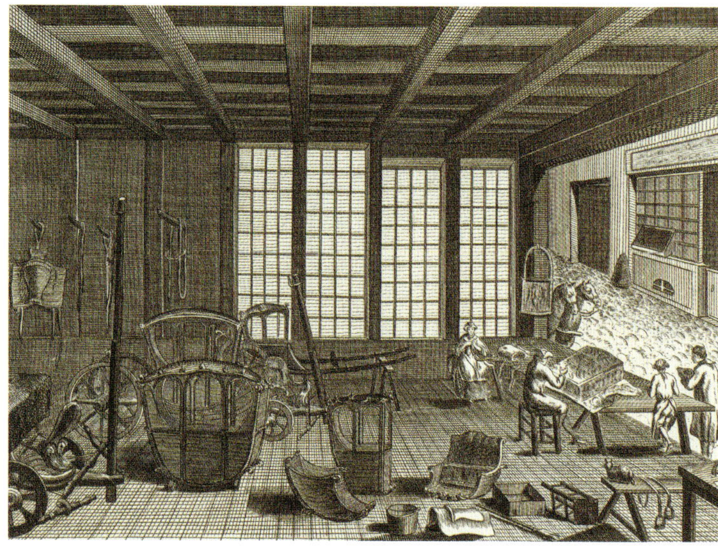

2 *L'Atelier du menuisier en carrosse (Die Werkstatt des Karosserieschreiners)*, Encyclopédie des Arts et des Sciences, Bd. 9, 1771, Taf. 1

1 Gala-Berline des Fürsten Joseph Wenzel I. von Liechtenstein, 1738, bemaltes Holz, lackiert, Leder, Glas, vergoldete Bronze; Wien, Palais der Fürsten von Liechtenstein (Inv.-Nr. SK1)

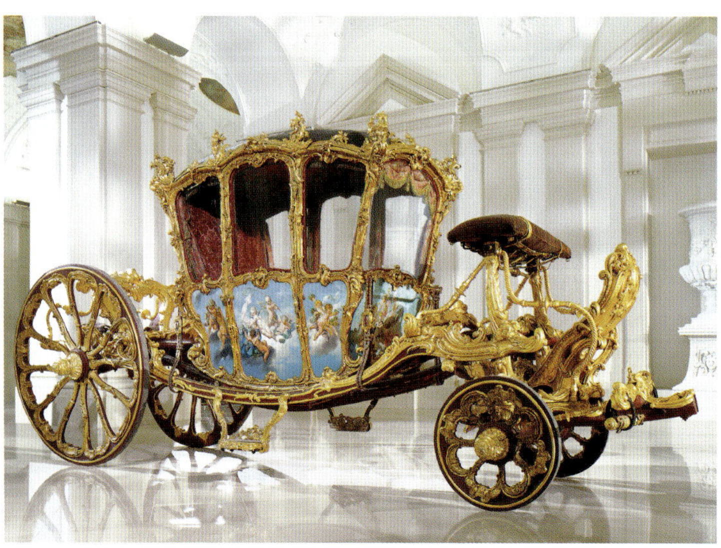

mit wie vielen Subunternehmern er zusammengearbeitet haben muss. Das Ansehen der Martin war offensichtlich so groß, dass sie anscheinend trotz der aufgrund familiärer Bande bestehenden und für jeden nützlichen Verbindungen zu den Sattlern zumindest bei einigen Aufträgen gut ohne diese ausgekommen sind.[11]

Voltaire ließ 1749 den Diener Marin in der fünften Szene des dritten Aktes von *Nanine* sagen: »Oui, tout ce que pour vous / A commandé votre futur époux, / Six beaux chevaux et vous serez contente / De la berline, elle est bonne et brillante / Tous les panneaux par Martin sont vernis«.[12]

Zu den Bereichen, in denen die Kunstfertigkeit der Martin sprichwörtlich wurde, ist demnach der der Kutschen hinzuzurechnen, denn es war ein Muss, eine von ihnen bemalte und lackierte Berline, eine Vis-à-vis-Kutsche oder eine Chaise zu besitzen!

Erneut stellt sich die Frage, wie ihre Berühmtheit zu erklären ist. Wussten sie erfolgreicher Werbung zu betreiben und besser zu »kommunizieren« als ihre Kollegen, um einen modernen Ausdruck zu verwenden? Und konnten sie dank ihres Ansehens eine Klientel bedienen, die es ihnen ermöglichte, ihre Bindegliedposition im Herstellungsprozess zu sichern? Im *Mercure de France* fand sich im Dezember 1732 der Hinweis, Guillaume Martin »entreprend aussi des carrosses en beau vernis en aventurine, les fait peindre et dorer, et garantit la dorure des injures du temps«, was bereits die Tätigkeit der Martin in diesem Sektor adäquat beschreibt. Ab 1751 erschien das Anzeigenblatt *Annonces, Affiches et avis divers*, worin die Brüder unübersehbar, namentlich Robert Martin, werbemäßige Anzeigen veröffentlichten.[13] Auch lässt sich bei der Durchsicht des Journals erkennen, welche Resonanz der Name Martin als Referenz auf dem Gebrauchtwarenmarkt erzielte. Die Brüder Martin sind zusammen mit Pierre de Neufmaison und seinem Schwiegersohn Charles-André Tramblin die einzigen, die Nutzen aus ihrer Bekanntheit zogen.[14] Die Verkäufe fanden sowohl bei dem verkaufswilligen Eigentümer des Wagens wie auch bei einem Sattler statt, der wiederverkaufte, nachdem er den Wagen gegebenenfalls neu bemalt, vergoldet und lackiert hatte.[15] Die Anzahl der Stücke, die durch die Hände der Martin gegangen sind, ist bezeichnend und die nach dem Tod erstellten Inventare sind aufschlussreich, da sie ein Licht auf die Bedeutung dieses Zweiges ihrer Tätigkeit werfen.[16] Zweifellos gehörte der Dekor von Kutschen nicht von Anfang an zu ihrem Arbeitsgebiet, und gleichzeitig sind es mehrere Faktoren, die sie veranlassten, sich auch für diesen Bereich des Lackdekors zu interessieren.[17] Guillaume Martin scheint, nachdem die frühesten Archivdokumente dies nicht erwähnen, in seinen geräumigen Werkstätten keine Kutschen bearbeitet zu haben, denn das 1730, nach dem Tod seiner ersten Frau Marie-Louise Lamy erstellte Inventar erwähnt nur »toilettes« und Möbelstücke.[18] Einiges weist jedoch darauf hin, dass Guillaume anfing, sich für den Dekor von Wagen zu interessieren. Am 10. Januar 1727 beendete er den zwei Jahre zuvor für ein in der Rue Théveneau, im Sprengel von Saint-Eustache gelegenes Haus unterschriebenen Mietvertrag,[19] um sich in der Grande Rue du Faubourg Saint-Denis niederzulassen. Das Haus war um einiges größer und gehörte der Witwe von Antoine Rivet, einem »menuisier ordinaire« des Königs.[20] Mehrere Schuppen

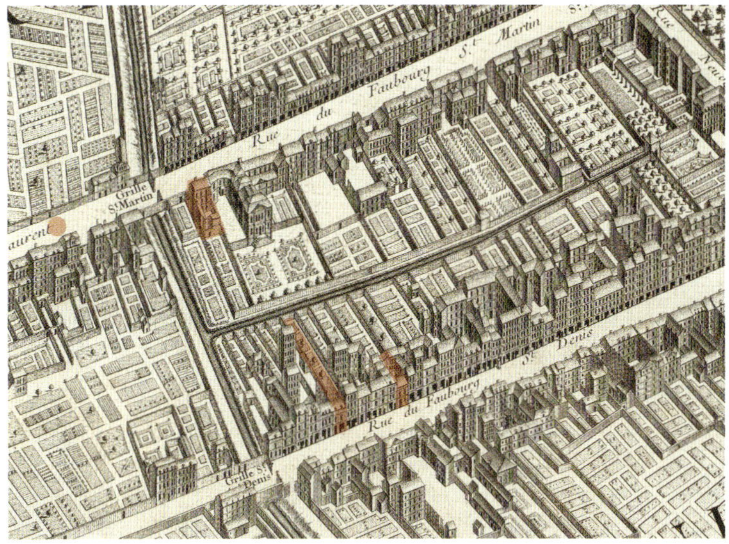

3 Plan von Paris (nach Turgot) mit den Niederlassungen der Martin, Detail, 1739

umgaben das Haus und boten für einen Kutschen bearbeitenden Maler-Lackierer den nötigen Platz. In einem der Schuppen fand man, wie es im anlässlich des Todes seiner ersten Frau erstellten Inventar heißt, »un brancart servant à travailler les équipages« sowie »cinq traineaux de bois de chesne« und »une machine à laver les carosses«.[21] Selbst wenn seinerzeit kein Fahrzeug in Bearbeitung gewesen zu sein scheint, dürften diese Details durchaus Indizien für Guillaume Martins neue Orientierung sein, die sich anlässlich der Abtretung des Geschäfts an seinen Sohn Guillaume-Jean bestätigte.[22] Die an den Vertrag angehängte Bestandsaufnahme der Utensilien erwähnt weiter unten in einem der Schuppen zwölf Schlitten für die Kutschkästen, eine Gabeldeichsel, ein Trittbrett und in einem der auf einer Etage gelegenen Zimmer, genannt Drechslerzimmer, einen Flaschenzug mit Seilen, um die Wagen heraufzuziehen. Bei seinem Tod 1749 fanden sich schließlich drei Berlinen, vier Diligencen, zwei à l'Allemande, während ein großer Wagen und eine Vis-à-vis noch in Bearbeitung waren. Ganz ähnlich ist die Situation bei Étienne-Simon, der in der Rue de Grenelle zu beengte Verhältnisse hatte, um diese Tätigkeit einträglich auszubauen. Er ließ sich in der Grande Rue du Faubourg Saint-Martin nieder und erwarb am 10. April 1736 mit seiner Frau von Monsieur Deschien de Resson ein Haus mit Garten. Gemeinsam erwarb das Paar ferner Jahr für Jahr kleine Grundstücke zur Vergrößerung seines Besitzes, um Schuppen zu errichten.[23] Bei seinem Tod fanden sich einundzwanzig Wagen noch in Bearbeitung. Sein Sohn übernahm das Geschäft, doch nur für vierzehn Monate, weil er seinerseits im Oktober 1771 starb. Achtundzwanzig Fahrzeuge in verschiedenen Stadien der Fertigstellung wurden inventarisiert.[24] Indem er Eigentümer eines Hauses in der Grande Rue du Faubourg Saint-Denis wurde, das er mit dem Firmenschild »Aux armes d'Angleterre« kennzeichnete, trat Robert Martin 1741 in die Fußstapfen seiner Brüder.[25] Da sein Inventar nach seinem Tod verschwand, besteht hinsichtlich des Bestandes seiner Werkstatt Ungewissheit. Doch dank der Auflösung und

Erbaufteilung seiner Güter ist die Berechnung seiner gedeihlichen wirtschaftlichen Situation möglich, das Vermögen belief sich auf 242 738 Livres, 13 Sols und 10 Deniers. Die Schätzung der noch in Fertigstellung befindlichen Wagen, die zur Zeit seines Todes noch in den Werkstätten vorgefunden wurden, belief sich auf 4 418 Livres.[26] Die räumliche Nähe der drei Brüder ist hervorzuheben, weil sie eine Art familiärer Zusammenarbeit hätte begünstigen können, doch die Dokumente bekunden für jeden vollständige Autonomie und eine geringfügig differierende Klientel. Zum Zeitpunkt ihres Todes hatten Guillaume und Robert wohl eher Kunden aus dem niederen Adel, während Étienne-Simon und sein Sohn Étienne-François eine gemischte Klientel aus Prinzen von Geblüt und Mitgliedern des Hochadels Seite an Seite mit bescheideneren Kunden besaßen.[27] Zweifellos ist die räumliche Nähe unter den Brüdern nur dem bequemen Umstand zu verdanken, dass dieses Viertel mit den wenig bebauten Grundstücken die nötige Fläche bot, um die Kutschkästen und Gespanne aufzunehmen. Darüber hinaus wohnten in dem Quartier zahlreiche Sattler, für die der noch ausreichend verfügbare Platz ebenfalls attraktiv war (Abb. 3).

Die Malerei, die Vergoldungs- und Lackierarbeiten erforderten geräumige und luftige Werkstätten, von denen jeder der Martin neben den Schuppen mehrere besaß, wie aus den in den Inventaren erwähnten Verzeichnissen entnommen werden kann, doch leider ohne detaillierte Beschreibung. Einige der erwähnten Räume werden als »laboratoires« bezeichnet, Räume, in denen der Lack hergestellt wurde.[28] Das Verzeichnis der in erster Linie für die Ausführung der Arbeiten notwendigen vorrätigen Materialien bestätigt die von Jean-Félix Watin angeführten technischen Angaben in seinem *L'Art du peintre, doreur, vernisseur (Der Staffirmaler, oder die Kunst anzustreichen, zu vergolden und zu lackiren)*, worin er die zur Herstellung der Kutschendekore notwendigen Vorgänge beschreibt.[29] Die Werkstattinventare lassen die verschiedenen Grade der Fertigstellung der Wagen, die sich dort befinden, erkennen. Manchmal sind es nur Fahrgestelle oder Räder, auf denen erste Schichten aufgebracht sind, um sie auf die Vergoldung vorzubereiten, manchmal Wagen, die nur erste Schichten des allem späteren Dekor vorangehenden Gelb aufwiesen, schließlich diejenigen, deren Dekor gerade ausgeführt wurde. Eine dem Fortschreiten der Arbeit Rechnung tragende Bewertung kann demnach keine Preisskala verschiedener ausgeführter Dekore abbilden. Sie zeigt allenfalls, dass gewisse Dekore augenscheinlich kostspieliger, weil prunkvoller waren, wie auch

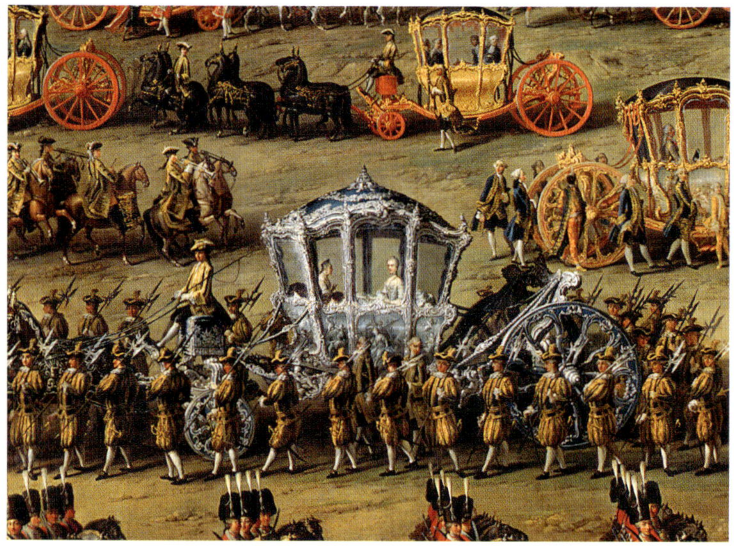

4 Martin van Meytens, *Einzug der Isabella von Parma in Wien 1760*, Detail, Öl auf Leinwand; Wien, Schloss Schönbrunn

die Größe des Fahrzeugs nicht ohne Auswirkung auf die Kosten gewesen sein konnte. Der goldene Hintergrund war sicherlich der kostspieligste Anteil und es bedurfte dafür zweifellos eines großen Vermögens, insbesondere wenn noch Ornamente in Aventurinlack ergänzt wurden. Die entsprechende Schätzung lag niemals unter 300 Livres und konnte 1 000 Livres erreichen. Neben dem die Ausnahme bleibenden Goldhintergrund erscheinen farbige Hintergründe oft und in großer Bandbreite. Die Farben Grau und Chamois herrschen neben traditionellen Hintergründen wie Grün oder Blau vor, während Rot oder Schwarz nur selten genannt werden (Abb. 4).[30] Die Vielfalt der Ornamente ist unerschöpflich, Wappen, Initialen, Kartuschen, Girlanden, Blumenbouquets, Kinderfiguren, polychrome oder Camaieu-Chinoiserien sowie Historien in landschaftlicher oder architektonischer Rahmung machten sich gegenseitig Konkurrenz. Letzteren kommen zudem die Vorzüge des Ornaments besonders zugute. Das herausragende Können der Martin zeigte sich in der Qualität der Fondsfarben, des Aventurinlacks sowie der abschließenden Lackoberfläche, der letzten Schichten. Zugleich echte Unternehmerpersönlichkeiten, wussten sie sich zweifellos der besten Zulieferer und Kooperationspartner zu versichern, die halfen, ihren Ruf in einem Bereich zu wahren, in dem die Konkurrenz Jahr für Jahr immer größer wurde.

1 Joubert de l'Hiberderie, Antoine-Nicolas: Le dessinateur pour les Fabriques d'étoffes d'or, d'argent et de soie [...], Paris 1765, Kapitel XV, »Du voyage à Paris«, S. 91–92. »Unter den Wundern, die diese Hauptstadt im Überfluss besitzt, gelten die Kutschen als etwas, wovon die Nachwelt noch lange sprechen wird. Mr Lucas, herausragender Historienmaler & Akademiemitglied, ist der Schöpfer der meisten dieser glänzenden Wagen. Ihre Paneele gleichen kostbaren Bildern, die zu besitzen jeder Kunstinteressierte geschmeichelt wäre. Dutour, Huet & Crépin mit ihrem kunstvollen & feinen Pinsel schmücken tagein, tagaus solche wunderbaren Wagen. Dutour malt Tiere; Huet Blumen & Crépin Landschaften. Es sind immer einige dieser kostbaren Kutschen, von den genannten Künstlern ausgeführt & lackiert von Martin, bei den berühmtesten Sattlern von Paris zu bewundern, & insbesondere bei Lancry, Rue S. Nicaise [...]«.

2 Libourel 2005, S. 35.

3 Mercure de France, November 1738, S. 2700–2706. »Die vierte Kutsche war eine Berline, vergoldet von S[ieu]r Martin dem Älteren, ausgefüttert mit dunkelrotem Samt, reich verziert mit einer Goldstickerei, das Oberdeck von vergoldeten Bronzen überragt, & das Gespann bestand aus acht dänischen Pferden, deren Ornamente an Mähnen & Federkronen dunkelrot & golden waren; das Zaumzeug aus rotem Maroquinleder war mit vergoldeter Bronze verziert«.

4 Guillaume Martin schuldete Huet bei seinem Tod 2672 Livres; Paris, Archives nationales, M. C., CXXI, 345, 18. August 1749. Auger Lucas unterhielt freundschaftliche Beziehungen mit Martin. So war er Trauzeuge bei der Hochzeit einer der Töchter von Guillaume: Marie-Elisabeth Martin ehelichte Pierre Sageret, der ebenfalls Maler-Lackierer von Kutschen war.

5 Zum Beispiel für die Krönungswagen der französischen Könige; Paris, Archives nationales K 1714[19] pièce 4, K 1714[21] und O[1] 903, 904 und 953.

6 Vgl. die Aufzeichnungen des Sattlers La Fontaine zu einer Berline à l'Allemande für die Marquise de Kerouan, in der Sammlung des Museums Emile Hermès. Mme du Chatelle de Bazelaire und Mme Laverrière, die mir Einsicht in die Dokumente gewährt haben, möchte ich an dieser Stelle für ihre freundliche Hilfe danken.

7 Die Berline à l'Allemande ist eine viertürige Berline mit vier Sitzen im Zentrum des Kutschkastens. Vgl. Libourel 2005, S. 67. Der Name Berline leitet sich von Berlin ab, wo diese Art Wagen erfunden wurde.

8 Paris, Archives nationales, M. C., XXXIII, 556, 5. Juli 1765.

9 Im nach dem Tod von Étienne-François Martin erstellten Inventar wird zum Beispiel eine Aufforderung an den Sattler Neveu erwähnt, die der Duchesse de Chaulnes gehörende Berline abzuholen, die Martin zur Bemalung und Vergoldung anvertraut worden war; Paris, Archives nationales, M. C., CV, 1309, 29. Oktober 1771.

10 Libourel 2005, S. 37.

11 So ehelichte beispielsweise Jeanne Elisabeth Denise Bourgeon, die Stieftochter Guillaume Martins aus seiner dritten Ehe mit Jeanne Catherine Simon, 1751 den Sattler Antoine Lancry. Jeanne Elisabeth Denise stammte aus der zweiten Ehe Jeanne Catherine Simons (nach Sonenscher 1989, S. 229).

12 Voltaire: Nanine oder das besiegte Vorurtheil, dt. Ausg. Wien 1768: »Alles, was Ihr künftiger Gemahl für Sie bestellt hat. Sechs schöne Pferde. Mit der Berline werden Sie zufrieden seyn, sie ist schön und prächtig, Martin hat sie gemahlt.« Voltaires Lustspiel wurde am 16. Juni 1749 im Theater in der Rue des Fossés Saint-Germain uraufgeführt. Victor Riqueti Marquis de Mirabeau: Ami des Hommes, 1756, S. 244, berichtete ebenso »von den Zügeln und den farbigen Zaumzeugen, den neuen Pferden, dem Lack von Martin und dem, was darauf folgte«.

13 Annonces, Affiches et avis divers, 1754, 31. Januar: »[Verkauf] einer sehr schönen Diligence à l'Allemande, fast neu und vergoldet von Martin. Ausstaffiert mit karmesinrotem Samt mit Rankenmuster. Man wende sich an Sieur Robert Martin, Maler, Faubourg Saint-Denis, rechts, Aux Armes d'Angleterre«. Auf derselben Seite wird außerdem »eine Berline mit vier Sitzplätzen« annonciert, »bemalt und lackiert durch Martin. Man wende sich an den genannten Brossard, Rue Pouletier, Île Saint-Louis, die erste Toreinfahrt links, Zugang über den Quai d'Anjou«. Der Bruder Étienne-Simon veröffentlichte an gleicher Stelle die Anzeige: »[Verkauf] einer weiteren Calèche de canne mit einem Sitzplatz, montiert wie die erste und ausstaffiert mit blauem ziseliertem Samt mit Borten, Spitze und Silberfransen. Es gibt zwei Limonieren, eine davon ist für die Fahrt durch Gärten geeignet. Die Paneele sind blau bemalt, die Gehäuse sind versilbert durch den Sieur Étienne Martin, an den man sich wenden möge, auch für den vorangehenden Artikel, Faubourg Saint-Martin, rechts«. Annonces, Affiches et avis divers, 1755, 18. September.

14 Manchmal wird der Name eines weiteren Vernisseurs, ein gewisser Guerlain, genannt. Vgl. Annonces, Affiches et avis divers, 1754, S. 301 und 627.

15 Die nach dem Tod der Martin erstellten Inventare zeigen, dass sie im Geschäft der Instandsetzung der Wagen mitmischten.

16 Im Jahr 1754 beispielsweise werden 181 Fahrzeuge angeboten, davon sind 38 von Martin lackiert, vier von Neufmaison, zwei in der Werkstatt der Gobelins und drei von Guerlain.

17 Thibaut Wolvesperges hebt hervor, dass der Markt für Lackmöbel den Martin trotz der überragenden Qualität ihrer Arbeiten allmählich entglitt und in die Hände der Kunsthändler überging. Nachdem sie in diesem Bereich Zulieferer geworden waren, mussten sie einträglichere Tätigkeiten entwickeln.

18 Paris, Archives nationales, M. C., LVII, 332, 22. August 1730.

19 Paris, Archives nationales, M. C., XII, 390, 25. August 1725. Das Haus war dreigeschossig mit je vier Zimmern, dazu besaß es Hof, Pferdestall und Remise.

20 Der Mietvertrag wurde am 28. Oktober 1727 in der Notariatskanzlei von Maître Prévost geschlossen, dessen Originalurkunden für diese Zeitspanne verloren sind.

21 Paris, Archives nationales (wie Anm. 18): »eine Gabeldeichsel für die Arbeit an Kutschen«, »fünf Schlitten aus Eichenholz« sowie »eine Maschine, um die Wagen zu waschen«.

22 Paris, Archives nationales, M. C., CXXI, 319, 7. März 1741.

23 Verschiedene bei Maître Prévost abgeschlossene Verträge sind verloren und konnten nicht eingesehen werden, für die anderen vgl. Paris, Archives nationales, M. C., LI, 899, 11. April 1736; XV, 782, 20. Februar 1763; XXX, 403, 9. September 1767; LVII, 483, 28. April 1768.

24 Paris, Archives nationales, M. C., CV, 1309, 29. Oktober 1771.

25 Haus erworben durch das im Châtelet am 15. Juli 1741 ergangene Urteil der Zwangsversteigerung zwischen den Erben von Jacques Dedelay. Vgl. La Monneray, Jean de: Terrier de la censive de l'Archevêché. Paris 1981.

26 Von dem Maler-Lackierer Antoine Vincent vorgenommene Schätzung, der das Geschäft von Guillaume Martin zurückerwarb, als es Martins Witwe am 9. September 1755 verkaufte; Paris, Archives nationales, M. C., XXXI, 157.

27 Darunter der Duc d'Estinac, der Maréchal de Broglie, der Marquis de Béthune, der Duc und die Duchesse de Chartres, der Duc de Chaulnes und die Comtesse de Provence.

28 In der Begutachtung des Robert Martin gehörenden Hauses infolge seines Todes wird es beispielsweise so bezeichnet: »au fond dudit jardin dans l'angle à droitte un petit édifice élevé d'un rez-de-chaussée seulement couvert d'ardoises en pavillon, servant de laboratoire pour travailler le verny« (»im Hintergrund des genannten Gartens in der rechten Ecke eines kleinen, aufragenden Gebäudes, das – lediglich mit Schieferdächern bedeckt – als Labor für die Herstellung des Lacks diente«); Paris, Archives nationales, M. C., Z[1]j/897, 4. November 1765.

29 Watin 1773, S. 102–104; 108–111 und 175–176.

30 Watin deutet an, dass die Farbe Grün und besonders Wassergrün außerordentlich modern war. Vgl. Watin 1773, S. 109.

14 Entwurf für eine Kutschenmalerei

Öl auf Leinwand, geschnitzter und vergoldeter Holzrahmen

H. 28 cm, B. 46 cm mit Rahmen

Paris, Claude III. Audran (1658–1734) zugeschrieben, um 1715

Münster, Museum für Lackkunst, Inv.-Nr. 2007-3

Literatur: Kopplin 2010, S. 92, Abb. 5.

Laut Garsault[1] zeigt diese Skizze einen Entwurf für den Dekor einer Kutsche, für einen Fahrzeugtyp, der seit dem 16. Jahrhundert in Gebrauch war und allmählich durch die weniger schwere und sperrige Berline ersetzt wurde. Vor allem war Letztere ein Fahrzeug, das weniger leicht in den Straßengraben kippte. Die große Kutsche war nur noch beim König für die Zeremonien und die Botschaften in Gebrauch. Dieser Entwurf zeigt einen für die ersten Jahre des 18. Jahrhunderts charakteristischen Dekor, der den Entwürfen von Jean Lepautre in dem um 1663 bis 1666 zusammengetragenen und 1682 unter dem Titel *Nouveaux dessings* [sic] *pour orner et embelir* [sic] *les carrosses et Chaires roullantes inventés et gravés par Le Pautre* publizierten Buch entspricht. Möglicherweise steht er in Zusammenhang mit den Zeichnungen, die Claude III. Audran im Auftrag der Lackwerkstatt liefern sollte, die 1713 im Hôtel des Gobelins (heute die Manufacture nationale des Gobelins) auf Geheiß Ludwigs XIV. eingerichtet worden war.[2] Zumindest die Lackwerkstatt für den Dekor der von Pferden gezogenen Wagen verzeichnet vor 1720 keine nennenswerte Entwicklung.

1 Garsault 1756, S. 67–70 und Taf. XII.
2 Wolvesperges 1995, S. 56–57.

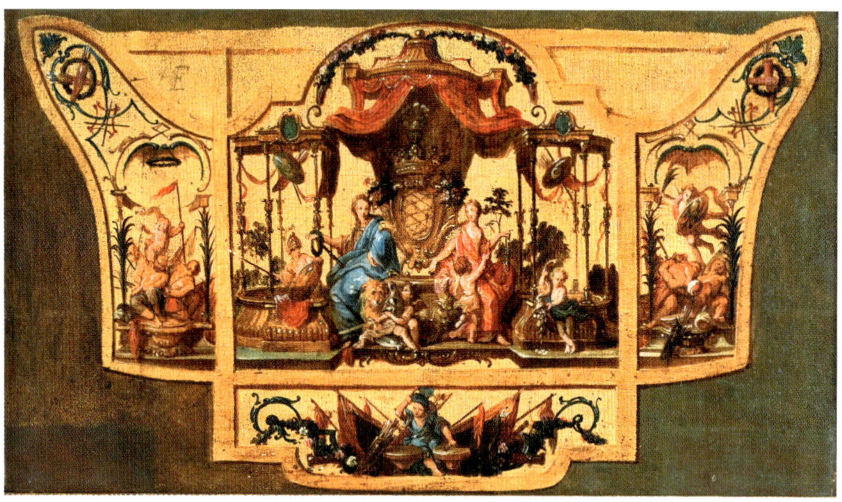

15 Paar Paneele einer Berline

Holz; Kreidegrundierung, brauner Lack, Aventurinlack, Ölmalerei, Klarlack

H. 70 cm, B. 37,4 cm, T. 0,8 cm

Paris, Guillaume oder Étienne-Simon Martin zugeschrieben, um 1745

Münster, Museum für Lackkunst, Inv.-Nr. EU-D-z-8

Literatur: Kopplin 2010, Nr. 13.

Die atemberaubende Qualität von Dekor und Lack der beiden Paneele, die eine Vorstellung vom reichen Schmuck der Berline vermitteln, versetzt den Betrachter in unablässiges Staunen. Angeregt von chinoisen Serien François Bouchers, entfalten sich die gemalten Szenen in blauer Camaieumalerei vor einem braunen Hintergrund, der zweifelsohne in Verbindung mit den in den Inventaren als »chamois« erwähnten Fonds zu sehen ist. Jedes Paneel erhielt einen Rand in Form von Binsenbündeln in der Art geschnitzter und vergoldeter Holzbordüren, um die herum sich im selben Blau wie die Figuren eine zarte Blumengirlande schlingt. Die Kostbarkeit dieses Dekors wird durch die Verwendung von Metallpartikeln noch erhöht. In die Lackschicht eingestreut, sollen sie als sogenannter Aventurinlack die Wirkung des japanischen *nashiji* erzeugen. Guillaume Martin ist auf diesem Gebiet ein wahrer Meister geworden. In der Inventarauflistung der bei seinem Tod in seiner Werkstatt in Arbeit befindlichen Wagen werden solche Dekore mehrfach erwähnt, darunter eine Monsieur de Saint-Chambon gehörende Diligence mit blauem Hintergrund, Figuren in Camaieumalerei und Aventurinbordüren (auf 600 Livres geschätzt) und eine andere – Eigentum des Sattlers La Fontaine – mit grauem Hintergrund, Kindern in blauer Camaieumalerei und Ornamenten in Aventurin (auf 320 Livres geschätzt). Die Zuschreibung dieser Paneele an Guillaume Martin lässt sich durch einen Vergleich dieser Figuren mit denen Christophe Huets im Dekor des Château de Champs oder denen der Grande Singerie im Château de Chantilly begründen, da Huet zum Zeitpunkt von Martins Tod zu dessen Gläubigern gehörte. Andererseits ist die Herkunft dieser Paneele aus den Werkstätten Étienne-Simons auch nicht auszuschließen, dessen Tätigkeit im Bereich der Kutschen und Pferdewagen beachtlich war.

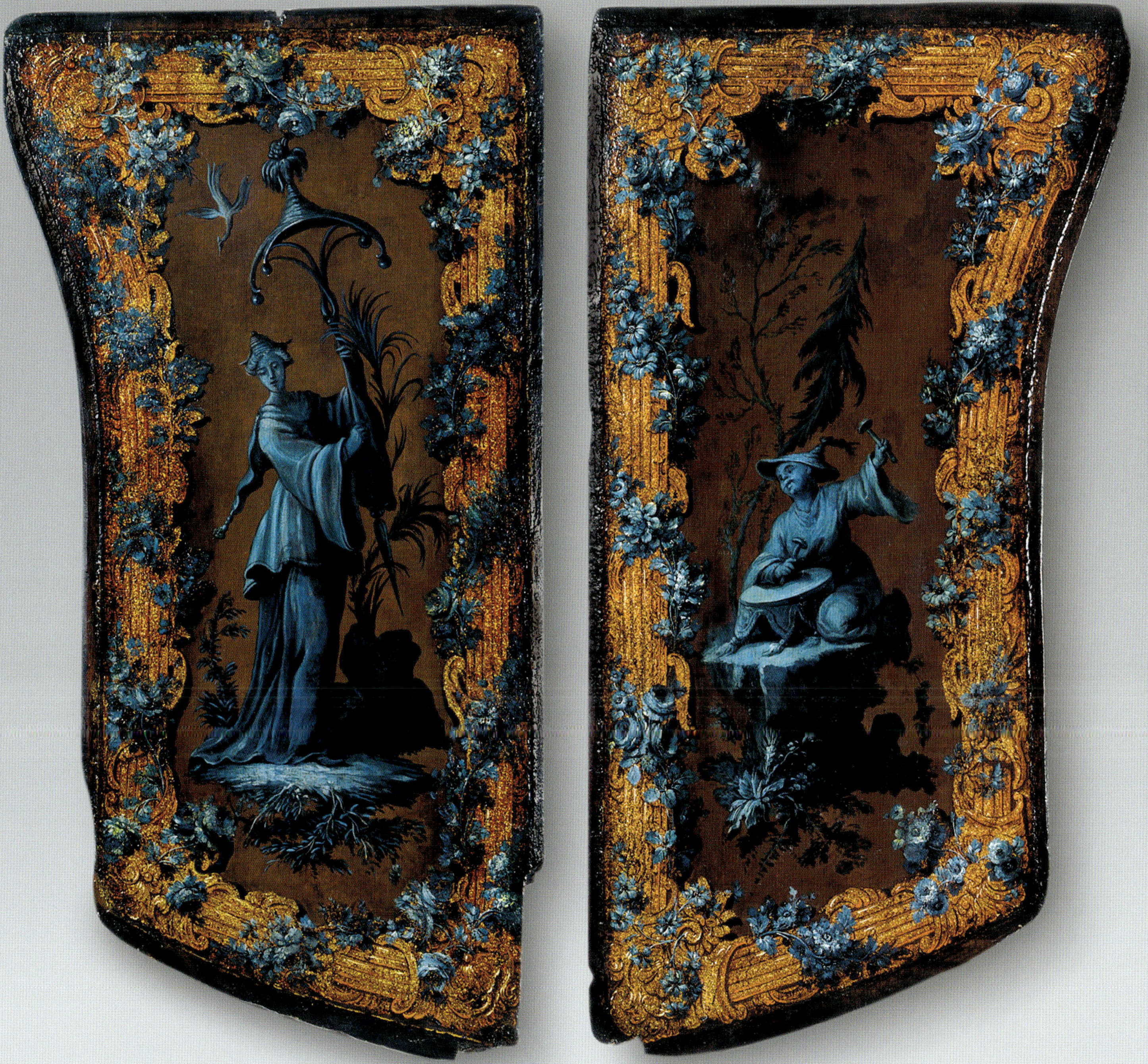

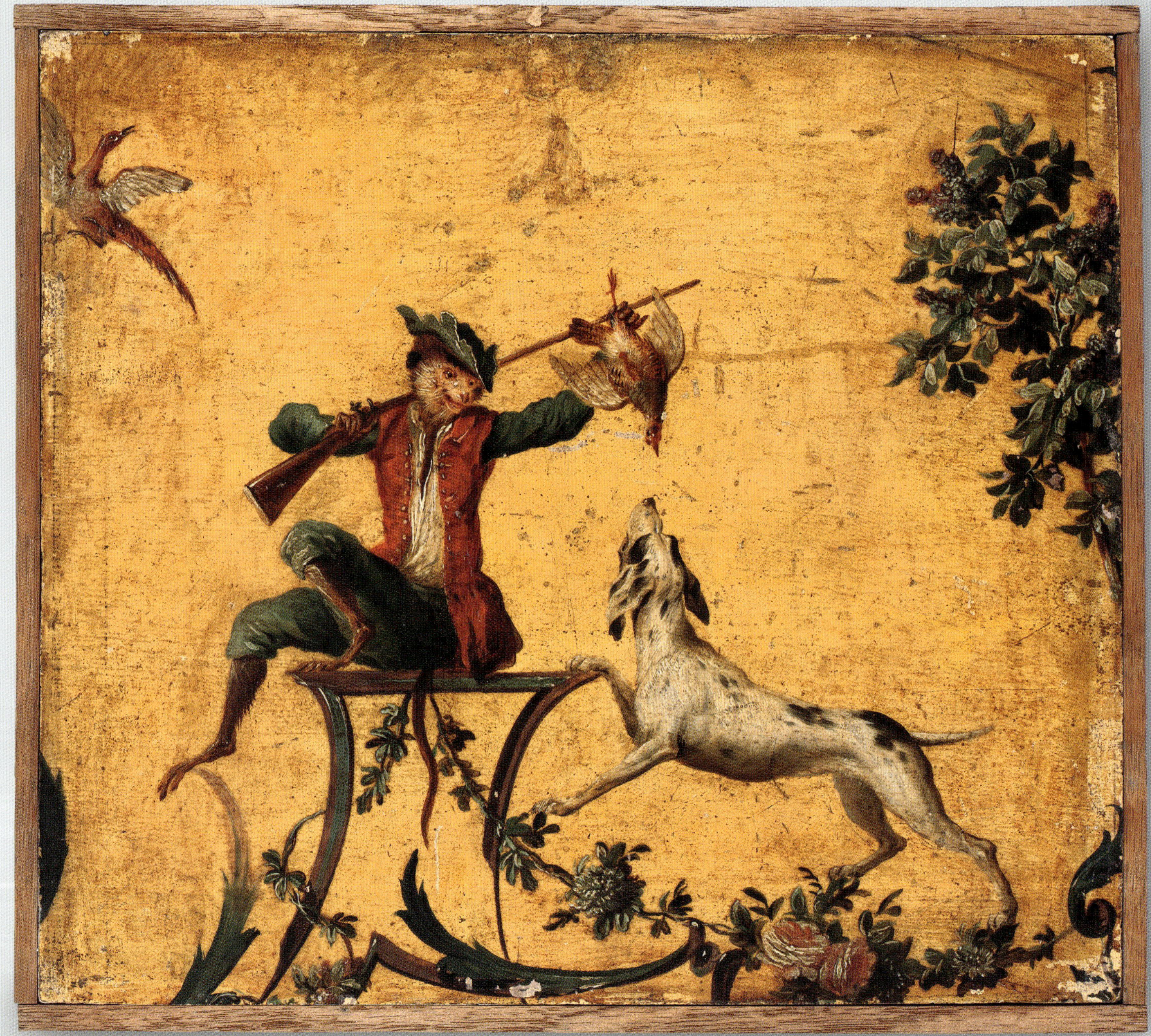

16 Fragmente einer Berline oder eines Cembalos

Holz; Grundierung, Blattgold (?), Malerei, Klarlack; Rahmen in geschnitztem Holz und Reste von Vergoldung

H. 26 cm, B. 29,5 cm; H. 29,5 cm, B. 26 cm; H. 29 cm, B. 28,5 cm; H. 29 cm, B. 28,5 cm

Paris, anonyme Lackwerkstatt, um 1745

Paris, Musée des arts décoratifs, Inv.-Nr. 11306 A et B; 13065 A et B

Literatur: Huth 1971, Taf. XVIa und S. 95.

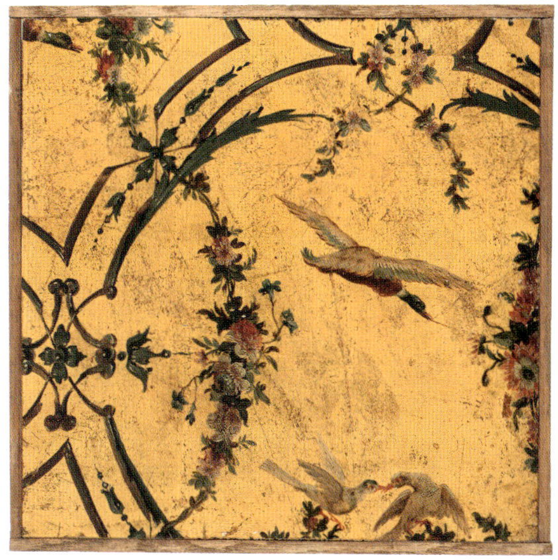

Trotz der lakonischen Beschreibungen in den Werkstattinventaren der Maler-Lackierer lassen sich Vielfalt und Reichtum der Dekore von Kutschkästen erahnen. Vergoldete oder farbige Hintergründe in Grün, Blau, Milchkaffeebraun, Karmesinrot, Schwarz oder Grau waren mit gemalten Motiven und mehr oder weniger anspruchsvollen Szenen geschmückt. Die vier Paneele mit goldenem Hintergrund, die sowohl von einem Klavierkasten wie von einem Kutschkasten stammen können, stellen heute seltene Beispiele ihrer Art dar. Hinzugezählt werden dürfen sieben Paneelfragmente einer Berline im Musée du Petit Palais (Inv.-Nr. PDUT01730) sowie ein Paneel, das sich im Metropolitan Museum in New York (Inv.-Nr. 07.225.304) befindet. Letzteres scheint wegen seiner Umrissform von einer Sänfte zu stammen und steht für die besonders qualitätvollen Camaieudekore in diesem Bereich.[1] Die Szenen dieser vier Paneele, die zwangsläufig den Singerien und damit Huet verwandt erscheinen, lassen an die professionellen Verbindungen zwischen Guillaume Martin und dem Maler Christophe Huet denken, der für seine Singerien berühmt ist. Bei seinem Tod schuldete Guillaume Martin dem Maler 2672 Livres.[2]

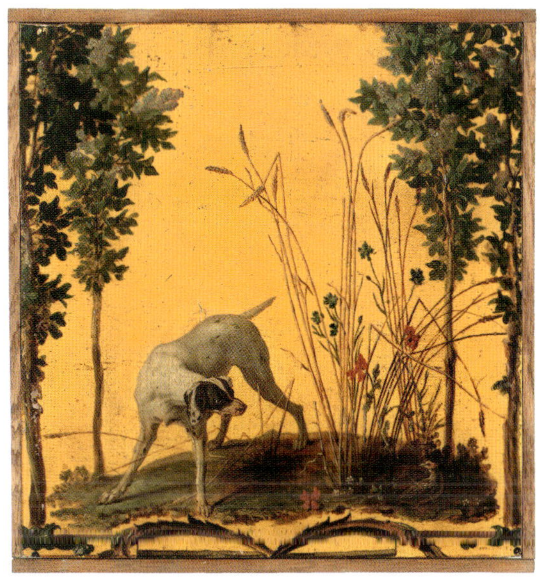

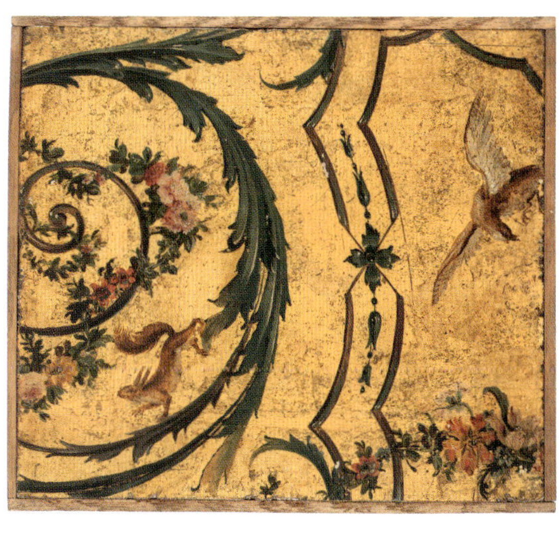

1 Salvaging the Past. Georges Hoentschel and French Decorative Arts from the Metropolitan Museum of Art. The Bard Graduate Center, New York (Ausst.-Kat.), 2013, Nr. 6, Abb. S. 97.

2 Paris, Archives nationales, M. C., CXXI, 345, 18. August 1749.

17 Modell einer Sänfte

Holz, Leder; Blattsilber mit gelblichem Klarlack überfangen; Dekor in Ölmalerei, im Innern grüner Samt

H. 52 cm, B. 25 cm, T. 22 cm

Frankreich?, Deutschland?, anonyme Lackwerkstatt, um 1750?

Münster, Museum für Lackkunst, Inv.-Nr. 2001-9

Literatur: Kopplin 2010, Nr. 36.

Als Vehikel ohne Räder bleibt die Sänfte bis ins 19. Jahrhundert das in der Stadt mit ihren engen und verwinkelten Gassen geeignetste Transportmittel. In ihrer Form entwickelte sich die Sänfte jedoch kaum. Sie bestand aus einem Kasten für eine Person, deren Tür sich nach vorn hin öffnete und deren Dach befestigt war. Wie die anderen Transportmittel bot auch sie Gelegenheit für viele Dekore in Vernis Martin. Als Modell für eine Sänfte angesehen, kann dieses Objekt auch gut ein Meisterstück oder eine Miniatursänfte zum Spielen gewesen sein. Der außergewöhnliche Dekor und sein Reichtum machen aus ihm ein Beispiel, für die auf manchen Objekten erreichte Qualität der Malerei. Über den Zweifel hinsichtlich seines Gebrauchs hinaus stellt sich die Frage zum Ursprung seines Entstehens. Mit ihrer im Vergleich zu den französischen Modellen dynamischeren Form ähnelt die Sänfte den Entwürfen Johann Michael Hoppenhaupts (1706–1769) oder seines Bruders Johann Christian (1719–1756), die beide am preußischen Hof beschäftigt waren.

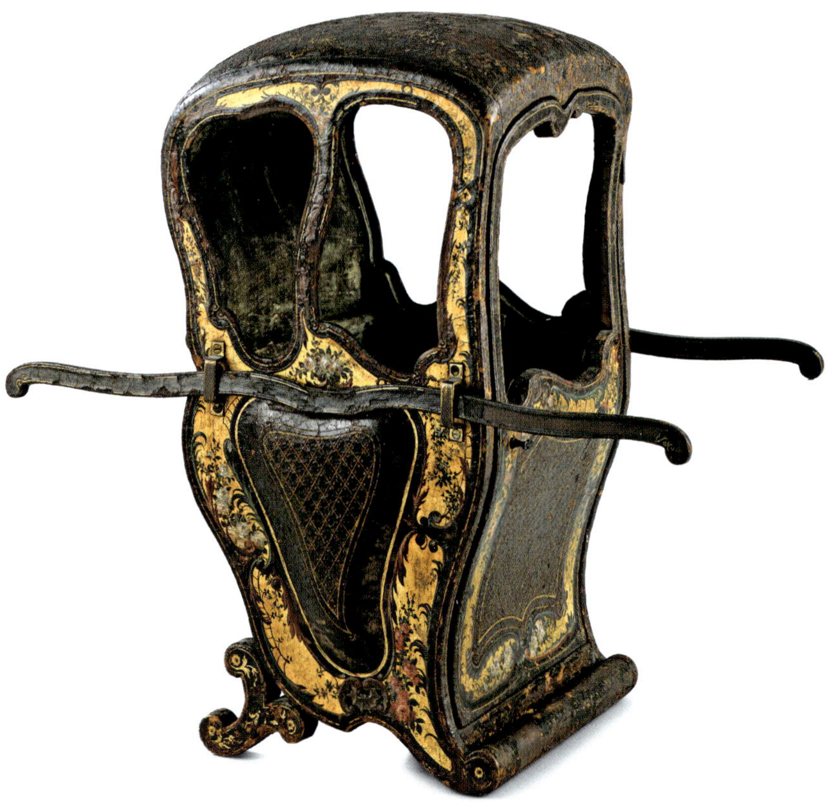

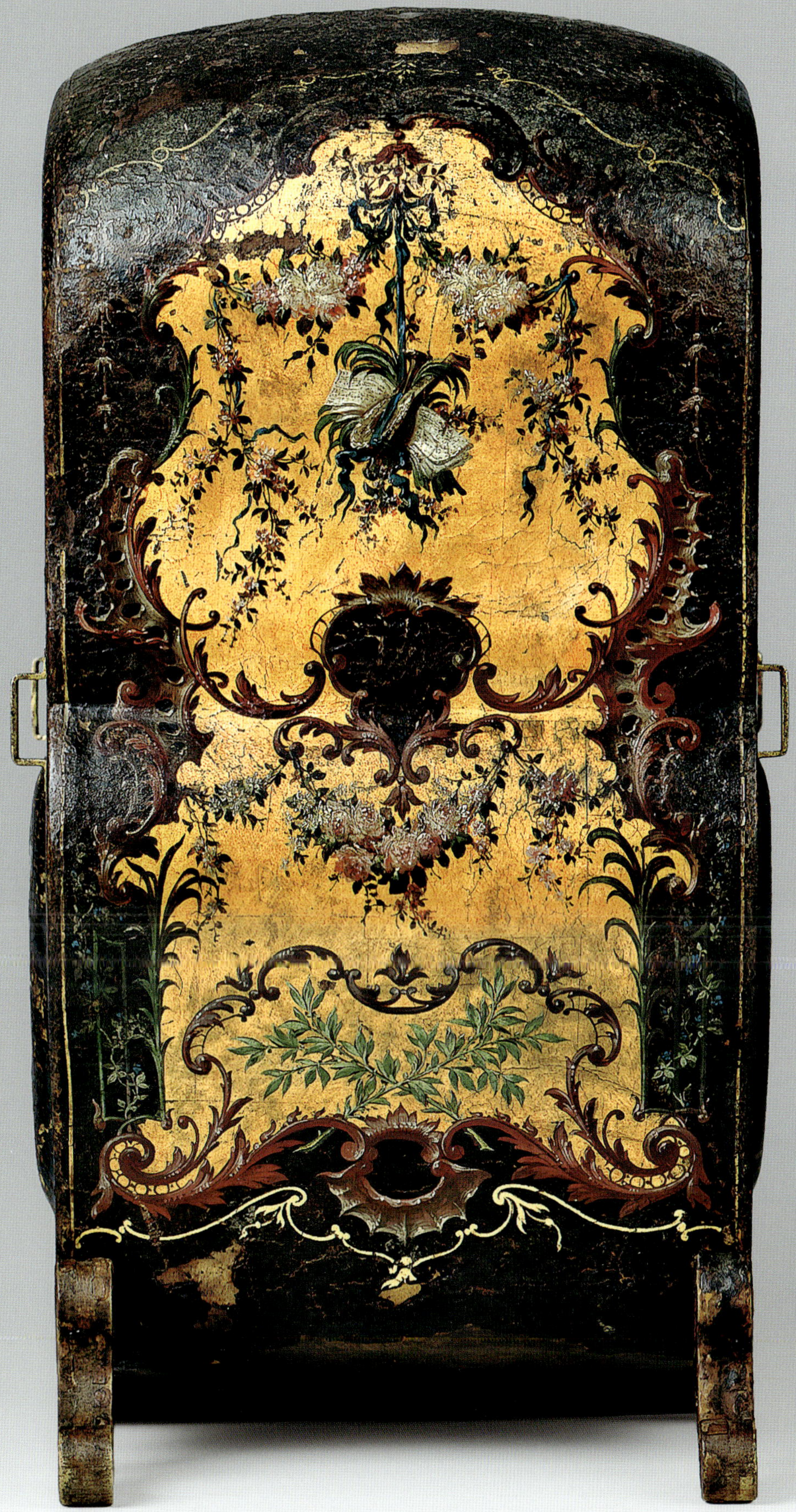

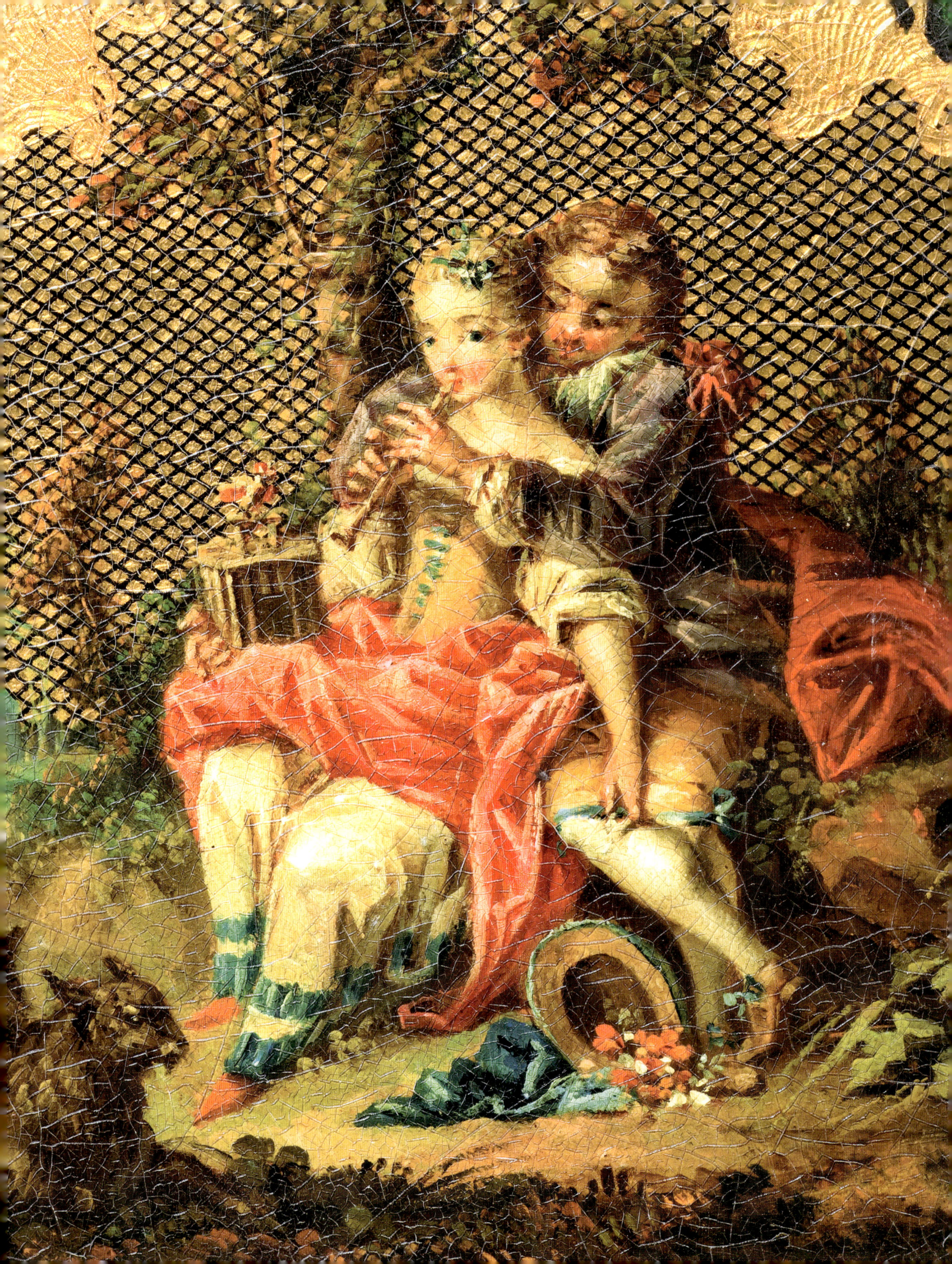

Monika Kopplin

Bijoux – kleine Kostbarkeiten aus Lack

»Sie [die Brüder Goncourt] interessierten sich für die winzigen Sachen, für die Atome. Darin steckt der Duft der Zeit.«[1]

Als Oberflächen veredelnder, in unterschiedlichsten Ziertechniken bearbeiteter Werkstoff kam Lack in seinen ostasiatischen Ursprungsländern bevorzugt im Bereich des Mobiliars, mehr noch aber in der Fertigung von Kästen, Dosen und kleinen Behältnissen zum Einsatz. In vielerlei Größen, Formen und Konstruktionen hergestellt und aufs fantasievollste verziert, dienten sie zu mannigfachem profanem wie sakralem Gebrauch. Die eigentliche Domäne der Lackkunst ist die Welt der Schatullen und Kästen, der Dosen und Döschen. Als im europäischen Kontext historisch relevanter, archivalisch dokumentierter und weitgehend geschlossen erhaltener Bestand vermag die japanische Lacksammlung der Königin Marie-Antoinette diese Präferenz besonders anschaulich zu illustrieren.[2]

Auch in Europa stand neben der künstlerisch gestalteten Lackfassung von Möbeln und Musikinstrumenten die Fertigung und Verzierung von Behältnissen von Anbeginn im Vordergrund. Aus den frühesten, seit der Mitte des 16. Jahrhunderts in Venedig angesiedelten Werkstätten gingen prunkvolle Schatullen und Kästchen hervor.[3] Bei den wenigen Willem Kick (1579–1647), dem ersten namentlich nachweisbaren *lackwercker* Amsterdams, zugeschriebenen Lackobjekten handelt es sich wiederum um Juwelenkästen.[4] Dieser Schwerpunkt in der Fertigung hält im Verlauf des 17. Jahrhunderts an und findet in dem berühmten Lacktraktat, das John Stalker und George Parker 1688 in Oxford veröffentlicht haben, einen weiteren Beleg. Unter den vierundzwanzig ihrem Werk hinzugefügten Kupferstichtafeln mit Motivvorlagen für diverse Lackarbeiten »in Imitation of the Indians« sind allein sechs explizit Entwürfen von Juwelenkästen sowie von Dosen für Kämme, Puder und Schönheitspflästerchen vorbehalten (Abb. 1).[5] Auch Vorschläge für den Dekor von Spiegelrahmen und allerlei Bürsten sind weiteren Tafeln zu entnehmen – ein Hinweis auf die gedachte Verwendung des lackierten Zubehörs als Utensilien des Toilettentisches.[6]

Tabatiere, Detail, Papiermaché, Schwarzlack, Blattgold mit eingraviertem Rautenmuster und Malerei, nach 1758; Münster, Museum für Lackkunst (Kat.-Nr. 46)

Die Herstellung von Toilettenkästen

Weder für England noch für Frankreich sind erhaltene Exemplare von Lackarbeiten dieser Art aus dem ausgehenden 17. Jahrhundert nachweisbar, aber in den zwanziger Jahren des 18. Jahrhunderts häufen sich die Funde. Über die Darstellung von Toilettenutensilien auf Gemälden von Watteau, Pater oder de Troy hinaus, auf denen sie in ihrer leuchtend roten Lackfassung einen Blickfang setzen, haben sich vereinzelt Beispiele rot lackierter und mit Goldsgraffito verzierter Toilettenkästen erhalten (Kat.-Nr. 2).[7] Neben den »boetes carrées« machten, wie ein 1730 aufgestelltes Inventar seiner Lagerbestände dokumentiert, die »toillettes« einen nicht unerheblichen Teil der von Guillaume Martin (1689–1749) hergestellten Waren aus.[8] Die Fertigung dieser hölzernen rechteckigen Lackkästen mit *en tombeau* gestuften oder gewölbten Deckeln hielt bis weit über die Jahrhundertmitte hinaus an.[9] Nicht nur ihre Formgebung wurde unverändert tradiert, auch die im Verlauf der zwanziger Jahre aufgekommenen ostasiatischen Dekore verschafften sich auf Jahrzehnte hinaus Geltung (Kat.-Nr. 19 und 41). Nach dem Vorbild japanischer Exportlacke wurden kunstvoll Lackreliefs angelegt, deren Herstellung der Maler, Vernisseur und Farbenhändler Jean-Félix Watin (1728–1804), selbst in den erforderlichen Materialien kundig und in ihrer Handhabung bewandert, in dem von ihm publizierten Handbuch *L'Art du Peintre, Doreur, Vernisseur* genau beschreibt:

»Maniere de Vernir à la pâte.

Il faut beaucoup plus d'intelligence pour appliquer les pâtes & pour donner aux figures qu'on veut faire des formes agréables. Ces pâtes servent à faire des reliefs, sur lesquels on peint des arbres, des montagnes, des maisons. [...]

On compose ces pâtes de plusieurs façons: la meilleure seroit celle dont se servent les Chinois & les Japonois; mais comme il n'est pas possible de l'avoir, celle qui paroît le plus en approcher ce compose en broyant ensemble du blanc d'Espagne & de la terre d'ombre avec un vernis gras. L'on peut se servir du Vernis à l'ambre (environ deux onces de blanc, autant de terre d'ombre, avec une once de Vernis) quand le tout est bien écrasé sous la molette & bien mélangé, on en compose une espece de pâte en la détrampant assez au Vernis à l'ambre, pour qu'elle puisse s'employer au pinceau. [...]

2) Parvenu à l'épaisseur desirée, laissez sécher cette pâte, soit au soleil, soit à la chaleur d'une étuve.

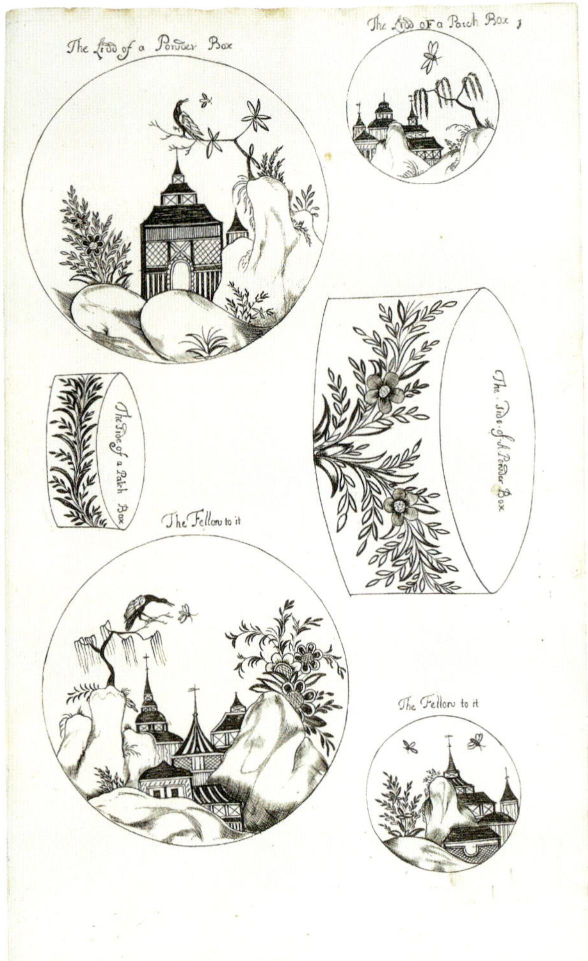

1 John Stalker, *A Treatise of Japaning and Varnishing*, Oxford 1688, Tafel 1; Münster, Museum für Lackkunst

3) Quand elle est bien durcie, unissez avec des morceaux de prêle tous les endroits du relief qui pourroient être raboteux.

4) Polissez-les avec de la pierre-ponce broyée en poudre impalpable, & avec du tripoli broyé de même.

5) L'ouvrage ainsi disposé, gravez avec un burin sur les figures ou reliefs que vous avez formé sur votre mordant, des plis de draperies, des têtes, des pieds, des mains, des troncs d'arbres & cavités de montagnes.

6) Après avoir passé le burin, repolissez encore de nouveau ce que vous venez de graver.«[10]

Das Lackrelief kam auch in Verbindung mit sowohl geschnittenem und graviertem als auch mit kleinteilig appliziertem Perlmutter (»nacre de perle et burgot«) zum Einsatz, doch scheinen sich nur wenige Beispiele erhalten zu haben (Kat.-Nr. 19). Einer dieser Dosen in Schwarzlack, ursprünglich wohl wiederum Teil eines größeren Ensembles von Toilettenutensilien, ist eine besonders preziöse, an ziseliertes Gold erinnernde Wirkung eigen, die dem reichen Dekor in leicht erhaben gearbeitetem Goldlack geschuldet ist (Kat.-Nr. 20). Nicht nur die schillernden Perlmutterauflagen verbinden sie und eine Lacktabatiere mit einer Reihe fantasievoll chinoiser Goldtabatieren aus den späten dreißiger bis fünfziger Jahren, sondern auch der spezifische Stil der Chinoiserie, der sich offenkundig an druckgrafische Vorlagen von Jean-Michel Papillon (1698–1776) anlehnte (Kat.-Nr. 21 und 22). Um 1740, spätestens aber in den frühen vierziger Jahren setzte in französischen Lackwerkstätten – losgelöst von der anhaltenden Orientierung an ostasiatischen Lacktechniken und Dekormotiven – ein wechselseitiger, vor allem aber die Lackkunst befruchtender Austausch mit einem blühenden Zweig des Goldschmiedehandwerks ein – dem der Fertigung goldener Tabatieren.[11]

Die Tabatiere – Königin unter den Galanterien

Das aus Amerika eingeführte Genussmittel Tabak hatte sich im Laufe des 17. Jahrhunderts in vielen europäischen Ländern verbreitet – in Form des Pfeiferauchens vor allem bei den ärmeren Schichten, während das Tabakschnupfen sich zu einer festen, ein eigenes Zeremoniell herausbildenden Gewohnheit des Adels und der Begüterten entwickelte. Der mit Soßen gebeizte, zu karottenförmigen Strängen gedrehte, getrocknete, schließlich zerstampfte und nach langer Reifung in Fässern feingeraspelte Tabak erforderte die Aufbewahrung in fest verschließbaren aromaschützenden Behältnissen – zu Hause und unterwegs. Für die Prise außer Haus kam schon im 17. Jahrhundert eine kleine, handliche Dose in Gebrauch, für die sich in Frankreich seit etwa 1660 die Bezeichnung *tabatière* etablierte. Ihrer kunstvollen Gestaltung aus kostbaren und seltenen Materialien wurde schon früh große Aufmerksamkeit geschenkt. Als einer der ersten soll sich der Kriegsminister Ludwigs XIV., François-Michel Le Tellier Marquis de Louvois (1641–1691), durch den Besitz einer besonderen Tabaksdose ausgezeichnet haben: »Cette boîte étoit de vieux laque, très-richement montée, fort grande, très-haute, et en forme de cœur.«[12] Obwohl der König selbst dem Schnupfen abgeneigt war, frönte der Hof dieser Sitte und hat dadurch die Herstellung luxuriöser Dosen befördert. Unter seinem Nachfolger finden sich in den *Régistres des présents du Roi* 1725 erstmalig zwei »Tabattières« aufgeführt[13] – der Beginn des sich europaweit etablierenden Brauchs, Tabatieren als Ehrengeschenk bzw. als Honorar zu überreichen. Um 1730 hatte sich Paris zu einem Zentrum der Herstellung feinster Tabatieren entwickelt, mit deren Materialien und künstlerischer Verarbeitung der größte vorstellbare Luxus getrieben wurde. Nicht von ungefähr beschreibt Emmanuel Herzog von Croÿ 1742 das Jagdschloss Falkenlust bei Bonn als »das hübscheste kleine Palais, das ich je sah. Es ist so reich verziert wie eine Tabaksdose [...].«[14]

Eine Pariser Nouveauté – die Lacktabatiere aus Papiermaché

»C'est d'après ces procédés que le fameux Martin, Vernisseur du Roi, fit différentes épreuves sur des vases de cartons, & des tabatieres qui eurent en 1745 tant de réputation & de vogue.«[15]

Sehr präzise gibt Jean-Félix Watin das Jahr an, in dem »der berühmte Martin« mit der Fertigung lackierter Tabatieren aus Papiermaché eine Mode kreiert hatte. Er meinte vermutlich Étienne-Simon Martin (1703–1770),[16] doch lassen andere, zeitnäher verfasste Quellen keinen Zweifel, dass es sich nur um den ältesten der fünf Brüder, Guillaume (1689–1749), gehandelt haben kann. Guillaume hatte dem Inventar seiner Lagerbestände von 1730 zufolge die Tabatiere bereits fünfzehn Jahre zuvor in das Sortiment der von ihm hergestellten Artikel eingeschlossen, sie bestand aber zu jenem Zeitpunkt noch aus »cuivre et bois verny en relief«.[17] Leider gibt Watin über den Anlass oder einen möglichen Initiator der Umstellung auf Papiermaché keine Auskunft, sodass wir auf naheliegende Mutmaßungen angewiesen sind.

Das Schnupfen von Tabak erfreute sich bei beiden Geschlechtern großer Beliebtheit und erforderte eine ungeheure Menge kleiner, für die Aufbewahrung und das Mitführen des feinkörnigen Pulvers geeigneter Behältnisse. Porzellandosen wurden in Massen und auch Goldtabatieren in großer Zahl hergestellt, doch waren letztere überaus kostspielig. Die Preisskala für eine kleine Golddose setzte bei 165 Livres ein,[18] für eine emaillierte Tabatiere musste bereits mit einem Betrag deutlich über 1 000 Livres gerechnet werden,[19] nach oben hin – bei Diamantbesatz – gab es kein Limit. Sie waren auch, insbesondere in Verbindung mit *à cage* gefassten Täfelchen aus Hartsteinen, vergleichsweise schwer, wenn man sie in der Jackentasche, in der Rocktasche oder im Pompadour bei sich trug.[20] Für beide Nachteile vermochte die Lacktabatiere Abhilfe zu schaffen.

Vor allem war sie mit einer Preisskala von 9 bis 30 Livres pro Stück bedeutend kostengünstiger, ihr Grundmaterial, das Papiermaché, einfach und billig herzustellen. Aus Schnipseln alten Papiers wurde durch Kochen mit Wasser, anschließendes Zerstampfen und Hinzufügen einer Leimlösung und feingemahlener Füllstoffe ein Brei erzeugt, aus dem Lagen von Karton gepresst wurden. In seiner 1762 veröffentlichten Abhandlung *Art du Cartonnier* widmet Jérôme de La Lande den »Boîtes de carton« ein eigenes Kapitel, das mit aufschlussreichen Bemerkungen zum Beginn der Herstellung lackverzierter Tabatieren aus Papiermaché und die Rolle Guillaume Martins einsetzt:

»Ce fut vers l'an 1740, que M. Martin l'aîné,[21] habile Vernisseur, qui le premier a excellé dans ce genre, imagina de former ces tabatieres d'une maniere toute différente. Ce célebre Artiste avoit été déterminé par un hazard heureux, vers l'Art où il s'est distingué par-dessus tous les autres. M. Lefevre amateur de l'art des vernis, qui avoit fait avec M. d'Ons-en-Bray, diverses expériences, étoit voisin du pere de M. Martin: la curiosité fit prendre à celui-ci quelques notions de ce travail; il les mit en pratique; il les perfectionna; il forma des établissements, & il réussit au point de donner son nom à ce qui s'est fait de plus beau dans ce genre: M. Giros a succédé, depuis la mort de M. Martin, à sa réputation, & à ses succès dans le travail du vernis: il a bien voulu nous procurer sur le carton les facilités nécessaires.«[22]

Es schließt sich eine detaillierte Beschreibung der Fertigung von Tabatieren in zehn nummerierten, von null bis acht reichenden Standardgrößen an, deren erste und kleinste unter der Bezeichnung »petit-rien« gehandelt wurde. Die Herstellung einer Dose in mehreren Arbeitsschritten nahm fünf Tage in Anspruch, doch vermochte eine Arbeiterin durch den gleichzeitigen Einsatz einer Vielzahl hölzerner Formen unterschiedlicher Größe und Gestalt zweihundert Exemplare am Tag fertigzustellen. Die Kartonstreifen wurden in fünf Schichten nacheinander um die Form gewickelt, befeuchtet und jeweils in einer mit heißen Ziegeln beheizten Kammer getrocknet. Nach jedem Aushärten wurden störende Unebenheiten mit einer Feile nachgearbeitet. Das abschließende Glätten des Rohlings und das genaue Anpassen des Deckels übernahm ein Drechsler.[23] Nach mehrfacher Ofentrocknung war das Papiermaché so hart wie Holz, hatte aber den großen Vorteil, bei Schwankungen der Luftfeuchtigkeit nicht zu reißen oder sich zu verziehen. Papiermaché sollte sich fortan als ideales Trägermaterial für Lackbeschichtungen erweisen.

Eine Dose kleineren Formats von 6,4 Zentimeter Durchmesser wog, war sie ausschließlich aus Papiermaché gearbeitet, nur 35 Gramm (Kat.-Nr. 44); in die Hand genommen, wird sie fast als Nichts empfunden. Eine gleichgroße, mit Email verzierte Golddose wog dagegen 108 Gramm;[24] mit Tafeln aus Hartsteinen besetzte Tabatieren waren entsprechend schwerer.[25] Das leichteste der gewogenen Vernis-Martin-Objekte, ein kleines Etui mit feinem Goldrand, brachte nicht mehr als 8 Gramm auf die Waage (Kat.-Nr. 116). Die frappierende Leichtheit dieser Dinge stellt über ihre besondere Eignung hinaus, in der Kleidung und insbesondere als Sommertabatiere in leichter Garderobe mitgeführt zu werden, ein eigenes Qualitätskriterium dar. Sie rückte sie zudem in die Nähe der kleinen, vielbewunderten und mit leidenschaftlichem Eifer gesammelten japanischen Lackarbeiten, die sich, ihrerseits aus leichtem und dünnwandig verarbeitetem Holz gefertigt, ebenfalls durch ein auffallend geringes Gewicht auszeichnen – eine Eigenheit, die den Pariser Vernisseuren nicht verborgen geblieben sein kann. Mit der Leichtheit des Papiermachés konnte allenfalls das Schildpatt konkurrieren, aus dem vergleichbare Galanterien hergestellt wurden. Möglicherweise stand daher bei der Entwicklung der Lacktabatiere auch das Schildpatt Pate, wie es denn das ganze 18. Jahrhundert über das bevorzugte Material für die Auskleidung der Dosen und Etuis im Inneren blieb.

Neue Ziertechniken – das Vorbild der Goldschmiedekunst

Gleichwohl war es wohl vor allem der Wunsch, an dem florierenden Geschäft mit Tabatieren zu partizipieren, der Martin sich der lukrativen Fertigung dieses modischen Artikels zuwenden ließ – mit Lack, einem Material, das zu der Zeit selbst, insbesondere in der Möbelherstellung, an Aktualität gewann. Die Lacktabatiere sollte aber ungeachtet ihres bedeutend geringeren Preises die Anmutung einer in den aktuellen Dekoren verzierten Goldtabatiere haben. Betrachtet man die erste Generation der Vernis-Martin-Dosen, wird – sofern die wenigen erhaltenen Exemplare ein repräsentatives Bild abgeben – diese Zielsetzung offenbar.

Die meisten weisen eine Montierung aus Edelmetall oder zumindest eine ziselierte Daumenrast auf, was den Eindruck einer Goldarbeit erhöht. Sind lesbare Beschauzeichen in Form von Jahresbuchstaben oder der für einen Zeitraum von sechs Jahren gültigen Steuerstempel vorhanden, können diese Dosen auf wenige Jahre genau datiert werden und entstanden demnach in den fünfziger Jahren. Das älteste bekannte Beispiel muss aber schon zwischen 1744 und 1750 gefertigt worden sein und entspricht damit der von Watin auf das Jahr 1745 angesetzten Aufnahme einer breiten Produktion (Abb. 2).

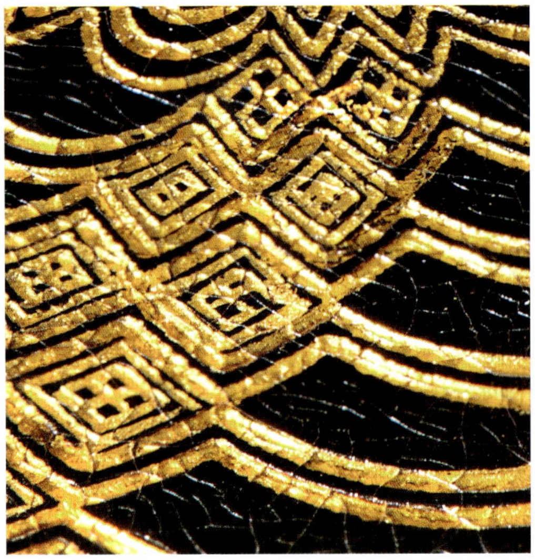

2 Tabatiere mit eingravierten und vergoldeten Wirbelrosetten, 1744–1750, Detail des Deckels; Münster, Museum für Lackkunst (Kat.-Nr. 43)

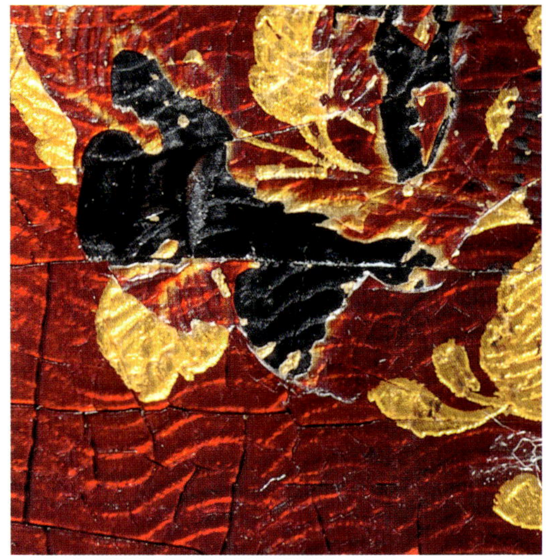

3 Bonbonniere mit guillochiertem, vergoldetem und mit Rotlack überfangenem Dekor, 1750–1760, Detail der Wandung mit Fehlstelle; Münster, Museum für Lackkunst (Kat.-Nr. 44)

Die mit Wirbelrosetten in alternierenden Mustern verzierte Dose hat den Charakter einer Goldarbeit und nichts verbindet sie mehr mit ostasiatischen Vorbildern. Gleichsam aus dem Stand heraus kam eine neue, der Goldschmiedekunst entlehnte Technik zum Einsatz – die der Lackgravur. Anstelle des Goldes diente, wie an Fehlstellen mitunter deutlich erkennbar, vielschichtig aufgetragener Schwarzlack als hinreichend hartes Grundmaterial (Abb. 3). Durch anschließend aufgebrachte Auflagen aus Blattgold oder auch aus Blattsilber, dem wiederum durch goldenen Klarlack die Wirkung von Blattgold verliehen wurde, sollte der Anschein einer Goldarbeit erweckt werden (Kat.-Nr. 45). Nach dem Beispiel vieler Goldtabatieren, deren Gravur oder Guillochierung in einer Vielzahl von Mustern unter transluzidem Email hervorschimmert, wussten die Vernisseure auch diesen Effekt durch transluziden Lack in den von Emailleuren bevorzugt eingesetzten Farben täuschend nachzuahmen.

Unter dem Eintrag »TABATIERE DE CARTON« in Diderots und d'Alemberts *Dictionnaire* findet sich dieses Gravur- und Vergoldungsverfahren genau beschrieben: »Quand toutes les couches [de vernis noir] sont mises, vous les faites poncer par le tourneur en-dedans, & à la main en-dehors avec de la ponce bien fine, & ensuite du tripoli avec de l'eau; ensuite vous les faites graver, ou guillocher en or creux, ou en or plat; [...] Pour mettre en or les gravées, ou guillochées, il faut passer dessus très-légerement un vernis qu'on appelle *mordant*, & avant qu'il soit tout-à-fait sec, avoir de petits livrets de feuilles d'or; on applique une feuille d'or dessus doucement avec la main; aux boîtes gravées & guillochées en or creux, on en met deux feuilles.«[26]

Die Gravur oder Guillochierung konnte aber auch unmittelbar auf dem Papiermaché als dem Trägermaterial erzeugt werden, und wiederum klärt uns Diderots und d'Alemberts *Dictionnaire* in einem entsprechenden Eintrag über das Prozedere auf: »Les Vernisseurs font des tabatieres de carton, & autres ouvrages qui semblent être *guillochés*, par les différentes couleurs qui y sont posées. Pour cet effet les ouvriers qui forment la boîte, la *guillochent* sur le tour quand elle est bien seche, comme on fait aux boîtes d'écaille; ensuite le vernisseur remplit ces guillochures avec différentes couleurs au vernis, & ensuite y met autant de touches de vernis qu'il est nécessaire pour la rendre unie & luisante.«[27]

Ein erstaunlicher Fund der Unterwasserarchäologie hat mit der Bergung des Wracks der 1747 vor der südfinnischen Küste gesunkenen St Michel, eines Handelsschiffes auf dem Weg nach St. Petersburg, sechs Artefakte von Lacktabatieren zutage gefördert, die eben diese am papiernen Trägermaterial selbst vorgenommene Gravur aufweisen (Abb. 4).[28] In den Vertiefungen der eingravierten Muster haften noch Reste von Lack. Durch das Datum des Schiffsunglücks in das Jahr 1747 genau datierbar, sind die vom Grund des Meeres geborgenen Dosen darüber hinaus ein Indiz, dass Lacktabatieren bereits zwei Jahre, nachdem sie zu einem Modeartikel avanciert waren, zu den ins Ausland exportierten Luxusgütern zählten.[29] Wenig später finden sich unter den ersten Eintragungen im *livre-journal* des Pariser Kunsthändlers Lazare Duvaux Arbeiten Martins erwähnt, und wieder handelt es sich um Tabatieren oder andere Lackbijouterien: so im Dezember 1748 »M. le Président Hénault: Une tabatière carrée de Martin, garnie & doublée d'or, avec un portrait, 312 l.«[30] und im Januar 1749 »M. Coucicault: Une tabatière de Martin, de 30 l.«[31]

Wie La Lande und Watin übereinstimmend feststellen, kann Martin – und zwar Guillaume – als der Erfinder der Lacktabatiere apostrophiert werden, deren Fertigung allem Anschein nach um 1740 einsetzte. Das nach Guillaumes Ableben 1749 aufgestellte Inventar seines Nachlasses vermag zwar nicht seine Erfindung unter Beweis zu stellen, bestätigt aber in eindrucksvoller Quantität, in welchem Umfang der »premier vernisseur du Roy« sich der Fertigung dieses und ähnlicher Galanterieartikel zugewandt hatte. Die Auflistung der »marchandises« setzt mit den Tabatieren ein, von denen 496 vorrätig waren, davon achtzig in der untersten Preiskategorie von 9 Livres, 338 zu einem Stückpreis von 18 Livres und achtundsiebzig in der oberen Preiskategorie von 30 Livres.[32] Auch weitere 355 unfertige Dosen in unterschiedlichen Stadien der Herstellung – »boetes tournées en carton«, »boetes du premier vernis«, »boetes giochées vernies«, »boetes guiochées prete à dorer« sowie »boetes de carton premier poncage« – finden sich allein in einem Zimmer aufgeführt.[33] Diese Kurzkennzeichnung lässt sie bereits den gravierten und emailartig überlackierten Dosen zuordnen, doch ist der Dekorstil der Tabatieren nicht näher beschrieben.

Guillaume hat seine Erzeugnisse weder mit einer Signatur noch einer Werkstattmarke versehen. Kleine Objekte wie preisgünstige Lacktabatieren entbehren aber in der Regel dokumentarischer Nachweise, sodass keine dieser Dosen oder anderen Bijoux ihm oder seinen Brüdern mit Sicherheit zugewiesen werden können. Seine vielgerühmten Fähigkeiten als Vernisseur und insbesondere in Nachahmung der Japaner erlauben allenfalls eine Zuschreibung aufgrund besonderer Qualität und technischer Finesse. Die Martinschen Tabatieren fanden aber auch, wie Watin hervorhebt, sehr schnell Nachahmer: »[...] comme les procédés pour les faire n'étoient pas difficiles, Paris se vit, dans l'espace de six années, inondé d'ouvriers de ce genre, qui, en cherchant à se nuire les uns aux autres, réduisirent le prix de ces tabatieres à rien.«[34] Zu den zahlreichen, zumindest namentlich bekannten Meistern zählte auch ein gewisser Martin Berneron (gest. vor April 1772), der sogar explizit als »vernisseur en tabatières« nachgewiesen werden konnte.[35]

Andere Lackbijouterien: Etui, Navette & Necessaire

Außer Tabatieren und einer großen Anzahl von Toilettenkästen, die weiterhin hergestellt wurden, führt das Inventar in beträchtlicher Menge nicht näher klassifizierte »boettes« auf, darunter etliche, die »en Japon« oder »façon de Japon«, das heißt nach dem Vorbild japanischer Lackarbeiten gestaltet waren; Gleiches gilt für eine Reihe von Etuis wie für ein Dutzend Schiffchen (*navettes*). Guillaume hat demzufolge zeitgleich mit den Tabatieren andere kleine Galanterieartikel in sein Sortiment aufgenommen. Sie zählten zu den sogenannten *bijoux*, die nach dem Vorbild der Goldschmiedekunst auch in den Werkstätten der Vernisseure zunehmend an Bedeutung gewinnen sollten. Unter Bijoux, so der Eintrag in der Enzyklopädie, »on entend [...] tous les ouvrages d'*Orfévrerie* qui ne servent que d'ornement à l'homme; comme tabatiere, pomme de canne, étui, flacon, tablettes, navette, panier à ouvrage, etc. cette partie n'étant qu'un talent de mode & de goût, ne peut avoir aucune regle fixe, que le caprice de l'ouvrier ou du particulier qui commande.«[36] Galanteriewaren dieser Art, vor allem die in ihrem gestreckten Spitzoval elegant geformten Navettes, gehörten im 18. Jahrhundert zu den von aristokratischen Damen favorisierten Objets d'art, ließen sie doch schöne Hände in anmutiger Fingerfertigkeit zur Geltung kommen (Abb. 9).

Daneben nahm die Herstellung von Necessaires wie von Etuis unterschiedlicher Größe und heute meist nicht mehr unterscheidbarer Zweckbestimmung, wie beispielsweise für die Aufbewahrung von Näh- und Haarnadeln, von Flakons und anderen kleinen für die Toilette benötigten Utensilien, in den Lackwerkstätten von Anbeginn großen Raum ein. Die Nachfrage scheint nicht so groß wie die nach Tabatieren gewesen zu sein, aber doch die Fertigung bedeutender Stückzahlen erfordert zu haben. Guillaumes Inventar erwähnt zwar »douze étuis guillochés en couleur«[37] und bestätigt damit die auch in diesem Bereich einsetzende Orientierung des Dekors an Goldschmiedetechniken, aber die meisten waren »à Japon« verziert – eine Feststellung, die sich mit dem vorgefundenen kleinen Bestand an Etuis aus den vierziger und fünfziger Jahren deckt (Kat.-Nr. 23 und 26–28).

Lackbijoux im *style rocaille*

In den fünfziger Jahren findet aber vor allem eine Weiterentwicklung der gravierten und guillochierten Dekore statt, die um 1745 als Ziertechnik von den Lackwerkstätten übernommen worden waren. Das Verfahren der mit Blattmetall ausgekleideten und mit

4 Reste einer Tabatiere aus Papiermaché mit eingraviertem Rautenmuster, um 1745; Kotka (Finnland), Maritime Centre Vellamo (Inv.-Nr. KM 62001:27)

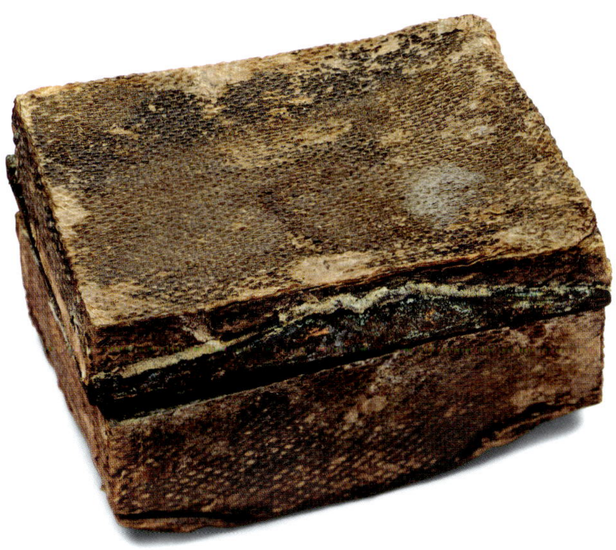

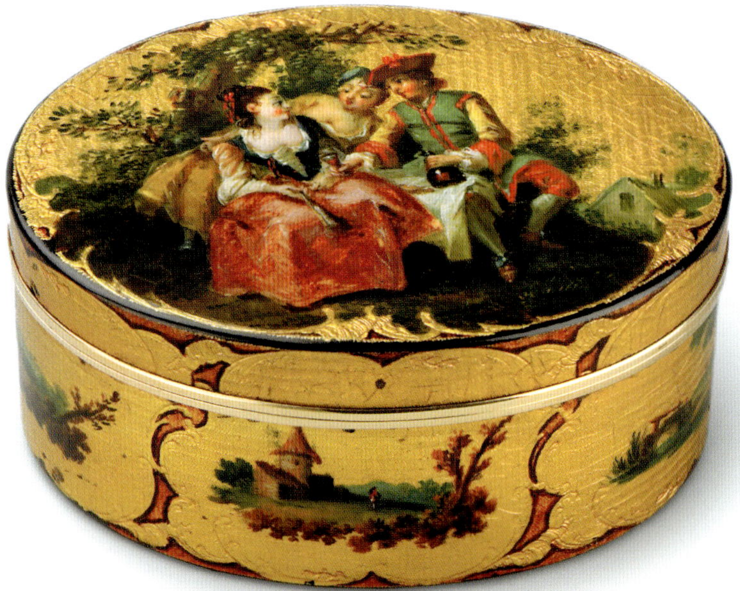

5 Tabatiere mit galanter Szene nach Nicolas Lancret in Rocaillenrahmung, um 1755; London, Wallace Collection (Inv.-Nr. G11)

transluzidem Farblack überfangenen Gravur erfuhr eine Bereicherung durch die Verbindung mit weiteren Ziertechniken. Der Gravur in Lack gesellte sich das schon um 1720 auf Toilettenkästen eingesetzte Goldsgraffito hinzu (siehe Kat.-Nr. 2–4). Beide, nunmehr parallel eingesetzte Ritzdekore erscheinen in vielschichtig aufgebrachten Lack gleichsam eingebettet. Darüber kam Ölmalerei zum Einsatz, die teilweise in Lasuren aufgetragen wurde, um die darunterliegenden Ritzzeichnungen hervortreten zu lassen und die Durchsichtigkeit der Gesamtwirkung zu erhöhen. Als Vorbild dienten wiederum die Goldtabatieren mit ihren transluzid emaillierten Dekoren.

In dieser Gravur oder Guillochierung, Blattvergoldung oder -versilberung, Goldsgraffito, Schleifpolitur, Ölmalerei und unterschiedlich getönte Lacküberzüge in vielschichtigem Aufbau und Wechsel der Materialien und Verfahren verbindenden »reichen Technik« ist eine Gruppe von Dosen gearbeitet, die über diese Gemeinsamkeit hinaus enge stilistische Übereinstimmung auszeichnet. Es handelt sich um rechteckige, runde oder ovale Tabatieren, deren gemalte Dekore auf Deckel, Unterseite und Wandung als *scènes flottants* einem golden hervorschimmernden gravierten oder guillochierten Grund aufliegen. Jede einzelne Szene ist von einer in den Lack eingravierten und vergoldeten Rocaillenbordüre eingefasst, deren ornamentale Elemente und Rhythmus sich gleichbleibend wiederholen (Kat.-Nr. 46). Die Motive ihrer Malerei gehen auf Nicolas Lancret, Jean-Baptiste Oudry oder den aktuellen Modemaler François Boucher zurück, sie stellen aber auch Fantasieszenen mit exotisch anmutenden Vögeln dar (Abb. 5–8). Den Beschauzeichen auf ihren Montierungen zufolge datieren die frühesten Beispiele, die noch keine Rocaillenrahmung aufweisen, in die Jahre 1752/53 bzw. 1753/54 (Kat.-Nr. 45), also in die Zeit kurz nach dem Ableben Guillaume Martins. Die außergewöhnliche Qualität, die diese signifikante Gruppe kleiner Lackbijoux in toto auszeichnet, legt aber eine Zuweisung an eine der besten Pariser Lackwerkstätten nahe. Ob es sich um die des von La Lande als Nachfolger Guillaume Martins erwähnten Monsieur Giros handelte, der 1758 als Tabletier und Vernisseur nachgewiesen ist,[38] oder – wahrscheinlicher – um die Julien Martins, der vor allem in der Herstellung von Bijoux tätig war, lässt sich wiederum in Ermangelung von Signaturen oder Werkstattmarken nicht feststellen. Wie etabliert der Name Martin aber für feinste Qualität und dadurch bereits im Verlauf der fünfziger Jahre zum Gattungsbegriff avanciert war – »il [M. Martin l'aîné] réussit au point de donner son nom à ce qui s'est fait de plus beau dans ce genre«[39] –, geht nicht nur aus La Landes Abhandlung, sondern

6 Bonbonniere mit exotischen Vögeln in Rocaillenrahmung, 1750–1760; Moskau, Staatliches Historisches Museum (Inv.-Nr. ГИМ 1901 Щ/ПМ 101)

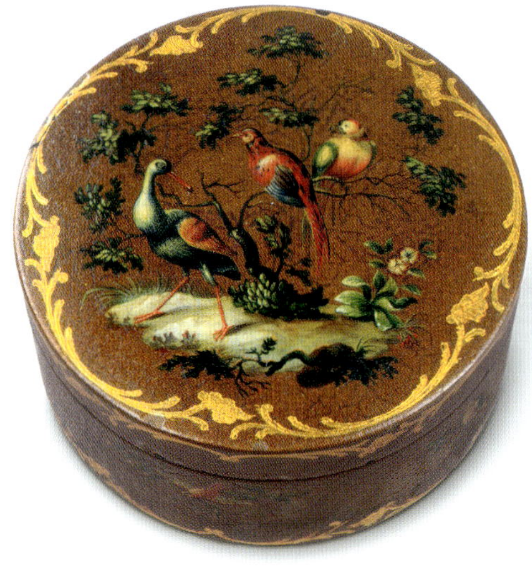

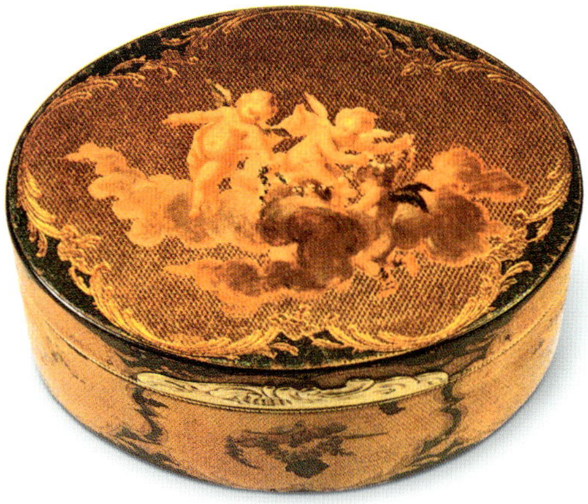

7 Tabatiere mit Amoretten in Rocaillenrahmung, 1750–1756; Standort unbekannt (ehemals Sammlung Ortiz-Patiño)

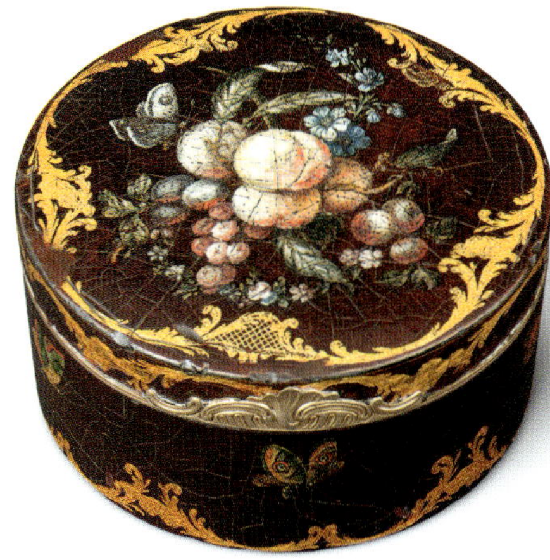

8 Tabatiere mit Früchten, Blumen und Schmetterlingen in Rocaillenrahmung, 1750–1760; Deutschland, Privatsammlung

auch aus einem Brief Leopold Mozarts hervor, den er nach Beendigung des Paris-Aufenthalts am 1. Februar 1764 nach Hause schrieb: »unsere Tabattiers sind übrigens […] mit einer von Laque Martin mit den schönsten blumen von gefärbtem Gold und verschiedenen Hirten=Instrumenten eingelegt, vermehret worden.«[40]

Piqué und Fantasiedekore

Vater Mozarts Beschreibung des in Paris empfangenen Dosenpräsents lenkt die Aufmerksamkeit auf eine weitere Dekorvariante, die den Beschauzeichen auf den Montierungen zufolge ebenfalls in den späteren fünfziger Jahren aufkam und bis in die sechziger Jahre fortbestand. Mit der in der »reichen Technik« verzierten Gruppe verbindet sie eine ähnliche Gestaltung des Lackgrundes, den ein in Schwarzlack eingeritztes, mit Blattmetall und transluzidem Rotlack unterlegtes feines Rautenmuster in gleichmäßigem Rapport überzieht. In metallisch glänzendem Rot schimmert es aus dem schwarzen Fond hervor und gibt die Folie für darüberliegende Dekorebenen ab – geschweifte Medaillons mit Miniaturen in Ölmalerei und reiche Auflagen aus Silber und mehrfarbigem Gold. Diese zu kleinen Zierformen – Blütensternen, Blättern, Muscheln, C-Schwüngen, Bögen – zurechtgeschnittenen und teilweise gravierten Metallpartikel wurden appliziert, das heißt in ornamentalen Strukturen aufgeklebt und mit Klarlack überfangen, aus Silberfäden geformte Dekorelemente hingegen nach dem Piquéverfahren in den Lack eingebettet. Das Gold- und Silberpiqué, eine ursprünglich in Neapel entwickelte Technik, kam bevorzugt in Verbindung mit Schildpatt, aber auch anderen weichen Materialien wie Perlmutter zum Einsatz. Der gewünschte Dekor wurde mittels einer erwärmten Nadel in die Oberfläche eingestochen, um anschließend mit silbernen oder goldenen Fäden (*piqué posé*) bzw. kleinen Stiften (*piqué point*) gefüllt zu werden. In der Herstellung kostbarer Tabatieren stellte das Piqué schon im frühen 18. Jahrhundert ein wichtiges Zierverfahren dar, in Verbindung mit Lack lässt es sich seit Mitte der fünfziger Jahre auf Golddosen nachweisen,[41] die offensichtlich ein weiteres Mal Anstoß zu einer technischen Neuerung gegeben haben.

Auf den hier zusammengeführten Arbeiten, die in Technik und Stil übereinstimmen und zweifellos aus derselben Werkstatt hervorgegangen sind, kommt das Piqué als rahmendes wie füllendes Ornament zum Einsatz (Kat.-Nr. 49 und 51), es begegnet aber auch als kunstvoll eingelegter figürlicher Dekor (Kat.-Nr. 50). In ausschließlich rahmender Funktion fasst es Darstellungen in Ölmalerei ein, die fantasievolle Szenen aus dem Tierreich zum Inhalt haben und sich insbesondere an der Welt der Vögel delektieren. Diesem Genre gehören ebenfalls, wenn auch etwa ein Jahrzehnt später entstanden, Etuis an, die aus Vögeln und allerlei niedlichem Kleingetier gefügte charmante Kompositionen vorstellen (Kat.-Nr. 53 und 54). Vor imaginärer Architekturkulisse ist ihnen eine ausschließlich aus der Fantasie geborene Anmutung eigen, die an chinoise Erfindungen erinnert. Die Chinoiserie selbst spielt aber im Bereich der Lackbijoux eine auffallend untergeordnete Rolle (Kat.-Nr. 58 und 59). Deren Dekore suchten vielmehr den ostasiatischen Vorlagen zu entsprechen oder sie lehnten sich an die Ziertechniken und Motive der Goldschmiedekunst an.

Peinture à l'huile vernie-polie – Lackbijoux mit Ölmalerei

Die Fertigung der in der »reichen Technik« gearbeiteten Dosen scheint auf die fünfziger Jahre eingrenzbar, da bislang kein zuverlässig nach 1760 datierbares Beispiel bekannt geworden ist; die der unter Einsatz von Piqué erstellten Bijouterien klingt ebenfalls Anfang der sechziger Jahre aus. Unzweifelhaft setzt aber in dieser Phase und mit diesen Dekorgruppen der Beginn der Ölmalerei auf Lackdosen ein. Noch ist sie mit Mustern im Rapport unterlegt und beschränkt sich auf den ihr in ornamentaler Rahmung mittig zugewiesenen Platz, um spätestens um 1760 von der ganzen Dose Besitz zu ergreifen. Möglicherweise ist mit diesen ausschließlich gemalten Dekoren der »goût nouveau« angesprochen, wie Robert Martin (1706–1765) seine jüngst gefertigten Bijoux in einer Annonce vom 16. September 1762 anpreist.[42] Lacktechnologisch betrachtet, ist diese Art Dekor einfach herzustellen. Die Technik ähnelt der Ölmalerei und ist selbst dem Ölanstrich verwandt, doch hebt Watin, der dieses Verfahren als »peinture à l'huile vernie-polie« bezeichnet, den Unterschied hervor: »Il y a deux sortes de Peintures à l'*huile*, savoir, celle à l'*huile simple*, & celle à l'*huile vernie-polie*; l'une ne demande ni apprêts ni vernis, lorsqu'elle est faite; l'autre, au contraire, exige pour sa perfection d'être préparée par des *teintes dures*, & d'être vernie lorsqu'elle est appliquée. Toutes sortes de sujets peuvent être peints à l'une ou à l'autre de ces deux manieres; mais ordinairement on peint à l'huile simple les portes, les croisées, les chambranles, les murailles; & à l'huile vernie-polie, les lambris d'appartements, les panneaux d'équipages, &c. & tout ce qui mérite des soins marqués.«[43]

Auf Kutschen, Vertäfelungen und Möbeln schon eher zur Anwendung gebracht – die Anlieferung der blau-weißen Kommode für Madame de Mailly ist für das Jahr 1743, die der cremefarbenen Kommode für Madame Adélaïde für das Jahr 1755 dokumentiert –, gewinnt dieses Dekorverfahren im Bereich der *bijoux* erst nach der Jahrhundertmitte an Bedeutung. Da die Malerei, von einer bald schlichten, bald fein ziselierten Goldmontierung abgesehen, jeweils die ganze Fläche des Deckels, der Unterseite wie der Wandung einnimmt, tritt der Charakter einer Goldarbeit zurück. Mit diesen Arbeiten setzt vielmehr die Lackmalerei, präziser formuliert die in Lackschichten eingebettete und abschließend polierte opake Ölmalerei ein, die sich – zumeist auf das Miniaturformat angelegt – auch über Frankreich hinaus zur prägenden Ziertechnik der Lackkunst entwickeln sollte. Mit ihr erschließt sich diesem Kunstzweig nicht weniger als das Universum der europäischen Malerei, deren Abbild im Kleinen sie darstellt. Sie spiegelt die Präferenzen der jeweils aktuellen Kunstrichtung, weshalb denn auch Wiederholungen nach Kompositionen François Bouchers im Fokus standen (Kat.-Nr. 62, 64 und 67). Aber auch die Gemälde anderer zeitgenössischer Künstler wie Jacques Dumont, Jean-Baptiste Greuze, Jean-Baptiste Leprince oder Gabriel de Saint-Aubin finden sich reproduziert. Ähnlich wie auf Golddosen mit Emailminiaturen hat die seit etwa 1730 anhaltende Begeisterung für bäuerliche Motive der flämischen und holländischen Malerei des 17. Jahrhunderts im Medium der Lackmalerei ihr Echo gefunden; Szenen mit Rauchern und Trinkern nach Teniers dem Jüngeren wurde dabei entschieden der Vorzug gegeben (Kat.-Nr. 75 und 76). Selbst die berühmten großformatigen Hafenansichten Joseph Vernets boten sich mit ihren zahlreichen kleinen, auf den Quais ihren Beschäftigungen nachgehenden Repoussoirfiguren für die Kopie in Lackminiaturen an (Kat.-Nr. 79).

Die Reproduktion der großen Malerei im kleinen Format eines Deckelrunds oder auf der Wandung eines Etuis bedeutete auch Dominanz der Farbe in ihrer die französische Malerei des Rokoko kennzeichnenden Sinnlichkeit und Abkehr vom schwarz-goldenen oder, seltener, rot-goldenen Zweiklang der ostasiatischen Lackarbeiten. Um dieses Kolorit authentisch und anhaltend zur Wirkung kommen zu lassen, benötigten die Vernisseure für die abschließenden Überzüge einen Lack, der möglichst helldurchsichtig sein musste, der – um eine zukünftige Verfälschung der Farben zu vermeiden – nicht oder nur langsam vergilbte und der möglichst hart trocknete, um sich gut polieren zu lassen.

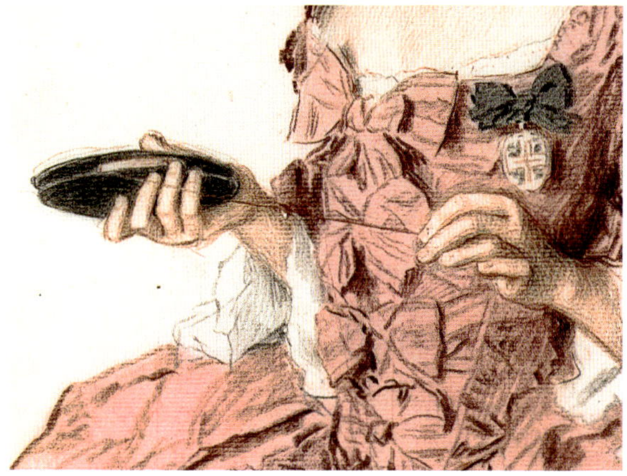

9 Jean-Étienne Liotard, Bildnis der Erzherzogin Maria Antonia mit einer Navette, Detail, 1762, rote und schwarze Kreide, Stift und Wasserfarben auf Papier; Genf, Musée d'art et d'histoire (Inv.-Nr. 1947-42)

Ein besonders heller, durchsichtiger und fester Lack konnte durch den Einsatz von Kopal, wie der für Harze tropischer Herkunft gebräuchliche Sammelbegriff lautete, hergestellt werden. Auch Watin preist dessen Eigenschaften: »Le copal est la plus belle résine qui serve au Vernis; sa légere teinte, & sa transparence font regretter qu'il faille, pour le maintenir dans un état de fluidité, des huiles qui l'obscurcissent toujours un peu.«[44] An anderer Stelle gibt er das Rezept für »Vernis blanc au Copal« preis, dem er – wenn auch vermutlich in der Absicht, den Wert der Veröffentlichung einer geheimen Zusammensetzung zu erhöhen – hinzufügt: »C'est ainsi que le fameux Martin faisoit ses beaux Vernis blancs, qui lui ont fait tant de réputation.«[45] *Vernis blanc* war der Terminus für transparenten, farblosen Lack.

Ungeachtet dieser Entwicklung, die zu einer vom ostasiatischen Vorbild autonomen, gleichsam emanzipierten französischen Lackkunst mit eigener Technologie und Ästhetik führte, hielten die Martins und mit ihnen andere Pariser Vernisseure an der Fertigung von Lackarbeiten im japanischen Stil fest. Unter japanischem Stil, in den Inventaren der Martins als »en Japon«, »façon de Japon«, »à Japon«, »ouvrage du Japon«, »faux Japon«, »imitation du Japon« oder einfach als »Japon« apostrophiert, verstand man schwarzgrundige, aber auch rot-, grün-, blau- oder gelbgetönte Lackarbeiten mit goldenen Reliefdekoren, deren Technik und Motive den meisterhaften japanischen Goldstreulacken zu entsprechen suchten. Die Wertschätzung des Japanlacks, vor allem des »vieux laque du Japon«, hielt das ganze 18. Jahrhundert über an und fand in der Wiederverwendung ausgeschnittener Japanlackpaneele auf französischen Möbeln ihren sichtbarsten Ausdruck. Im Bereich der Lackbijoux kam, den

Möbeln vergleichbar, ebenfalls das originale Material in seiner als Kostbarkeit eingestuften Vollendung zum Einsatz – wenn auch im Miniaturformat und mit ziselierter Goldmontierung anstelle der Goldbronzen (Kat.-Nr. 35–37). Im Unterschied zum Lackmöbel wurde dabei der dekorativen Verbindung schwarz-goldenen Japanlacks mit farblich kontrastierendem französischem Rotlack, ja mitunter einem Lack in nichtasiatischer Fliederfarbe der Vorzug gegeben (Abb. 10). Lackbijoux unter Verwendung japanischen Lacks wurden bis zur Revolution hergestellt. Parallel entstanden – nachweislich in den Werkstätten Guillaume, Étienne-Simon und Julien Martins, in weniger hoher Qualität sicherlich auch bei anderen Pariser Vernisseuren – vor allem Etuis und Navettes in *faux Japon* (Kat.-Nr. 25–31). Das 1770 aufgestellte Inventar Étienne-Simons verzeichnet allein »123 boîtes de différentes formes ouvrage du Japon«;[46] tatsächlich lässt sich die Herstellung von Lackbijoux in japanischer Manier noch bis um 1780 an datierbaren Beispielen belegen (Kat.-Nr. 31).

Die zeitgleiche Fertigung kleiner Lackarbeiten in »imitation du Japon« sowie – völlig losgelöst vom asiatischen Vorbild – in Gravurtechniken der Goldschmiede und in *peinture à l'huile vernie-polie* führt vor Augen, dass die Abkehr vom ostasiatischen Prototyp nicht auf einer grundsätzlichen ästhetischen Neuorientierung und gezielt angestrebten Entwicklung eigener Lacktechnologien basierte, sondern dem pragmatischen Ziel, der Goldtabatiere eine adäquate, aber kostengünstige Lacktabatiere an die Seite zu stellen, geschuldet war. Die Auswirkung der von Guillaume Martin gleichsam erfundenen kleinen Lackdose aus Papiermaché als eines völlig neuen Typus auf die europäische Lackkunst des späteren 18. und des 19. Jahrhunderts kann aber nicht hoch genug veranschlagt werden.

10 Navette, Perlmutter mit fliederfarbenem Lack und applizierten Fragmenten aus Japanlack, 1762–1768; Paris, Musée des arts décoratifs (Inv.-Nr. 19933)

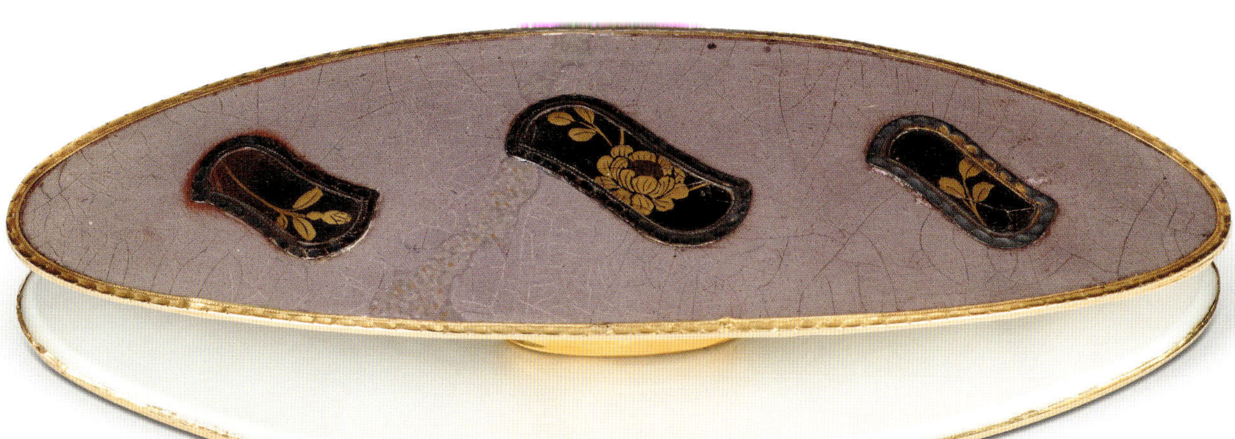

1 Goncourt, Edmond und Jules de: Die Frau im 18. Jahrhundert. Vorwort zur deutschen Ausgabe von Barbara Klie. Bern, Stuttgart und Wien 1963, S. 9. Die Brüder Goncourt gelten als die Wiederentdecker der französischen Kunst des 18. Jahrhunderts.

2 Kopplin 2001.

3 Huth 1971, Taf. 7–12, 20b–30. – Kopplin 2010, Nr. 1.

4 Baarsen, Reinier: Kistjes van Kick? Hollands lakwerk uit de vroege 17de eeuw. In: Bulletin van het Rijksmuseum, Bd. 56, 2008, Nr. 1/2, S. 12–27.

5 Kopplin 2010, Nr. 56, Abb. S. 326–329, 332, 333.

6 Wie groß der Bedarf an lackierten Toilettenutensilien tatsächlich war, geht auch aus einer gegen Ende des 17. Jahrhunderts beim Parlament eingereichten Beschwerde der Londoner Joyners and Cabinet makers hervor, derzufolge innerhalb von vier Jahren »589 looking glass frames« und »4,120 powder, comb, and dressing boxes« über den Ostasienhandel importiert worden seien; Huth 1971, S. 37 und 38.

7 Kopplin 2010, Nr. 11.

8 Paris, Archives nationales, M. C., LVII 332, 22. August 1730, fol. 2 verso, 4 verso, 5 recto. Siehe auch Anne Forray-Carlier in ihrem Beitrag »Die Anfänge der Martin«, S. 26–31.

9 Noch in den 1765 bzw. 1770 aufgestellten Nachlassinventaren von Julien und Étienne-Simon Martin finden sich »toilettes« verzeichnet.

10 Watin 1773, S. 293–295. Deutsche Übersetzung laut Watin 1774, S. 284 und 285: »Methode, den Firniß mit Brey zu machen. Es gehört weit mehr Kunst dazu, den Brey aufzutragen, und den Figuren dadurch eine artige Form zu geben. Dieser Brey dient dazu, daß die nachgehends darauf gemalten Bäume, Berge und Häuser, über der übrigen Fläche erhaben werden. [...] Dieser Brey wird auf verschiedene Arten gemacht; der beste wäre unstreitig derjenige, dessen sich die Chinesen und Japaner bedienen; wenn es möglich wäre, ihn zu haben. Folgender scheint ihm am nächsten zu kommen. Man reibt Spanisches Weiß und Umbra zugleich mit einem fetten Firniß ab. Man kann z. E. 2 Unzen Weiß, eben so viel Umbra, und 1 Unze Bernsteinfirniß nehmen. Wenn alles auf dem Reibestein wohl zerrieben untereinander gemischt ist, macht man eine Art von Brey daraus, und rührt so viel Bernsteinfirniß darunter, daß man ihn mit dem Pinsel auftragen kan. [...]
2) Wenn der Brey so hoch zu diesen Figuren [Thieren, Bäumen, Landschaften, Bergen, Terrassen, Häusern, ec.] aufgetragen ist, als nöthig, so läßt man ihn entweder an der Sonne oder in einem heissen Zimmer trocknen.
3) Wenn er recht hart geworden, so ebnet man mit Schachtelhalm alle Stellen, welche rauh scheinen.
4) Polirt man die erhabnen Figuren mit feingeriebenen Bimstein und Trippel.
5) Wenn die Arbeit so weit fertig ist, so gräbt man mit einem Grabstichel auf den Figuren und Basrelifs, die man auf der Beitze angelegt hat, die Falten der Gewänder, die Köpfe, Füsse, Hände, Sturze von Bäumen, Höhlen in den Bergen, ec.
6) Was mit dem Grabstichel in die Figuren hineingegraben ist, wird polirt.«

11 Lack, vor allem japanischer, seltener französischer, kam auf Goldtabatieren insbesondere in Form *à cage* montierter kleiner Täfelchen zum Tragen.

12 Genlis, Comtesse de [Stéphanie-Félicité Ducrest de Saint-Aubin]: Dictionnaire critique et raisonné des étiquettes de la cour, et des usages du monde. 2 Bde., Paris 1818, Bd. 2, S. 325. Der Beschreibung nach zu urteilen, könnte es sich um eine montierte und zur Tabatiere umfunktionierte chinesische Lackdose in Form eines (herzförmig erscheinenden) Pfirsichs gehandelt haben.

13 Seelig 2007, S. 20.

14 Pleschinski, Hans: Nie war es herrlicher zu leben. Das geheime Tagebuch des Herzogs von Croÿ, 1718–1784. München 2011, S. 31.

15 Watin 1773, S. 296. Deutsche Übersetzung laut Watin 1774, S. 286: »Auf eine ähnliche Art verfertigte der berühmte königliche Lackirer Martin verschiedene Gefäße und Dosen [Tabatieren] von Pappe, welche im Jahr 1745 sehr gebräuchlich wurden.«

16 Watin spricht nämlich an anderer Stelle (S. 221) vom »sieur Guillaume Martin, Vernisseur à Rochefort, frere du fameux Martin, Vernisseur à Paris«. Mit Guillaume ist hier Guillaume II. Martin, der jüngste, 1710 geborene der Brüder gemeint; siehe Anne Forray-Carlier in ihrem Beitrag »Die Martin – zum Forschungsstand«, S. 22.

17 Paris, Archives nationales, M. C., LVII 332, 22. August 1730, fol. 6 verso.

18 Courajod 1965, Bd. 2, S. 115, Nr. 1054.

19 Ebd., Nr. 1794 und 2904.

20 In der Damenkleidung fand die Tabatiere vorzugsweise in den Ende des 17. Jahrhunderts aufgekommenen und das ganze 18. Jahrhundert über gebräuchlichen beutelförmigen Umbindetaschen Platz; Pietsch, Johannes: Taschen. Eine europäische Kulturgeschichte 1500–1930. Bayerisches Nationalmuseum (Bestandskatalog), München 2013, S. 150.

21 Mit dem Zusatz »l'aîné« ist zweifellos Guillaume Martin angesprochen, der älteste der fünf Brüder Martin und Vater von Guillaume-Jean.

22 La Lande, Jérôme de: Art du cartonnier. o. O. 1762 (Arts et Métiers), S. 26. »M[onsieur] Martin der Ältere, ein fähiger Vernisseur, war um 1740 der erste, der sich hier Verdienste erwarb, da er einen Weg fand, Tabatieren in einer völlig anderen Weise herzustellen. Der Zufall brachte diesen berühmten Künstler jenem Bereich näher, in dem er sich vor den übrigen auszeichnen sollte. M[onsieur] Lefevre, ein großer Liebhaber der Lackkunst und Nachbar von M[onsieur] Martins Vater, führte mit M[onsieur] d'Ons-en-Bray verschiedene Experimente durch. Dank seiner [Martins] Neugierde erfuhr er einiges über diese Tätigkeit; er führte sie selbst praktisch durch, verbesserte sie und errichtete Niederlassungen. Dabei hatte er so viel Erfolg, dass sein Name mit dem Besten verbunden wurde, was aus diesem Bereich hervorging. Nach seinem Tod trat M[onsieur] Giros seine Nachfolge an und in die Fußstapfen seines Erfolges in der Lackierarbeit: Er hat uns über [die Herstellung] des Kartons die notwendigen Erleichterungen verschaffen wollen.«

23 Ebd., S. 26–29.

24 Los Llanos / Grégoire 2011, Nr. 36.

25 Sie wiegen zumeist zwischen 100 und 200 Gramm; nur die die ganz kleinen unter 100 Gramm. Im Katalog der Golddosen und *objets de vertu* des Musée Cognacq-Jay von Christiane Grégoire, desgleichen im Katalog der Golddosen des Bayerischen Nationalmuseums von Lorenz Seelig 2007 findet sich – unabhängig vom jeweiligen Material – das Gewicht der Objekte auf die Zahl hinter dem Komma genau angegeben.

26 Diderot / d'Alembert 1751–1765 / 1772, Bd. 15, 1765, S. 794. »Sobald alle [Lack-]Schichten aufgetragen sind, lassen Sie sie innen durch den Drechsler und außen von Hand mit ganz feinem Bimsstein und anschließend mit in Wasser gelöstem Kieselgur polieren; sodann lassen Sie sie wie Hohlgold oder Flachgold gravieren oder guillochieren; [...] Um die Gravur oder Guillochierung zu vergolden, muss man darüber ganz leicht einen Lack auftragen, der als Anlegemittel bezeichnet wird, und bevor dieser ganz trocken ist, kleine Büchlein mit Blattgold parat haben; man legt ganz vorsichtig ein Blatt Gold mit der Hand auf; bei Dosen, die nach Art von Hohlgold graviert und guillochiert sind, nimmt man davon zwei Blatt.«

27 Diderot / d'Alembert 1751–1765 / 1772, Bd. 7, 1757, S. 1007. »Die Vernisseure stellen Tabatieren aus Karton [Papiermaché] her, die durch verschiedene Farben aussehen, als seien sie guillochiert. Ihre Arbeiter formen die Dosen und guillochieren sie auf der Drehbank, sobald sie gut getrocknet sind, wie man es auch mit Schildpattdosen macht, anschließend füllt der Vernisseur die Guillochierungen mit verschiedenfarbigem Lack auf und trägt darüber, um sie glatt und leuchtend zu machen, so viele [transparente] Lackschichten als nötig auf.«

28 Nurmio-Lahdenmäki, Anna (Hg.): St. Michel 1747. Helsinki 2006, S. 176–185. Eine der aus dem Meerwasser geborgenen Dosen mit Piquédekor (Inv.-Nr. KM 62001: 23), Abb. 130 und 131 in der zitierten Publikation, scheint jedoch nicht aus Papiermaché, sondern aus Schildpatt gefertigt.

29 Aus Papiermaché gefertigte französische Lacktabatieren waren, dem 1758 verzeichneten Nachlassinventar zufolge, auch in der großen Tabatierensammlung der preußischen Königin Sophie Dorothea bereits enthalten, darunter: »Nr. 320 eine viereckigte dose von St.[?] Martin, oder grüne Tobacksdose mit Perlmuttern zierrathen belegt, in goldt gefast, auf allen seiten, guilliochiert und mit goldt dubl: [...] Nr. 326 eine viereckigte Tobacksdose, von Pappier Machée, mit Schildt-Kröte dubl: und in goldt gefast [...] Nr. 382 eine viereckigte Tobacksdose von französischem Lack, mit einem golden Charnier«; Berlin, Geheimes Staatsarchiv Preußischer Kulturbesitz, BPH 46 R 19 a.

30 Courajod 1965, Bd. 2, S. 9, Nr. 84.

31 Ebd., Nr. 109.

32 Paris, Archives nationales, M. C., CXXI 345, 18. August 1749, fol. 2 verso.

33 Ebd., fol. 6 verso.

34 Watin 1773, S. 296. Deutsche Übersetzung laut Watin 1774, S. 286: »Weil die Handgriffe aber

nicht schwer waren, so ward Paris innerhalb 6 Jahren von Arbeitern in dieser Art gleichsam überschwemmt, die sich einander schadeten, so daß die Dosen zuletzt fast um Nichts verkauft wurden.«

35 Czarnocka 1989, S. 172. – Wolvesperges 2000, S. 400–401.

36 Diderot / d'Alembert 1751–1765 / 1772, Bd. 2, 1751, S. 248. [Unter Bijoux] »versteht man [...] alle die Arbeiten der *Goldschmiedekunst*, die nur dem Schmuck des Menschen dienen; wie Tabatiere, Stockknauf, Etui, Flakon, Tabletts, Schiffchen, Nähkorb usw., dieser Teil, der nur der Mode & dem Geschmack folgt, kann keine festen Regeln haben als die Laune des Handwerkers oder des einzelnen Auftraggebers.«

37 Paris, Archives nationales (wie Anm. 32), fol. 3 recto.

38 Czarnocka 1989, S. 183.

39 La Lande 1762 (wie Anm. 22), S. 26.

40 Mozart, Briefe und Aufzeichnungen. Gesamtausgabe. 8 Bde., Kassel und München 2005, Bd. 1 (1755–1776), S. 124. Mozart tauscht das im französischen Begriff enthaltene »vernis« gegen das im Deutschen viel gebräuchlichere Wort Lack aus.

41 Snowman 1966, Abb. 297. – Grandjean 1981, Nr. 193.

42 Siehe Anne Forray-Carlier in ihrem Beitrag »Die Martin – zum Forschungsstand«, S. 21.

43 Watin 1773, S. 86. Deutsche Übersetzung laut Watin 1774, S. 74: »Es giebt zweyerley Arten der Oelmalerey: nämlich der gemeine Oelanstrich, und der gefirnißte polirte Oelanstrich (à l'huile vernie-polie). Der erste gebraucht weder Zubereitung noch Firniß, wenn er geschehen; den andern muß man, um ihn vollkommen zu machen, durch harte Tinten vorbereiten, und nachgehends mit einem Firniß überziehen. Man kann alles auf diese beyden Arten anmalen; gemeiniglich aber giebt man Thüren, Fenstern und Wänden nur den gemeinen Oelfarbenanstrich; was sorgfältiger gearbeitet sein soll, als Lambris, die Felder der Kutschen, etc. streicht man auf die letztere Art an.«

44 Watin 1773, S. 214. Deutsche Übersetzung laut Watin 1774, S. 196: »Der Kopal ist das schönste Harz zum Firniß. Wegen seiner wenigen Farbe und Durchsichtigkeit ist es schade, daß man, um ihn flüssig zu erhalten, Oele hinzusetzen muß, die ihn allemal etwas verdunkeln.«

45 Watin 1773, S. 238. Deutsche Übersetzung laut Watin 1774, S. 220: »Auf diese Art machte der berühmte Martin seinen schönen weissen Firniß, der ihn in so grossen Ruf gebracht hat.«

46 Paris, Archives nationales, M. C., étude CV, 1302, 10. Juni 1770, fol. 26.

18 Wetterhäuschen in Form eines chinesischen Pavillons

Holz; Schwarzlack, Dekor in goldener Lackmalerei; Montierung aus vergoldeter Bronze, Blüten aus Vincennes-Porzellan (?), Figuren aus Wachs

H. 43 cm, B. 27 cm, T. 31 cm

Paris, anonyme Lackwerkstatt, um 1750

Provenienz: Marquis de Sourches et de Tourzel, Château d'Abondant

Paris, Musée des arts décoratifs, Inv.-Nr. 2008.95.1 (Achat grâce au soutien du Comité Stratégique et du Club des Partenaires des Arts Décoratifs, 2008)

Literatur: Forray-Carlier, Anne: Œuvres acquises par dation. Paris, Les arts décoratifs. In: La Revue des Musées de France, Jg. 60, 2010, Nr. 2, S. 57–58.

Ein durch zwei Tore nach vorne offener Pavillon erhebt sich auf einer umfriedeten, über eine Freitreppe zugänglichen Terrasse. Bekrönend ist ihm ein luftiger Kiosk aufgesetzt, dessen Dachtraufe an den Ecken nach oben geschweift und ringsum mit zierlichen Glöckchen behängt ist. Chinoise Fantasiearchitektur wie diese erfreute sich um die Jahrhundertmitte vor allem in der Gartengestaltung großer Beliebtheit (Abb.). Hier sind dem rahmenden Buschwerk aus vergoldeter Bronze unverwelkliche Blüten aus Porzellan aufgesetzt. In seinem Innern verbirgt der Pavillon ein Barometer, das steigenden oder fallenden Luftdruck mittels zweier sich um die Mittelachse der beiden Tore vor- und rückwärts drehender Figurinen anzeigt. Außen ist ein Thermometer angebracht.

Preziös gestaltete Wetterhäuschen wie dieses gehörten zu den Luxusartikeln, die im Interieur der Jahrhundertmitte einen Blickfang setzten (siehe Kat.-Nr. 33). Sie verbanden kunstvolle Goldbronzen mit den beiden begehrtesten Kostbarkeiten ostasiatischen Ursprungs – Lack und Porzellan. Beide finden sich auf diesem *objet d'art* in ihrer französischen Version zusammengeführt. Der Lack vermag aber erst in der Montierung aus vergoldeter Bronze seine schwarzglänzende Wirkung voll zu entfalten, wie umgekehrt der plastische Goldzierrat die seine im dekorativen Farb- und Materialkontrast. Die in Goldlack sparsam aufgebrachte Malerei fügt sich diesem schwarz-goldenen, von der asiatischen Lackkunst vorgegebenen Zweiklang ein. Das gleiche Prinzip kam in den mit ostasiatischen Lackpaneelen furnierten und von Goldbronzen umsponnenen französischen Lackmöbeln zum Tragen.

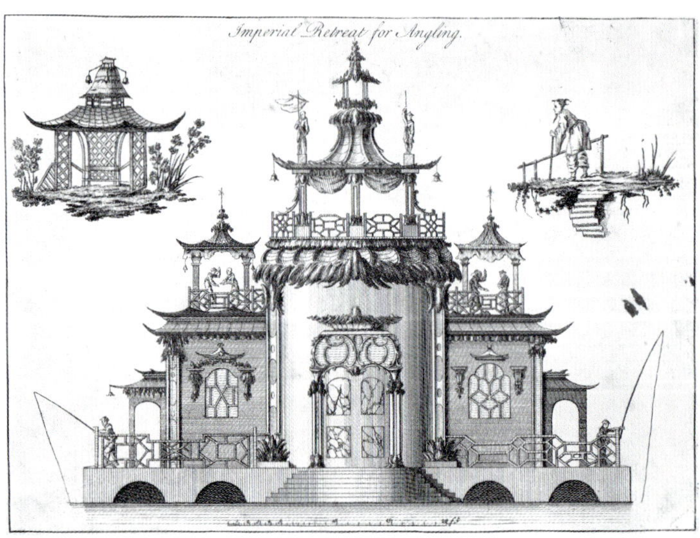

Matthias Darly und George Edwards, *Imperial Retreat for Angling*, 1759, Radierung; London, Victoria and Albert Museum (Inv.-Nr. 29347:4)

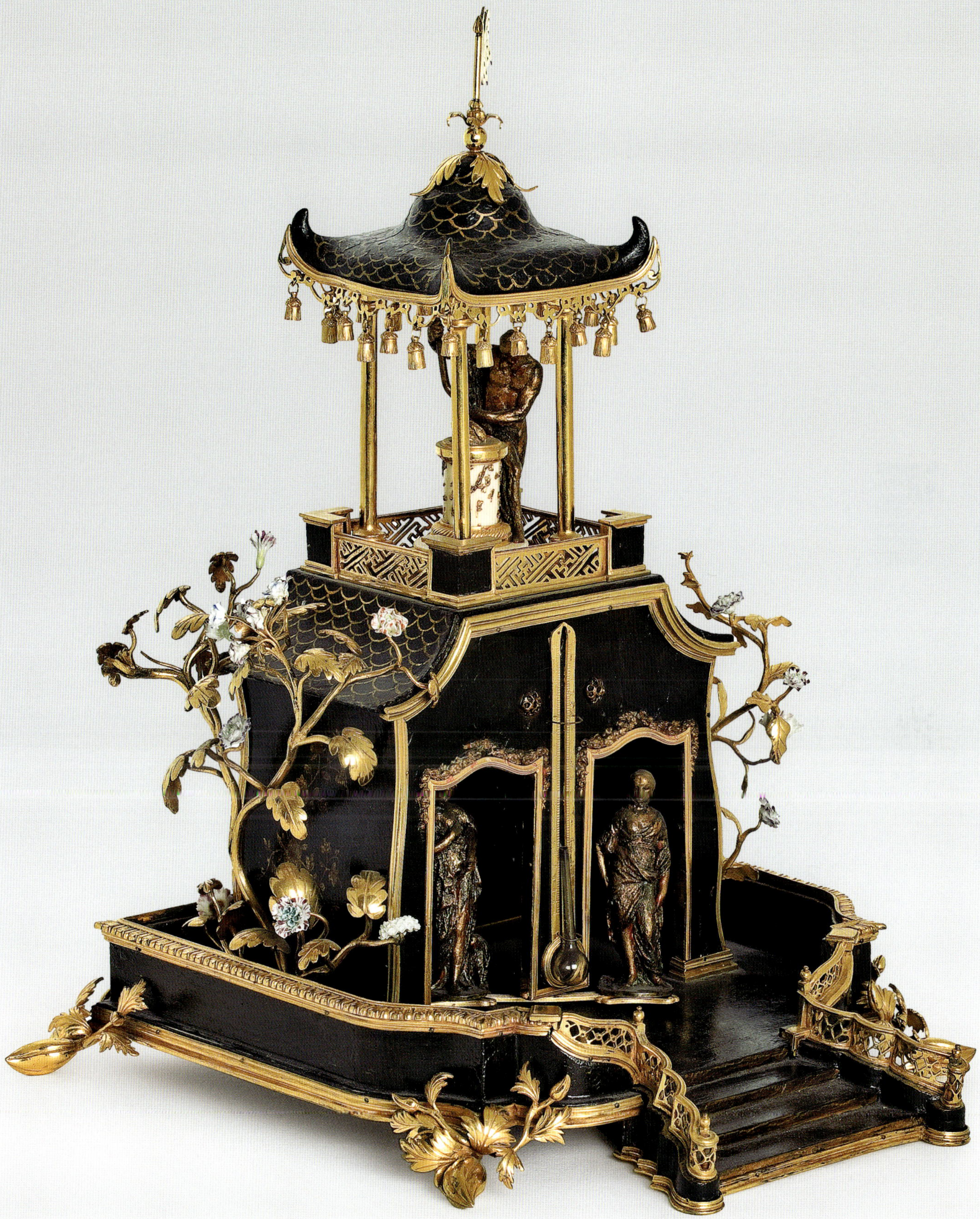

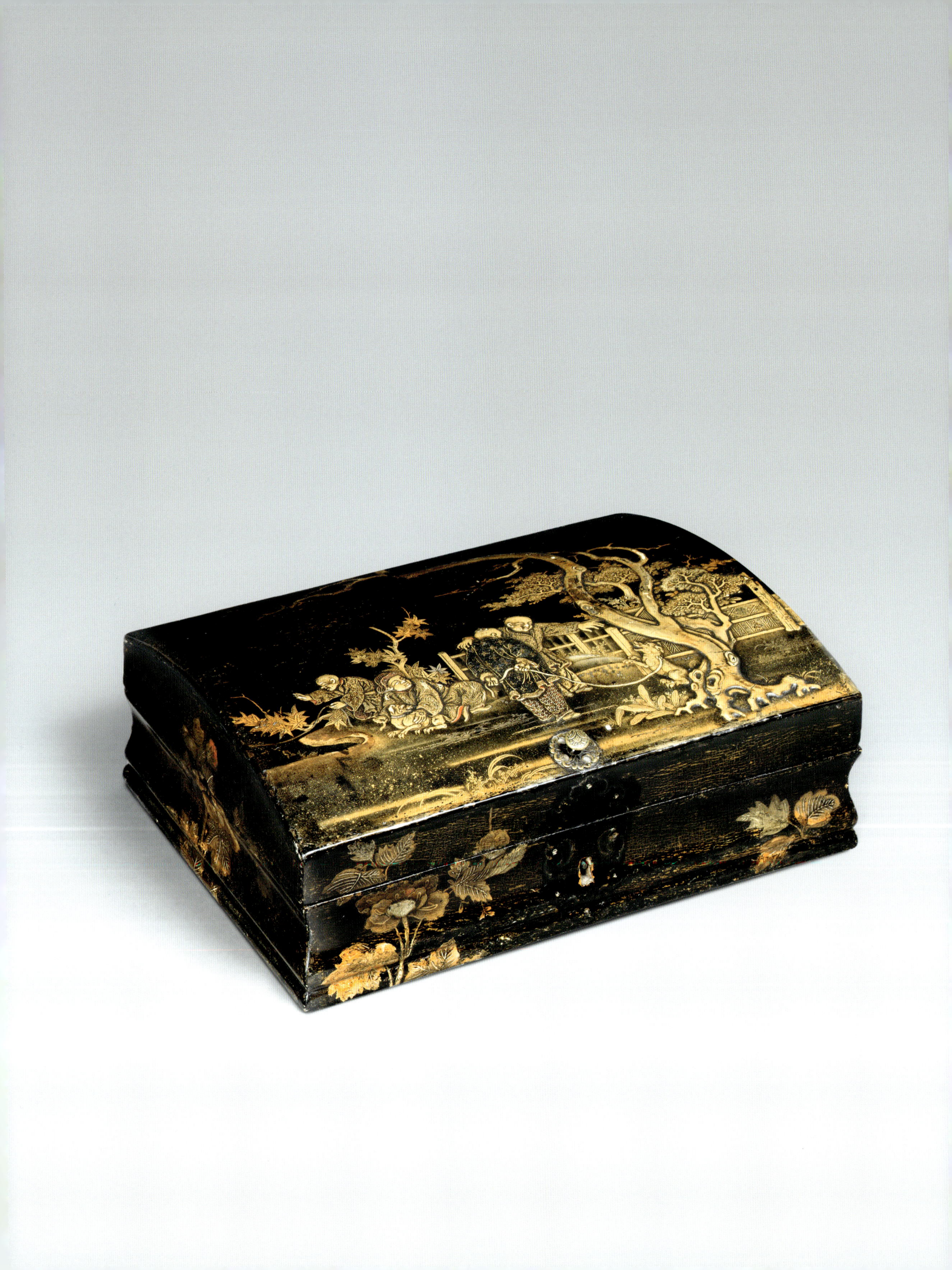

19 Kasten für Toilettenzubehör *toilette*

Holz; Schwarzlack, Dekor in aufgelegtem Relief mit Goldlack und aufgestreutem Metallpulver, Rotlack sowie sehr kleinteiligen Auflagen aus Perlmutter (*burgau*) und Goldfolie; im Innern Schwarzlack mit eingestreuten Metallflocken (Aventurinlack); Zugknopf und Scharnierbeschläge aus ziselierter und vergoldeter Bronze, der Schlossbeschlag fehlt.

H. 11,2 cm, B. 31,1 cm, T. 23,3 cm

Chinesische Knaben im Spiel mit ihren Hunden; auf drei Seiten Zweige blühender Päonien, auf der Rückseite Blütenzweig

Paris, anonyme Lackwerkstatt, wohl Guillaume Martin, um 1730

Privatsammlung

Unveröffentlicht

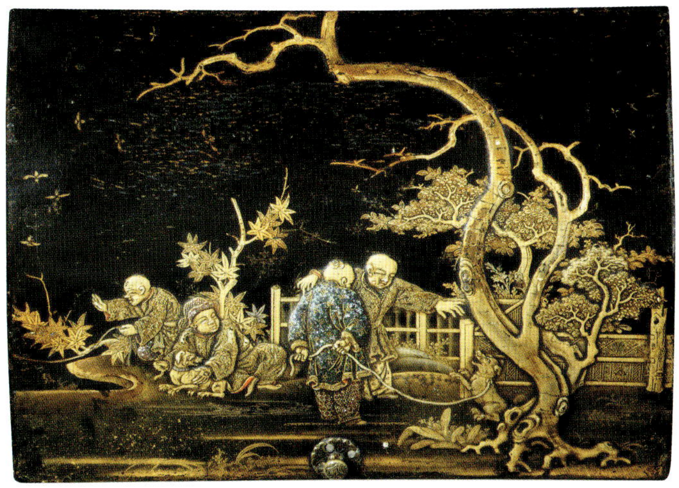

Der Deckeldekor des Kastens entspricht weitgehend dem des blauen Lacksekretärs der Marquise de Pompadour (Kat.-Nr. 10). Als dessen Motivvorlage konnte ein japanischer Exportlack identifiziert werden,[1] wie er sich sehr ähnlich, aber auf drei Figuren reduziert und leicht modifiziert, mit einem japanischen Lackkasten der Sammlung Adolphe Thiers erhalten hat (Abb.).[2] Die im Spiel mit ihren Hunden dargestellten Knaben geben sich durch Kleidung und Frisur als *karako,* »chinesische Kinder«, zu erkennen, die auf japanischen Lackarbeiten des späten 17. und des 18. Jahrhunderts mit chinesischen Stilelementen wiederholt begegnen.[3]

Im Inventar des Lagerbestands von Guillaume Martin aus dem Jahr 1730 finden sich »deux toullettes avanturine en relief représentants enfants« aufgeführt[4] – eine Beschreibung, die auf diesen Toilettenkasten mit seinem dicht bestreuten goldenen Lackrelief zutrifft, ohne dass er der Werkstatt Guillaumes mit völliger Gewissheit zugewiesen werden könnte.

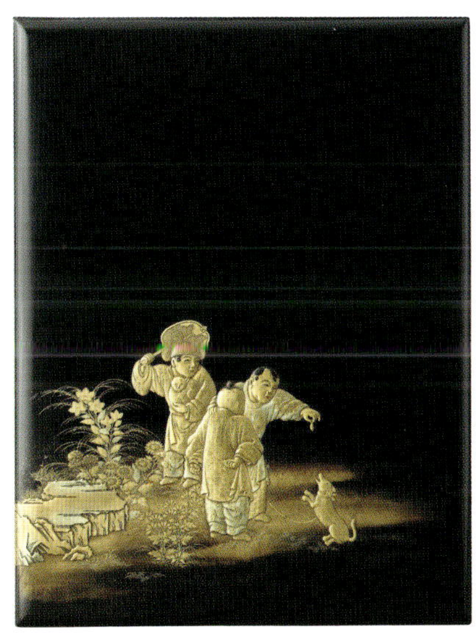

Kasten mit chinesischen Kindern, Schwarzlack mit Dekor in Goldstreutechniken, Japan, um 1700; Paris, Musée du Louvre, Département des objets d'art (Inv.-Nr. TH 413)

---

1 Kyoto 2008, Nr. 116, Abb. S. 147.

2 Ein Japanlackpaneel mit diesem sehr beliebten Motiv findet sich auch auf der Zarge eines Tisches von Martin Carlin; Sargentson 1996, S. 49, Abb. 19.

3 Kopplin 2001, Nr. 22 und 54. – Kyoto 2008, Nr. 69 und 220.

4 Paris, Archives nationales, M. C., LVII 332, 22. August 1730, fol. 2 verso.

20 Dose

rund, mit abnehmbarem Deckel

Holz; Schwarzlack, Dekor in aufgelegtem Relief mit Goldlack, aufgestreutem Gold- und Silberpulver, Rotlack sowie Auflagen aus verschiedenfarbigem, geschnittenem und graviertem Perlmutter und Elfenbein, auch auf der Wandung Verbindung von Goldlackmalerei für die Pflanzen sowie aufgestreuten Metallpulvern im Bereich der Felsen und Erderhebungen; im Innern Schwarzlack

H. 4,3 cm, Ø 8,4 cm; Gewicht: 80 g

Chinoiser Gartenpavillon, davor ein Chinese mit exotischem Vogel; auf der Wandung drei Landschaftsinseln aus Felsen mit buschiger Vegetation, Zaunelementen, Vögeln und Fluginsekten; auf der Unterseite blühende Buschpäonie, wohl nach Jean-Michel Papillon

Paris, anonyme Lackwerkstatt, vierziger Jahre des 18. Jahrhunderts

Hamburg, Museum für Kunst und Gewerbe, Inv.-Nr. 1893.95

Unveröffentlicht

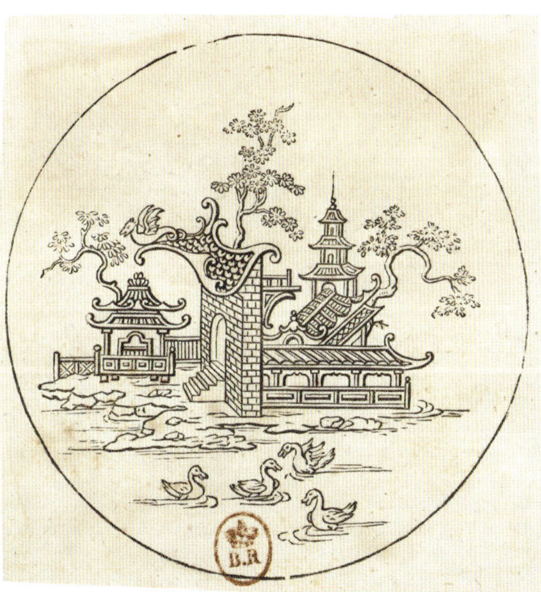

Jean-Michel Papillon, Entwurf für den Dekor einer Lackdose, 1746, Holzschnitt; Paris, Bibliothèque nationale (Inv.-Nr. Ec 2 fol, fo81 vignette 2)

Neben exakten Kopien nach zumeist japanischen Lackarbeiten entstanden Lackdosen mit chinoisem Dekor, der sich technologisch an ostasiatische Vorbilder anlehnte, dessen Motive aber der Fantasie französischer Entwürfe geschuldet waren. Zu den Künstlern, auf die druckgrafische Vorlagen für Lackdosen zurückgehen, gehört der Holzschneider Jean-Michel Papillon (1698–1776), der sich zu Lebzeiten hoher Reputation erfreute. Nachweislich hat er (wohl Guillaume) Martin mit Entwürfen für Lackdekore versehen.[1] Ohne dass der hier abgebildete Holzschnitt in direkten Zusammenhang mit der in goldenem Lackrelief verzierten Dose gebracht werden könnte, weisen seine chinoisen Architekturkulissen mit ihren der aktuellen Rocaillenornamentik entlehnten C-Schwüngen und der ornamental aufgefassten Vegetation große Nähe zum Stil der Dose auf (Abb.).

Für die traditionsreiche Verbindung von Lack und Perlmutter kennt die ostasiatische Kunst zahllose Beispiele. Auch die japanischen Exportlacke des späteren 16. und bis zur Mitte des 17. Jahrhunderts im Namban- und Übergangsstil wiesen schillernde Einlagen von Perlmutter auf, um seit etwa 1650 von den ausschließlich in Goldstreutechnik verzierten Stücken abgelöst zu werden. Die Pariser Vernisseure scheinen sich bevorzugt an jüngeren oder aktuellen Vorbildern orientiert zu haben, denn französische Lackarbeiten des 18. Jahrhunderts unter Verwendung von Perlmutter lassen sich in nur geringer Zahl nachweisen. Dennoch finden sich Lackdekore mit Ein- oder Auflagen aus Perlmutter in den Inventaren Guillaume Martins von 1730 und 1749 wiederholt erwähnt, und zwar – dieser Dose entsprechend – auch in unterschiedlichen Perlmutterarten: »nacre de perle et burgot«.[2] Bereits im Inventar von 1730 ist »une petitte boëte noire du Japon avec des nacres imparfaitte«[3] verzeichnet, deren Dekortechniken ungeachtet ihres unfertigen Zustands mit dem vorliegenden Beispiel übereinstimmen.

1 Scott, Katie: The Rococo Interior. Decoration and Social Spaces in Early Eighteenth-Century Paris. New Haven und London 1995, S. 50 und 275, Anm. 60.

2 Paris, Archives nationales, M. C., CXXI 345, 18. August 1749, fol. 3 verso.

3 Paris, Archives nationales, M. C., LVII 332, 22. August 1730, fol. 5 verso.

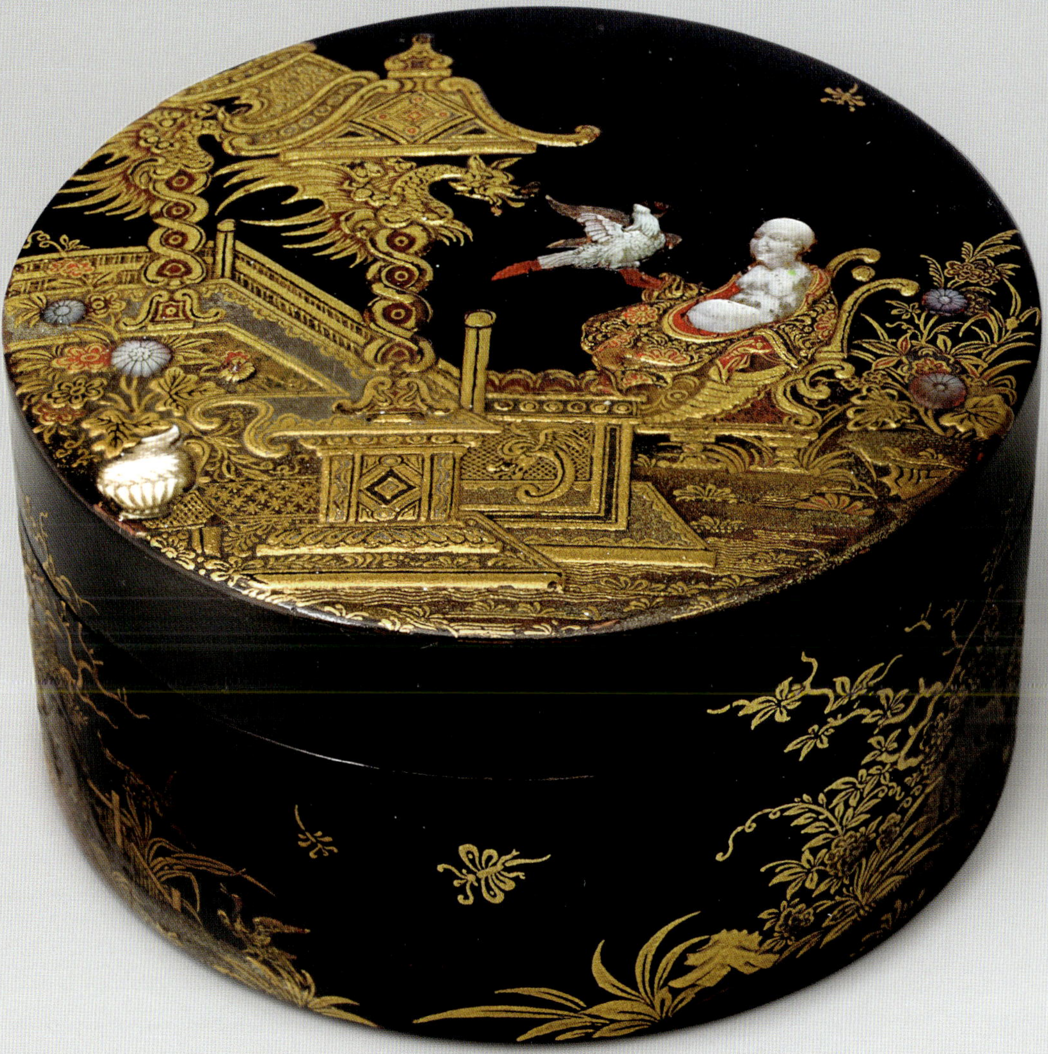

21 Tabatiere

rechteckig, mit Scharnierdeckel

Papiermaché; blauer Lack, auf der Unterseite Schwarzlack, Dekor in aufgelegtem Relief mit unterschiedlich getönten Metallpulvern sowie Auflagen aus Goldfolie, geschnittenem und graviertem Perlmutter; *à cage*-Montierung aus ziseliertem Gold, Futter aus Gold nach 1838 ergänzt

H. 3,5 cm, B. 7,4 cm, T. 5,8 cm; Gewicht: 160 g

Auf Deckel und Seiten chinoise Szenen mit Figuren, Pavillons, blühenden Pflanzen und Vögeln

Paris, anonyme Lackwerkstatt, um 1750

Paris, Musée du Louvre, Département des objets d'art, Inv.-Nr. OA 2213

Literatur: Nocq / Dreyfus 1930, Nr. 158, Taf. LXXXVII. – Honour 1961, Taf. 44a. – Grandjean 1981, Nr. 310.

Die Einordnung dieser Tabatiere in die Gruppe schwarzgrundiger Lackarbeiten mit asiatisch inspirierten Dekoren ist der unverkennbaren Nähe zu der Dose aus dem Hamburger Museum für Kunst und Gewerbe geschuldet (Kat.-Nr. 20). Auch sie führt eine Verbindung asiatischer Ziertechniken, wie vor allem das Lackrelief und die Auflage kleiner Goldfolienquadrate nach dem Beispiel der japanischen *okibirame*, mit imaginären chinesischen Szenen vor Augen. In freier Abwandlung sind sie vor einen tiefblauen Lackgrund gestellt, der zweifellos echten Lapislazuli imitiert, wie er auf französischen Goldtabatieren in sehr ähnlichem Dekorstil zum Einsatz kam,[1] wie er aber auch in Trompe-l'œil-Malerei[2] und in Email[3] täuschend nachgeahmt wurde. So findet sich im Nachlassinventar der Marquise de Pompadour unter den Bijoux »Une autre boeste, […] fond de lapis, émaillée« aufgeführt.[4] Mit dieser zwiespältigen Orientierung an zweierlei gegensätzlichen Vorbildern – den ostasiatischen Lacken und den französischen Goldtabatieren – spiegelt sie die Unentschiedenheit bzw. die in sich widersprüchlichen Möglichkeiten einer Übergangsphase sehr anschaulich wider.

1 Snowman 1966, Abb. 171–173.
2 Truman 1991, Nr. 26.
3 Truman 2013, Nr. 42.
4 Cordey, Jean: Inventaire des biens de Madame de Pompadour rédigé après son décès. Paris 1939, S. 198, Nr. 2359.

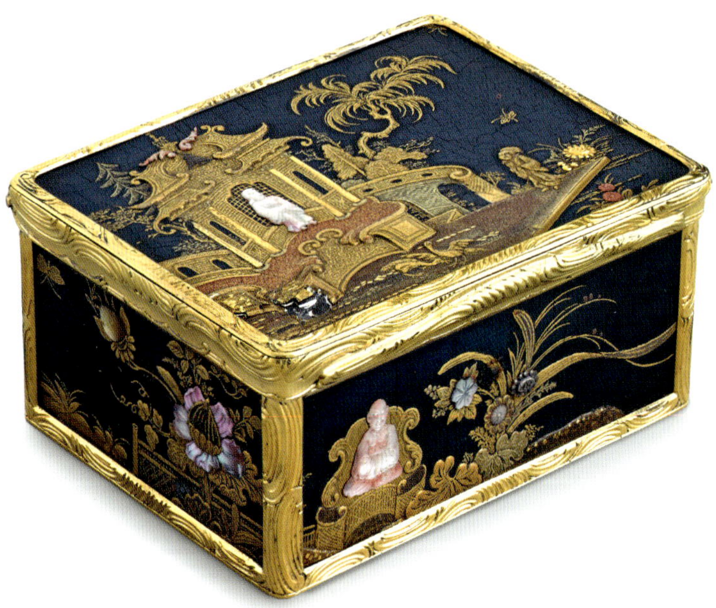

22 Tabatiere

rechteckig, mit Scharnierdeckel

Gold; brauner Lack mit dicht aufgestreuten Flocken aus Blattgold, mit Klarlack überfangen, Dekor aus Auflagen verschiedenfarbigen geschnittenen und gravierten Perlmutters; *à cage*-Montierung aus Gold

H. 4,2 cm, B. 7,5 cm, T. 5,9 cm; Gewicht: 166 g

Auf Deckel und Seiten chinoise Szenen mit Figuren, Pavillons, blühenden Pflanzen und Vögeln

Paris, anonyme Lackwerkstatt; Goldschmiedearbeit wohl von Jean-Marie Tiron, 1757/58 (Jahresbuchstabe der Zunft)

Berlin, Privatsammlung

Literatur: Bursche 1996, Nr. 21

Die Dose gehört einer Gruppe von Goldtabatieren an, deren prachtvoll schillernde Wirkung wesentlich von der Auflage geschnittenen und gravierten Perlmutters bestimmt ist. Ein besonders frühes Beispiel datiert in die Jahre 1737/38,[1] die meisten entstanden aber in den vierziger Jahren.[2] Ihr Dekor ist rein chinoiser Natur und setzt sich aus fantasievollen architektonischen Versatzstücken mit auffallend ornamentierten Dachfirsten, Felsen, kleinen Figuren, Pflanzeninseln und Vasenmotiven zusammen. Dieser Stil, der wiederum an den chinoisen Entwurf Jean-Michel Papillons erinnert, wie auch die Verwendung von Perlmutter verbinden sie mit der Hamburger Lackdose (Kat.-Nr. 20).

Das changierende Perlmutterrelief kommt auch in Verbindung mit anderen farblich kontrastierenden Gründen vor, so beispielsweise in besonders reicher Ausführung auf tiefblauem Lapislazuli.[3] Hier hebt es sich von einem nach japanischem Vorbild mit großen und unregelmäßigen Goldflocken bedeckten Lackgrund ab, der jedoch nicht in hart kontrastierendem Schwarz, sondern in weichem Braunton gehalten ist. Das in seiner Wirkung besonders dekorative Verfahren des *gyōbu-hirameji* gehörte, wie sich an der Sammlung der Königin Marie-Antoinette aufzeigen lässt, zum reichen Repertoire an Ziertechniken auf japanischen Exportlacken des 18. Jahrhunderts und stand in beispielgebenden Mustern zahlreich zur Verfügung.[4]

1 Snowman 1966, Abb. 164.
2 Grandjean 1981, S. 19, Abb. 106. – Truman 1991, Nr. 55.
3 Snowman 1966, Abb. 171–173.
4 Kopplin 2001, Nr. 2, 25, 26, 34, 67, 71.

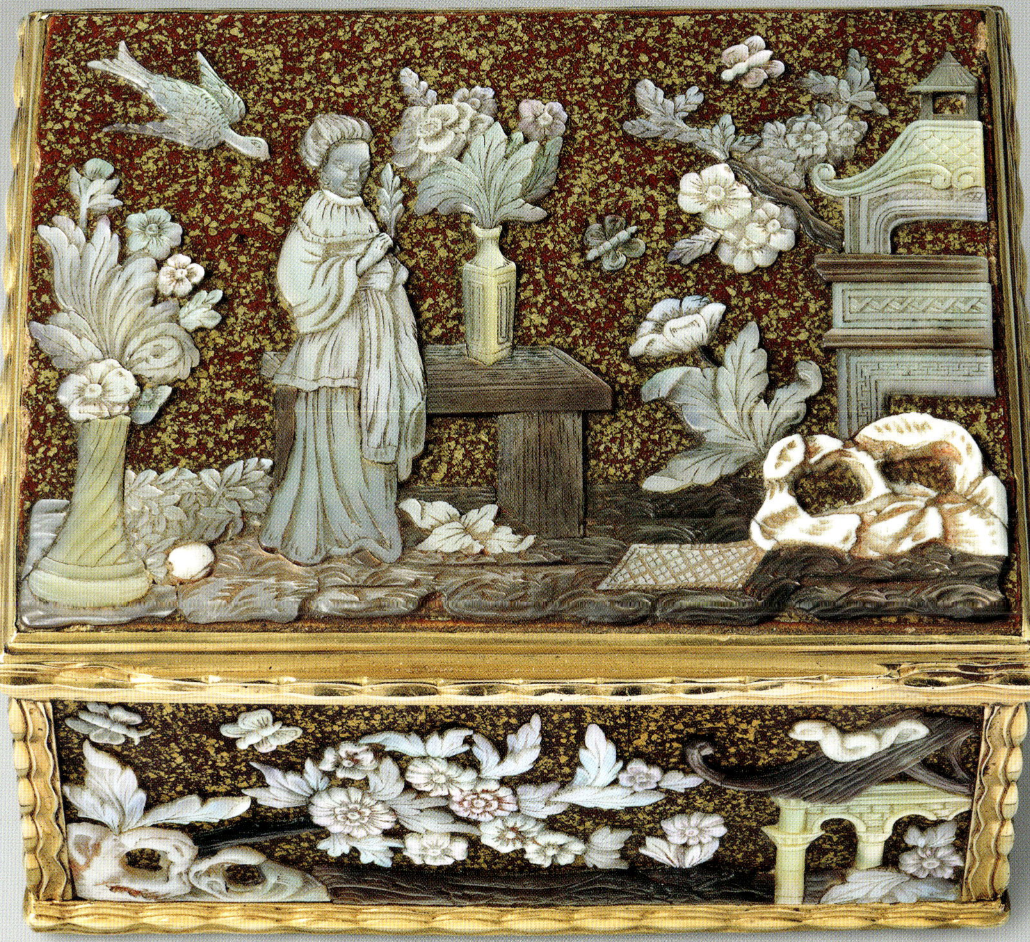

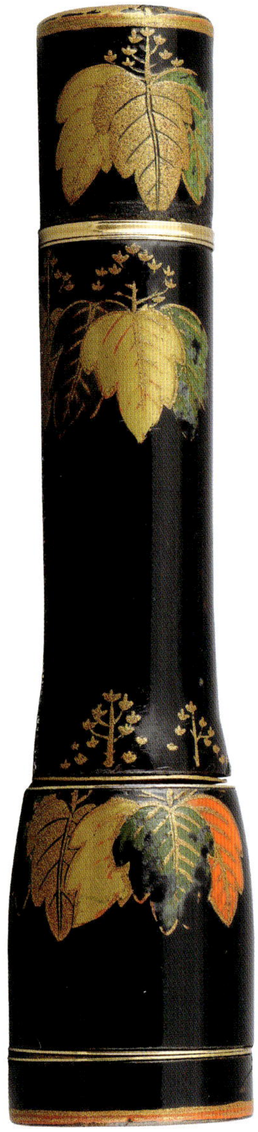

23 Flakonetui

aus vier unterschiedlich großen zylindrischen Teilstücken, das zweite und dritte in sich konisch erweiternder Form, mit flachen Enden

Holz; Schwarzlack, Dekor in rotem und grünem Lack sowie aufgestreutem Metallpulver; Montierung aus Gold; Steckhülse und Futter aus Gold

H. 12,4 cm, Ø 2–2,8 cm; Gewicht: 45,1 g

Paulowniablätter und -blütenstände, auf den Enden stilisierte Chrysanthemenblüten

Paris, anonyme Lackwerkstatt, 1746/47 (Jahresbuchstabe der Zunft)

Paris, Musée Cognacq-Jay, Inv.-Nr. J. 592

Literatur: Ricci 1929, Nr. 592. – Jonas 1930, Nr. 592. – Los Llanos / Grégoire 2011, Nr. 143, Abb. S. 311.

Auf schwarzem Lackgrund findet sich in schlichter Reihung ein für eine europäische Lackarbeit höchst ungewöhnlicher Dekor wiedergegeben: die großen, herzförmigen Blätter des Paulownia-Baumes (*Paulownia imperialis*) in der in Japan tradierten heraldischen Stilisierung aus drei gebündelten Blättern mit den als Endrispen stehenden Blütenständen.
Das Paulownia-Wappen, *kiri-mon*, hatte sich über seine rein heraldische Funktion hinaus – es war das Emblem Toyotomi Hideyoshis (1536–1598) – in der frühen Tokugawa-Zeit (1603–1867) als Dekormotiv verselbstständigt und begegnet in lockerer Anordnung auf goldbestreuten wie auf schwarzen Lackgründen. Anstelle der farblichen Differenzierung der Blätter durch unterschiedlich getönte Metallpulver setzte der französische Vernisseur alternierend roten, grünen und gelblichen Lack ein; einzelne Blätter sind aber in einem Streuverfahren angelegt, wobei auch die Binnenzeichnung der Blattadern nach dem Vorbild der japanischen Ritztechnik des *harigaki* (mit der Nadel zeichnen) erfolgte. Das Paulownia-Wappen gehörte nicht zum üblichen Dekorrepertoire japanischer Exportlacke, doch kam es gelegentlich vor – sogar in der Verbindung mit stilisierten Chrysanthemenblüten (Abb.), wie sie sich sehr ähnlich auf den flachen Enden des Etuis dargestellt finden.

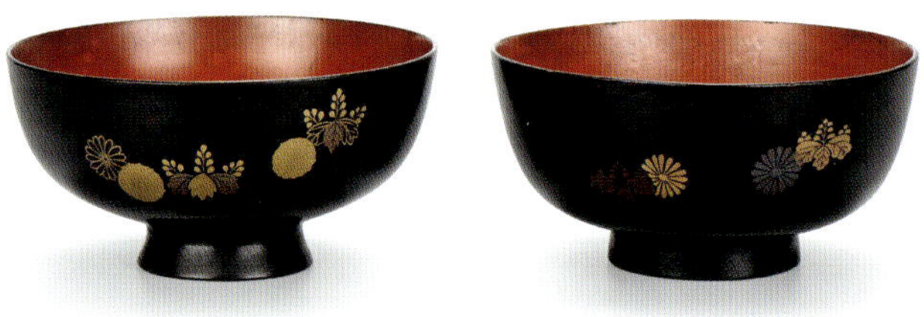

Zwei Schalen in Schwarz- und Rotlack mit Paulownia- und Chrysanthemendekor, Japan, 17./18. Jahrhundert; Braunschweig, Herzog Anton Ulrich-Museum (Inv.-Nr. OA Lac 792 und 794)

24 Flakonnecessaire

Papiermaché; Schwarzlack, Dekor in aufgelegtem Relief mit unterschiedlich getönten, gold- und silberfarbenen Metallpulvern; Montierung aus graviertem Gold; das Innere mit Leinen (*gros de Tours*) in hellblauer Lamémusterung ausgeschlagen, im Deckel ein kleiner Spiegel, vier Kristallflakons mit Goldverschluss und ein Parfümtrichter aus Gold

H. 7,8 cm, B. 4,6 cm, T. 6,9 cm; Gewicht: 102 g (mit Inhalt 180 g)

Allseitig japanische Landschaft mit Felsen, Wasserlauf, Pavillons und Vögeln

Paris, anonyme Lackwerkstatt; Goldschmiedearbeit von Antoine-Jan de Villeclair, 1755/56 (Jahresbuchstabe der Zunft)

Paris, Musée des arts décoratifs, Inv.-Nr. 57965

Unveröffentlicht

Das Necessaire steht beispielhaft für die erstaunliche Beherrschung der Techniken, mit der die fähigsten unter den Pariser Vernisseuren um die Mitte des Jahrhunderts japanische Lackarbeiten nachzuahmen vermochten. Das differenziert angelegte Lackrelief weist selbst die für die Binnenzeichnung charakteristischen Verfahren des *tsukegaki* (erhaben angelegte Linien) und *harigaki* (eingeritzte Linien) auf. Auch der Mehrfarbigkeit des Streudekors mittels unterschiedlich getönten Metallpulvers wurde entsprochen. Die Wiedergabe einer klassischen japanischen Landschaft aus den Elementen »Pavillon, Berg und Fluss« (*rōkaku-sansui*) erweist sich als so stimmig und vorlagengetreu, dass es sich hier nicht um die westliche Interpretation einer asiatischen Landschaft, als vielmehr nur um eine wörtliche, von einem kleinformatigen Original abgepauste und vermutlich sogar maßstabgetreue Wiederholung handeln kann. Eine Verblendung des Trägermaterials mit ausgeschnittenen Teilen einer originalen japanischen Lackarbeit, an die Qualität und Authentizität des Lackdekors zunächst denken lassen, scheidet allein schon aufgrund des Fehlens von Schnittstellen aus. Als nahezu perfekte Nachahmung vermag dieses Lackbijou Watins Urteil zu bestätigen: »[...] on se rappelle que le fameux Martin a trompé à cet égard plus d'une fois les plus habiles Connoisseurs.«[1] Möglicherweise liegt hier eine Arbeit aus der Werkstatt Julien Martins vor, in dessen Nachlassinventar von 1765 sich besonders viele Kästen und Bijoux »à l'imitation du Japon« oder »façon du Japon« aufgeführt finden.[2]

1 Watin 1773, S. 286. Deutsche Übersetzung laut Watin 1774, S. 277: »Es ist eine bekannte Sache, daß der berühmte Martin die größten Kenner mehr als einmal hintergangen hat.«

2 Paris, Archives nationales, M. C., XXXIII, 556, 22. Juli 1765, fol. 7 recto und verso.

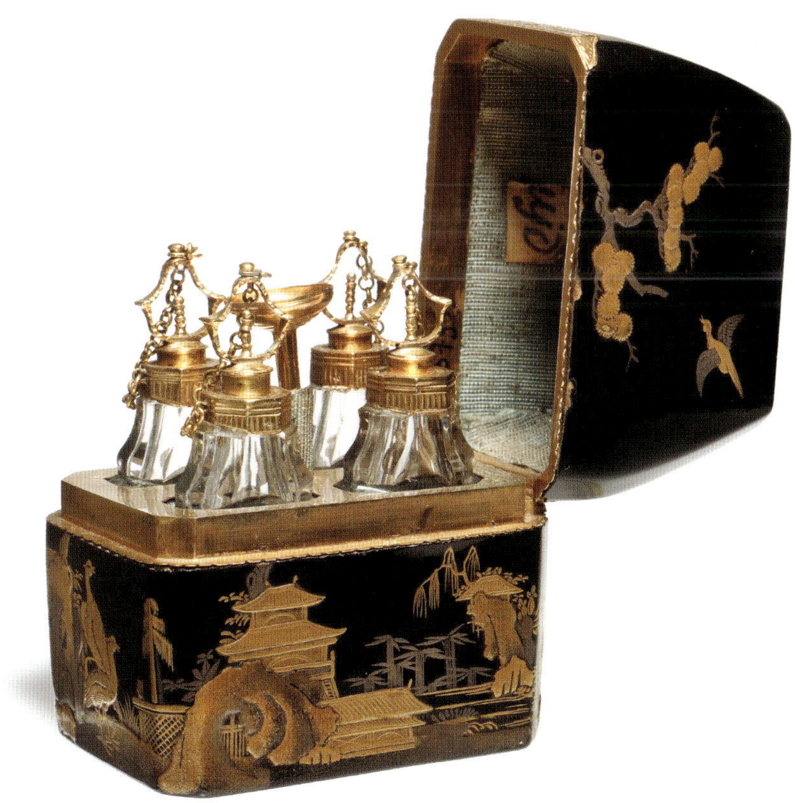

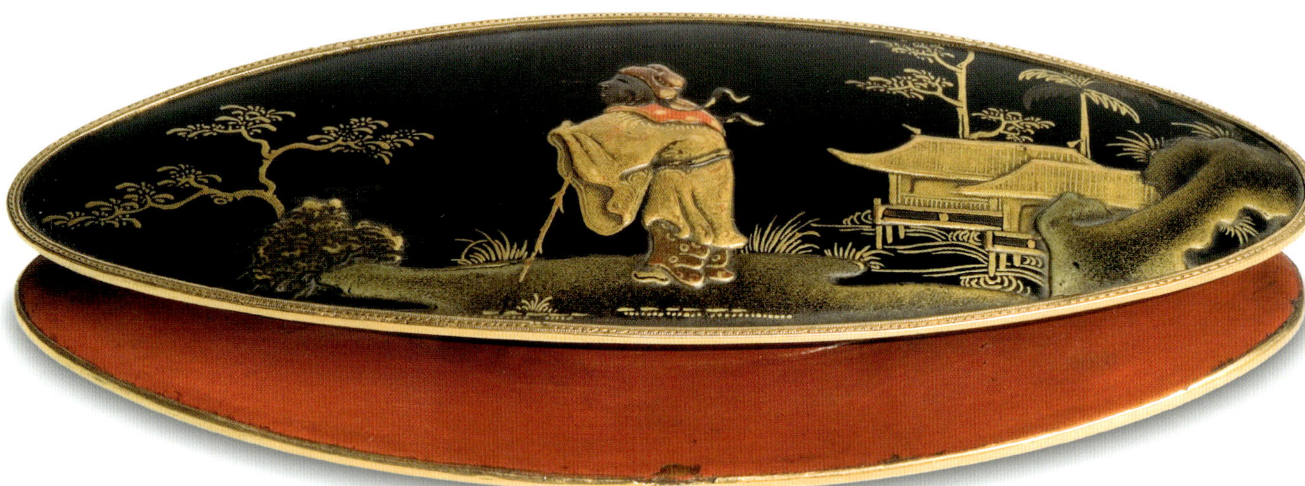

25 Schiffchen für Häkelspitze *navette*

Holz; Schwarzlack, Dekor beidseitig in aufgelegtem Relief mit Goldlack und aufgestreuten gold- und silberfarbenen Metallpulvern sowie Rotlack, Garnspule und Innenseiten mit Rotlack; Montierung aus graviertem Gold

H. 2,9 cm, B. 13,9 cm, T. 4,8 cm; Gewicht: 31 g

Landschaft mit Felsen, Pavillon, Wasserlauf und wanderndem Chinesen, umseitig Landschaft mit Felsen, Pavillons und Kranichpaar

Paris, anonyme Lackwerkstatt, wohl Guillaume Martin, 1744–1750 (Quittungsstempel)

Paris, Musée des arts décoratifs, Inv.-Nr. 29975

Literatur: Bremer-David 2011, Nr. 67.

Unter den im Inventar des Nachlasses von Guillaume Martin 1749 aufgeführten kleinen *marchandises* findet sich neben einer Vielzahl von Tabatieren und Etuis auch ein Dutzend Schiffchen verzeichnet.[1] Die knappe Angabe, »douze navettes du Japon«, ist hinreichend genau, um ihren Dekor als Imitation von Japanlack zu charakterisieren. Martin war für seine täuschende Nachahmung japanischer Goldstreulacke berühmt. Die mit verschiedenfarbigen Pulvern ausgeführte, die Binnenzeichnung des *tsukegaki* und *harigaki* einschließende Streutechnik dieser Navette ist auf so hohem Niveau, dass ihre Herkunft aus der Martinschen Werkstatt vermutet werden darf. Aus den vierziger Jahren datierend, gehört sie mit zwei Etuis (Kat.-Nr. 23 und 26) und einer Tabatiere (Kat.-Nr. 43) zu den frühesten erhaltenen Zeugnissen der Fertigung von Lackbijoux.

1 Paris, Archives nationales, M. C., CXXI 345, 18. August 1749, fol. 3 recto.

26 Etui

aus zwei ungleich großen zylindrischen Hälften, mit flachen Enden

Holz; Schwarzlack, Dekor in aufgelegtem Relief mit Goldlack und Metallpulver, Rotlack sowie Höhungen in Schwarzlack; Montierung aus Gold; Steckhülse aus Schildpatt

H. 12,8 cm, Ø 2,3 cm; Gewicht: 33 g

Felsen mit Bambus und Vogelpaar, rückseitig Schmetterling; auf den Enden stilisierte Chrysanthemenblüten

Paris, anonyme Lackwerkstatt, 1744–1750 (Quittungsstempel)

Privatsammlung

Unveröffentlicht

Die qualitätvolle Arbeit gehört einer Reihe schwarzgrundiger Lacketuis an, die – durch die Stempel auf ihren Goldmontierungen in die Jahre zwischen 1744 und 1780 datierbar – im Verlauf von über drei Jahrzehnten entstanden und die Kontinuität des Dekors »à Japon« dokumentieren (Kat.-Nr. 23–31). Ihr Lackrelief lehnt sich übereinstimmend, jedoch unterschiedlich eng an japanische Vorlagen an, ohne dass diese abgepaust und somit genau kopiert worden wären. Die kleinen, als Detailaufnahme wiedergegebenen Landschaftsausschnitte erweisen sich vielmehr als japanisch inspirierte freie Interpretationen, in denen sich Felsen, Vegetation und Vögel, mitunter auch Pavillons zu lockeren Kompositionen arrangiert finden. Hier wachsen hinter einem Felsen rankende Pflanzen und Bambus hervor, dem sich traditionell Spatzen hinzugesellen. Die Nachahmung der japanischen Streutechnik mit ihrem abgestuften Relief, wechselnd eingeritzter und erhabener Binnenzeichnung und unterschiedlich getönten Metallpulvern ist von erstaunlicher Präzision.

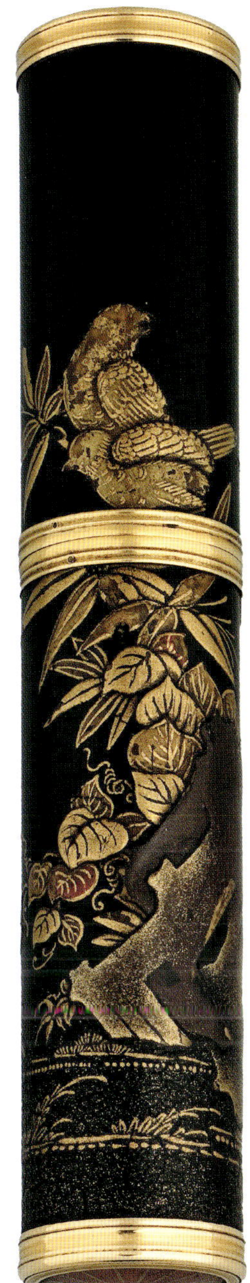

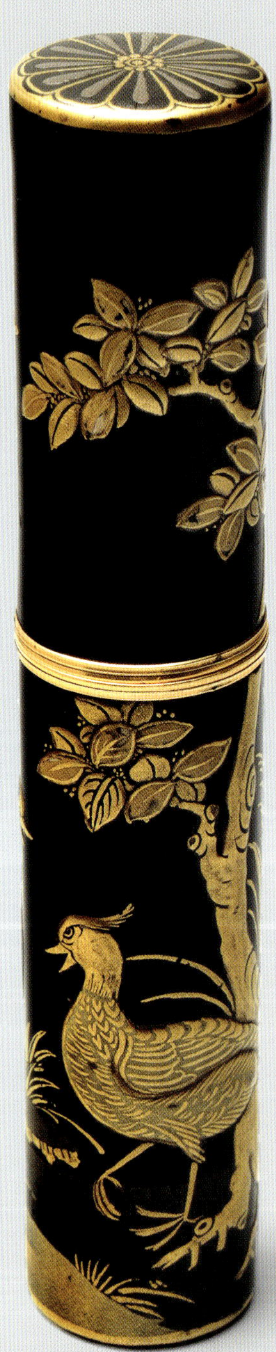

27 Etui

aus zwei ungleich großen zylindrischen Hälften, mit flachen Enden

Holz; Schwarzlack, Dekor in aufgelegtem Relief mit aufgestreuten Metallpulvern über Rotlack; Montierung und Steckhülse aus Gold

H. 13,6 cm, Ø 2,6 cm; Gewicht: 36,5 g

Löcherfelsen mit Pavillon und Palme, umseitig Kranichpaar, ein weiterer Kranich im Anflug; auf den Enden stilisierte Chrysanthemenblüten

Paris, anonyme Lackwerkstatt, 1750–1756 (Quittungsstempel)

Paris, Musée Cognacq-Jay, Inv.-Nr. J. 591

Literatur: Ricci 1929, Nr. 591. – Jonas 1930, Nr. 591. – Los Llanos / Grégoire 2011, Nr. 144, Abb. S. 313.

Konstruktion und Dekor weisen mit denen der beiden folgenden Etuis motivisch und technisch so große Übereinstimmungen auf, dass ihre Herstellung in derselben Lackwerkstatt vermutet werden darf.

28 Etui

aus zwei ungleich großen zylindrischen Hälften, mit flachen Enden

Holz; Schwarzlack, Dekor in aufgelegtem Relief mit Goldlack und beigefarbenem Lüster, mit Goldlack gehöht; Montierung und Steckhülse aus Gold

H. 13 cm, Ø 2,5 cm; Gewicht: 24 g

Fasanen mit rankenden Pflanzen, auf den Enden sternförmig stilisierte Blüten

Paris, anonyme Lackwerkstatt, 1750–1756 (Quittungsstempel)

Privatsammlung

Unveröffentlicht

29 Etui

aus zwei ungleich großen zylindrischen Hälften, mit flachen Enden

Holz; Schwarzlack, Dekor in aufgelegtem Relief mit zweifarbigem Goldlack sowie – im Bereich der Erderhebungen – in aufgestreuten gold- und silberfarbenen Metallpulvern; Montierung aus Gold; Steckhülse aus Schildpatt

H. 13,2 cm, Ø 2,5 cm; Gewicht: 29 g

Unter einem aufragenden Baum ein Kranichpaar; auf den Enden stilisierte Chrysanthemenblüten

Paris, unbekannte Lackwerkstatt, 1762–1768 (Quittungsstempel)

Hamburg, Museum für Kunst und Gewerbe, Inv.-Nr. 1930.279

Unveröffentlicht

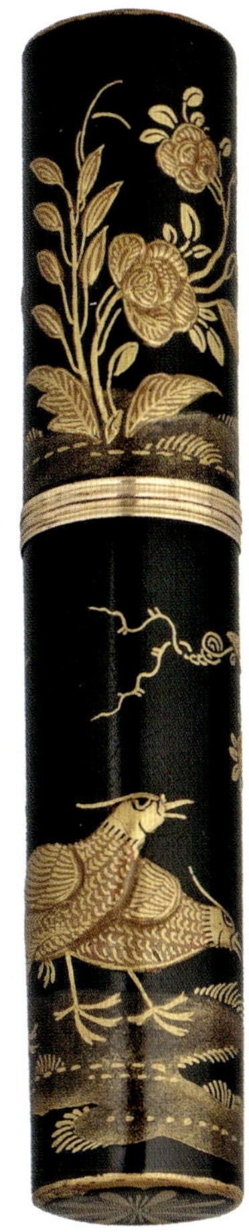

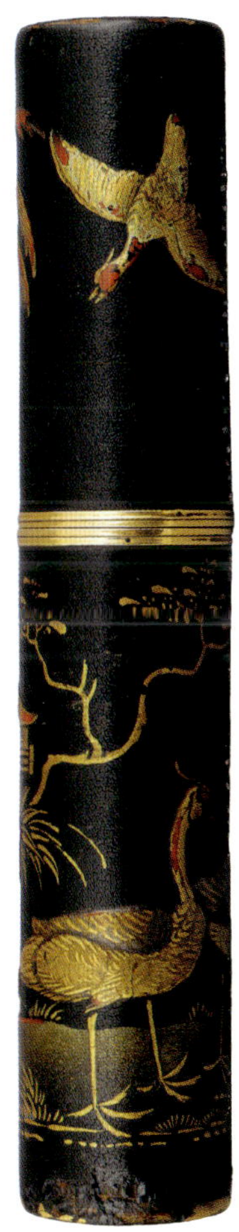

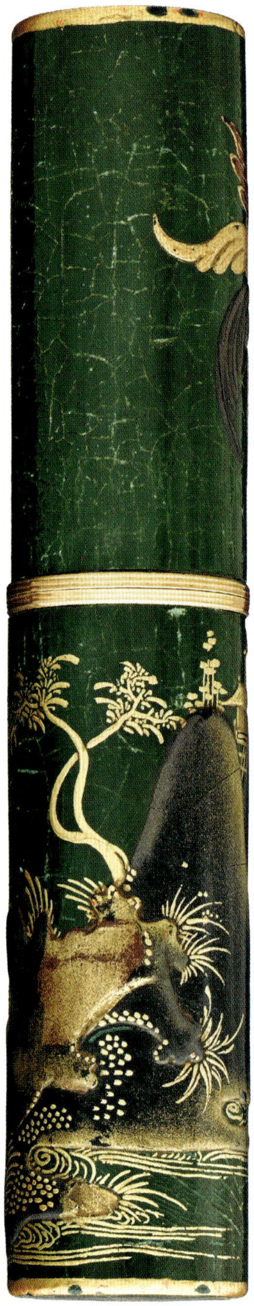

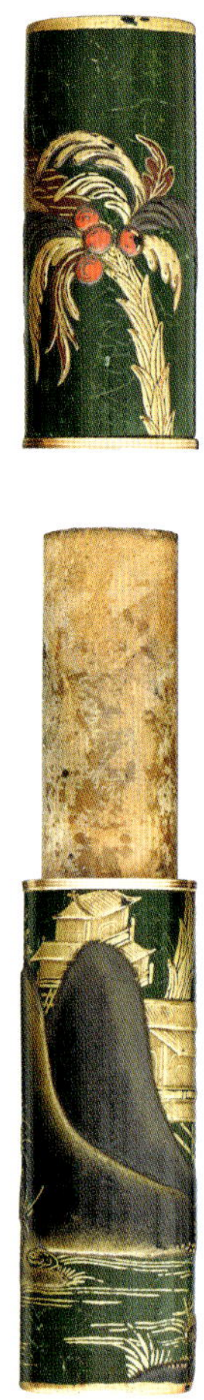

30 Etui

aus zwei ungleich großen zylindrischen Hälften, mit flachen Enden

Holz; grüner Lack, Dekor in aufgelegtem Relief mit aufgestreuten goldenen und silbernen Metallpulvern und Rotlack; Montierung aus Gold; Steckhülse aus Holz

H. 13 cm, Ø 2,5 cm; Gewicht: 35 g

Felsen mit Pavillons und Palme; auf den Enden stilisierte Chrysanthemenblüten

Paris, anonyme Lackwerkstatt, wohl 1750–1760, die Goldmontierung im frühen 19. Jahrhundert erneuert, 1809–1819 (Garantiestempel)

Paris, Musée du Louvre, Département des objets d'art, Inv.-Nr. OA 2365

Literatur: Grandjean 1981, Nr. 376.

Ungeachtet des japanisierenden Dekors kam hier eine grüne Lackierung zum Einsatz – Zeichen der einsetzenden Abkehr vom asiatischen Modell.

31 Etui

aus drei ungleich großen Teilstücken, mit gerundeten Enden

Holz und Papiermaché; Schwarzlack, Dekor in aufgelegtem Relief mit Goldlack und aufgestreuten Metallpulvern; Montierung aus graviertem Gold; Steckhülsen aus Schildpatt

H. 14,8 cm, Ø 2,3 cm; Gewicht: 28 g

Löcherfelsen mit Pavillons und einzeln aufragendem Baumstamm

Paris, anonyme Lackwerkstatt, 1774–1780 (Quittungsstempel)

Münster, Museum für Lackkunst, Inv.-Nr. 2001-10

Literatur: Shôno-Sládek 2002, S. 54, Abb. 56.

Der Dekor ist vielfach berieben, doch veranschaulicht seine extreme Asymmetrie in selten klarer Ausprägung die Aneignung japanischer Kompositionsmodelle.

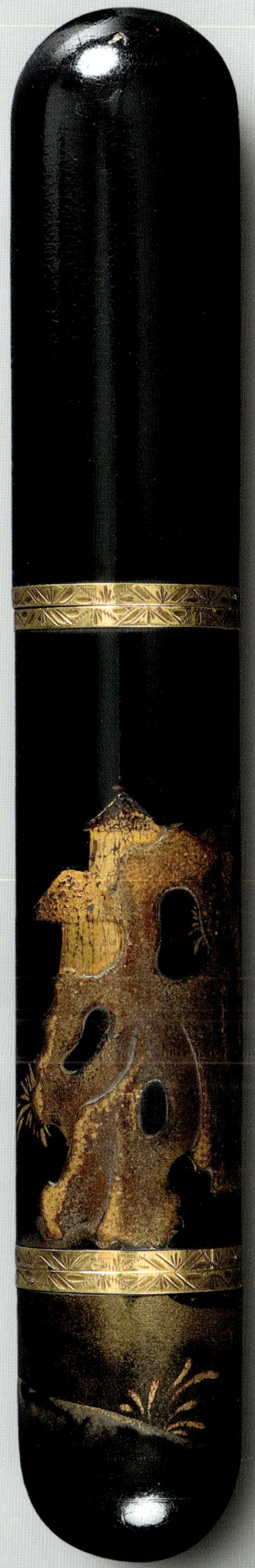

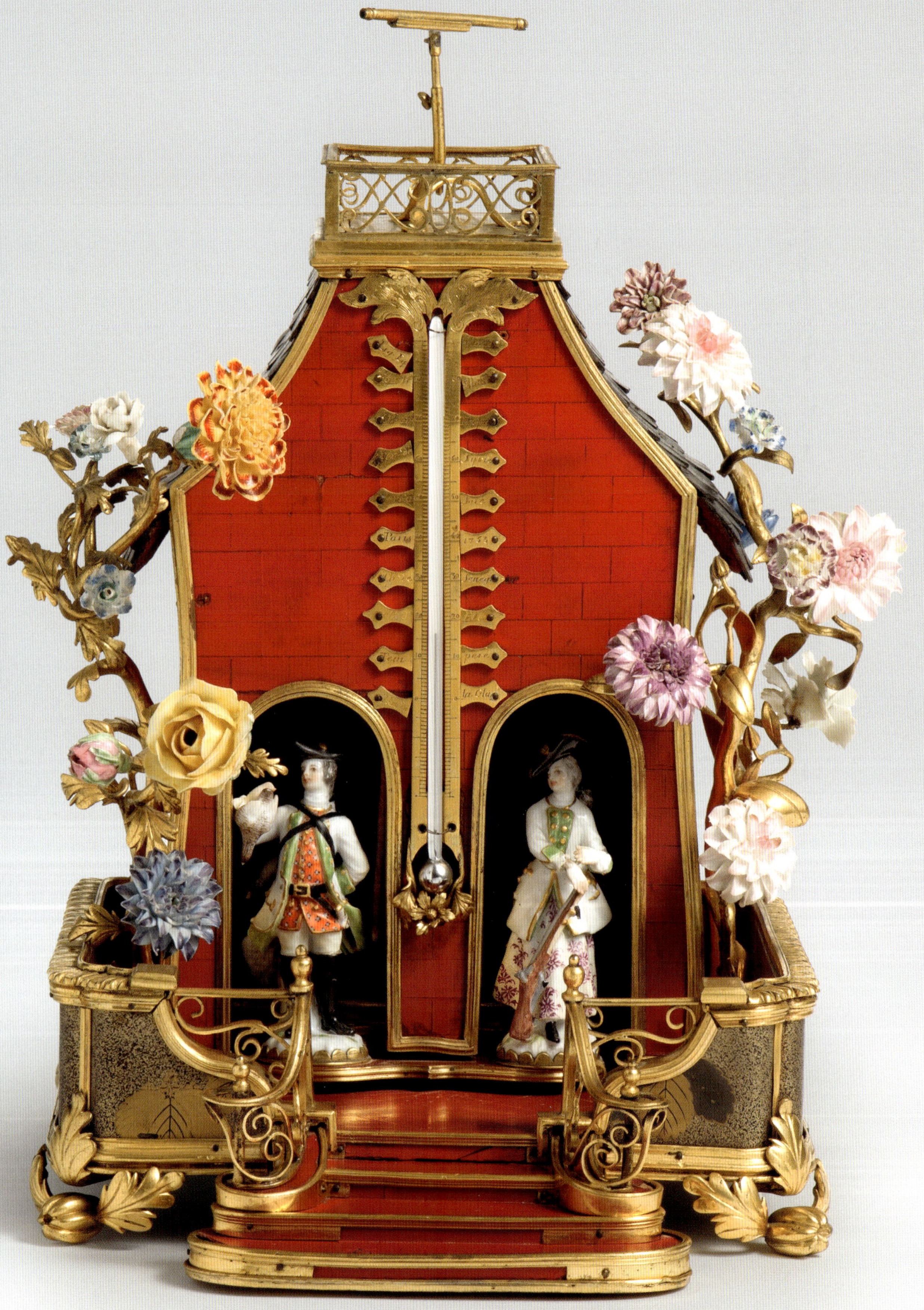

33 Wetterhäuschen

Metall; Rotlack, in den Sockel eingelassen Paneele aus Japanlack; Montierung aus vergoldeter Bronze, Figurinen und Blüten aus Meißner Porzellan

H. 29 cm, B. 20 cm, T. 23,5 cm

Paris, anonyme Lackwerkstatt, um 1750

Privatsammlung

Unveröffentlicht

Ohne die chinesische Anmutung, die ein zeitgleich entstandenes Wetterhäuschen in Schwarzlack auszeichnet (Kat.-Nr. 18), präsentiert sich dieses in der Verbindung polychrom bemalten Meißner Porzellans, leuchtend roten Pariser Lacks und französischer Goldbronzen als Beispiel für autonom europäische Gestaltung. Die Wirkung der Goldbronze wird aber durch den Einsatz original japanischer Lackpaneele, die in die Terrassenumfriedung des Pavillons eingelassen sind, erhöht und durch sie die Kostbarkeit des Gesamteindrucks gesteigert. Die aus ein- und derselben japanischen Lackarbeit ausgeschnittenen kleinen Tafeln sind über dicht gestreutem Goldgrund (*kinji*) mit dem großblättrigen Paulownia-Wappen (*kiri-mon*) verziert, wie es ein Pariser Vernisseur im japanisierenden Dekor eines Lacketuis nachzuahmen suchte (Kat.-Nr. 23).

32 Standspiegel

Holz; auf dem Rahmen Schwarzlack mit figürlichem Dekor in Goldlack, auf der Rückseite Rotlack, Dekor in aufgelegtem Relief mit Goldlack und aufgestreuten unterschiedlich getönten Metallpulvern; Spiegelglas, Ständer aus ziselierter und vergoldeter Bronze

H. 66,5, B. 55 cm

Blühende Magnolie mit Vögeln im Gezweig und im Flug

Paris, anonyme Lackwerkstatt, um 1760

Versailles, Musée national des châteaux de Versailles et de Trianon, Inv.-Nr. VMB 14504-2

Unveröffentlicht

Die Rückseite des Spiegels ist nach dem Vorbild japanischer Lackreliefs in virtuoser Beherrschung der Technik gestaltet. Das Motiv spricht dagegen für eine chinesische Vorlage, ist doch die Magnolie vor allem Gegenstand der chinesischen Malerei. Auch die Präferenz des Rotlacks weist nach China; auf japanischen Exportlacken des 17. Jahrhunderts kommt er allenfalls im Innern von Truhen und Lackschalen vor.

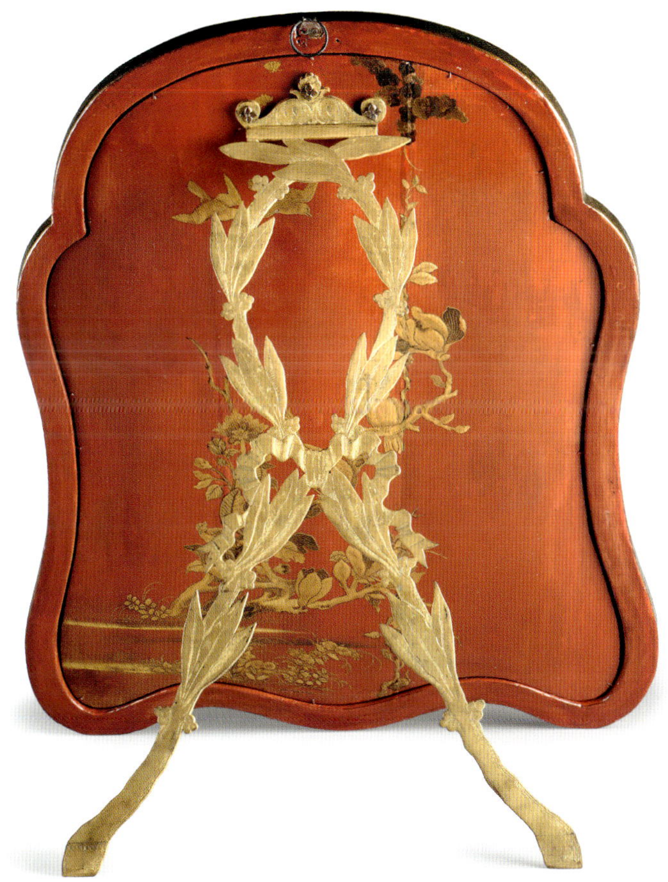

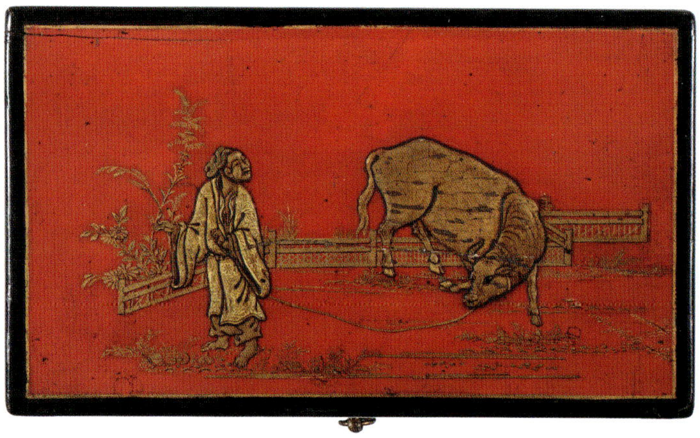

34 Reisenecessaire

Holz; Rotlack, Dekor in aufgelegtem Relief mit aufgestreuten unterschiedlich getönten Metallpulvern (oder aufgelegtem Blattmetall) sowie Höhungen in Goldlack, Schwarz, Hell- und Dunkelbraun, der flach ausgeführte Dekor in Muschelgold, Kanten und Boden in Schwarzlack; Zugknauf und Schlüsselschild aus vergoldeter Bronze; im Innern mit Halterungen unterteilt, darin vielteiliges Zubehör: zwei Parfümflakons, Teebüchse, Zuckerdose und Teetasse aus Sèvres-Porzellan, Schere, Löffel und Zuckerstreulöffel aus vergoldetem Silber; auf der Innenseite des Deckels ein Spiegel

H. 16,5 cm, B. 23,8 cm, T. 13,6 cm

Auf dem Deckel der chinesische Gelehrte Qao Fu mit seinem Ochsen; auf Vorder- und Rückseite sowie der rechten Seite blühende Chrysanthemen, auf der linken Seite Ast eines blühenden Pflaumenbaums

Paris, anonyme Lackwerkstatt, um 1760; Bemalung der Porzellanteile von Claude Antoine Tardy, 1760/61

Paris, Musée des arts décoratifs, Inv.-Nr. 31679

Unveröffentlicht

Der in Lackrelief aufgebrachte Deckeldekor des Kastens veranschaulicht, wie genau ostasiatische Vorlagen umgesetzt wurden, sodass sie mitunter in ihrer originären Bedeutung und künstlerischen Abkunft identifizierbar sind. In dem hier dargestellten vornehm gewandeten Mann, der einen Ochsen an der Leine führt, vermag man den chinesischen Gelehrten und Eremiten Qao Fu (jap. Sōho) zu erkennen – wie der berühmte Xu You ein Mann von legendär geradlinigem, weltlichen Würden abgeneigtem Charakter. Er führte seinen Ochsen vom Wasser eines Flusses fort, das er für verschmutzt erachtete – Xu You nämlich hatte seine Ohren darin gewaschen, nachdem er vom Vorschlag des Kaisers gehört hatte, er möge die Herrscherwürde annehmen und den Thron besteigen. Die chinesische Anekdote wurde von Kanō Eitoku (1543–1590) in einem berühmten Paar Tuschbilder gestaltet und muss – über Holzschnittreproduktionen und deren vielfache Umsetzung in der angewandten Kunst – weite Verbreitung gefunden haben. Die Wiedergabe auf einem französischen Lackkasten des 18. Jahrhunderts dürfte das wohl entfernteste Echo sein.

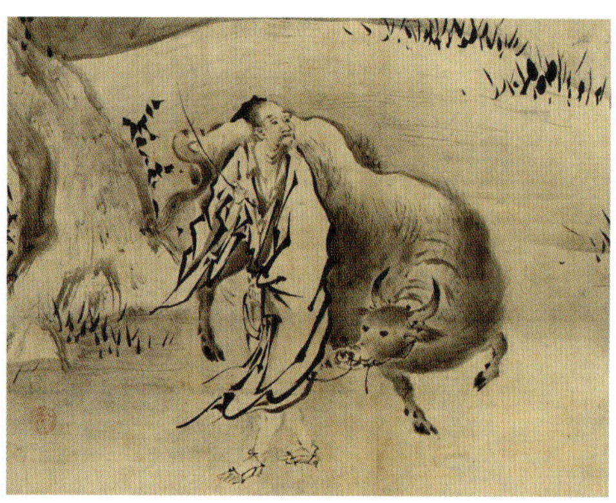

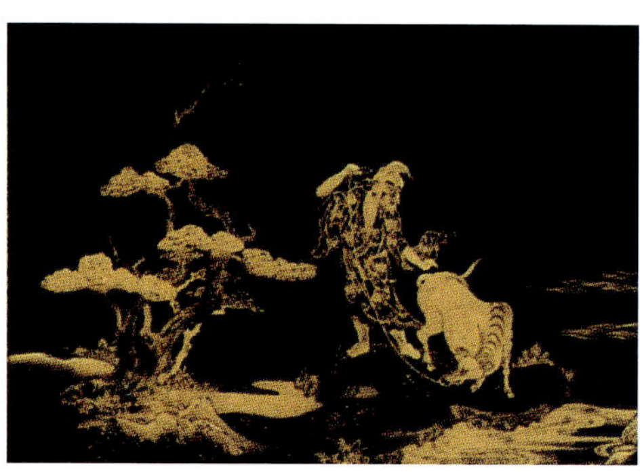

Kanō Eitoku, *Sōho und sein Ochse*, Tusche auf Papier; Tokyo, National Museum (Inv.-Nr. A-10598)

Zweitürige Kommode mit auffurnierten Japanlackpaneelen, Detail, Bernard Molitor zugeschrieben, 1787–1790; Standort unbekannt

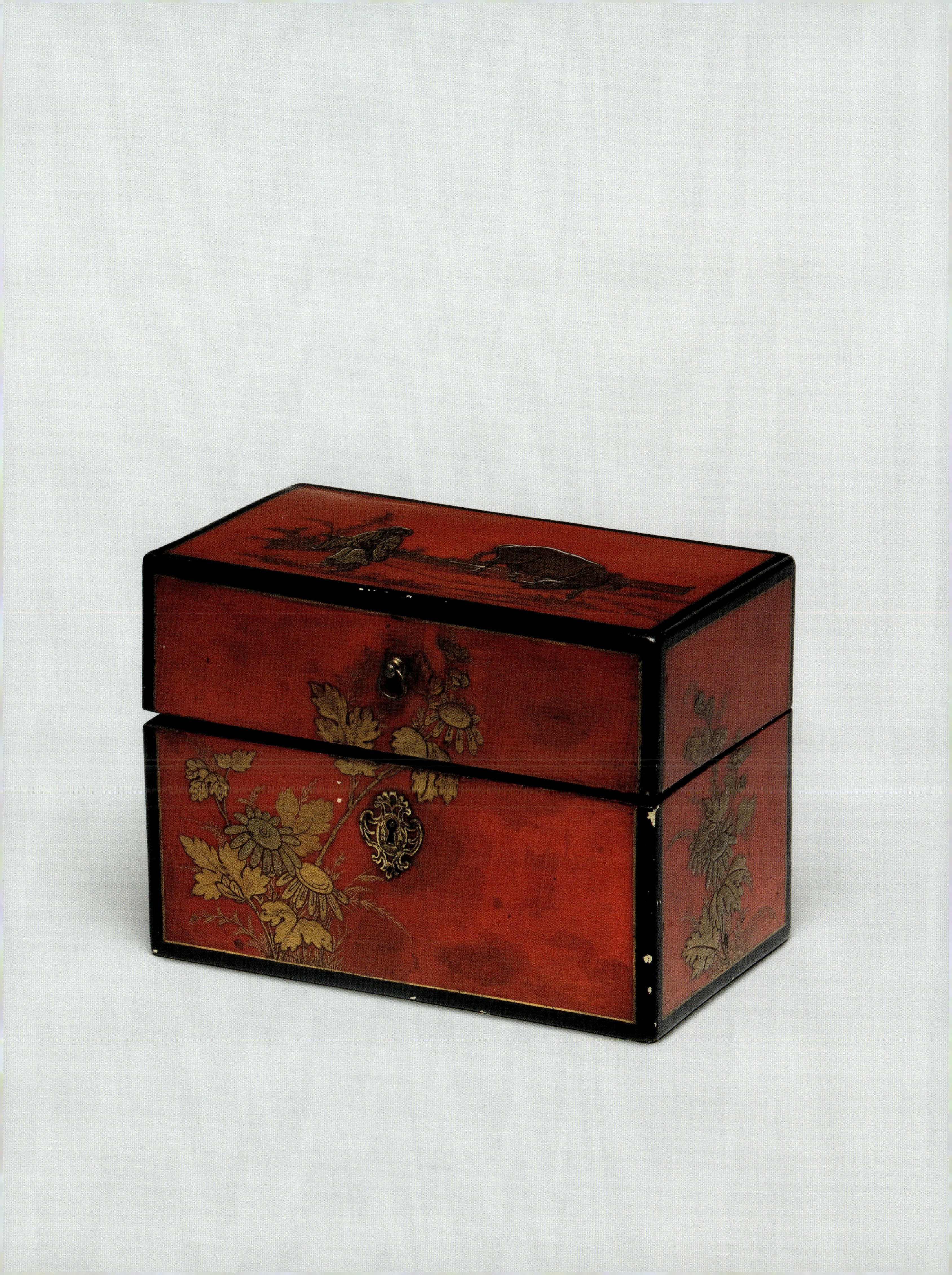

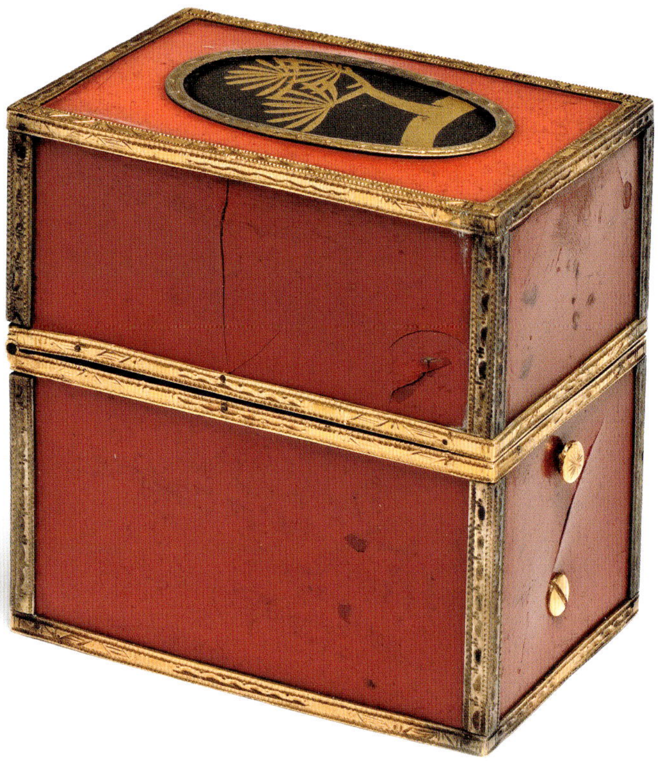

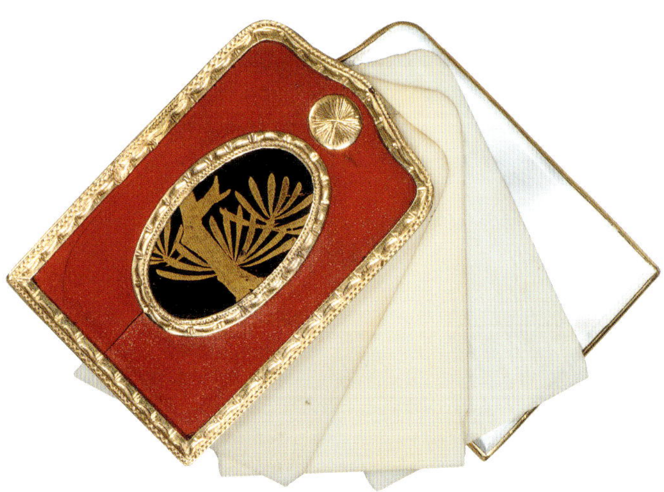

Notizblock mit *en suite* gestaltetem Deckel

35 Necessaire

rechteckig, mit Scharnierdeckel

Papiermaché; Rotlack, in Deckel und Boden eingelassen und in ziseliertem Gold gefasst je ein Fragment aus Japanlack: Schwarzlack, Dekor in flacher Goldstreutechnik (*hiramaki-e*); *à cage*-Montierung aus Gold; mit dunkelrotem Samt ausgeschlagen, im Innern zwei Kristallflakons, ein Parfümtrichter aus Gold, ein Notizblock und ein goldener Bleistifthalter; der Notizblock aus perlmutternen, mit Gold montierten Deckblättern und zwei Elfenbeintäfelchen gearbeitet und *en suite* mit Rotlack sowie in die Deckel eingelassenen Fragmenten aus Japanlack dekoriert

H. 4,6 cm, B. 3 cm, T. 4,6 cm; Gewicht: 26 g (mit Inhalt 98 g)

Auf den Fragmenten aus Japanlack Äste und Zweige einer Kiefer

Paris, anonyme Lackwerkstatt, 1761/62 (Jahresbuchstabe der Zunft)

Paris, Musée des arts décoratifs, Inv.-Nr. 57974

Unveröffentlicht

Die Verbindung von leuchtendem, in Gold gefasstem Pariser Rotlack und kleinen bis winzigen, aus schwarzgrundigen japanischen Lackarbeiten zu unterschiedlichen Formen ausgeschnittenen Tafeln erfreute sich wegen ihres dekorativen Kontrasts großer Beliebtheit. Der Auswahl geeigneter Dekorausschnitte wurde besondere Sorgfalt geschenkt: Sie sollten möglichst demselben Objekt entnommen sein und sich – wie bei diesen Fragmenten, die mehrere Abschnitte einer Kiefer vorstellen – in Motiv und Technik entsprechen. Für die Hersteller dieser kleinen luxuriösen Behältnisse galt es daher, sich einen Vorrat an Japanlack anzulegen, wobei bevorzugt nicht kostspielige intakte Ware, sondern auch übriggebliebene Teilstücke oder bereits genutzte Paneele zur Zweitverwendung gesucht waren. Ein Eintrag im Versteigerungskatalog der Sammlung der Duchesse Mazarin von 1781 ist Hinweis auf den anhaltend großen Bedarf an diesem wertvollen Rohmaterial: »Un grand Plat d'ancien laque noir du Japon, le fond orné de plantes de fleur de relief: le tour du plat orné de paysages où l'on compte

39 magots d'or en reliefs de 17 pouces de diametre. Ce morceau est susceptible d'être coupé pour faire de bijoux.«[1]

Ein vergleichbares, offensichtlich in derselben Werkstatt gefertigtes Necessaire befand sich in der Sammlung René Fribourg,[2] ein weiteres aus den späten siebziger Jahren des 18. Jahrhunderts mit einer Miniatur auf dem Deckel hat sich in Waddesdon Manor erhalten.[3]

1 Catalogue raisonné des marbres, jaspes, agates ... & autres formant le cabinet de Madame la Duchesse Mazarin. Par J. B. P. Le Brun. Paris, 10. Dezember 1781, Los 217. »Eine große Platte aus altem schwarzem Japanlack, der Grund mit Pflanzen verziert, deren Blüten in Relief [gearbeitet sind]: die Fahne der Platte verziert mit Landschaften, auf denen man 39 chinesische Figuren in Goldrelief zählt, von 17 Zoll Durchmesser. Dieses Stück ist geeignet, um zerschnitten zu werden und daraus Bijoux zu fertigen.«
2 The René Fribourg Collection: IV, Catalogue of Gold Snuff Boxes, Miniatures and Objects of Vertu. Sotheby & Co, New York, 14. Oktober 1963 (Aukt.-Kat.), Los 305.
3 Grandjean u. a. 1975, Nr. 51.

36 Beidseitig zu öffnende Dose für Schönheitspflästerchen *boîte à mouches*

rechteckig, mit Scharnierdeckeln

Papiermaché; Rotlack, in Deckel und Boden eingelassen und in ziseliertem Gold gefasst je ein Fragment aus Japanlack: Schwarzlack, Dekor in flacher Goldstreutechnik (*hiramaki-e*); *à cage*-Montierung aus Gold; die Innenseite beider Deckel mit je einem Spiegel versehen, das Innere jeweils mit kleinen Paneelen in japanischem Goldstreugrund (*nashiji*) ausgekleidet, auf einer Seite in zwei Fächer unterteilt, das hintere mit Deckel in Rotlack, im vorderen ein kleiner, mit Gold montierter Pinsel

H. 2,8, B. 5,5, T. 4,3 cm; Gewicht: 115 g (mit Pinsel 116 g)

Auf den Fragmenten aus Japanlack hinter einer überdachten Mauer aufragender Baum bzw. Felsen mit dahinter aufragender Pflanze

Paris, anonyme Lackwerkstatt, 1765/66 (Jahresbuchstabe der Zunft)

Paris, Musée des arts décoratifs, Inv.-Nr. 57900

Unveröffentlicht

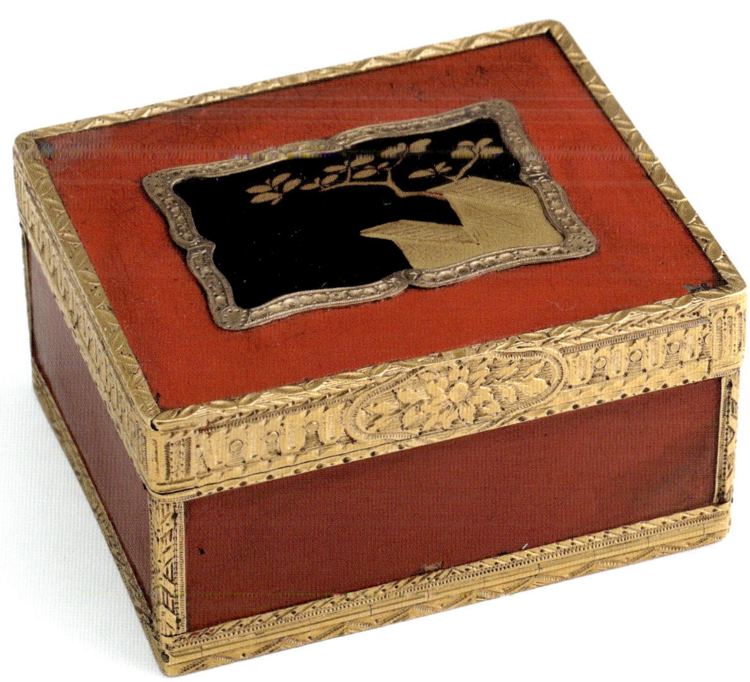

37 Schiffchen für Häkelspitze *navette*

mit originalem samtgefüttertem Etui aus Galuchat

Perlmutter; Rotlack, in die Außenseiten beider Hälften eingelassen und in ziseliertem Gold gefasst je drei Fragmente aus Japanlack: Schwarzlack, Dekor in flacher Goldstreutechnik (*hiramaki-e*); Montierung aus ziseliertem Gold, die Garnspule aus Holz mit Goldblech kaschiert

H. 2,7 cm, B. 13,7 cm, T. 4,5 cm; Gewicht: 52,3 g

Auf den kleinen Fragmenten aus Japanlack in der Mitte ein Blütenzweig, links und rechts jeweils die zwei auseinandergeschnittenen Hälften eines Blütenrhombus

Paris, unbekannte Lackwerkstatt; die Goldschmiedearbeit Jean Ducrollay zugeschrieben, sechziger Jahre des 18. Jahrhunderts

Stockholm, Östasiatiska Museet, Inv.-Nr. SHM-6920-2

Literatur: Kopplin 2001, S. 25, Abb. 15.

Die Bezeichnung *bijoux* für die kleinen kostbaren Galanteriewaren, die in Pariser Werkstätten in großer Zahl entstanden, um einen verfeinerten Lebensstil mit dem erforderlichen Luxus auszustatten, wird erst verständlich, wenn sich, wie bei dieser Navette, Auswahl und Verarbeitung der Materialien in solcher Vollkommenheit ergänzen. Die spitzelliptische Form des Schiffchens ist von großer Eleganz. In seine aus Perlmutter ausgeschnittenen und mit leuchtendem Rotlack überfangenen zwei Hälften sind winzige Fragmente aus schwarzem, mit Goldstreubildern verziertem Japanlack eingelassen. Das größere in der Mitte gibt sich als Detail einer blühenden Päonie zu erkennen, die beiden rahmenden wurden aus einem zu diesem Zweck auseinandergeschnittenen Blütenrhombus gewonnen. Japanlack und insbesondere *vieux laque du Japon* war als begehrte Kostbarkeit eingestuft und wurde wie Edelsteine mit goldenen Fassungen versehen. Auf einer die ganze Bandbreite der bei ihm vorrätigen Artikel verzeichnenden Geschäftskarte des Pariser *marchand orfèvre* François Tiron finden sie sich eigens aufgeführt: »Navêtte d'ancien Lac garnie d'or«.[1]

1 Grandjean u. a. 1975, Abb. S. 31.

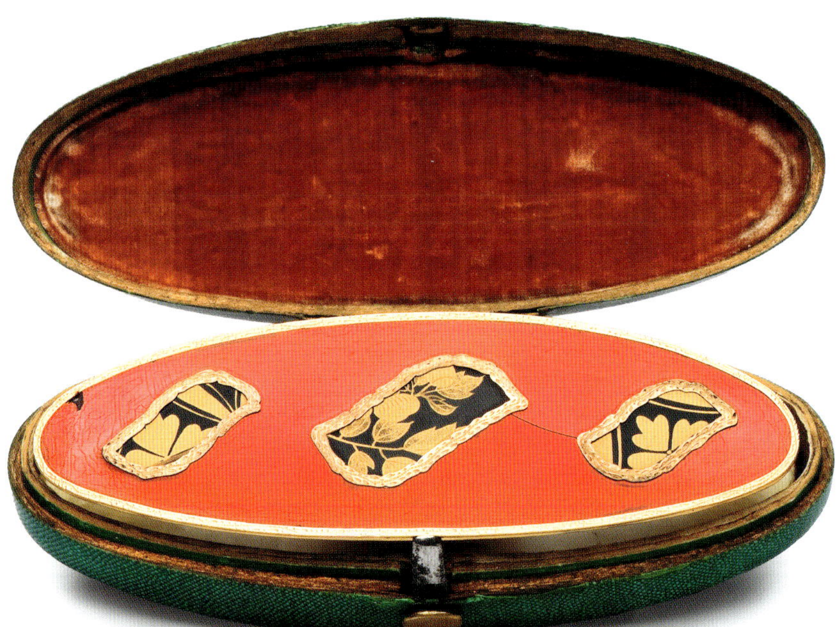

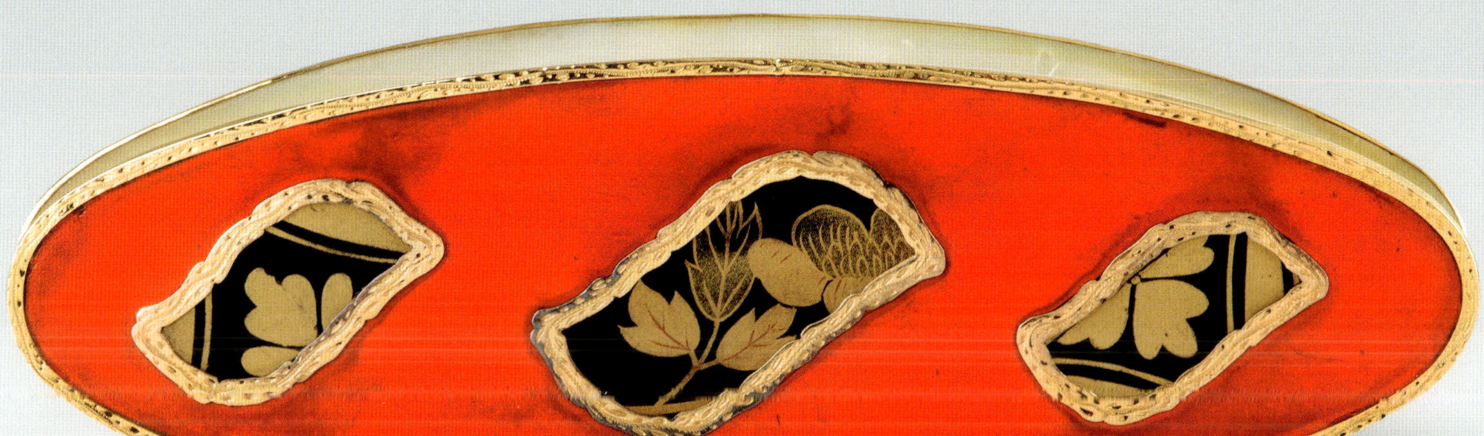

38 Schiffchen für Häkelspitze *navette*

Perlmutter; Rotlack; Montierung aus graviertem Gold, die Garnspule aus Holz mit Goldblech kaschiert

H. 2,6 cm, B. 13,6 cm, T. 4,3 cm; Gewicht: 49 g

Auf beiden Hälften des Schiffchens monochrom roter Lack

Paris, unbekannte Lackwerkstatt, 1762–1768 (Quittungsstempel)

Paris, Musée des arts décoratifs, Inv.-Nr. 29957

Unveröffentlicht

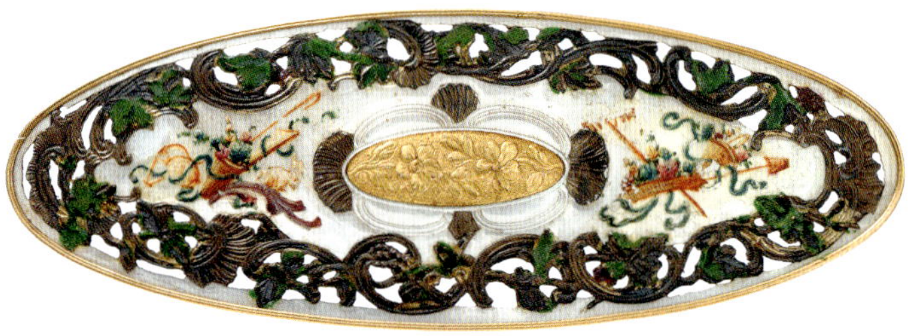

Hälfte einer Navette aus geschnittenem und teilversilbertem Perlmutter mit Lackmalerei und Montierung aus Gold, um 1770; Münster, Museum für Lackkunst (Inv.-Nr. EU-F-d-25)

Bei der Herstellung von Häkelspitze dienten Schiffchen zum Aufspulen und zur Verschlingung des Garns. Im 18. Jahrhundert waren sie bei den Damen sehr en vogue. Die Marquise de Pompadour muss – den Einträgen im Rechnungsbuch Lazare Duvaux' zufolge – einen besonders großen Bedarf gehabt haben, der sich in zahlreichen Lieferungen manifestiert. Sie bestanden aus unterschiedlichen Materialien: die meisten aus Gold und Porzellan, seltener aus Schildpatt und nur zwei Navettes aus Lack.[1] Auch in den

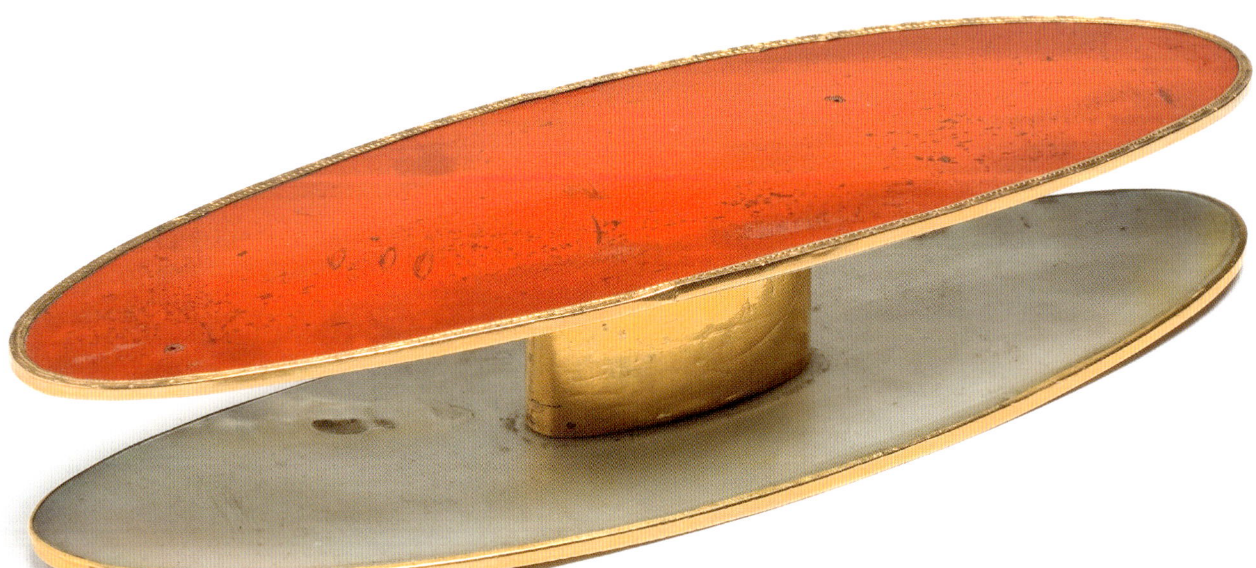

Warenverzeichnissen der Martins finden sich Schiffchen aufgeführt, wenn auch in vergleichsweise geringer Stückzahl. Außer Holz kam Perlmutter zum Einsatz – wie hier als Trägermaterial einer monochromen Lackfassung, aber auch geschnitten, graviert und mit lasierender Lackmalerei gehöht (Abb.).

1 Courajod 1965, Bd. 2, Nr. 633, 1452, 1507, 1684, 2149, 2274, 2417, 2603, 2702, 2768.

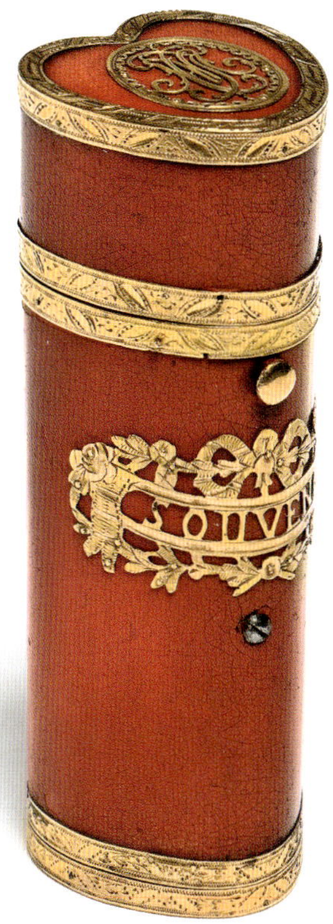

39 Beidseitig zu öffnendes Flakonetui

in Herzform, mit Scharnierdeckeln

Papiermaché; Rotlack; Montierung aus graviertem Gold; auf dem Deckel ein ovales Medaillon mit ligiertem Monogramm »MJC«, auf der Vorderseite eine schleifenbekrönte Kartusche mit Inschrift »SOUVENIR« in ausgesägtem und graviertem Gold aufgesetzt; im Innern des oberen Fachs ein Kristallflakon, ein Bleistifthalter und eine Pinzette aus Gold, in das Innere des unteren Deckels ist ein Spiegel eingelassen

H. 7,2 cm, B. 2,6 cm, T. 2,5 cm; Gewicht: 53 g (mit Inhalt 61 g)

Allseitig monochrom roter Lack

Paris, anonyme Lackwerkstatt, 1773/74 (Jahresbuchstabe der Zunft)

Paris, Musée des arts décoratifs, Inv.-Nr. 57986

Unveröffentlicht

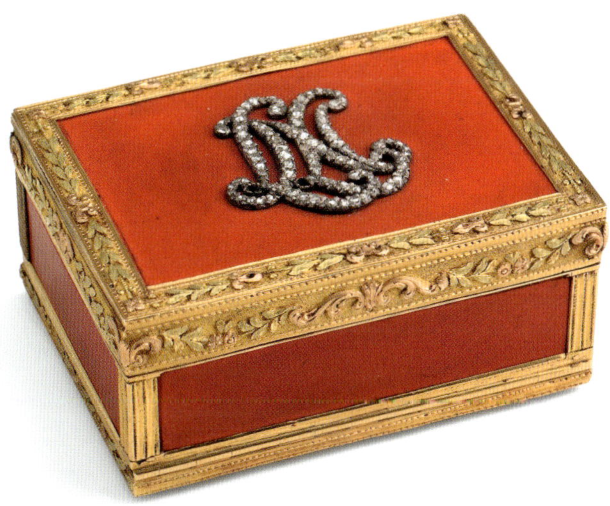

40 Beidseitig zu öffnende Dose für Schönheitspflästerchen *boîte à mouches*

rechteckig, mit Scharnierdeckeln

Gold; Rotlackmasse; Diamanten im Rosenschliff; *à cage*-Montierung in dreifarbigem ziseliertem Gold; in den oberen Deckel ein Spiegel eingelassen, das Innere in zwei Fächer unterteilt, der Deckel des hinteren mit Rotlackmasse abgedeckt, im vorderen Fach ein kleiner, mit Schildpatt montierter Pinsel

H. 2,3 cm, B. 5,2 cm, T. 3,8 cm; Gewicht: 99 g (mit Pinsel 100 g)

Auf dem Deckel ligiertes Monogramm »LLN« in Diamanten aufgesetzt

Paris, anonyme Lackwerkstatt; Goldschmiedearbeit Jean-Henry Clément zugeschrieben, 1784/85 (Jahresbuchstabe der Zunft)

Paris, Musée des arts décoratifs, Inv.-Nr. 57912

Unveröffentlicht

41 Kasten für Toilettenzubehör *toilette*

geschweifter und profilierter Korpus, mit gewölbtem Scharnierdeckel

Holz; weiße Grundierung, hellblauer Lack, Dekor in aufgelegtem Relief mit unterschiedlich getöntem Goldlack, partiell Rotlack sowie Binnenzeichnung in Goldlack, braunschwarzem Lack und braunen Lasuren, teilweise mit feinen Metallflocken überpudert, der flach ausgeführte Dekor in Goldlack, auf der Unterseite Schwarzlack; im Innern hellroter Lack; Zugknopf, Schlossbeschlag und Scharnierbeschläge aus ziselierter, punzierter und vergoldeter Bronze

H. 11,3 cm, B. 30,9 cm, T. 23,5 cm

Auf dem Deckel rastende Wildgänse, auf den Seiten blühende Päonien und weitere Pflanzen

Paris, anonyme Lackwerkstatt, um 1750

Privatsammlung

Unveröffentlicht

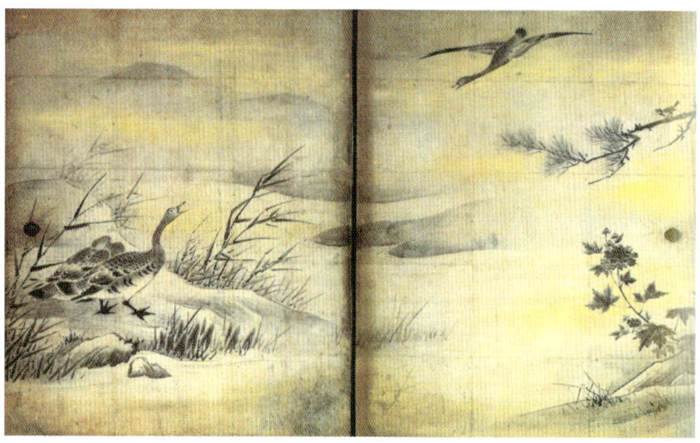

Kanō Eitoku, Rastende Wildgänse, 1566, Tusche auf Papier; Kyoto, Daitoku-ji

Truhe, Innenseite des Deckels, Rotlack mit Streudekor, Japan, Mitte 17. Jahrhundert; Kopenhagen, The National Museum of Denmark (Inv.-Nr. EAc. 104)

Das Zubehör des Toilettentisches aus Standspiegel und einer Vielzahl unterschiedlich großer und verschieden geformter Kästen, Dosen sowie Bürsten nahm in der Fertigung der Pariser Lackwerkstätten bis in das spätere 18. Jahrhundert eine zentrale Stellung ein. Einem solchen *en suite* gestalteten Ensemble gehörte auch dieser Kasten an. Seine Formgebung weist die charakteristischen geschweiften und profilierten Seiten auf, der Deckel die leicht gewölbte Form, die neben der dachartig gestuften Variante (Kat.-Nr. 2) seit den zwanziger Jahren des 18. Jahrhunderts nachweisbar ist.[1] Zeichnen sich die frühen Toilettenkästen neben Schwarz durch eine überwiegend rote Lackfassung aus, die im Verein mit ihrem gravierten Golddekor dem von der ostasiatischen Lackkunst vorgegebenen Farbklang Schwarz-Gold oder Rot-Gold entspricht, setzt das Blau dieses Kastens einen völlig neuen Akzent.

In der ostasiatischen Lackkunst begegnet Blau erst vom späten 19. Jahrhundert an. Die chemischen Eigenschaften des ostasiatischen Rhuslacks bewirken die Verfärbung oder Zersetzung der meisten natürlichen Pigmente, sodass die Farbskala über Jahrtausende auf Rot, Rotbraun, Schwarz, Gelb und Grün beschränkt blieb. Erst die ab etwa 1870 einsetzende Einführung chemischer Pigmente ermöglichte die Herstellung blauen oder auch weißen Lacks.[2] Für blauen Lack standen das in Berlin entwickelte Berlinerblau[3] oder Preußischblau und ein künstliches Ultramarinblau zur Verfügung.

Demnach waren zum Zeitpunkt der Entstehung dieses Kastens blaue ostasiatische Lacke, die als Vorbild hätten dienen können, noch unbekannt. Mit der Wahl eines blauen Lackgrundes wich der Vernisseur in einem für das Erscheinungsbild wesentlichen Punkt vom ostasiatischen Farbschema ab. Es war dies ein – möglicherweise von englischen Beispielen angeregter – erster Schritt auf dem Weg zur Erweiterung des Farbspektrums und Loslösung von der asiatischen Lackästhetik. In England waren weiße, blaue, grüne und braune Lackgründe schon seit dem späten 17. Jahrhundert bekannt. Das Blau dieses Kastens erscheint heute durch einen stark vergilbten Überzug bedeutend dunkler als es ursprünglich war. Tatsächlich handelte es sich um hellblauen Lack, wie er auch im französischen Mobiliar nachweisbar ist, gehörte »bleu céleste« doch zu den die

Farbstimmung des Interieurs um die Jahrhundertmitte mitbestimmenden Tönen.[4] Guillaume Martin hat dieser Entwicklung Rechnung getragen; das Inventar seines Nachlasses verzeichnet 1749 »deux autres toilettes noires, une autre verte, une autres bleue«.[5]

Auf diesem eigentlich azurnen Fond findet sich ein teils erhabener, teils flacher Dekor angelegt, der sich technologisch an japanischen Vorlagen orientiert. Flaches und hohes Streubild wurden in unterschiedlich getöntem Goldlack einschließlich der charakteristischen Binnenzeichnung des *tsukegaki* und der im Bodenbereich aufgestreuten Metallpartikel imitiert. Das Thema erweist sich als nicht weniger genau von japanischen Lackarbeiten entlehnt: Neben einer Kiefer, die hinter einer versetzten Umzäunung aufragt, ist eine Gruppe Wildgänse erfasst. Auf einer Bodenerhebung[6] haben sich zwei bereits zur Rast niedergelassen und locken rufend die im Gleitflug einfallende Gefährtin herbei. Das Motiv der heimkehrenden Wildgänse – *kaerukari* – zählt zu den klassischen Sujets der sino-japanischen Kunst. Letztlich auf Verse des chinesischen Dichters Bo Juyi (772–846) zurückgehend, findet es sich vielfach auf japanischen Lackarbeiten dargestellt, auch auf etlichen der für den Export bestimmten Stücke, die ihrerseits vereinfachte druckgrafische Reproduktionen gemalter Vorlagen aufgreifen (Abb.). Die Genauigkeit der Wiedergabe, das Einfangen der charakteristischen Stimmung lässt vermuten, dass dem französischen Vernisseur eine vom japanischen Original abgenommene Pause vorlag – ein ebenso einfaches wie effizientes Verfahren, das auch für den Dresdener Hoflackierer Martin Schnell (um 1675–1740) nachgewiesen werden konnte.[7]

1 Huth 1971, Taf. 224.
2 Diese Entwicklung wurde möglicherweise durch den deutschen Chemiker Gottfried Wagener (1831–1892) initiiert, der seit 1868 in der Porzellanherstellung in Nagasaki tätig war, bevor er ab 1871 an zwei Tokyoter Universitäten lehrte.
3 In Japan als *bero* bezeichnet.
4 Wolvesperges 2000, S. 117, Abb. 69. – Koller, Zürich, 18.–21. September 2006 (Aukt.-Kat.), Los 1139.
5 Paris, Archives nationales, M. C., CXXI 345, 18. August 1749, fol. 4 verso.
6 Auf dem französischen Kasten eine Bodenerhebung, auf dem japanischen Original eine Landzunge oder Sandbank, da das Sujet notwendig die Darstellung von Wasser einschließt.
7 Kopplin 2005, S. 172.

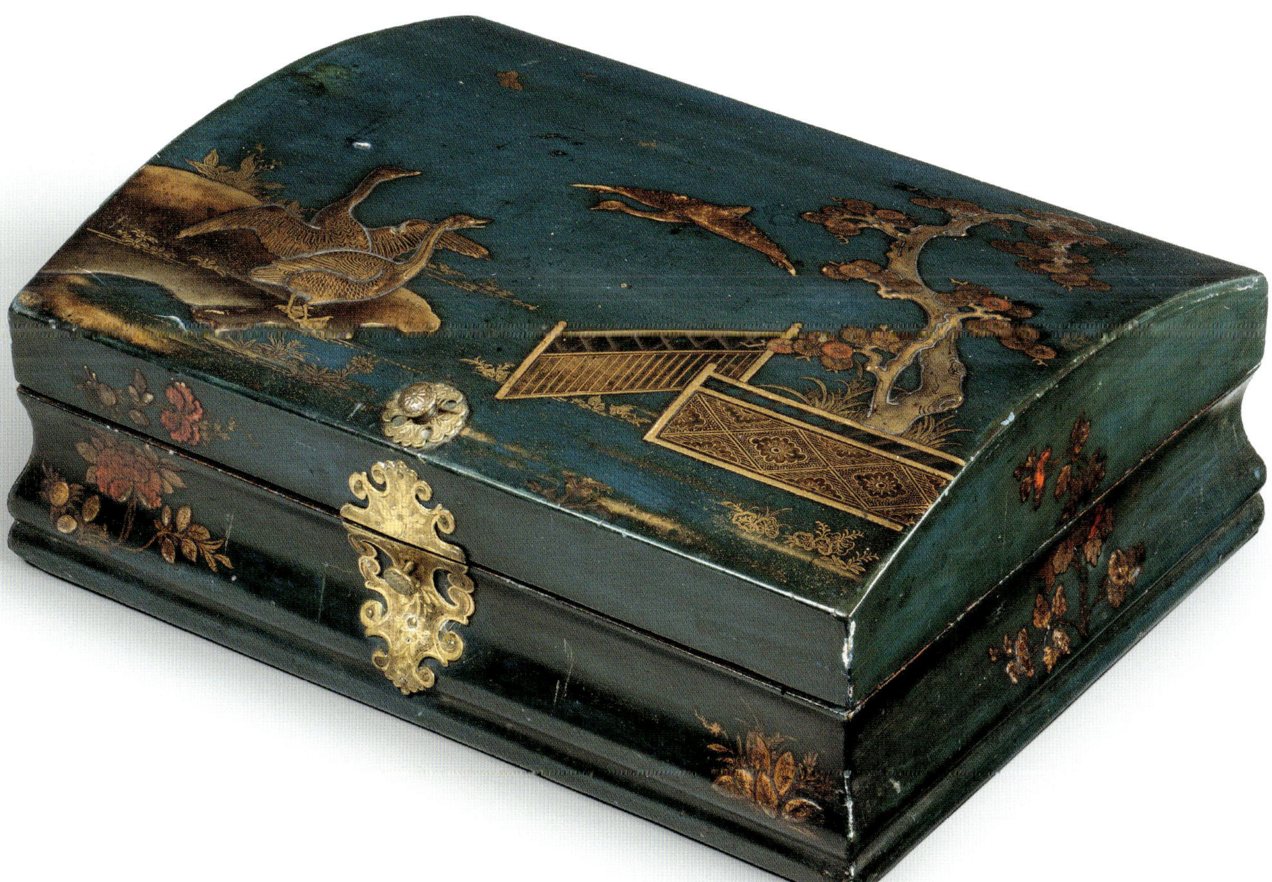

42 Tabatiere

rechteckig, mit Scharnierdeckel

Papiermaché; Schwarzlack, Dekor in aufgelegtem Relief mit Goldlack und aufgestreuten verschiedenfarbigen und unterschiedlich feinkörnigen Metallpulvern, partiell mit kleinen Diamanten und farbigen Steinen, mit winzigen Partikeln aus Perlmutter sowie kleinen Blüten aus Goldfolie besetzt; im Innern Schwarzlack; Daumenrast mit Rocaillen aus ziseliertem Gold, Montierung aus Gold

H. 4 cm, B. 8,2 cm, T. 6,2 cm; Gewicht: 103 g

Auf dem Deckel ein kauernd mahlender Chinese, auf den Seiten kleine Erdhügel mit buschig aufwachsenden blühenden Pflanzen

Paris, anonyme Lackwerkstatt, 1750–1756 (Quittungsstempel)

Paris, Musée du Louvre, Département des objets d'art, Inv.-Nr. OA 6202

Literatur: Nocq / Dreyfus 1930, Nr. 44, Taf. XXVI. – Grandjean 1981, Nr. 227, Abb. S. 179.

Die ungewöhnliche Darstellung eines auf einem niedrigen Gestell breitbeinig kauernden, schleifenden oder mahlenden Mannes muss einer japanischen Vorlage unmittelbar entlehnt sein. Während das Gestell in Goldlack flach wiedergegeben ist, tritt die Gestalt des Mannes in aufgelegtem Relief plastisch hervor. Sein Kittel ist golden, die Hose vollständig mit winzigen Partikeln aus blau schimmerndem Haliotis-Perlmutter (*burgau*) appliziert, während Gesicht, Arme, Hände und Füße dicht mit kleinen Diamanten besetzt sind. Aus Diamanten bestehen auch fünf nicht identifizierbare Teile, die zu zermahlen und deren zerkleinerte Masse in einem dem Gestell untergeschobenen Bottich zu sammeln er sich anschickt.

Die Akzentuierung herausgehobener Partien eines Lackdekors durch Diamanten bzw. – wie auf den Seiten der Tabatiere – auch durch farbige Steine stellt ein Novum dar und scheint ohne Parallele. Da in Japan eine der europäischen Tradition vergleichbare Verarbeitung von Edelsteinen völlig unbekannt und in Verbindung mit Goldstreulacken undenkbar ist, wird hier im Prozess der Loslösung vom asiatischen Modell dessen signifikante Verfremdung erzielt. Die Anregung ist wiederum goldenen Tabatieren geschuldet, die häufig, auch im Bereich des szenischen Dekors, kostbaren Besatz mit Diamanten und anderen Edelsteinen aufwiesen.

43 Tabatiere

rund, mit Scharnierdeckel

Papiermaché; Schwarzlack mit eingraviertem, ganzflächig blattvergoldetem und durch Schleifpolitur freigelegtem Dekor, mit Klarlack überfangen; im Innern Schwarzlack; Daumenrast mit Rocaillen aus ziseliertem Gold, Montierung aus Gold

H. 3,3 cm, Ø 5,1 cm; Gewicht: 34 g

Auf Deckel und Unterseite Wirbelrosetten mit alternierenden Binnenmustern, auf der Wandung diagonal geführte alternierende Muster

Paris, anonyme Lackwerkstatt, 1744–1750 (Quittungsstempel)

Münster, Museum für Lackkunst, Inv.-Nr. EU-F-b-1

Literatur: Kopplin 1998, Nr. 13. – Kopplin 2010, Nr. 12.

Als älteste bekannte Lacktabatiere nimmt diese Dose unter den erhaltenen Bijouterien und darüber hinaus im Kontext der europäischen Lackkunst eine zentrale Stellung ein. Der Quittungsstempel ihrer Goldmontierung weist in die Jahre zwischen 1744 und 1750 – ein zeitlicher Rahmen, der den aus handschriftlichen und gedruckten Quellen ablesbaren Anfängen dieser Produktion entspricht. Das Nachlassinventar

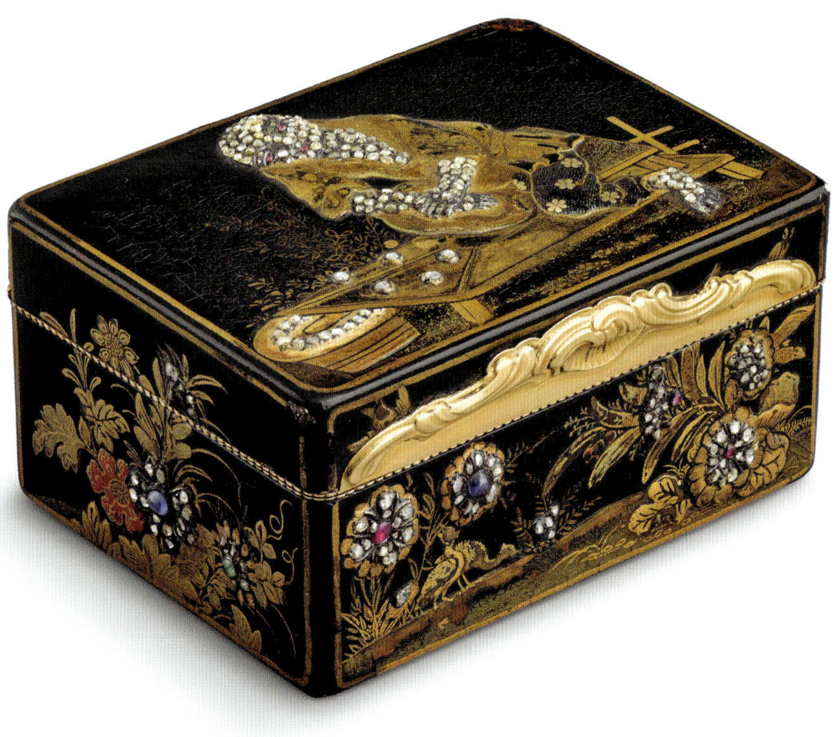

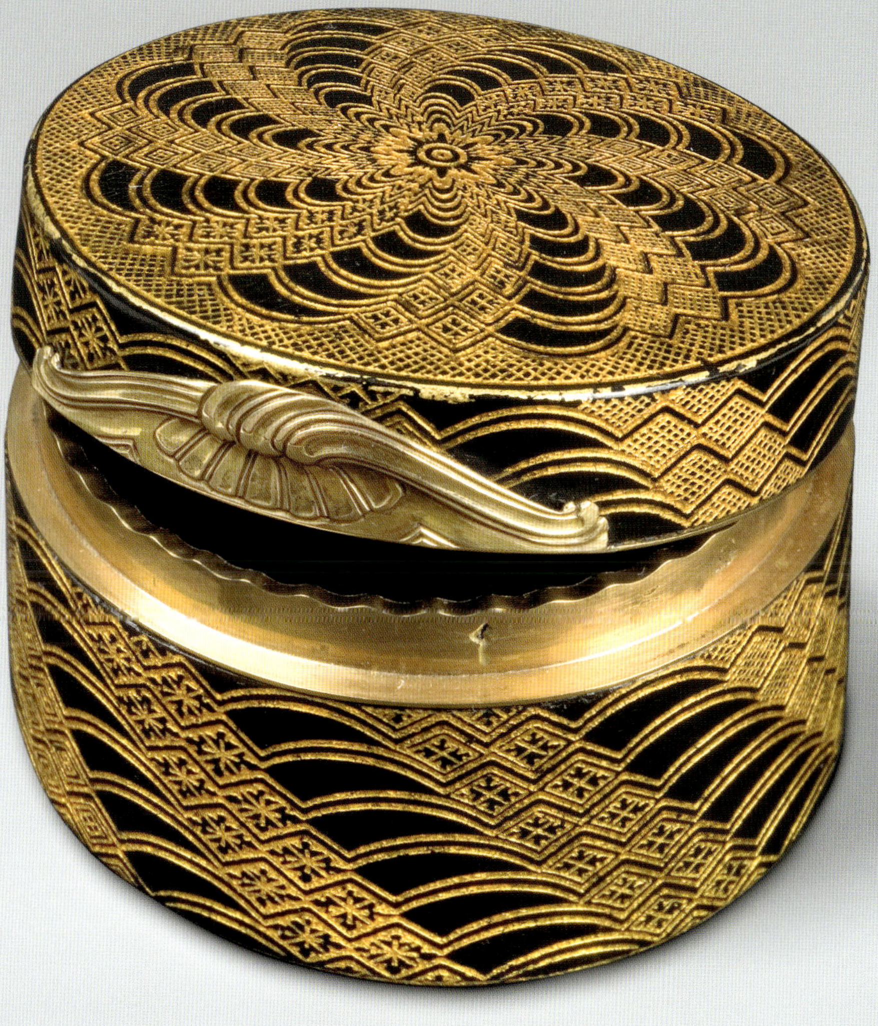

Guillaume Martins verzeichnet 1749 bereits eine in Dutzenden gezählte Menge an Tabatieren.[1] Das vorliegende Beispiel gibt sich in seiner neuartigen Machart, seiner Ziertechnik und seinem Dekorstil als ausgereifte Entwicklung zu erkennen, sodass von einem schon einige Jahre zuvor – laut Jérôme de La Lande um 1740 – einsetzenden Beginn der Fertigung von handlich kleinen, für das Mitführen in der Tasche bestimmten Lackdosen ausgegangen werden darf.

In einen vielschichtigen Überzug aus Schwarzlack ist allseitig ein ornamentaler Dekor eingraviert, wie er um die Jahrhundertmitte auch in Porzellan und Elfenbein nachweisbar ist.[2] Auf Deckel und Unterseite kreisen um ein zentrales Sternmotiv Wirbelrosetten aus bogig geschweiften, zum Rand hin sich verbreiternden Flügeln, die wechselnd mit variierenden Mustern gefüllt sind. Ganzflächig blattvergoldet und durch Schleifpolitur freigelegt, hebt sich das mit Gold ausgelegte Muster wirkungsvoll vom schwarzen Fond ab.

Die Dose dokumentiert den ersten, für die Folgezeit wichtigen Schritt zum gravierten, mit Blattmetall überfangenen Lackgrund – ein Verfahren, das sich an die in der Goldschmiedekunst praktizierten Gravurtechniken anlehnt und der Lackarbeit den angestrebten Eindruck einer Goldtabatiere verleiht.

1 Paris, Archives nationales, M. C., CXXI 345, 18. August 1749, fol. 2 verso.

2 Teuber 1756, Faltblatt im Tafelband. – Beaucamp-Markowsky 1985, Nr. 154.

44 Bonbonniere

rund, mit abnehmbarem Deckel

Papiermaché; Schwarzlack, allseitig guillochiert, blattvergoldet und mit transluzidem Rotlack überfangen, Rocaillenbordüren und Blütendekor eingraviert und blattvergoldet, mit Klarlack überfangen; im Innern Schwarzlack

H. 3,3 cm, Ø 6,4 cm; Gewicht: 35 g

Auf dem Deckel ein Blumenstrauß mit Schleife, auf der Wandung verstreute Blütenzweige

Paris, anonyme Lackwerkstatt, fünfziger Jahre des 18. Jahrhunderts

Münster, Museum für Lackkunst, Inv.-Nr. EU-F-b-4

Literatur: Zürich 1976, Nr. 51. – Sträßer 1977, Nr. 106, Abb. S. 163. – Sträßer 1986, S. 258, Abb. 10. – Strässer / Hinton 1988, Nr. 192. – Czarnocka 1994, S. 66, Abb. 7 – Kopplin 1998, Nr. 16. – Kopplin 2010, Nr. 15.

Die Lackgravur, auf der Dose mit den Wirbelrosetten erstmalig nachweisbar (Kat.-Nr. 43), kam bei dieser Bonbonniere in bereits weiterentwickelter Form zur Anwendung. Ein in den Schwarzlackgrund guillochiertes und blattvergoldetes Wellenmuster (siehe S. 76, Abb. 3) wurde mit transluzidem Rotlack überfangen und ruft die Wirkung einer emaillierten Goldarbeit hervor. Der eigentliche Dekor – ein Bukett in Rocaillenrahmung – wurde erst darüber in einem zweiten Gravurvorgang eingeritzt, wiederum mit Blattgold ausgelegt, freipoliert und mit Klarlack überfangen. Die Vielschichtigkeit der Materiallagen und der Arbeitsschritte sollte sich in den fünfziger Jahren des 18. Jahrhunderts zu einem charakteristischen Merkmal des Vernis Martin entwickeln.

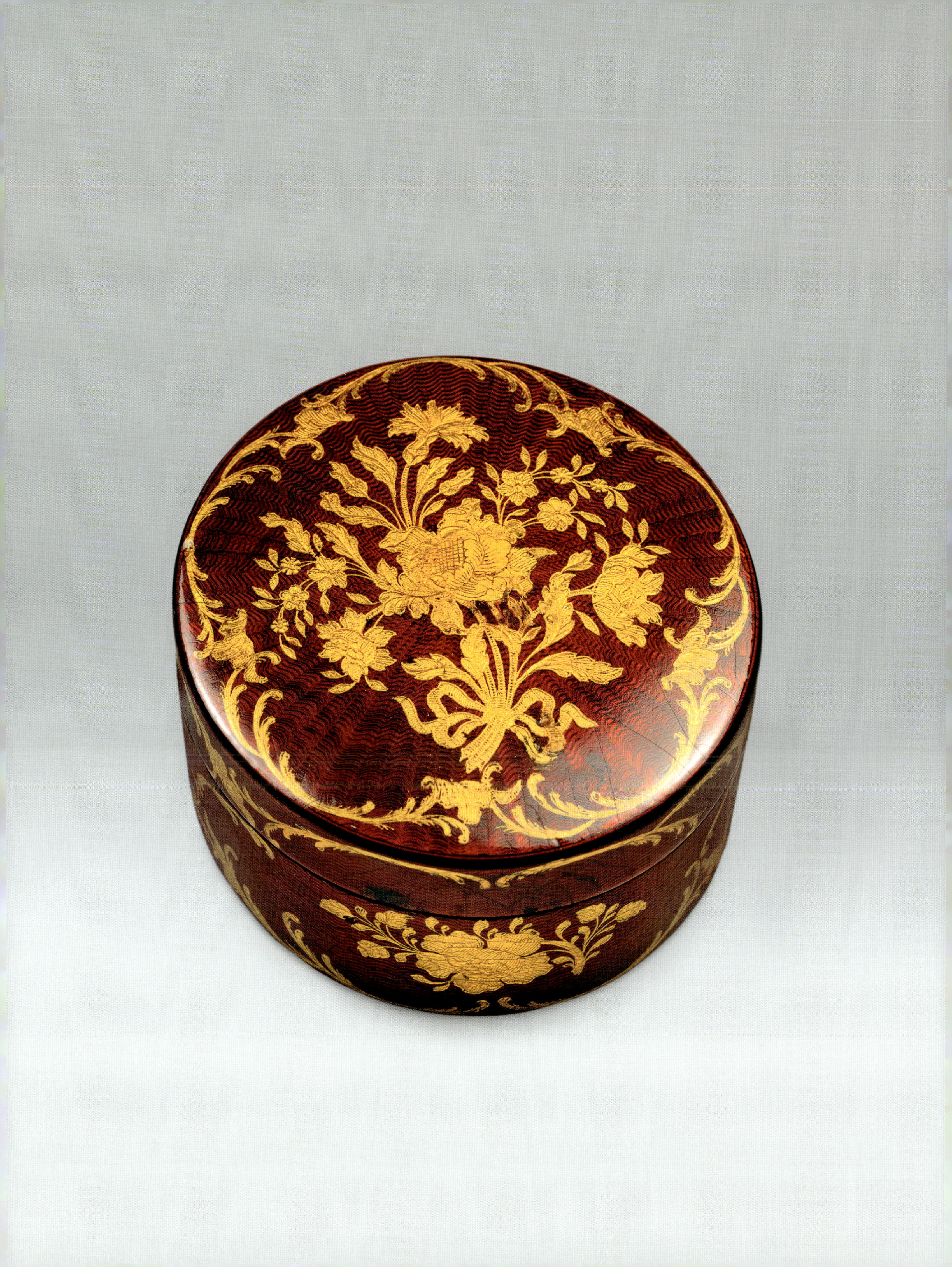

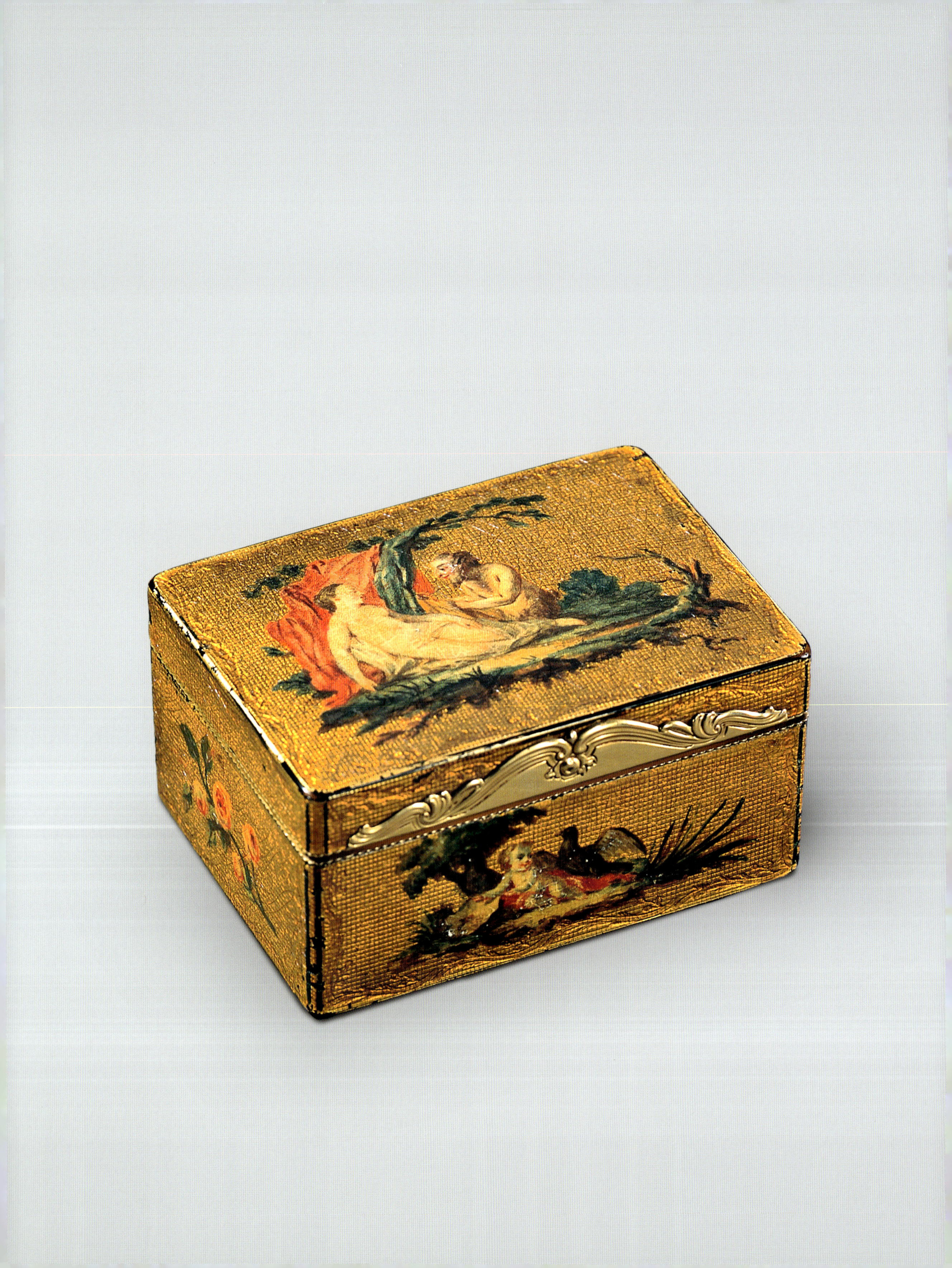

45 Tabatiere

rechteckig, mit Scharnierdeckel

Papiermaché; Schwarzlack, Karomuster und darüber Randbordüre eingraviert, blattversilbert und mit gelblichem Klarlack überfangen, Dekor in teilweise lasierender Ölmalerei, die Ränder mit grüner Lasur eingefasst, mit Klarlack überfangen; Daumenrast mit Rocaillen aus ziseliertem Gold; Futter aus Gold *à cage* montiert

H. 4,2 cm, B. 8,4 cm, T. 6,1 cm; Gewicht: 137 g

Auf dem Deckel ein Faun in Betrachtung einer schlafenden Nymphe, auf Vorder- und Rückseite sowie auf der Unterseite spielende Amoretten, auf den Seiten blühende Zweige von Rose und Trichterwinde

Paris, anonyme Lackwerkstatt; Goldschmiedearbeit von Barnabé Sageret, 1753/54 (Jahresbuchstabe der Zunft)

Privatsammlung

Unveröffentlicht

Kleinteiliges Karo überzieht die Tabatiere als allseitig in den Schwarzlack eingraviertes Grundmuster. Noch vor der Auflage von Blattsilber wurde in einem Arbeitsgang die wellige Randbordüre eingeritzt. Ein Überzug aus gelblichem Klarlack gibt diesem Fond den Anschein kostbaren Goldes. In einem nächsten Schritt erfolgte der Wechsel von der Gravur zur Malerei, die teilweise lasierend in Ölfarben angelegt ist. Zart und durchsichtig scheint sie auf dem Grund zu schweben – eine Wirkung, wie sie nur in Verbindung mit vielschichtig durchsichtigem Lack erzielt werden kann. Der Eindruck des unwirklich Entrückten wird durch die Darstellung selbst erhöht, die als *scène flottant* jeder Verankerung in einem realen Raum entbehrt.

Eine ähnliche und zeitgleich entstandene Tabatiere in Vernis Martin bewahrt die Wallace Collection in London (Abb.).[1]

1 Truman 2013, Nr. 8.

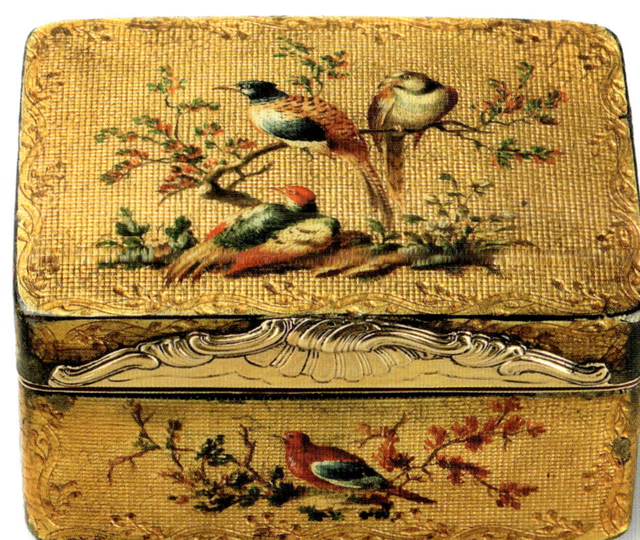

Tabatiere mit exotischen Vögeln, Goldschmiedearbeit Louis Regnard zugeschrieben, 1752/53; London, Wallace Collection (Inv.-Nr. G18)

46 Tabatiere

rund, mit Scharnierdeckel

Papiermaché; Schwarzlack, Rocaillenbordüren und Kreuzschraffur an den Rändern eingraviert und ganzflächig blattvergoldet, innerhalb der ornamental umschlossenen Reserven Rautenmuster in Goldsgraffito eingraviert, die schraffierten Ränder mit grünem Lüster abgesetzt, ganzflächig mit Klarlack überfangen, Dekor in teilweise lasierender Ölmalerei, mit Klarlack überfangen; im Innern Schwarzlack; Daumenrast aus ziseliertem und graviertem Silber

H. 4,1 cm, Ø 8,2 cm; Gewicht: 80 g

Auf dem Deckel *L'Agréable leçon* nach François Boucher, auf Wandung und Unterseite landschaftliche Szenerien

Paris, anonyme Lackwerkstatt, nach 1758

Münster, Museum für Lackkunst, Inv.-Nr. EU-F-b-18

Literatur: Sträßer 1977, Nr. 105, Abb. S. 176. – Strässer / Hinton 1988, Nr. 191. – Kopplin 1998, Nr. 15. – Kopplin 2010, Nr. 14.

Die Aufeinanderfolge von Lackgravur, Auflage aus Blattmetall und Malerei, die wiederum in vielschichtige Überzüge aus Klarlack eingebettet ist, erzielt bei dieser Dose ein besonders raffiniertes Zusammenspiel. Als großflächig im Rapport angelegtes Grundmuster sind hier zusätzlich Rauten in Blattgold eingraviert, die überall dort, wo die Malerei lasierend aufgetragen wurde, durch den gemalten Dekor hindurchschimmern. Die Rahmung der gemalten Szenen durch gravierte und vergoldete Rocaillen wiederholt sich auf Wandung und Unterseite – nach dem gleichen Schema wie bei einer Reihe von Dosen, die alle aus derselben Werkstatt hervorgegangen scheinen (Kat.-Nr. 44 sowie S. 78 und 79, Abb. 5–8).

Dem Deckelmotiv liegt ein 1758 von René Gaillard in Kupfer gestochenes Gemälde François Bouchers zugrunde, das dieser erstmalig im Salon von 1748 als »Un tableau ovale représentant un Berger, qui montre à jouer de la Flûte à sa Bergère«[1] ausgestellt hatte. Drei Jahre später griff er – der Mode für die *bergerie enfantine* entsprechend – das Thema in einer noch kindlicher anmutenden Variante auf.[2] Im Kunsthandwerk ein vielfach zitiertes Sujet, lässt sich die Schäferszene auch im Emaildekor goldener Tabatieren und Bonbonnieren nachweisen.[3] Während diese die Komposition vorlagengetreu wiedergeben, fügt der Lackmaler in freier Ergänzung mit dem geöffneten Vogelkäfig auf dem Schoß des Mädchens ein Requisit hinzu, das den erotischen Gehalt der Szene durch das Symbol verlorener Unschuld noch pointierter vorträgt. Die Vergrößerung führt vor Augen, wie subtil er Verführung und erste Offenbarung der Liebe darzustellen wusste (Abb. S. 72).

1 Ananoff 1976, Bd. 2, Nr. 311.
2 Ebd., Nr. 374.
3 Grandjean 1981, Nr. 98. – Los Llanos / Grégoire 2011, Nr. 35.

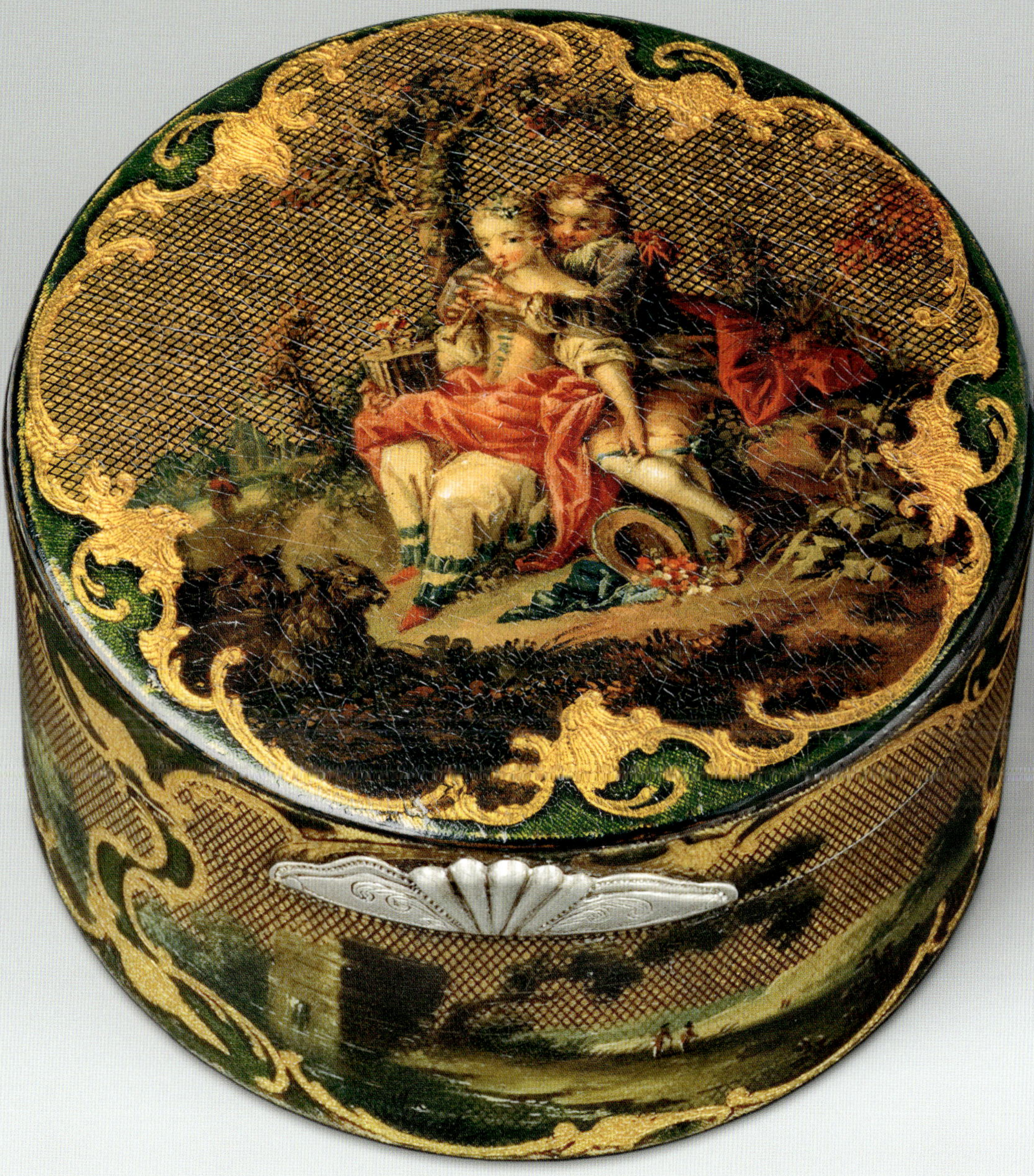

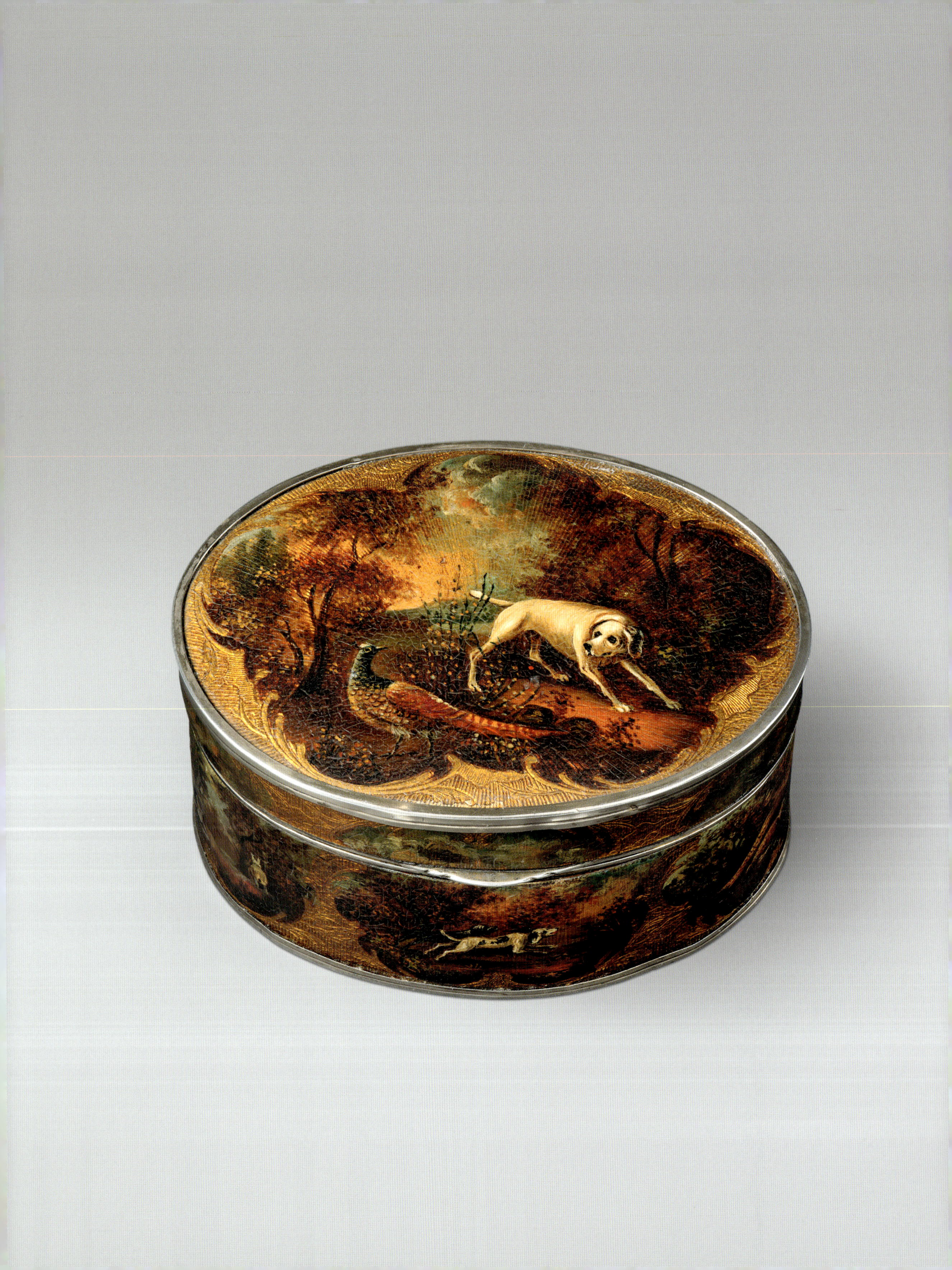

47 Tabatiere

queroval, mit Scharnierdeckel

Papiermaché; Schwarzlack, Rocaillenbordüren und sternförmige Linien (*rayons en soleil*) eingraviert, blattversilbert und mit gelblichem Klarlack überfangen, Dekor in teilweise lasierender Ölmalerei, mit Klarlack überfangen; Futter aus untermaltem Schildpatt; Montierung aus Silber

H. 4,6 cm, B. 9,3 cm, T. 7,2 cm; Gewicht: 178 g

Auf dem Deckel *Blanche, chienne de Louis XV, en arrête devant un faisant* nach Jean-Baptiste Oudry, auf der Wandung weitere Jagdszenen

Paris, anonyme Lackwerkstatt, fünfziger Jahre des 18. Jahrhunderts

Privatsammlung

Unveröffentlicht

Eine Vielzahl in Golddosen guillochierter Muster gab das Vorbild für die Lackgravur ab, derer sich die Lackwerkstätten seit den vierziger Jahren bedienten. Neben Wellen, Karos, Rauten und Flechtwerk kamen sternförmig eingeritzte Strahlen zum Einsatz. Hier geben die *rayons en soleil* (Abb.) den goldschimmernden Hintergrund für eine Jagdszene ab, der ein 1727 entstandenes Gemälde von Jean-Baptiste Oudry zugrunde liegt (Abb.).[1] Auch auf der Unterseite und den fünf von Rocaillenkartuschen eingefassten Bildfeldern der Wandung finden sich Jagdszenen mit Fasanen und einem Hasen dargestellt. Größe und Gewicht der Dose lassen auf ihre Verwendung als Tischtabatiere schließen. Zwei weitgehend identische Exemplare befinden sich im Nationalmuseum Stockholm[2] und in einer Hamburger Privatsammlung.[3]

1 Paris 1982, Nr. 46.
2 Stockholm 1990, Nr. 425, Abb. S. 42.
3 Glanz 1999, S. 43, Nr. 1.

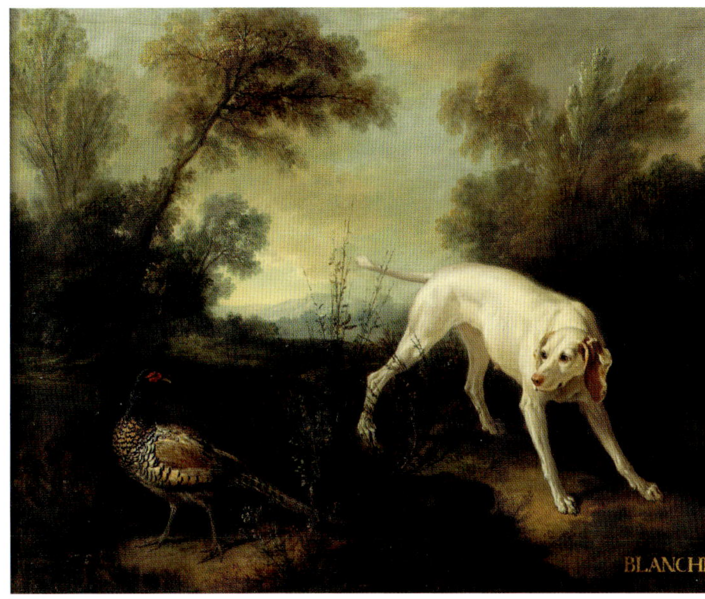

Jean-Baptiste Oudry, *Blanche, chienne de Louis XV, en arrêt devant un faisant*, 1727, Öl auf Leinwand; Compiègne, Musée national du Château de Compiègne (Inv.-Nr. 589)

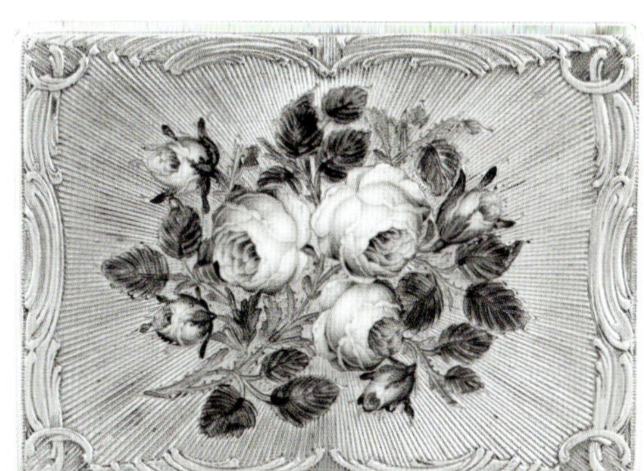

Tabatiere mit *rayons en soleil*, Gold, graviert und ziseliert, mit Emailmalerei, Barnabé Sageret, 1754–1755; Paris, Musée du Louvre, Département des objets d'art (Inv.-Nr. OA 6756)

48 Bonbonniere

rund, mit abnehmbarem Deckel

Papiermaché; Schwarzlack, Blattvergoldung, mit transluzidem Rotlack überfangen, Schwarzlack mit eingraviertem Rautenmuster, mit Klarlack überfangen, in vierpassig geschweifter Reserve Dekor in Ölmalerei in reicher Blüten-, Muschel- und Rocaillenrahmung aus applizierter Gold- und Silberfolie, entlang den Rändern Blütengirlanden, auf Wandung und Unterseite Blütenzweige aus applizierter Gold- und Silberfolie; Montierung aus graviertem Silber; Futter aus untermaltem Schildpatt

H. 4,2 cm, Ø 8,2 cm; Gewicht: 90 g

In der Deckelreserve zwei behelmte, mit Kriegsgerät spielende Amoretten

Paris, anonyme Lackwerkstatt, zweite Hälfte fünfziger bis Anfang sechziger Jahre des 18. Jahrhunderts

Münster, Museum für Lackkunst, Inv.-Nr. EU-F-b-25

Literatur: Sträßer 1977, Nr. 97, Abb. S. 155. – Strässer / Hinton 1988, Nr. 189.

Am Ende seiner vielzitierten Anmerkung zum »fameux Martin«[1] erwähnt Watin das Verfahren »d'incruster des tabatieres en nacre de perle«. Obschon Ein- bzw. Auflagen von Perlmutter oder kleinen Dekorteilchen aus Gold und Silber zu den üblichen Ziertechniken zählten, haben sich – vermutlich aufgrund ihrer besonderen Empfindlichkeit – nur wenige Beispiele erhalten. Diese Dose zählt zu den besonders aufwendig gestalteten Exemplaren, verbindet sie doch ganz in der Tradition der »reichen Technik«, der sie auch in ihrer zeitlichen Einordnung noch zugehört, mehrere Verfahren: die Gravur, die Ölmalerei und die Einlage in Lack. Die Einlage von Edelmetall konnte, wie die nachfolgenden Necessaires zeigen, auch nach dem Piqueverfahren erfolgen, das aus der Bearbeitung von Schildpatt übernommen worden war.

1 Watin 1773, S. 296 (Watin 1774, S. 286).

49 Necessaire mit Reisetintenfass

hochoval, mit Scharnierdeckel

Papiermaché; Schwarzlack, Blattvergoldung, mit transluzidem Rotlack überfangen, Schwarzlack mit eingraviertem Rautenmuster, mit Klarlack überfangen, florale Ziermotive auf Deckel, Wandung und Unterseite sowie Randornamente aus Silberpiqué, mit Lasuren gehöht; Montierung aus graviertem Silber; Innenaufteilung aus Papiermaché, mit rosafarbenem Samt ausgeschlagen; im Innern kleines Tintenfass aus Silber mit Schraubverschluss (Jahresbuchstabe der Zunft für 1760/61), die zugehörigen Schreibfedern sind verlorengegangen

H. 4,4 cm, B. 4,1 cm, T. 5,1 cm; Gewicht: 36 g (mit Inhalt 57 g)

Florales Silberpiqué

Paris, anonyme Lackwerkstatt, 1762–1768 (Belastungsstempel)

Münster, Museum für Lackkunst, Inv.-Nr. EU-F-d-54

Literatur: Strässer 1977, Nr. 96, Abb. S. 154. – Strässer / Hinton 1988, Nr. 190.

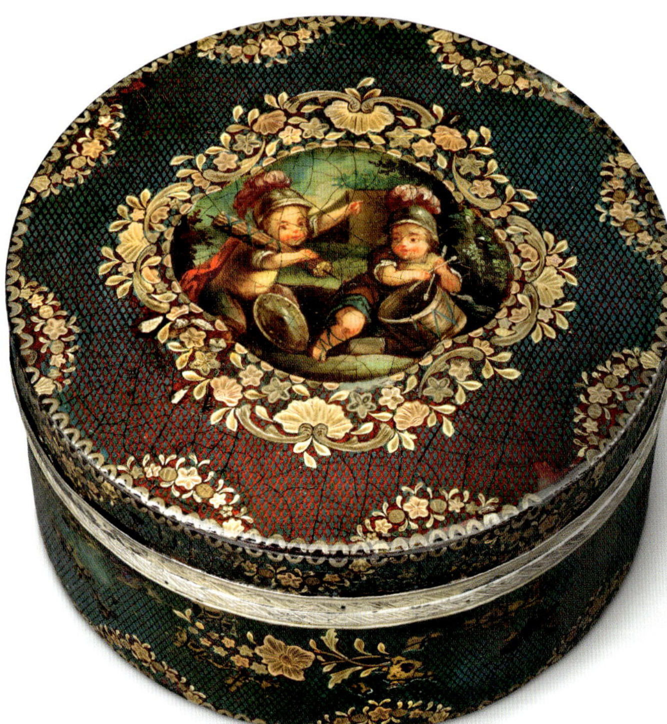

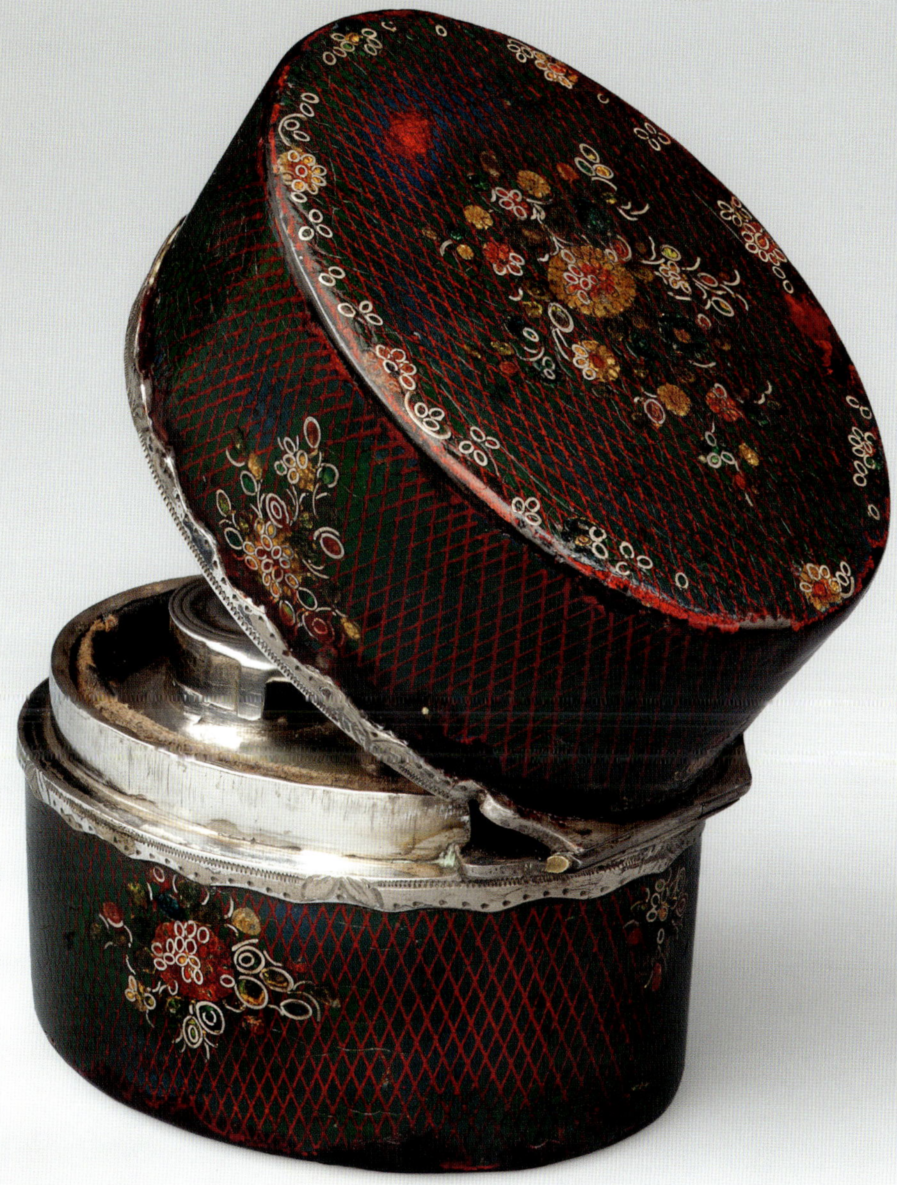

50 Flakonnecessaire

rechteckig, mit gewölbtem Scharnierdeckel

Papiermaché; Schwarzlack, Blattvergoldung, mit transluzidem Rotlack überfangen, Schwarzlack mit eingraviertem Rautenmuster, mit Klarlack überfangen, Dekor aus Silberpiqué, mit Lasuren gehöht; Montierung aus graviertem Silber; Innenaufteilung aus Papiermaché, mit blassrosa Samt ausgeschlagen; im Innern zwei kleine Flakons und ein Parfümtrichter, ein Notizblock aus Elfenbeintäfelchen sowie die Halterung eines Stiftes

H. 6,6 cm, B. 5,8 cm, T. 3,5 cm; Gewicht: 53 g (mit Inhalt 93 g)

Auf beiden Seiten rastender Fasan im Gesträuch, auf Deckel und Unterseite florale Ornamente

Paris, anonyme Lackwerkstatt, 1756–1762 (Quittungsstempel)

Paris, Musée des arts décoratifs, Inv.-Nr. 57973

Unveröffentlicht

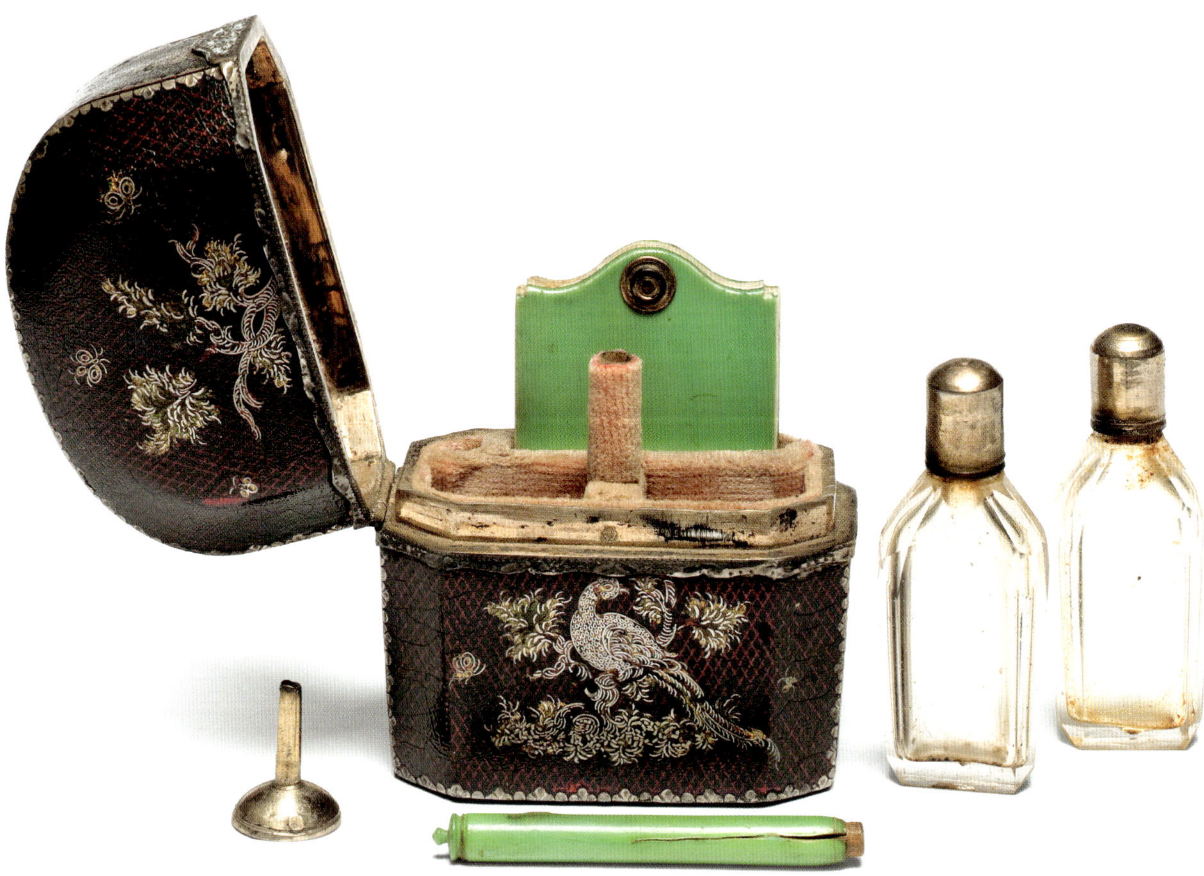

51 Flakonnecessaire

rechteckig, mit gewölbtem Scharnierdeckel

Papiermaché; Schwarzlack, Blattvergoldung, mit transluzidem Rotlack überfangen, Schwarzlack mit eingraviertem Rautenmuster, mit Klarlack überfangen, Dekor in partiell lasierender Ölmalerei, mit Silberpiqué eingefasst; Montierung aus graviertem Silber; Innenaufteilung aus Papiermaché, mit rosafarbenem Samt ausgeschlagen, im Innern kleiner, mit rosa Seide hinterlegter Spiegel, zwei Kristallflakons, ein Parfümtrichter, ein Klappmesser, ein Löffelchen und ein Stifthalter aus Silber sowie ein kleiner Notizblock aus Elfenbeintäfelchen

H. 8,2 cm, B. 6,3 cm, T. 3,9 cm; Gewicht: 78 g (mit Inhalt 158 g)

Hündin mit Welpen und herumtollende Jagdhunde; auf dem Deckel Vögel, auf der Unterseite ein geflügeltes Insekt

Paris, anonyme Lackwerkstatt, 1756–1762 (Quittungsstempel)

Paris, Musée des arts décoratifs, Inv.-Nr. 57971

Unveröffentlicht

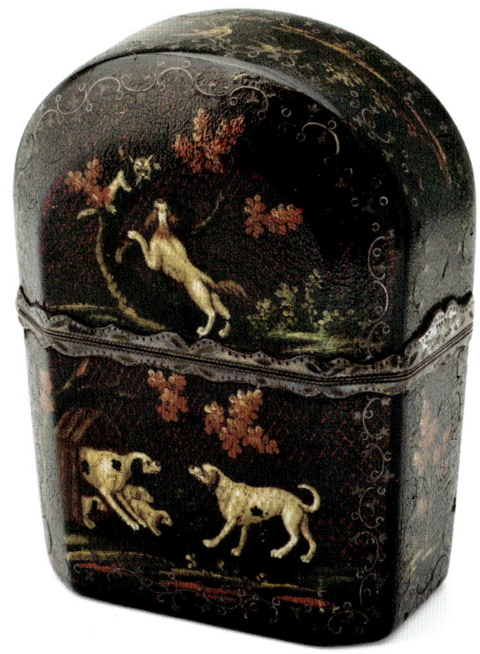

52 Flakonnecessaire

rechteckig, mit gewölbtem Scharnierdeckel

Papiermaché; Schwarzlack, Blattvergoldung, mit transluzidem Rotlack überfangen, Schwarzlack mit eingraviertem Rautenmuster, mit Klarlack überfangen, Dekor in partiell lasierender Ölmalerei, Randeinfassung aus applizierten Halbkreisen aus Silberfolie; Montierung aus graviertem Silber; Innenaufteilung aus Papiermaché, mit rosafarbenem Seidenvelours ausgeschlagen, im Innern vier Kristallflakons und ein Parfümtrichter

H. 8 cm, B. 4,1 cm, T. 7 cm; Gewicht: 100 g (mit Inhalt 185 g)

Sträucher mit rastenden und schnäbelnden Vögeln

Paris, anonyme Lackwerkstatt, 1756–1762 (Quittungsstempel)

Paris, Musée des arts décoratifs, Inv.-Nr. 57969

Unveröffentlicht

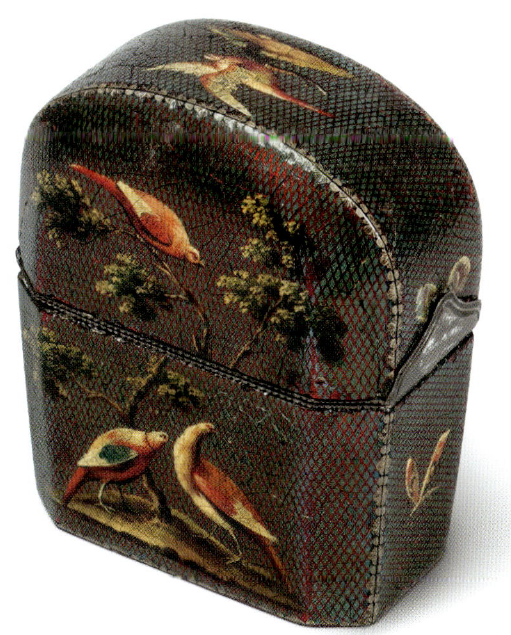

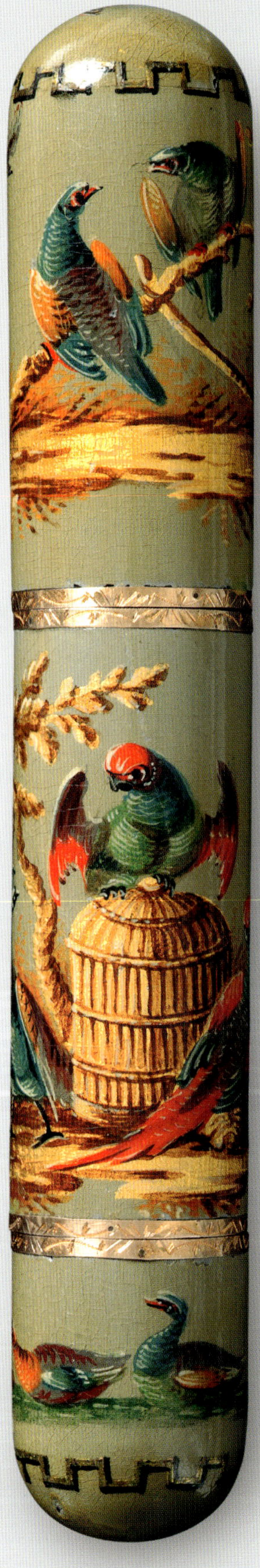

53 Flakonetui

aus drei ungleich großen zylindrischen Teilstücken, mit gerundeten Enden

Holz und Papiermaché; Schwarzlack, grauvioletter Lack (vergilbt, mit olivgrüner Farbwirkung), Dekor in Ölmalerei sowie mit braunen Lasuren gehöhtem Muschelgold, mit Klarlack überfangen; Montierung aus graviertem Gold; Steckhülsen aus Schildpatt, im unteren Teilstück ein Kristallflakon (Quittungsstempel für 1762–1768)

H. 14,9 cm, Ø 2,4 cm; Gewicht: 28 g (mit Inhalt 44 g)

Fasanen, Pfauen und Kleingetier im Gehölz, auf dem oberen Ende auffliegender Vogel, auf dem unteren Ende Früchte

Paris, anonyme Lackwerkstatt, 1774–1780 (Quittungsstempel)

Münster, Museum für Lackkunst, Inv.-Nr. EU-F-d-7

Literatur: Sträßer 1977, Nr. 93, Abb. S. 139. – Strässer / Hinton 1986, Nr. 160.

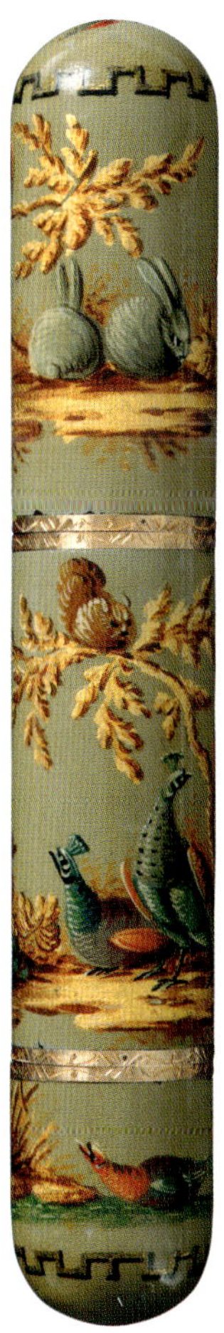

54 Flakonetui

aus drei ungleich großen zylindrischen Teilstücken, mit gerundeten Enden

Holz und Papiermaché; Schwarzlack, ganzflächig aufgelegtes Blattsilber, mit grünlichem Klarlack überfangen, Dekor in teilweise lasierender Ölmalerei und transluzidem Rotlack, mit Klarlack überfangen; Montierung aus vergoldetem Silber; Steckhülsen aus Schildpatt

H. 14,6 cm, Ø 2,4 cm; Gewicht: 25 g

Hühnervolk, Vögel und Kleingetier im Gehölz mit Fantasiearchitektur

Paris, anonyme Lackwerkstatt, siebziger Jahre des 18. Jahrhunderts

Münster, Museum für Lackkunst, Inv.-Nr. EU-F-d-15

Literatur: Sträßer 1977, Nr. 92, Abb. S. 151. – Strässer / Hinton 1986, Nr. 161.

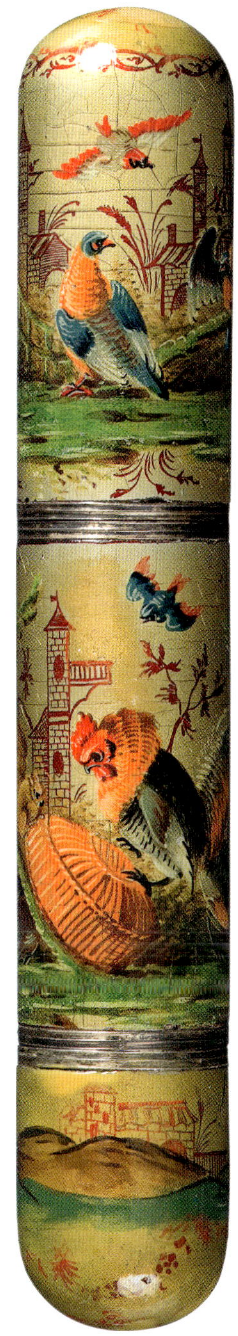

55 Necessaire mit Reisetintenfass

achteckig, mit Scharnierdeckel

Papiermaché; Schwarzlack, ganzflächig aufgelegtes Blattmetall, mit rötlich braunem Klarlack überfangen, Dekor in Ölmalerei, Randeinfassung aus Schwarzlack, mit Blattmetall ornamentiert, mit Klarlack überfangen; Montierung aus Silber; Innenaufteilung aus Papiermaché, mit rotem Samt gefüttert, im Innern kleines Tintenfass aus Silber mit Schraubverschluss (Jahresbuchstabe der Zunft für 1759/60), eine silberne Schreibfeder, ein Stifthalter und ein Verlängerungsstück

H. 4,9 cm, B. 3,5 cm, T. 4,8 cm; Gewicht: 41 g (mit Inhalt 66 g)

Über Deckel, Seiten und Unterseite verteilte Spielkarten

Paris, anonyme Lackwerkstatt, 1756–1762 (Quittungsstempel)

Privatsammlung

Unveröffentlicht

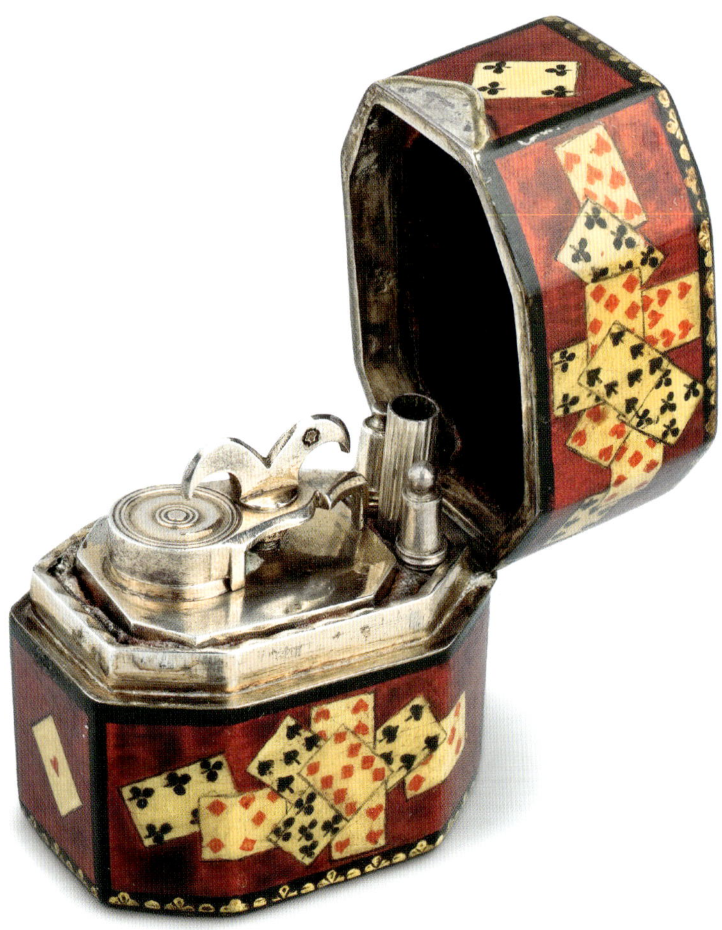

56 Necessaire

in Herzform, mit Scharnierdeckel und Schnappverschluss

Papiermaché; Schwarzlack, rosafarbener Lack, Dekor in Einlagen aus graviertem Silber und graviertem mehrfarbigem Gold sowie in Schwarzlack mit aufgestreutem Metallpulver, mit Klarlack überfangen; Montierung aus graviertem Gold; Futter aus Gold, im Deckel ein kleiner Spiegel

H. 6,5 cm, B. 2,7 cm, T. 3,4 cm; Gewicht: 48 g

Auf Deckel und Seiten chinoise Landschaft mit Felsen, Pagoden und Pavillons

Paris, anonyme Lackwerkstatt, 1762–1768 (Quittungsstempel)

Privatsammlung

Unveröffentlicht

Ein ähnliches Necessaire in rosafarbenem Lack befand sich in der Sammlung René Fribourg.[1]

1 The René Fribourg Collection: IV, Catalogue of Gold Snuff Boxes, Miniatures and Objects of Vertu. Sotheby & Co, New York, 14. Oktober 1963 (Aukt.-Kat.), Los 307.

57 Necessaire

in Herzform, mit Scharnierdeckel und Schnappverschluss

Papiermaché; Schwarzlack, weißer Lack, Dekor in Einlagen aus graviertem Silber und graviertem mehrfarbigem Gold sowie (in Resten vorhanden) aufgestreutem Metallpulver, mit Klarlack überfangen; Montierung aus ziseliertem und graviertem Gold; Futter aus Gold, im unteren Teil mit rosafarbenem Samt ausgekleidet

H. 6,5 cm, B. 2,7 cm, T. 3,2 cm; Gewicht: 28 g

Auf Deckel und Seiten chinoise Landschaft mit Felsen, Pagoden und Pavillons

Paris, anonyme Lackwerkstatt, 1762–1768 (Quittungsstempel)

Privatsammlung

Unveröffentlicht

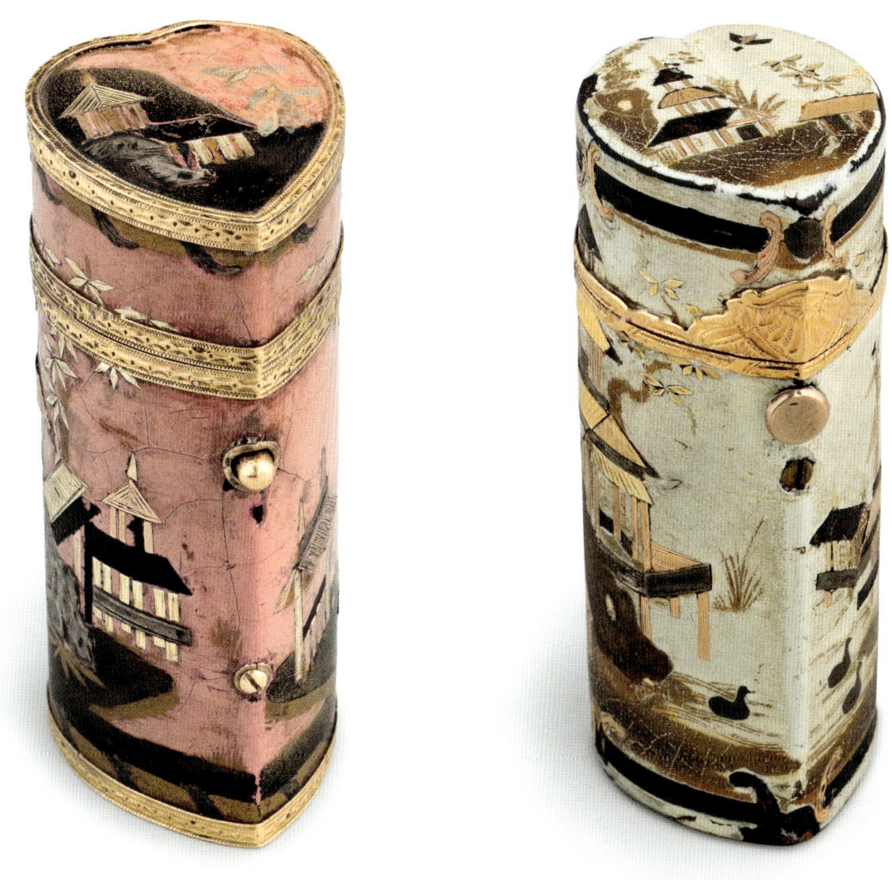

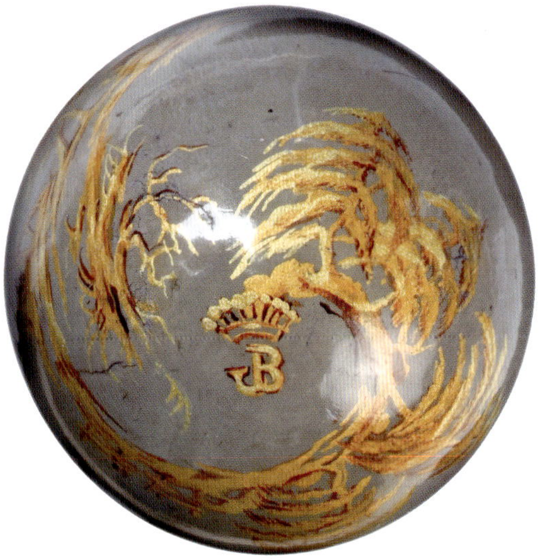

58 Etui

aus zwei ungleich großen zylindrischen Teilstücken, mit gerundeten Enden

Holz und Papiermaché; violetter (zur Fliederfarbe verblasster) Lack, Dekor in Muschelgold und braunen Lasuren, mit Klarlack überfangen; Montierung aus Silber wohl später erneuert; Steckhülse aus Bein

H. 16,2 cm, Ø 4,2 cm; Gewicht: 84 g

Chinesische Parforcejagd, auf dem unteren Ende ligierte Initialen »JdB« unter einer Grafenkrone

Paris, anonyme Lackwerkstatt, siebziger Jahre des 18. Jahrhunderts

Münster, Museum für Lackkunst, Inv.-Nr. EU-F-d-8

Literatur: Holzhausen 1958, S. 129 und Taf. VI. – Huth 1971, Abb. 247. – Berlin 1973, Nr. P 65. – Delft 1976, Nr. 195. – Zürich 1976, Nr. 47, Abb. S. 38. – Sträßer 1977, Nr. 112, Abb. S. 161. – Strässer / Hinton 1988, Nr. 163. – Jacobson 1993, Abb. S. 78. – Kopplin 1998, Nr. 17. – Kopplin 2010, Nr. 18.

Das außergewöhnliche, vermutlich im Auftrag entstandene Etui führt in spiralig umlaufenden aneinandergereihten Einzelbildern Szenen einer chinoisen Parforcejagd vor Augen. Palmen und Baumgruppen mit parasolartig ausgebreiteten Laubschichten wechseln einander mit steilen Pagoden, zierlich geschwungenen Lattenbrücken und Architekturassemblagen mehrstöckiger glöckchenbehangener Pavillons ab. Diese fantastische Landschaft wird von einer drolligen Jagdgesellschaft spitzhütiger chinesischer Reiter und einer Hundemeute belebt, die flüchtigen Hirschen nachstellen. Die ebenso fantasiereiche wie qualitätvolle, in flotter Pinselschrift aufgebrachte Malerei atmet den Geist der fantastischen Chinoiserie, ohne dass die Erfindung ihrem Hauptexponenten Jean-Baptiste Pillement (1728–1808) zugewiesen werden kann. Für einzelne, besonders beliebte Motive wie kleine Brücken, Stege oder Palmbäume standen in großer Zahl anonyme Vorlagen zur Verfügung (Abb.). Das am unteren Etuiende aufgemalte ligierte Monogramm wurde als das der Gräfin Jeanne du Barry (1746–1793) gelesen.

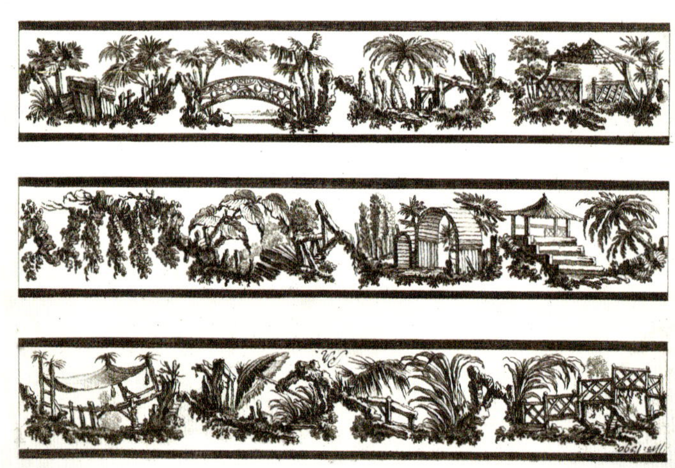

Unbekannter französischer Stecher, Friese mit chinoisen Motiven, Radierung, zweite Hälfte 18. Jahrhundert; Stuttgart, Staatsgalerie, Graphische Sammlung (Inv.-Nr. Nr. A 1998/6773 (KK))

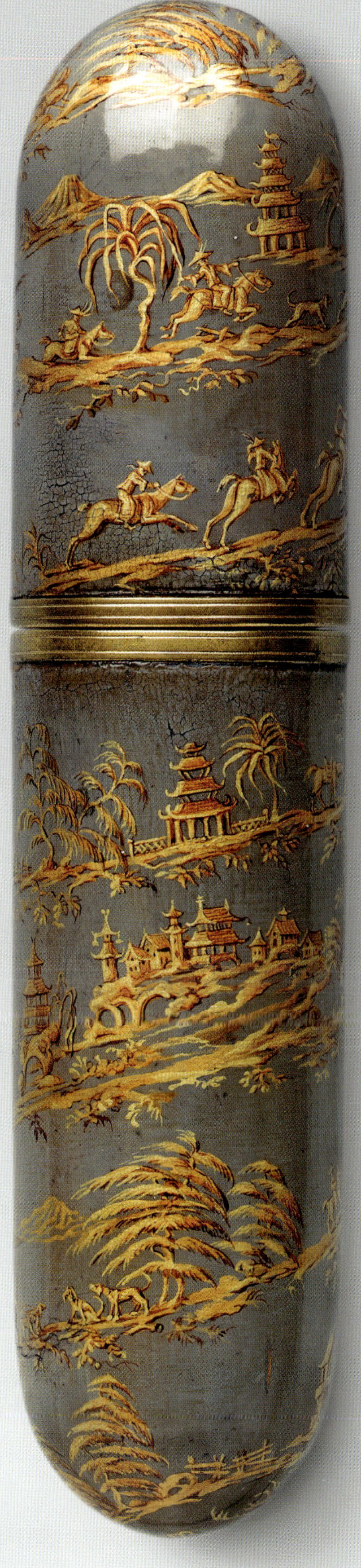

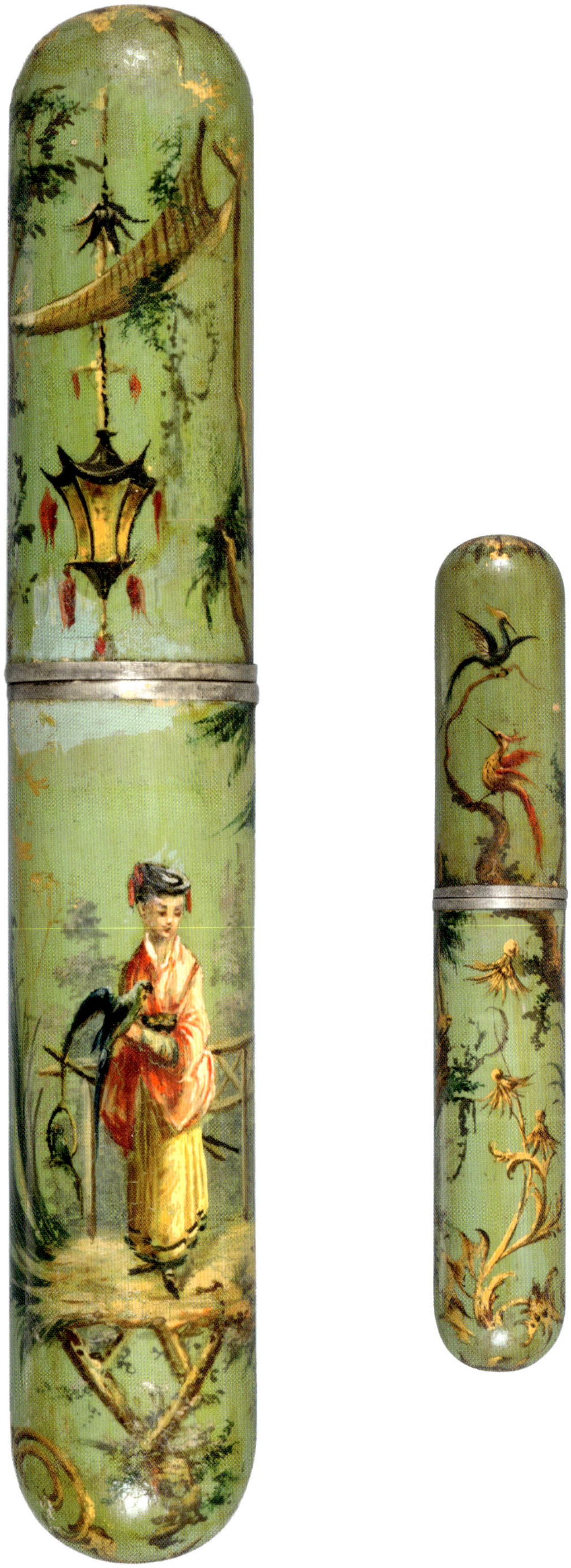

59 Etui

aus zwei ungleich großen zylindrischen Teilstücken, mit gerundeten Enden

Holz und Papiermaché; hellblauer Lack (durch einen darüberliegenden vergilbten hellgrün verfärbt), Dekor in Ölmalerei, Muschelgold und braunen Lasuren, mit Klarlack überfangen; Montierung aus Silber; Steckhülse aus Schildpatt

H. 15,8 cm, Ø 2,6 cm; Gewicht: 37 g

Allseitig chinoise Szenen nach Jean-Baptiste Pillement

Paris, anonyme Lackwerkstatt, siebziger Jahre des 18. Jahrhunderts

Bordeaux, Musée des arts décoratifs, Inv.-Nr. 69.3.428

Unveröffentlicht

Das Motiv der Vorderseite, ein chinesisches Mädchen, das einen exotischen Vogel auf den Händen trägt, geht auf ein Blatt aus Pillements zwölfteiliger Folge *Allégories des Douze Mois de l'Année* zurück, die 1759 in London erschien (Abb.).[1] Die Figur ist vor

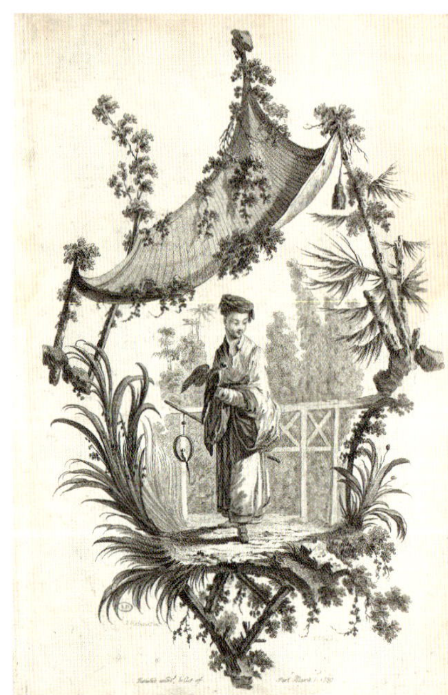

P. C. Canot nach Jean-Baptiste Pillement, Der Monat April aus *Allégories des Douze Mois de l'Année*, 1759, Radierung; Paris, Bibliothèque des arts décoratifs, Album Maciet (Inv.-Nr. ORN.11.81)

einem Gitterwerk vorlagengetreu wiedergegeben, während – durch die Streckung des Motivs über beide Etuihälften bedingt – der offenen Überdachung der Szene durch ein in der Fantasievegetation befestigtes Tuch eine große Laterne hinzugefügt wurde. Die rückseitig dargestellten exotischen Vögel könnten der Serie *Cahier d'Oiseaux Chinois*[2] entnommen sein.

1 Gordon-Smith, Maria: Pillement. Krakau 2006, S. 109, Abb. 90c.
2 Ebd., Abb. S. 199.

60 Etui

aus drei ungleich großen zylindrischen Teilstücken, mit gerundeten Enden

Holz und Papiermaché; Schwarzlack, ganzflächige Auflage aus Blattmetall, mit Klarlack überfangen, Dekor in Ölmalerei, mit Klarlack überfangen; Montierung aus Gold; Steckhülsen aus Schildpatt

H. 14,7 cm, Ø 2,5 cm; Gewicht: 31 g

Auf dem oberen Teilstück ein Sultan mit Krummsäbel, auf dem unteren *La Sultane favorite* nach Étienne Jeaurat; auf den Enden je ein Türkenkopf mit Turban

Paris, anonyme Lackwerkstatt, siebziger Jahre des 18. Jahrhunderts

Paris, Musée Cognacq-Jay, Inv.-Nr. J. 578

Literatur: Ricci 1929, Nr. 578. – Jonas 1930, Nr. 578. – Arminjon / Blondel 1984, S. 540, Abb. 2544. – Los Llanos / Grégoire 2011, Nr. 152.

Die Turquerie, die kleine Schwester der Chinoiserie, hat sich im Bereich der angewandten Kunst und Galanterien vor allem im Porzellan manifestiert.[1] Ein Lacketui mit türkischen Szenen stellt eine Rarität dar – insbesondere in den siebziger Jahren, in denen das Interesse des Publikums an exotischen Motiven abzuflauen begann. Die Reproduktionsstiche Louis Halbous nach Jeaurats Gemäldepaar waren erst 1768 entstanden.[2]

1 Pape, Maria Elisabeth: Die Turquerie in der bildenden Kunst des 18. Jahrhunderts. Phil. Diss. Universität Köln 1987, S. 189 und 190.
2 Ebd., S. 86.

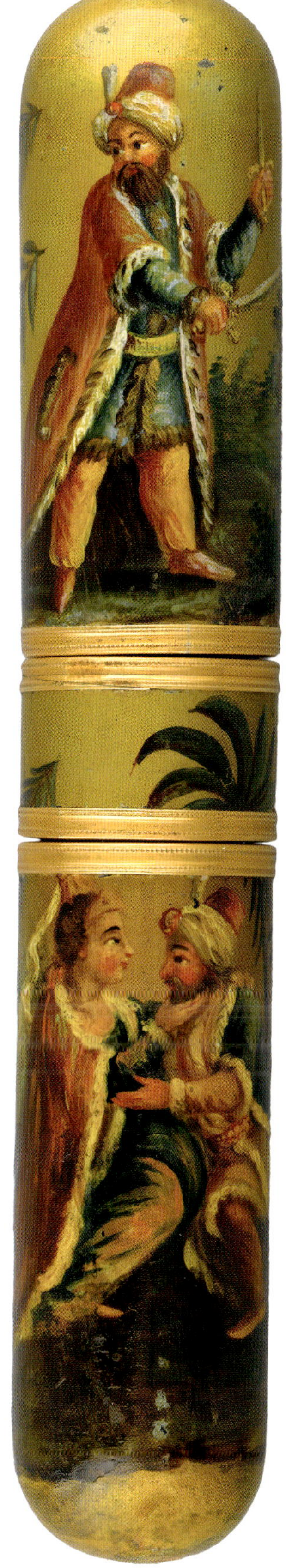

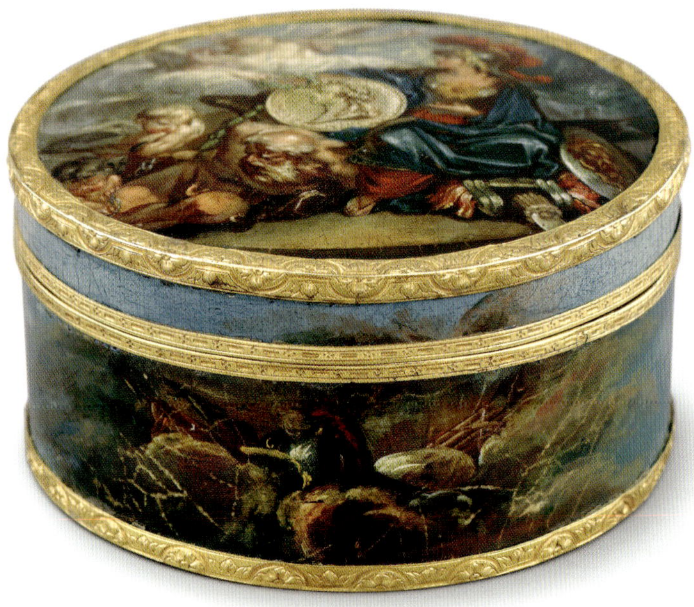

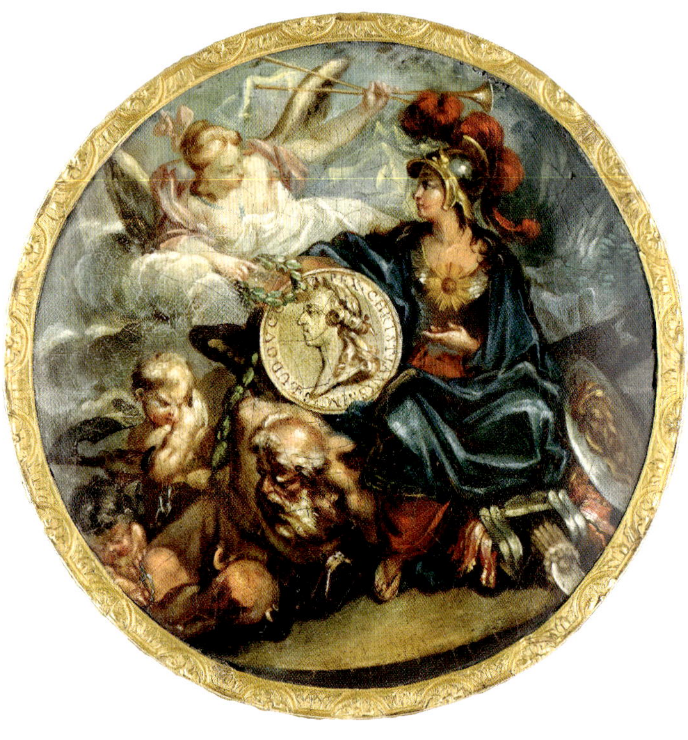

61 Bonbonniere

rund, mit abnehmbarem Deckel

Papiermaché; Schwarzlack, Dekor in Ölmalerei, mit Klarlack überfangen; Montierung aus ziseliertem Gold; Futter aus untermaltem Schildpatt

H. 4,5 cm, Ø 8,8 cm; Gewicht: 111,7 g

Auf dem Deckel Allegorie auf den Ruhm Ludwigs XV., auf der Unterseite ein Hahn mit einem Spiegel, um dessen Stiel sich eine Schlange windet, und eine Waage, auf der Wandung unterschiedliche Waffen und Teile der Rüstung

Paris, anonyme Lackwerkstatt, um 1765

Paris, Musée Cognacq-Jay, Inv.-Nr. J. 456

Literatur: Ricci 1929, Nr. 456. – Jonas 1930, Nr. 456. – Los Llanos / Grégoire 2011, Nr. 154, Abb. S. 327.

Als Vorlage für das Profilbildnis des Königs im Zentrum des Deckels wurde ein 1761 bei Louis-Claude Vassé für das Pariser Rathaus in Auftrag gegebenes Marmorrelief ausfindig gemacht; sie legt eine Datierung der Dose in die Mitte der sechziger Jahre nahe. Tatsächlich sollte die Technik der *peinture à l'huile vernie-polie* erst etwa zwei Jahrzehnte nach den ersten in Ölmalerei dekorierten Möbeln auch in der Fertigung der Lackbijoux an Bedeutung gewinnen.

62 Bonbonniere

rund, mit abnehmbarem Deckel

Papiermaché; Schwarzlack, Dekor in Ölmalerei, mit Klarlack überfangen; Montierung aus graviertem Gold; Futter aus untermaltem Schildpatt

H. 4,2 cm, Ø 8 cm; Gewicht: 86 g

Auf dem Deckel *L'Agréable leçon* nach François Boucher, auf Wandung und Unterseite landschaftliche Szenerien

Paris, anonyme Lackwerkstatt, 1774–1780 (Quittungsstempel)

Deutschland, Privatsammlung

Literatur: Kopplin 2010, S. 125, Abb. 2.

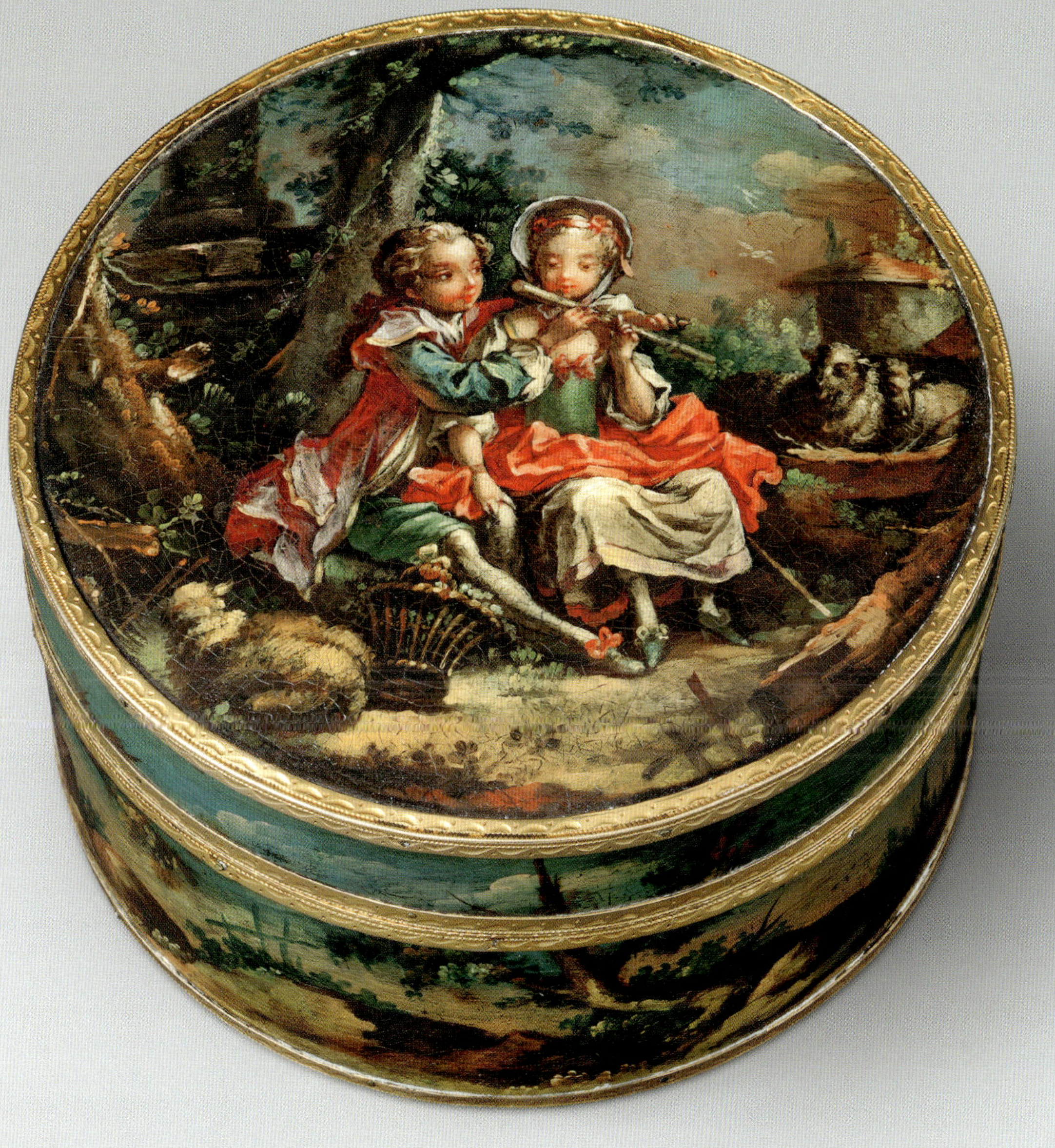

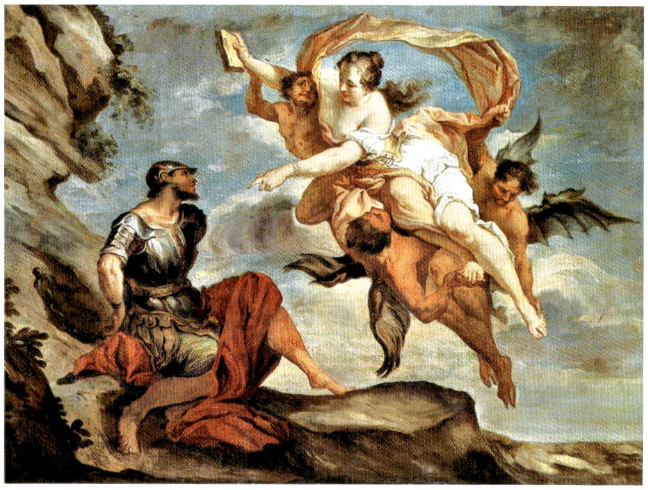

Jacques Dumont dit le Romain, Mythologische Szene, Öl auf Leinwand; Standort unbekannt

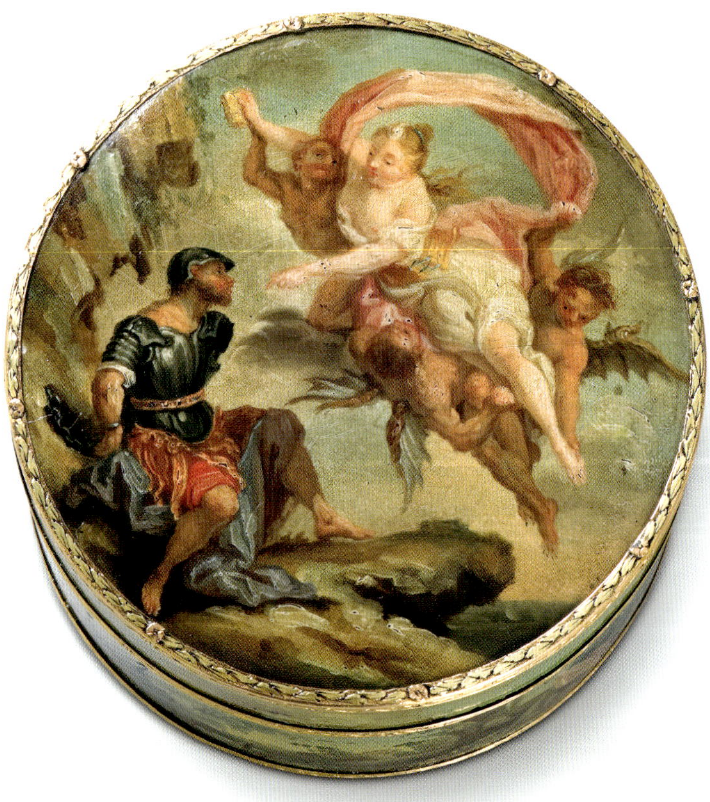

63 Bonbonniere

rund, mit abnehmbarem Deckel

Papiermaché; Schwarzlack, Dekor in Ölmalerei, mit Klarlack überfangen; Montierung aus ziseliertem Gold in zwei Farbtönen; Futter aus Schildpatt

H. 4,2 cm, Ø 8,3 cm; Gewicht: 100 g

Auf dem Deckel mythologische Szene nach Jacques Dumont dit le Romain, auf Wandung und Unterseite Waffen, Helme und ein Harnisch

Paris, anonyme Lackwerkstatt, um 1760

Münster, Museum für Lackkunst, Inv.-Nr. EU-F-b-21

Literatur: Sträßer 1977, Nr. 104, Abb. S. 175. – Strässer / Hinton 1988, Nr. 201. – Czarnocka 1994, S. 64, Abb. 5. – Kopplin 1998, Nr. 14. – Kopplin 2010, Nr. 16.

64 Großes Etui

aus zwei ungleich großen zylindrischen Hälften, mit gerundeten Enden

Holz und Papiermaché; Schwarzlack, Dekor in Ölmalerei, mit Klarlack überfangen; Montierung aus ziseliertem Gold; Steckhülse aus Schildpatt

H. 15,5 cm, Ø 4,8 cm; Gewicht: 71 g

Auf der oberen Hälfte *La naissance de Vénus*, auf der unteren Hälfte *L'Enlèvement d'Europe* nach François Boucher

Paris, anonyme Lackwerkstatt, 1760–1770

Münster, Museum für Lackkunst, Inv.-Nr. EU-F-d-9

Literatur: Zürich 1976, Nr. 53, Abb. S. 38. – Sträßer 1977, Nr. 113, Abb. S. 181. – Strässer / Hinton 1988, Nr. 200. – Kopplin 1998, Nr. 14. – Kopplin 2010, Nr. 16.

Mit der zunehmenden Loslösung der französischen Lacke vom ostasiatischen Vorbild nahm kongruent die Hinwendung zur spezifisch europäischen Technik und den Themen der europäischen Kunst zu. Hauptquelle der Inspiration wurde die zeitgenössische französische Malerei und allen anderen Künstlern voran das Werk François Bouchers (1703–1770) als ihres Hauptmeisters. Bouchers Einfluss auf die angewandten Künste wie insbesondere die Tapisserie, die Porzellanmalerei und -plastik hat dem französischen Interieur des Rokoko einen eigenen Stempel aufgedrückt; erst in der breiten Vervielfältigung und Umsetzung in unterschiedliche Materialien und Techniken wurden seine Motive zu der den Zeitgeschmack bis in die letzten Winkel prägenden Mode. Das Lackbijou als das kleine, auf zierlichen Tischen ausliegende oder im Pompadour mitgeführte Kunstobjekt vermag die

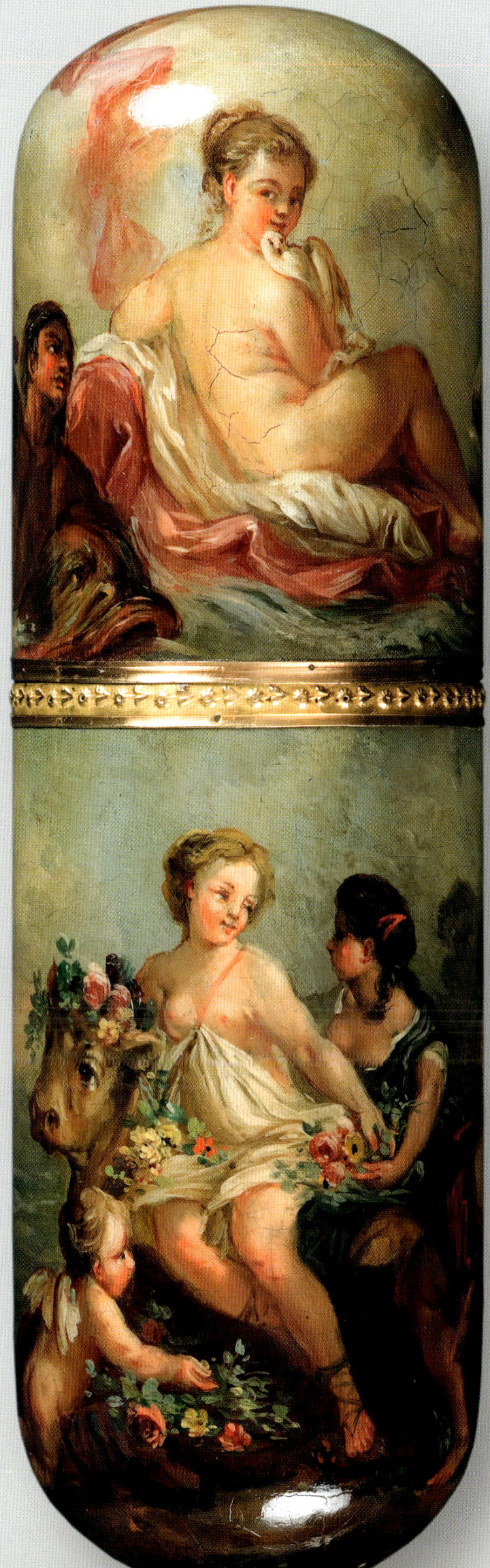

Dominanz der Boucherschen Erfindungen anschaulich widerzuspiegeln. Auf Tabatieren und Bonbonnieren finden sich die in Kupferstichen verbreiteten Gemälde mythologischen wie profanen Inhalts, seine amourösen Schäferszenen und kindhaften Akteure im Miniaturformat wiedergegeben. Noch häufiger aber begegnen sie auf unterschiedlich großen Etuis, unter denen dieses in der Qualität seiner Malerei herausragt. Der ganze rosengeschwängerte Duft der Epoche scheint darin eingefangen.

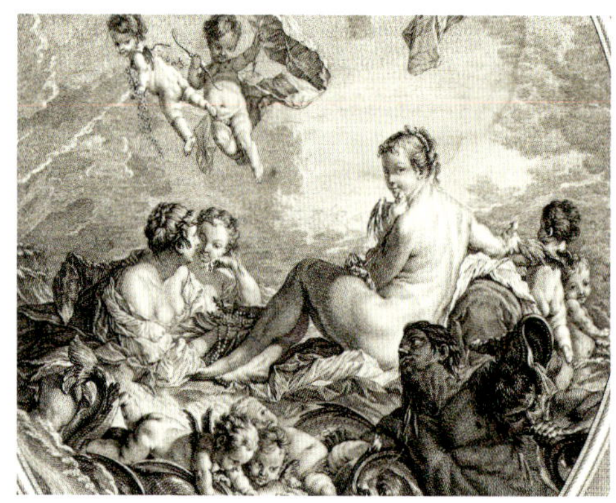

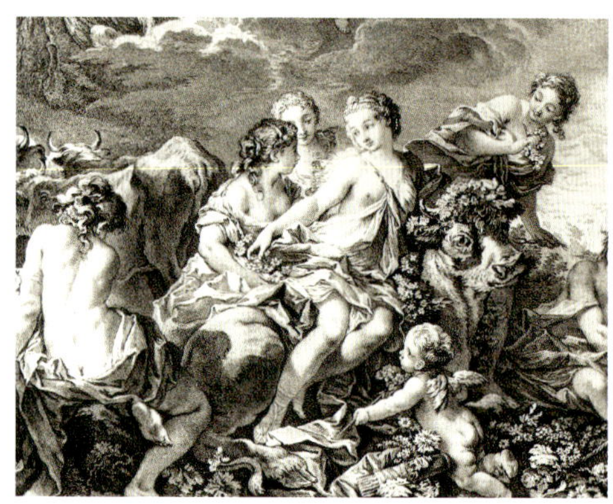

Claude Duflos le Jeune nach François Boucher, *La naissance de Vénus*, Detail, 1748, Radierung und Grabstichel; Paris, Musée du Louvre, Cabinet des dessins, Collection Rothschild (Inv.-Nr. 18472 L.R.)

Pierre Aveline nach François Boucher, *L'Enlèvement d'Europe*, Detail, 1748, Radierung und Grabstichel; Paris, Musée du Louvre, Cabinet des dessins, Collection Rothschild (Inv.-Nr. 25508 L.R.)

65 Etui

aus zwei ungleich großen zylindrischen Hälften, mit gerundeten Enden

Holz und Papiermaché; Schwarzlack, ganzflächig aufgebrachtes Blattsilber, Streifen in Schwarz, mit transluzidem Rotlack überfangen, Dekor in Ölmalerei, am oberen und unteren Rand Silberpiqué, mit Klarlack überfangen; Montierung aus graviertem Gold; Steckhülse aus Gold

H. 13 cm, Ø 2,1 cm; Gewicht: 21 g

Auf der unteren Hälfte *La petite laitière* nach François Boucher; auf den Enden Blütenzweige

Paris, anonyme Lackwerkstatt, 1756–1762 (Quittungsstempel)

Bordeaux, Musée des arts décoratifs, Inv.-Nr. 69.3.432

Unveröffentlicht

Abweichend von der mit Lack überfangenen reinen Ölmalerei kam diese Technik von Anbeginn auch auf Hintergründen zum Einsatz, die metallisch glänzten und die Wirkung transluziden Emails hervorriefen. Hier ist es ganzflächig aufgelegtes, mit schwarzen Vertikalstreifen überzogenes Blattsilber, das unter transluzidem Rotlack hervorschimmert. Als Vorlage für das Mädchen mit hochgeraffter Schürze diente der Reproduktionsstich nach einem Blatt aus Bouchers sechsteiliger Folge *Premier livre de figures, d'après les porcelaines de la Manufacture Royale de France*. Erst im Oktober 1761 im *L'Avant-coureur* annonciert, enthielt die Serie die Darstellung eines als Porzellanfigur ausgeformten Milchmädchens,[1] das umgehend auch in die Lackmalerei Einzug hielt.

---

1 Jean-Richard 1978, Nr. 1234.

66 Etui

aus zwei ungleich großen zylindrischen Hälften, die obere sich leicht nach unten verjüngend, mit flachen Enden

Holz; ganzflächig aufgebrachtes Blattmetall, Dekor in Ölmalerei, mit Klarlack überfangen; Montierung aus ziseliertem Gold; Steckhülse aus Schildpatt

H. 13,3 cm, Ø 2,2 cm; Gewicht: 26,4 g

Auf der oberen Hälfte *Le petit joueur de cornemuse* und *L'Innocence* nach François Boucher, auf der unteren Hälfte *Les enfants bien avisés* nach Gabriel de Saint-Aubin; auf dem oberen Ende eine Musiktrophäe aus Notenheft mit Flöte, auf dem unteren Ende eine Rose

Paris, anonyme Lackwerkstatt, 1760–1770

Paris, Musée Cognacq-Jay, Inv.-Nr. J. 594

Literatur: Ricci 1929, Nr. 594. – Jonas 1930, Nr. 594. – Los Llanos / Grégoire 2011, Nr. 162, Abb. S. 334

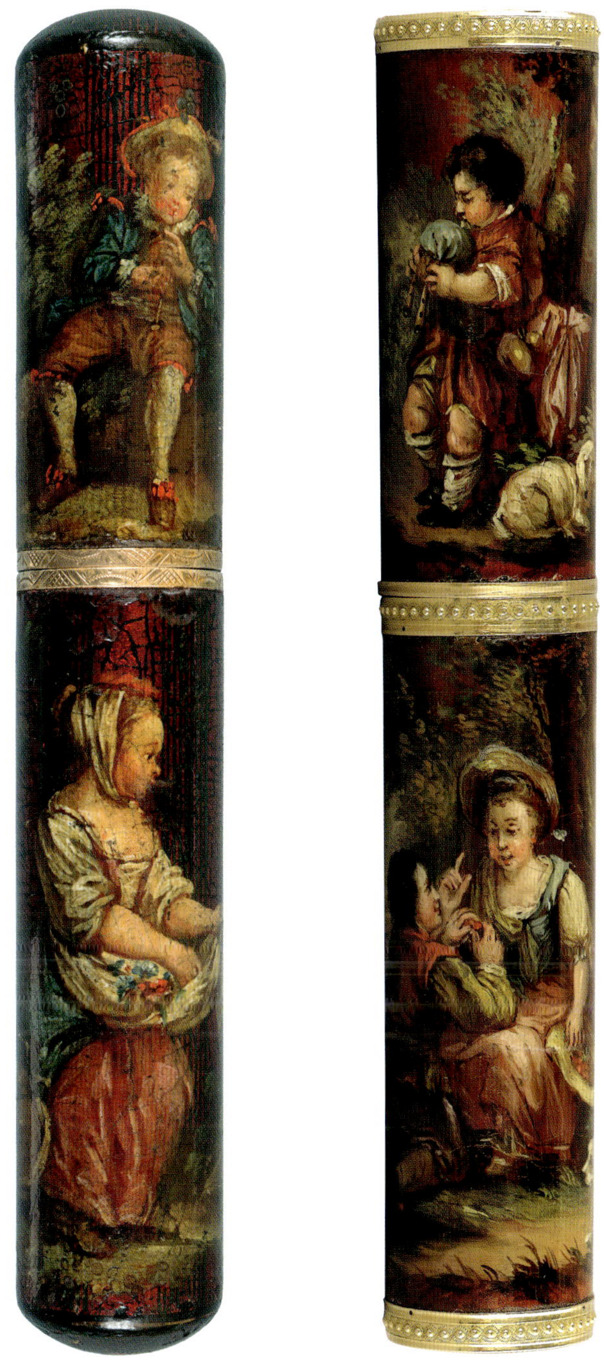

67 Etui

aus zwei ungleich großen zylindrischen Hälften, mit gerundeten Enden

Holz und Papiermaché; Schwarzlack, mit Wirbeln guillochiert, blattversilbert und mit transluzidem Rotlack überfangen, Dekor in Ölmalerei, mit Klarlack überfangen; die später erneuerte Montierung aus vergoldetem Zinn; Steckhülse aus Schildpatt

H. 16 cm, Ø 2,8 cm; Gewicht: 58 g

Auf beiden Hälften *Le déjeuner* nach François Boucher, auf den Enden Köcher mit Pfeilen

Paris, anonyme Lackwerkstatt, sechziger Jahre des 18. Jahrhunderts

Bordeaux, Musée des arts décoratifs, Inv.-Nr. 69.3.431

Unveröffentlicht

Emaileffekte, wie sie mit Blattmetall belegte und mit transluzidem Farblack überzogene Guillochierung hervorruft, gehen auch auf diesem Etui mit opaker Ölmalerei eine dekorative Verbindung ein. Die ursprüngliche Wirkung wird jedoch durch einen später aufgetragenen Lack von bräunlicher Tönung beeinträchtigt. Bouchers 1739 entstandenes Gemälde *Le déjeuner*,[1] von Bernard Lépicié in einer Radierung reproduziert und 1744 im *Mercure* annonciert,[2] findet sich rund um die Etuiwandung bis in die Einzelheiten genau wiedergegeben.

---

1 Ananoff 1976, Bd. 1, Nr. 165.
2 Jean-Richard 1978, Nr. 1380.

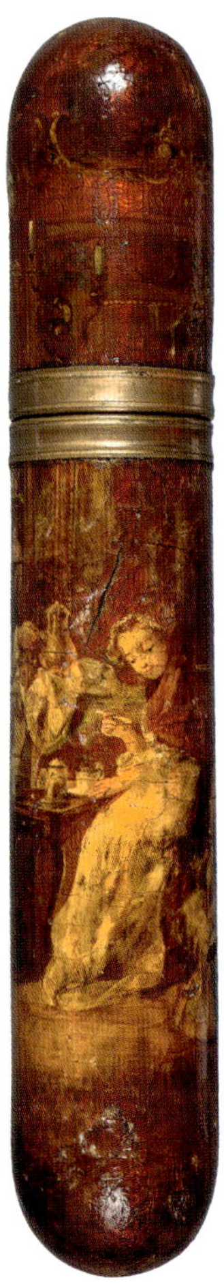

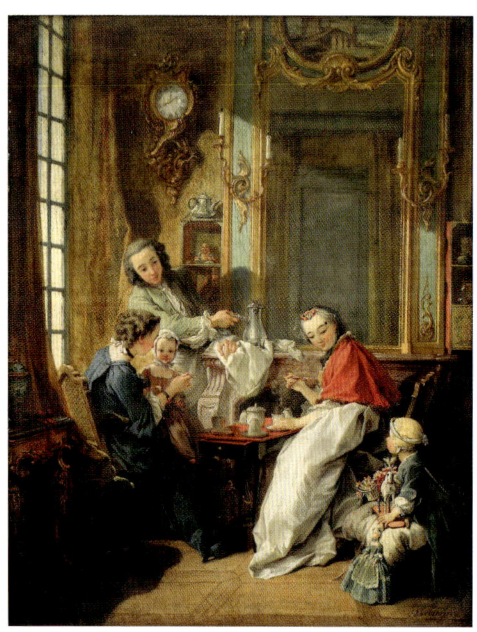

François Boucher, *Le déjeuner*, 1739, Öl auf Leinwand; Paris, Musée du Louvre, Département des peintures (Inv.-Nr. R.F. 926)

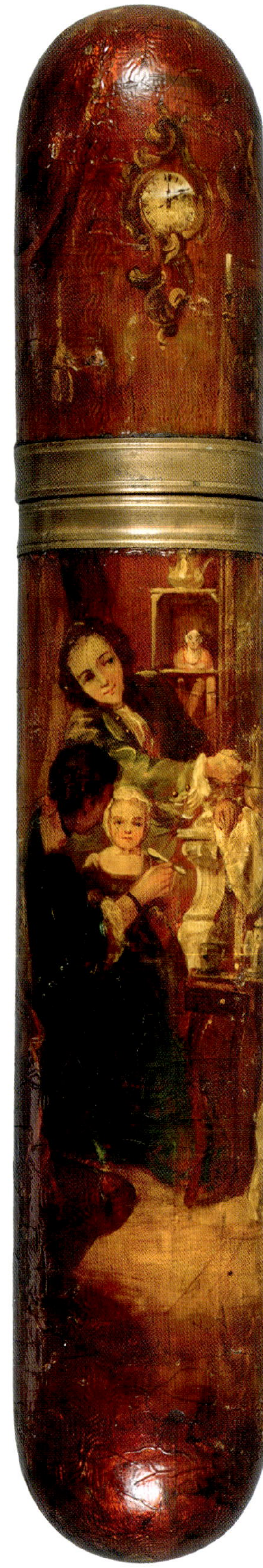

68 Etui

aus drei ungleich großen zylindrischen Teilstücken, mit gerundeten Enden

Holz und Papiermaché; Schwarzlack mit locker eingestreuten Metallpartikeln, Klarlack, Dekor in Ölmalerei, mit Klarlack überfangen; Montierung aus vergoldetem Silber; Steckhülsen aus Silber

H. 15 cm, Ø 2,4 cm; Gewicht: 49 g

Auf dem Mittelstück *L'Oiseleuse*, auf dem unteren Teilstück *L'Horticulture* nach François Boucher

Paris, anonyme Lackwerkstatt, sechziger Jahre des 18. Jahrhunderts

Bordeaux, Musée des arts décoratifs, Inv.-Nr. 69.3.430

Unveröffentlicht

Das Etui repräsentiert als weiteres Beispiel die Verbindung eines in lackspezifischer Technik gestalteten Hintergrundes mit der im Gesamteindruck dominierenden Ölmalerei. Den schwarzen Lackgrund beleben locker eingestreute goldene Metallpartikel, wie sie die japanische Lackkunst in dem als *hirameji* bezeichneten Verfahren einsetzt. Der gemalte Dekor geht auf zwei im Salon von 1751 ausgestellte Gemälde Bouchers zurück,[1] deren druckgrafische Reproduktionen nicht bekannt sind.

Ein in Konstruktion, Technik und Dekor identisches Etui, jedoch von gröberem Duktus der Malerei, bewahrt das Musée Cognacq-Jay in Paris.[2]

1 Die Gemälde befinden sich in der Frick Collection, New York (Inv.-Nr. 1916.1.09).
2 Los Llanos / Grégoire 2011, Nr. 158, Abb. S. 331.

69 Etui

aus zwei ungleich großen zylindrischen Hälften, mit gerundeten Enden

Holz und Papiermaché; Schwarzlack, Dekor in Ölmalerei, mit Klarlack überfangen; Montierung aus graviertem Gold; Steckhülse aus Schildpatt

H. 14,7 cm, Ø 2,3 cm; Gewicht: 25 g

Auf beiden Hälften Amoretten auf Wolken im Stil François Bouchers; auf den Enden jeweils ein entflammtes Herz

Paris, unbekannte Lackwerkstatt, 1762–1768 (Quittungsstempel)

Münster, Museum für Lackkunst Inv.-Nr. EU-F-d-6

Unveröffentlicht

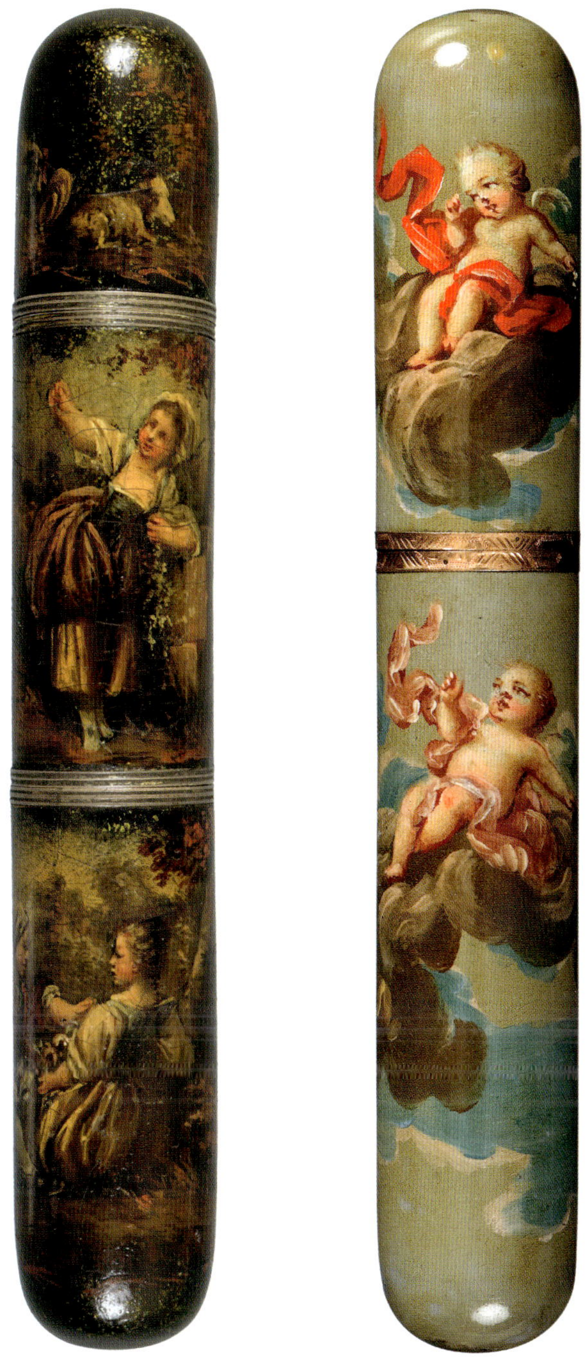

70 Etui-Necessaire

aus fünf ungleich großen zylindrischen Teilstücken, das dritte in sich konisch erweiternder Form, mit flachen Enden

Holz; Schwarzlack, olivgrüner Lack, Dekor in Ölmalerei, mit Klarlack überfangen; Montierung aus graviertem Silber; Steckhülsen aus Silber; im oberen Abschnitt ein Kristallflakon, im zweiten ein kleiner Pinsel zum Auftragen von Wangenrot, in den Boden des untersten ist ein Spiegel eingelassen

H. 12,4 cm, Ø 3,2 cm; Gewicht: 42 g (mit Inhalt 54 g)

Auf dem obersten Teilstück ein Turm mit einem Taubenschlag, auf den beiden folgenden spielende Kinder nach François Boucher, auf dem vierten ein Ziegenbock, ein Dudelsack und andere Schäferattribute, auf dem untersten Teilstück eine Blumengirlande; auf dem oberen Ende ein Marienkäfer, auf dem unteren ein mit Eiern gefülltes Vogelnest

Paris, anonyme Lackwerkstatt, 1762–1768 (Quittungsstempel)

Paris, Musée des arts décoratifs, Inv.-Nr. 26580

Literatur: Zürich 1976, Nr. 56

Spielende Amoretten und Kinder, wie sie Bouchers heitere Bildwelt allenthalben bevölkern, haben den Dekor dieses Etuis inspiriert, obschon sich unter den Reproduktionsstichen nur die unmittelbare Vorlage für den einen Hund liebkosenden Knaben nachweisen ließ.[1] Wie kein zweites dieser röhrenförmigen Behältnisse zeichnet sich dieses Etui durch eine reiche Untergliederung in unterschiedlich große Fächer aus. Ihr Inhalt hat sich größtenteils erhalten und gibt sich mit Flakon, Rougepinsel und Spiegel als Ausstattung eines leichten, praktisch mitzuführenden Toilettennecessaires zu erkennen.

1 Gilles Demarteau nach François Boucher, *Deux enfants jouant avec un chien*; Jean-Richard 1978, Nr. 830.

71 Etui *ohne Abb.*

aus zwei ungleich großen zylindrischen Hälften, die obere sich leicht erweiternd, mit flachen Enden

Holz; Schwarzlack, grüner Lack, Dekor in Ölmalerei, mit Klarlack überfangen; Montierung aus graviertem Gold; Steckhülse aus Gold

H. 13,2 cm, Ø 2,4 cm; Gewicht: 33 g

Auf dem oberen Teilstück Kinder mit Girlande, auf dem unteren Kinder beim Musizieren; auf dem oberen Ende kleine Landschaft mit Häuschen, auf dem unteren Ende ein Specht am Baumstamm

Paris, anonyme Lackwerkstatt, Ende der sechziger Jahre des 18. Jahrhunderts

Privatsammlung

Unveröffentlicht

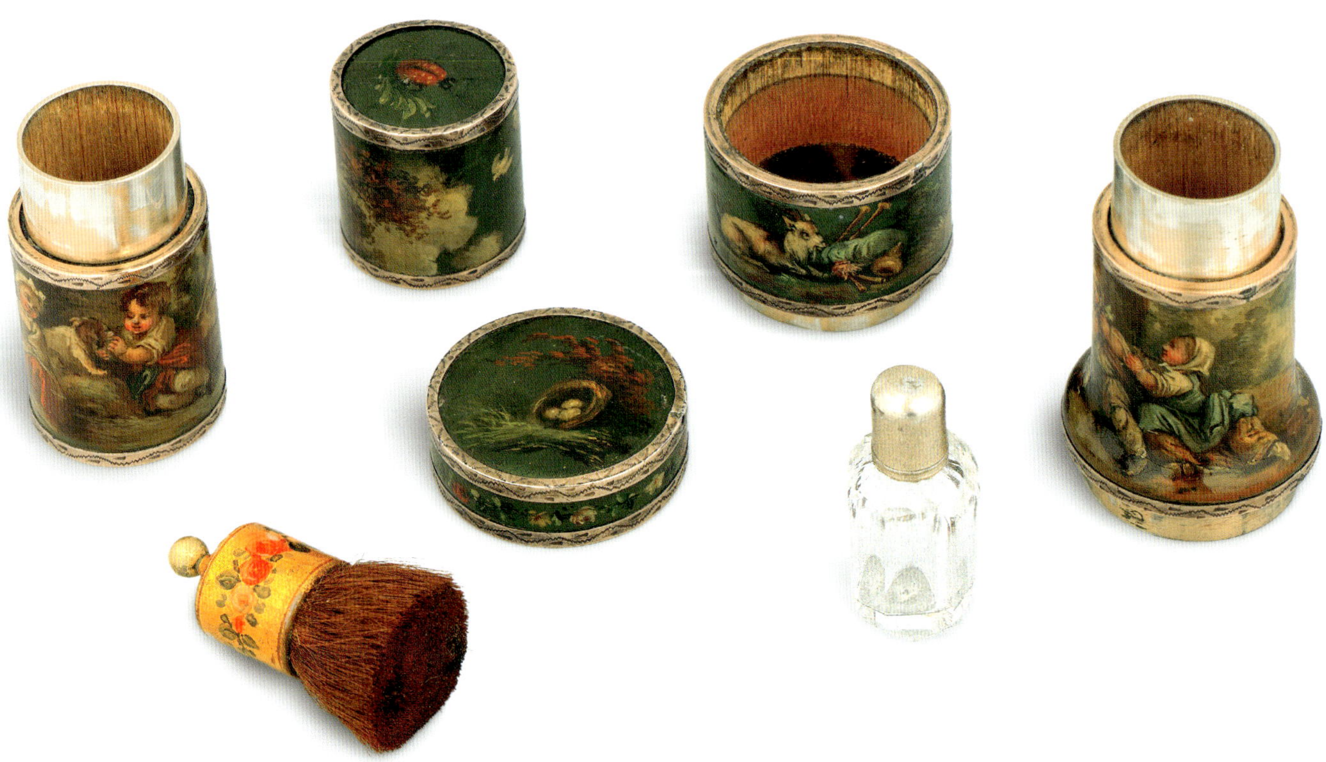

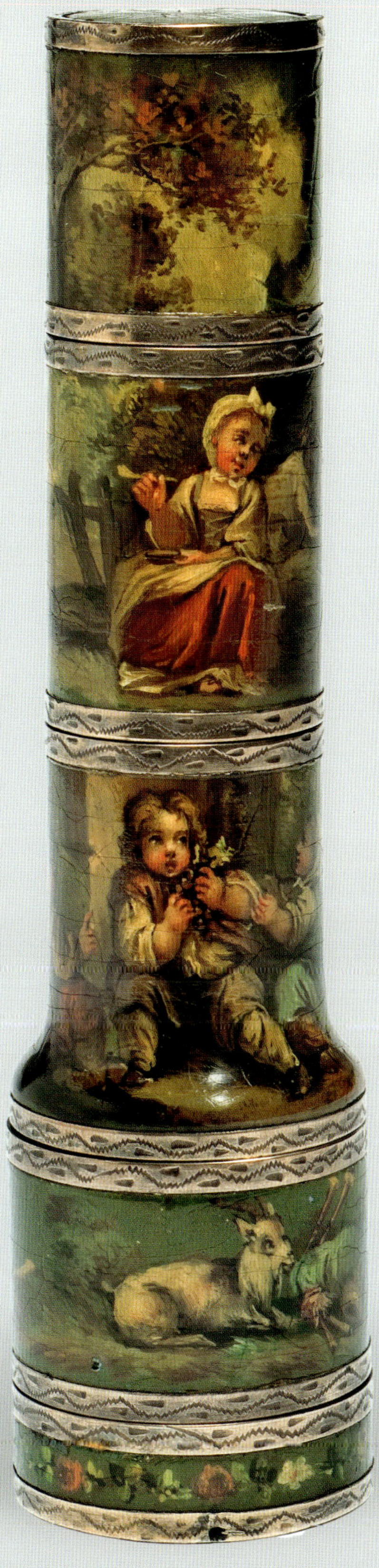

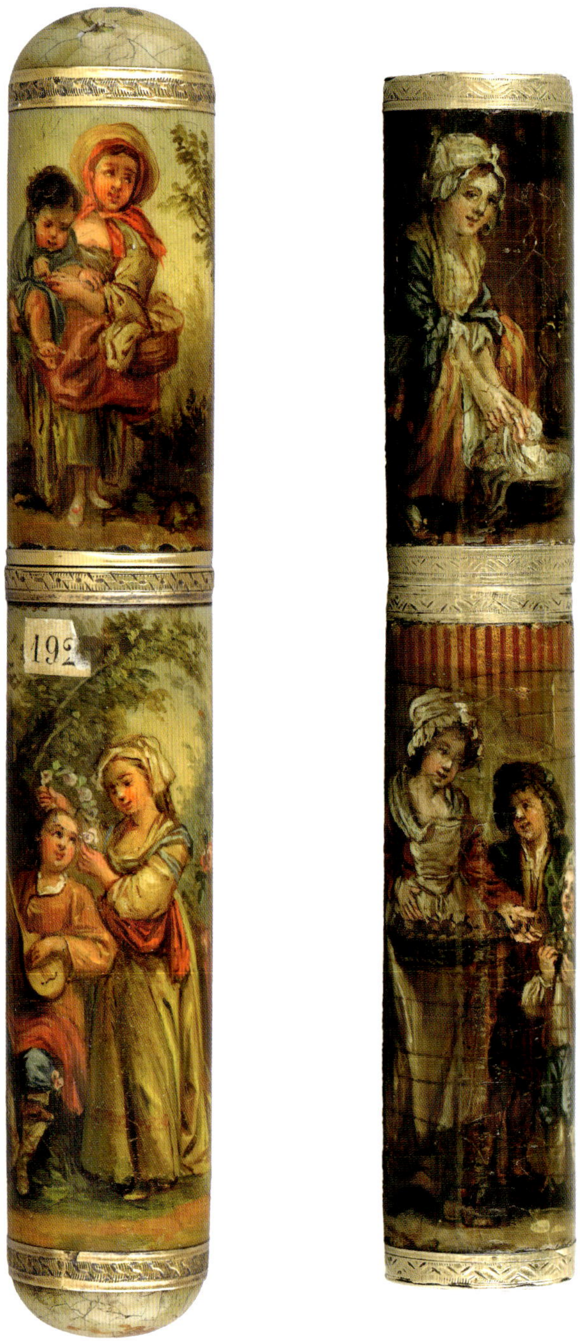

72 Etui

aus zwei ungleich großen zylindrischen Hälften, mit gerundeten Enden

Holz und Papiermaché; Schwarzlack, Dekor in Ölmalerei, mit Klarlack überfangen; Montierung aus ziseliertem und vergoldetem Silber; Steckhülse aus Schildpatt

H. 14,5 cm, Ø 2,4 cm; Gewicht: 26,7 g

Auf der oberen Hälfte *Une jeune fille avec un bébé dans ses bras* nach François Boucher, auf der unteren Hälfte *Le joueur de balalaïka* nach Jean-Baptiste Leprince; auf dem oberen Ende ein Rosenzweig, auf dem unteren ein ruhendes Schäfchen

Paris, anonyme Lackwerkstatt, nach 1767

Paris, Musée Cognacq-Jay, Inv.-Nr. J. 577

Literatur: Ricci 1929, Nr. 577. – Jonas 1930, Nr. 577. – Los Llanos / Grégoire 2011, Nr. 167, Abb. S. 342.

73 Etui

aus zwei ungleich großen zylindrischen Hälften, mit flachen Enden

Holz; ganzflächige Auflage aus Blattmetall, darüber vertikales Streifenmuster in Dunkelrot, mit transluzidem bräunlichem Lack überfangen, Dekor in Ölmalerei, mit Klarlack überfangen; Montierung aus graviertem Gold; Steckhülse aus Gold

H. 12,6 cm, Ø 2,1 cm; Gewicht: 24 g

Auf der oberen Hälfte *La blanchisseuse*, auf der unteren Hälfte *La marchande de pommes cuites* nach Jean-Baptiste Greuze; auf dem oberen Ende ein Metallkrug, auf dem unteren zwei Enten

Paris, anonyme Lackwerkstatt, 1768 / 69 (Jahresbuchstabe der Zunft)

Paris, Musée Cognacq-Jay, Inv.-Nr. J. 593

Literatur: Ricci 1929, Nr. 593. – Jonas 1930, Nr. 593. – Los Llanos / Grégoire 2011, Nr. 155, Abb. S. 329.

74 Tabatiere

spitzoval, mit Scharnierdeckel

Gold; Dekor in Ölmalerei, mit Klarlack überfangen; *à cage*-Montierung aus ziseliertem Gold, Futter aus Gold

H. 3,7 cm, B. 8,4 cm, T. 4,1 cm; Gewicht: 93 g

Allseitig Jagdszenen und kleine Jagdmotive

Paris, anonyme Lackwerkstatt; Goldschmiedearbeit von Claude Héricourt, 1770/71 (Jahresbuchstabe der Zunft)

Berlin, Privatsammlung

Literatur: Bursche 1996, Nr. 19, Abb. S. 59–61.

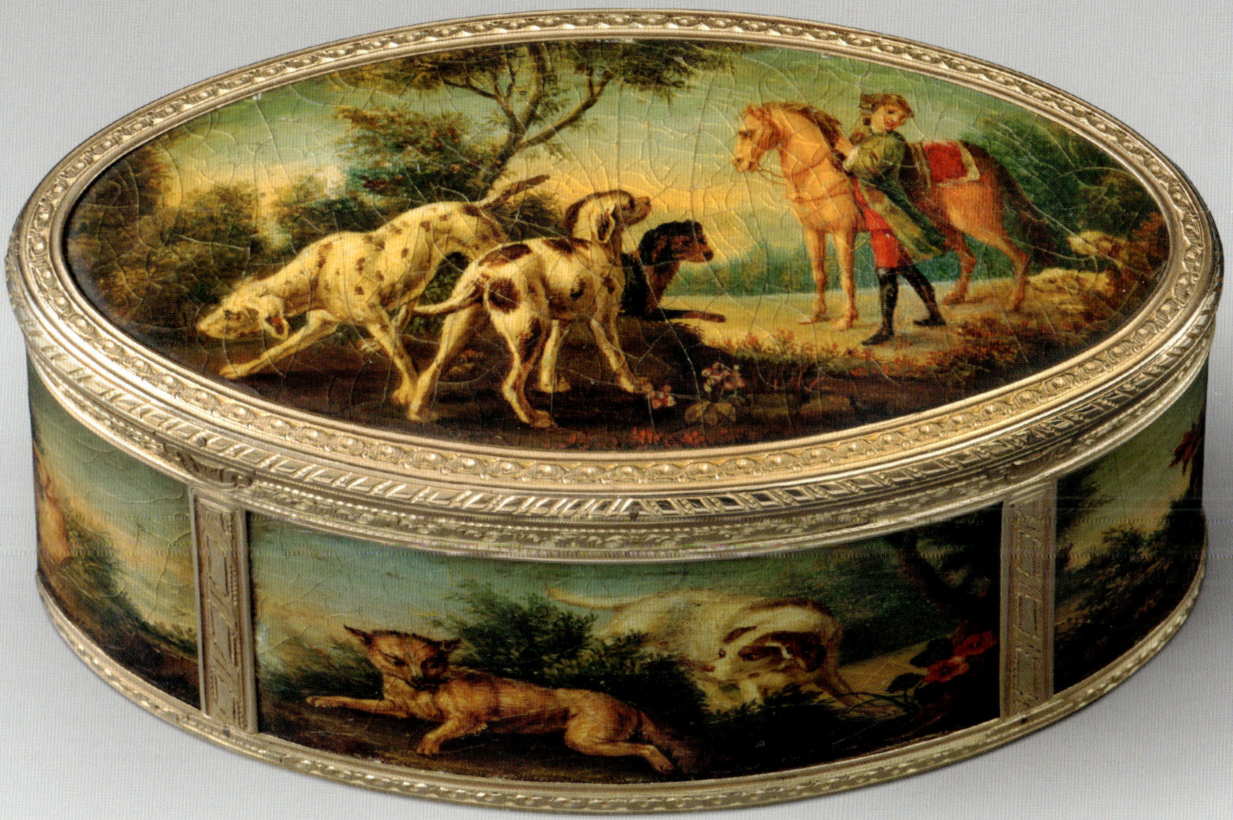

75 Bonbonniere

rund, mit abnehmbarem Deckel

Papiermaché; Schwarzlack, Dekor in Ölmalerei, mit Klarlack überfangen; Montierung aus Gold; Futter aus untermaltem Schildpatt

H. 2,9 cm, Ø 4,9 cm; Gewicht: 30 g

Auf dem Deckel drei rauchende Knaben nach David Teniers d. J., auf Wandung und Unterseite Schemel, Fässer, Krüge sowie anderes Mobiliar und Küchengerät

Paris, anonyme Lackwerkstatt, um 1770

Münster, Museum für Lackkunst, Inv.-Nr. EU-F-b-13

Unveröffentlicht

Die winzige Tabatiere entsprach unter den zehn numerisch abgestuften Größen, in denen Guillaume Martin seine Dosen herstellte, der kleinsten Kategorie des »petit-rien«.[1] Allseitig aufgebracht, trägt ihr Dekor der schon in den dreißiger Jahren des 18. Jahrhunderts aufgekommenen Vorliebe für Motive der flämisch-holländischen Malerei des 17. Jahrhunderts Rechnung. Ausgangspunkt des *goût hollandois* waren die in außerordentlich großer Zahl hergestellten Reproduktionsstiche nach den niederländischen Meistern, unter denen sich Adriaen Brouwer und vor allem David Teniers größter Popularität erfreuten.[2] Auch die Motive der kleinen Tabatiere gehen auf Teniers d. J. zurück, wobei die Deckelszene, der vermutlich ein französischer Reproduktionsstich zugrunde liegt (Abb.), das Thema der drei in einer Schenke rauchenden Bauern dem Zeitgeschmack entsprechend ins Kindhafte überträgt. Anstelle ungeschlachter Bauern geben sich drei hübsche Knaben dem Genuss des Tabaks hin. Die über Wandung und Unterseite verteilten

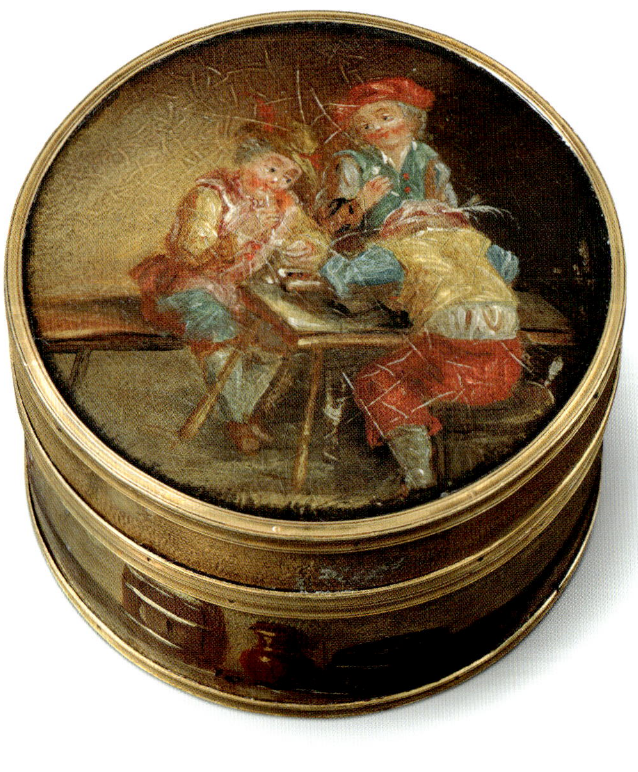

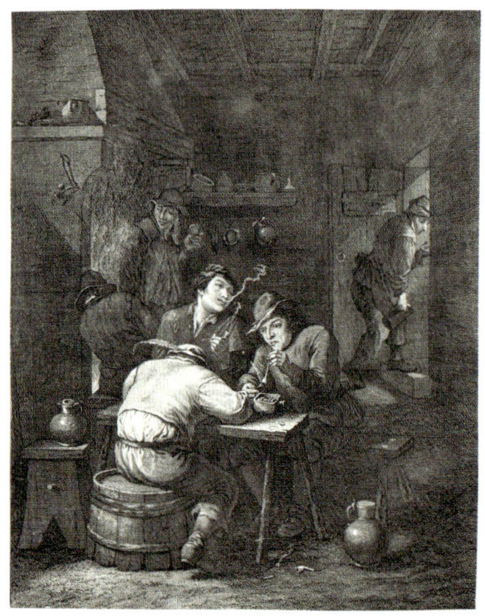

Anonymer Stecher nach David Teniers d. J., Rauchende Bauern in der Schenke, Schabkunstblatt; Den Haag, Rijksbureau voor Kunsthistorische Documentatie

Gegenstände – allerlei grobes Mobiliar, Bottiche und Krüge – sind dem Teniersschen Genre nicht weniger verpflichtet und greifen auf die sich stetig wiederholenden Requisiten seiner bäuerlichen Interieurs zurück. Teniers' Raucher bevölkern in bald vorlagengetreuer, bald freier Umsetzung auch die Emaildekore von Golddosen.[3]

1 La Lande, Jérôme de: Art du Cartonnier. o. O. 1762 (Arts et Métiers), S. 26. In dieser Größe wurden auch kleine Golddosen hergestellt; Los Llanos / Grégoire 2011, Nr. 38.
2 Mack-Andrick, Jessica: »Teniers pinxit«. Die Rezeption von David Teniers d. J. in der Reproduktionsgraphik des 17. und 18. Jahrhunderts. In: Klinge / Lüdke 2005, S. 76–86.
3 The Ortiz-Patiño Collection of Highly Important French Gold Boxes. Part I and II. London, Christie, Manson & Woods, 27. Juni 1973 (Aukt.-Kat.), Part I, Los 17. – Seelig 2007, Nr. 36.

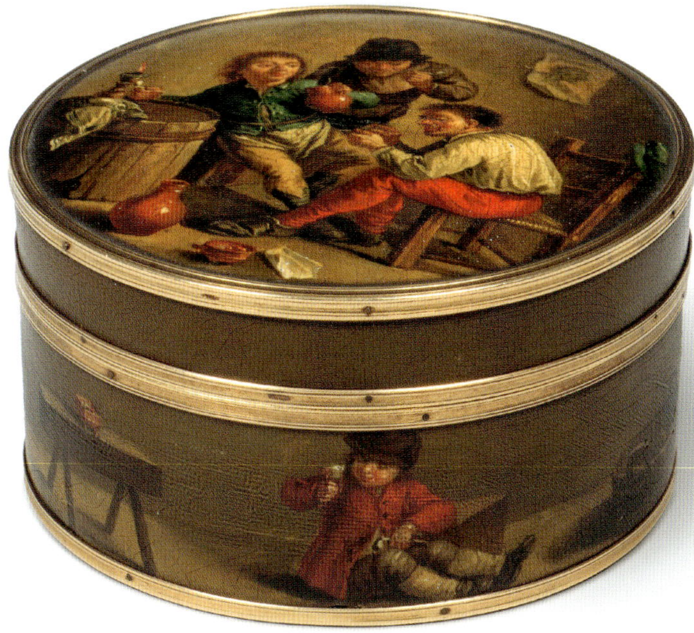

76 Bonbonniere

rund, mit abnehmbarem Deckel

Papiermaché; Schwarzlack, Dekor in Ölmalerei, mit Klarlack überfangen; Montierung aus Gold; Futter aus untermaltem Schildpatt

H. 3,5 cm, Ø 6,4 cm; Gewicht: 46 g

Auf dem Deckel drei rauchende und trinkende Männer in einer Schenke, auf der Unterseite ein rauchender Mann nach David Teniers d. J., auf der Wandung Schemel, Fass, Krug und anderes Küchengerät sowie trinkende Knaben

Paris, anonyme Lackwerkstatt, um 1770

Paris, Musée des arts décoratifs, Inv.-Nr. 37257

Unveröffentlicht

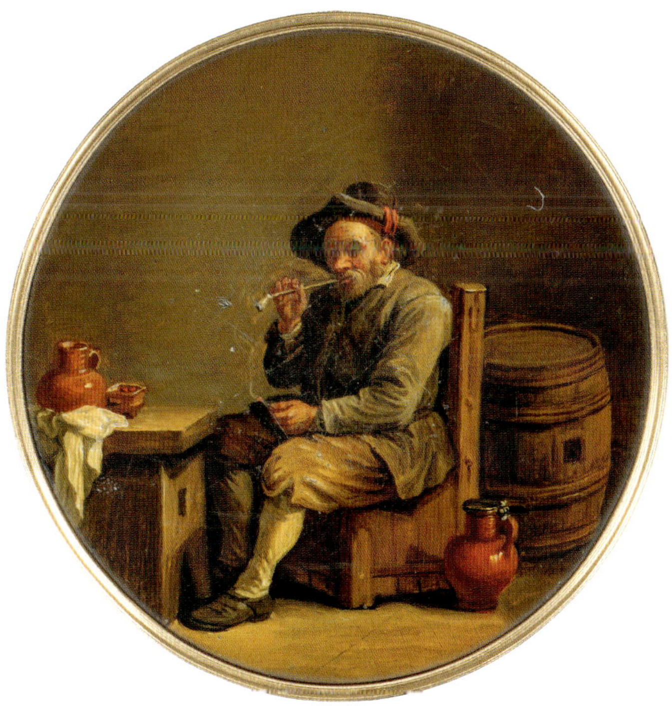

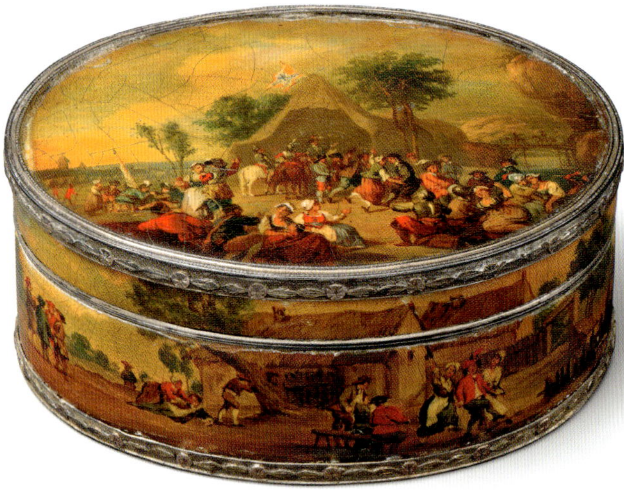 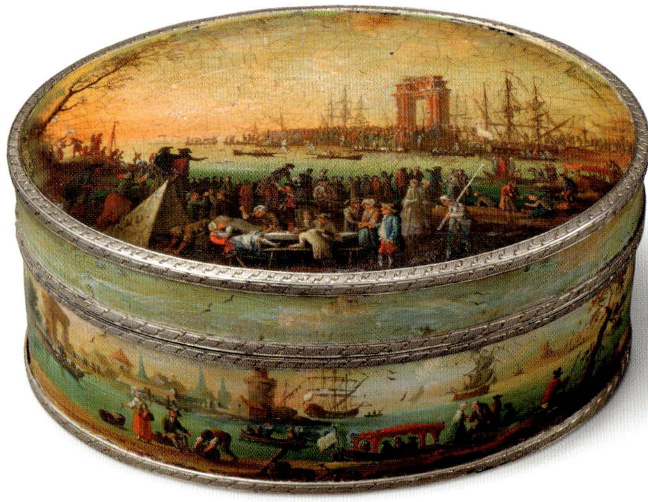

77 Tabatiere

queroval, mit Scharnierdeckel

Papiermaché; Schwarzlack, Dekor in Ölmalerei, mit Klarlack überfangen, in die Unterseite eingelassen ein Paneel aus Japanlack in *nashiji*-Streutechnik; Montierung aus ziseliertem, punziertem und teilvergoldetem Silber; Futter aus Silber

H. 3,5 cm, B. 8,5 cm, T. 6,5 cm; Gewicht: 156 g

Auf dem Deckel Feldlager mit Soldaten und Marketenderinnen, auf der Wandung Mahl im Freien

Paris, unbekannte Lackwerkstatt, siebziger Jahre des 18. Jahrhunderts

Münster, Museum für Lackkunst, Inv.-Nr. EU-F-b-16

Unveröffentlicht

Im Verlauf der siebziger Jahre setzte ein neuer Stil der in Öl gemalten Dekore auf Lackdosen ein. An die Stelle nah gesehener Bildausschnitte mit Göttinnen, Schäferszenen, Milchmädchen oder spielenden Kindern nach oder im Stil Bouchers traten großangelegte, vielfigurige Panoramaansichten. In der Vielzahl kleiner Figuren, die auch zu einem Menschengewimmel verdichtet sein können, erinnern diese Szenen an die Miniaturen der Van Blarenberghe,[1] aber auch an den flämischen Maler Robert van den Hoecke (1622–1668), der auf viel- und kleinfigurige Szenen spezialisiert war.

1 Maillet-Chassagne, Monique: Une dynastie des peintres lillois, les Van Blarenberghe. Paris 2001.

78 Tabatiere

queroval, mit Scharnierdeckel

Papiermaché; Schwarzlack, Dekor in Ölmalerei, mit Klarlack überfangen; Montierung aus ziseliertem und graviertem Silber; Futter aus untermaltem Schildpatt

H. 4 cm, B. 9,2 cm, T. 6,9 cm; Gewicht: 112 g

Auf dem Deckel vielfigurige Hafenszene mit Kauffahrteischiffen und einer Regatta, auf der Wandung Küstenlandschaft mit Stadtsilhouette und weitläufiger Schlossanlage, auf der Unterseite Ansicht einer Hafenstadt

Paris, anonyme Lackwerkstatt, monogrammiert auf dem Deckel unten links »H[?] D.«, siebziger Jahre des 18. Jahrhunderts

Münster, Museum für Lackkunst, Inv.-Nr. EU-F-b-2

Unveröffentlicht

79 Etui

aus drei ungleich großen zylindrischen Teilstücken, mit gerundeten Enden

Holz und Papiermaché; Schwarzlack, Dekor in Ölmalerei, mit Klarlack überfangen; Montierung und Steckhülse aus Silber

H. 16 cm, Ø 2,4 cm; Gewicht: 62 g

Hafenszenen nach Joseph Vernet

Paris, anonyme Lackwerkstatt, siebziger Jahre des 18. Jahrhunderts

Münster, Museum für Lackkunst, Inv.-Nr. EU-F-d-3

Unveröffentlicht

Nachdem Ludwig XV. 1753 dem Maler und Akademiemitglied Joseph Vernet (1714–1789) den Auftrag erteilt hatte, die französischen Häfen in einer Serie großformatiger Gemälde darzustellen, erfreuten sich Hafenansichten zunehmender Beliebtheit. Auch für die Verbreitung der Hafenpanoramen Vernets sorgten Reproduktionsstiche außergewöhnlich großen Formats. Das Lacketui spiegelt das Interesse an dem geschäftig bunten Leben auf den Quais mit Menschen unterschiedlichen Standes wider. Die beiden elegant gekleideten Herren auf dem Mittelstück sind dem *Port de Toulon* entnommen, während – über oberes und unteres Etuistück verteilt – mit dem auf einem Fass sitzenden Mann, zwei Frauen mit Körben, einem promenierenden Paar und dem Matrosen im Boot die Figurenstaffage aus dem rechten Vordergrund des *Port de La Rochelle* nahezu vollzählig vertreten ist (Abb.).[1] Ein nahezu identisches Etui mit Motiven nach Vernet bewahrt das Musée des arts décoratifs in Lyon.[2] Die Hafenansichten Vernets oder in dessen Stil gemalte Szenen kamen auch auf Lackmöbeln René Dubois' aus den siebziger Jahren zum Tragen.[3]

1 Manœuvre, Laurent, Rieth, Eric: Joseph Vernet. Les Ports de France. Arcueil 1994, S. 61–70, 127–132.
2 Inv.-Nr. 1465/21.
3 Pradère 1990, S. 294, Abb. 326. – Wolvesperges 2000, S. 130, Abb. 73

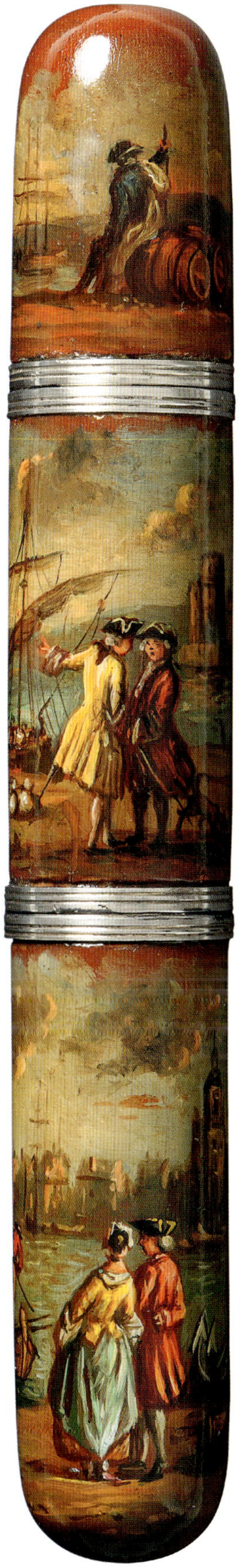

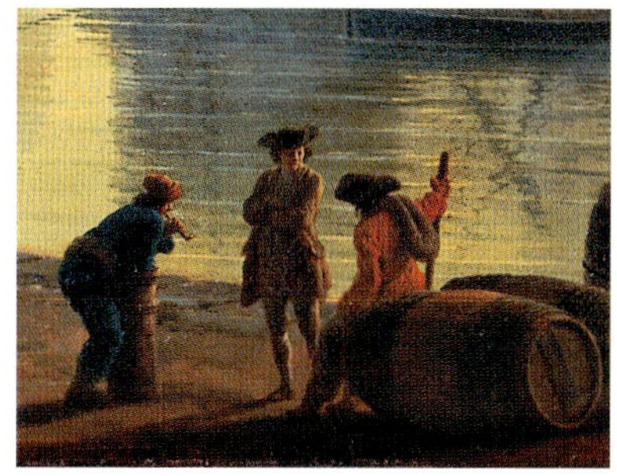

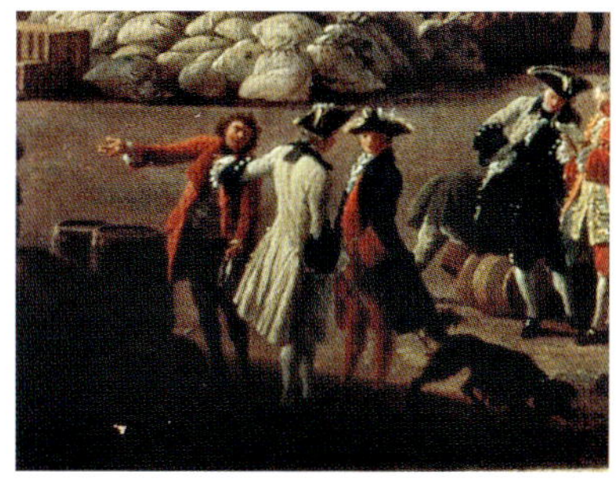

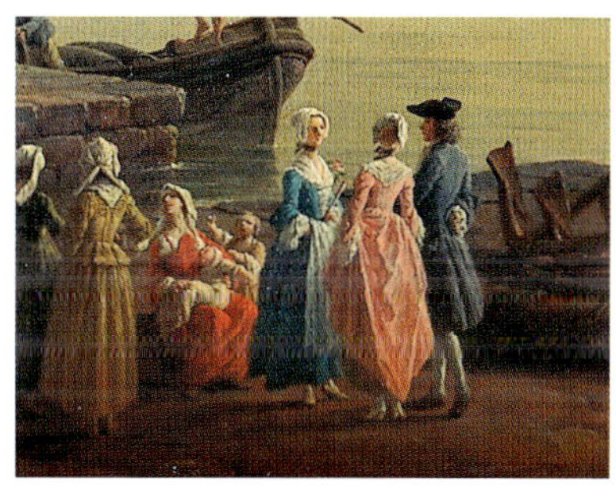

Joseph Vernet, *Vue du Port de La Rochelle*, Detail, 1762, Öl auf Leinwand; Paris, Musée de la Marine (Inv.-Nr. 50A11)

Joseph Vernet, *Troisième vue de Toulon, vue du vieux port de Toulon*, Detail, 1756, Öl auf Leinwand; Paris, Musée de la Marine (Inv.-Nr. 50A1)

Joseph Vernet, *Vue du Port de La Rochelle*, Detail, 1762, Öl auf Leinwand; Paris, Musée de la Marine (Inv.-Nr. 50A11)

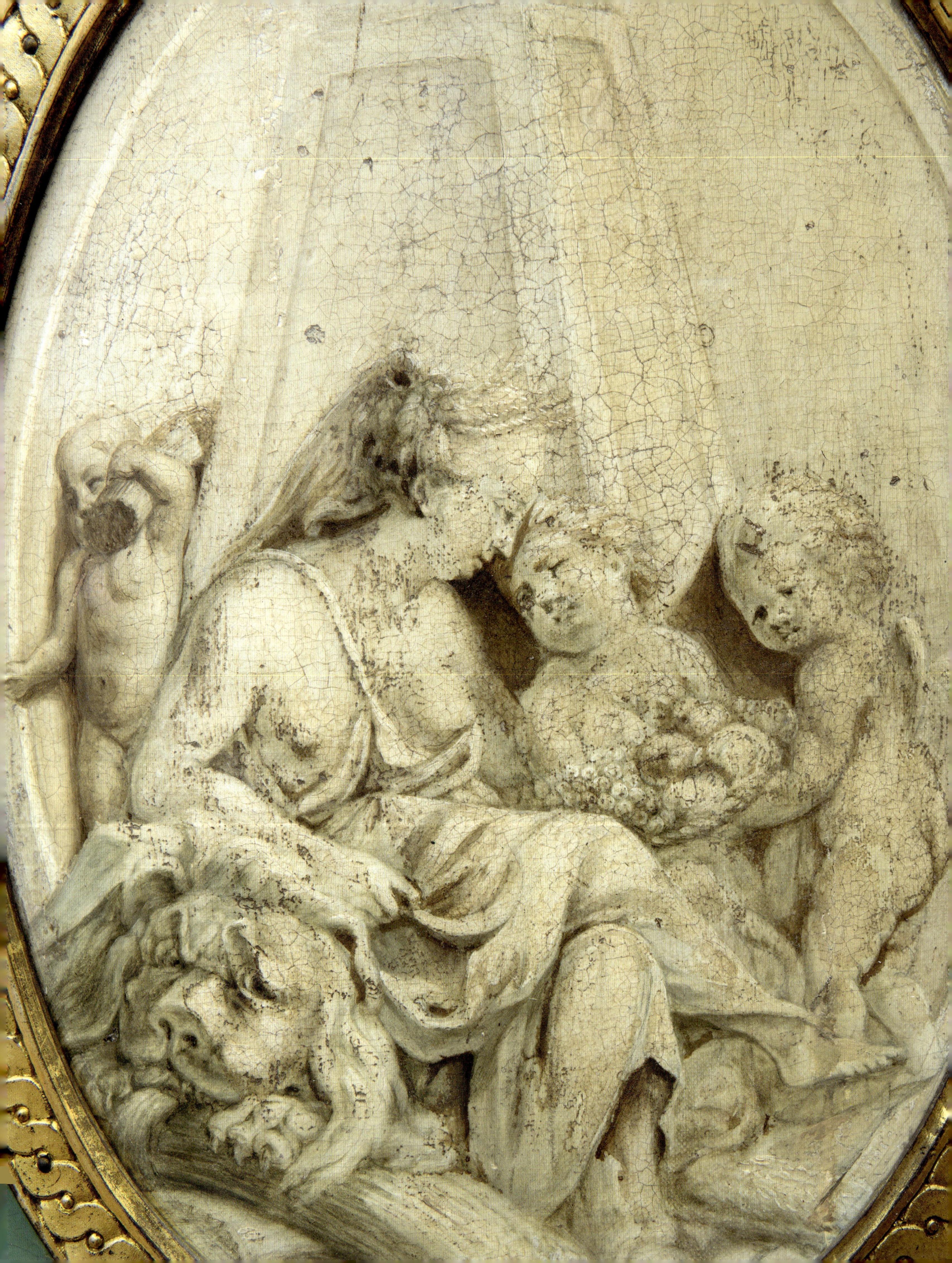

Anne Forray-Carlier

Auf neuen Wegen – Lackmobiliar im Klassizismus

Obwohl die Martin zwischen 1749 und 1771 allmählich von der Bildfläche verschwanden, blieb die Technik, die sie zu solcher Vollkommenheit geführt hatten, noch einige Jahre bekannt. Die Kunsthändler trauten den Originalschöpfungen mehr als je zuvor und boten ihrer Kundschaft Objekte von unerhörtem Luxus. Nach dem Einsatz von Lack im Bereich des Mobiliars wurde das Porzellan zu einem als Ergänzung des Möbels begehrten Material. Anfangs waren die Platten kleiner tragbarer Ess- oder Arbeitstische, dann die Fronten und Seiten von Kommoden mit Porzellan verkleidet, die Platten oft in Verbindung mit einem Vernis-Martin-Dekor, dessen Farbton im Einklang mit den Farben des Porzellans stand, wie mehrere der von Bernard van Risamburgh oder Roger van der Cruse dit Lacroix gestempelten Tische bezeugen. Während die Ebenisten dank ihrer Stempelung oder individueller stilistischer Merkmale zu identifizieren sind, bleiben die Maler-Lackierer anonym und ihre Mitwirkung an gestempelten Möbeln im Einzelfall hypothetisch. Als Erfinder der neuen Verbindung von Möbeln mit Porzellan gilt der Kunsthändler Simon-Philippe Poirier, der als erster bei der königlichen Manufaktur in Sèvres Platten erwarb und sie dem Ebenisten Bernard van Risamburgh, mit dem er seit einigen Jahren zusammenarbeitete, zur Montierung auf eine Kommode übergab.[1] Dies war die Geburtsstunde der Serie kleiner, Porzellan und Vernis Martin zugleich aufweisender Tische (Abb. 1).[2] Das 1753 anlässlich des Todes von Michel Hécéguère, dem Schwiegervater und Gesellschafter von Poirier, erstellte Inventar, bestätigt nicht nur die mit Bernard van Risamburgh etablierten Geschäftsbeziehungen, sondern nennt ebenso die Namen von drei Vernisseuren: Étienne-Simon Martin, Charles-André Tramblin und Joseph Huitre.[3] Es verwundert nicht, einen der Martin unter den Genannten zu finden, bestätigt dies doch die unumgängliche und singuläre Position der Martin in der französischen Lackkunst. Nebenbei ist zu erfahren, dass Étienne-Simon der Sozietät Hécéguère-Poirier 283 Livres schuldete, die bei ihm wiederum mit 144 Livres in der Kreide stand. Zwar lässt sich nicht mit Sicherheit sagen, dass er der Urheber des Lackdekors der in Rede stehenden kleinen Tische ist, doch ist es auch nicht auszuschließen. In dem anlässlich des Todes von Julien Martin erstellten Inventar ist ein kleines Verzeichnis mit Warenlieferungen an Poirier aufgeführt.[4] Auch dieses Dokument belegt professionelle Verbindungen zwischen den Martin – hier Julien – und Poirier. Generell sind die Angaben in den Unterlagen jedoch nicht genau genug, um zu erfahren, welcher Art die Waren waren. Bei Julien wurden nach seinem Tod keine kleinen Möbel inventarisiert, nur Kästen, Tabatieren, Navettes (Schiffchen) und Etuis jeder Art, doch ist daraus nicht mit letzter Sicherheit zu schließen, er sei nicht doch auch Urheber von Möbeln gewesen. Im Inventar von Étienne-Simon hingegen sind, obwohl die Möbel nicht den größten Teil seiner Tätigkeit ausmachten, mehrere kleine Tische in verschiedenen Stadien der Fertigstellung erwähnt, bedauerlicherweise aber nie genau beschrieben.[5] Wenn es auch Poirier zukommt, die Mode des Porzellanmöbels erfunden zu haben, stammt die Idee, ihm eine darauf abgestimmte Endbearbeitung mit Vernis Martin angedeihen zu lassen, möglicherweise nicht von ihm. Wie Daniel Alcouffe festgestellt hat, versuchte Lazare Duvaux laut seinem Journalbuch, ein Meißner Porzellanservice mit grünem Hintergrund und Wildblumendekor, das er Monsieur de Saint-Martin verkaufte, mit einem Tisch »vernis en vert & fleur, garnie en velours & cornets argentés, avec un cabaret aussi verni« zu kombinieren.[6] Der Verkauf datiert vom 29. Dezember 1748. Zehn Jahre später begnügte man sich nicht mehr mit einer aufeinander abgestimmten Kombination von Service und Tisch; es geht darüber hinaus, wenn der Lackdekor die Ornamente der Porzellanplatte, die dieses Mal eine Einheit mit dem Möbel bildet, getreu aufgreift.

Die Lackmotive übernahmen zwar teilweise diejenigen des Porzellans, sind aber doch von fernöstlichen Einflüssen nicht ganz frei. Vielmehr lassen sich auch seit den sechziger Jahren des 18. Jahrhunderts von den Ebenisten übernommene neue Motive in der Marqueterie finden, die von einer durch den ostasiatischen Lack vermittelten Vielzahl an japanischen Architekturdarstellungen inspiriert sind (Abb. 2).[7] Der asiatische Einfluss blieb selbst dann präsent, als der Lack im Bereich des Mobiliars einen neuen Aufschwung erlebte. Damals hatten die Kunsthändler exklusiven Zugriff auf die japanischen Lacke, deren geläuterte Ästhetik den architektonischen Linien des neoklassizistischen Möbels entsprach. Montiert auf die Möbel aus den Werkstätten von Carlin, Saunier und Weisweiler, um nur einige von ihnen zu nennen,

Joseph Feurstein, Encoignure, Detail, Holz, Lack, Grisaillemalerei, um 1780; Paris, Les Arts Décoratifs, musée Nissim de Camondo (Inv.-Nr. CAM 124)

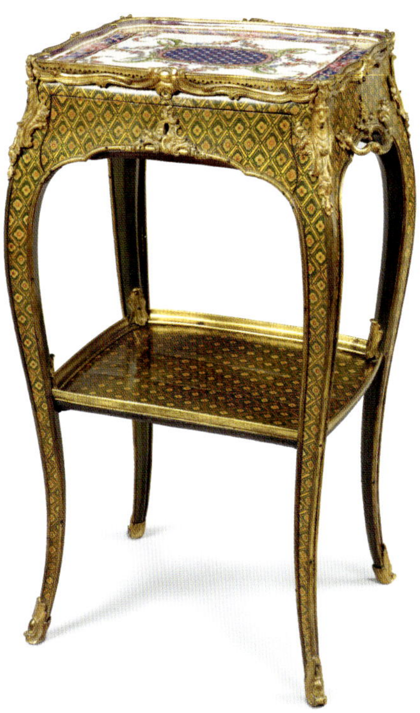

1 Table chiffonnière, gestempelt B.V.R.B., Eichen- und Obstbaumholz, Vernis Martin, Sèvres-Porzellan, vergoldete Bronze, Paris, 1764; Paris, Musée du Louvre, Département des objets d'art (Inv.-Nr. OA 8170)

werden diese Lacke von Bordüren in Aventurin eingefasst. Diese wurden von Maler-Lackierern beigesteuert, die sich als unentbehrlicher denn je in der Fertigung von Lackmöbeln erwiesen (Abb. 3).

Um die siebziger Jahre des 18. Jahrhunderts kamen neue Sujets in den gemalten Dekoren auf. Nach aktuellem Kenntnisstand ist schwer zu entscheiden, ob der Kunsthändler oder der Maler-Lackierer der Initiator war. Laut Sébastien Mercier dürften die Kunsthändler daran nicht unbeteiligt gewesen sein: »Il faut rendre justice au goût du maître. Il anime, il dirige les artistes, il imagine ce qui doit plaire.«[8] Das Prinzip der meisterlich gemalten, lackierten und polierten Komposition blieb erhalten, doch handelte es sich nunmehr um Vernet oder Hubert Robert entlehnte Landschaften, die in den graden Linien des Louis-Seize-Möbels einen adäquaten Rahmen fanden.

Als sich ebenso die Rückgriffe auf die Antike mehrten und sich eine Camaieumalerei entwickelte, die die Plastizität von Flachreliefs wiederzugeben verstand und sich den als Supraporten platzierten Pastoralen von François Boucher annäherte, gingen aus den Werkstätten einiger Maler-Lackierer Dekore mit Dreifüßen, Räuchergefäßen, kleinen Amoretten und antikisierenden Figuren hervor, die die Bildfläche bevölkern. Die meisten Möbel dieser Art kamen aus der Werkstatt von René Dubois, dem Sohn des Ebenisten Jacques Dubois. Durch seine Ausbildung in der väterlichen Werkstatt war René Dubois mit der Technik des Vernis Martin vertraut und ganz ohne Zweifel beförderte sein Handel mit den Kunsthändlern Granchez, Machart und Henri Lebrun diese Produktion. Die in Waddesdon Manor aufbewahrte Kommode, deren Dekor auf Joseph Vernets Hafenszenen zurückgeht, weist eine mit Tinte geschriebene, handschriftliche Inschrift »au petit Dunkerque« des Kunsthändlers Granchez auf (Abb. 4).[9] Die für Vernet charakteristische, in Licht gebadete Landschaft entfaltet sich auf den Fronten zweier Schubladen und auf den Seiten, sie sind vor einem Fonds aus grünem Lack von einer nüchternen Wasserblattbordüre in vergoldeter Bronze gerahmt, die die Illusion eines Rahmens vermittelt. Im Vorratsbestand der Werkstatt Dubois', 1772 bei der endgültigen Übergabe durch die Witwe an ihren jüngsten Sohn René Dubois inventarisiert, sind gut zwanzig grün lackierte Möbel mit gemalten Paneelen erwähnt, was eine genaue Datierung dieser Produktion erlaubt. Erneut stellt sich die Frage nach den für diesen Dekor verantwortlichen Maler-Lackierern. In den siebziger Jahren des 18. Jahrhunderts verschwand mit Étienne-Simon und seinem Sohn Étienne-François die berühmte Familie Martin. Beim Tode Étienne-Simons fand man in seinem Inventar nur einen Sekretär mit grünem Hintergrund, während die Tätigkeit seines Sohnes Étienne-François ausschließlich auf Kutschen ausgerichtet war. Der einzige noch tätige Martin war Jean-Alexandre, der Sohn von Robert Martin.

Nach einem Aufenthalt in Preußen übernahm Jean-Alexandre 1767 die väterliche Werkstatt,[10] erwarb 1772 die seines im Jahr zuvor verstorbenen Cousins Étienne-François und vermietete die Werkstatt in der Grande Rue du Faubourg Saint-Martin an dessen Witwe.[11] Zweifellos war er Nutznießer der geschäftlichen Verbindungen mit Kunsthändlern und Ebenisten, die Vater, Onkel und seine Cousins geknüpft hatten. Vor allem ist zu betonen, dass er angelegentlich des Rückkaufs des Geschäfts seines Cousins Verfügung über mehrere Verzeichnisse, Berichte und Hefte – Pflichten- und Lastenhefte – erhielt, in denen gewissenhaft die Zusammensetzung der von Étienne-François und seinem Vater Étienne-Simon benutzten Lacke aufgezeichnet worden sein dürfte, wodurch ohne Zweifel die eifersüchtig gehüteten Geheimnisse des berühmten Vernis Martin aufgedeckt wurden![12]

Die Mode des Mobiliars mit Grisaillemalerei war eine vorübergehende Erscheinung und überstand die Revolution nicht.

2 Dose, Schwarzlack mit Dekor in Goldstreutechniken, Japan, Ende 17./Anfang 18. Jahrhundert; Paris, Musée des arts décoratifs (Inv.-Nr. 11465)

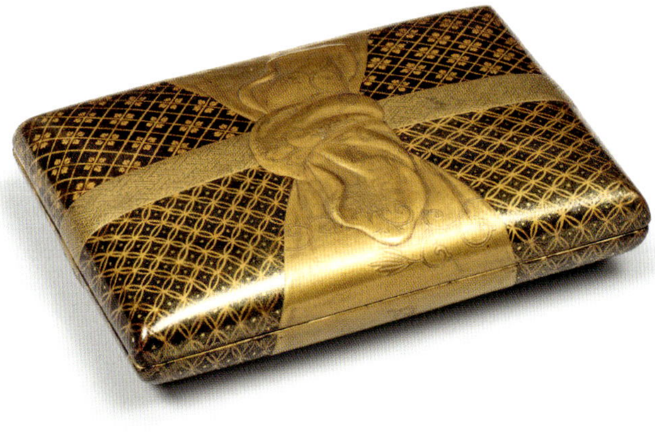

Auch die Handwerker der letzten Jahre des 19. Jahrhunderts passten sie dem aktuellen Geschmack nicht an, im Unterschied zu den Dekoren in der Art von Lancret oder Boucher, die mitunter auf Möbeln des Neorokoko zu finden sind. Ähnliches gilt für die Tabatieren und Etuis, auf denen sich im letzten Drittel des 18. Jahrhunderts Szenen in Grisaille mit unterhaltsamen Liebschaften oder jungen Schäferinnen und Schäfern entfalten,[13] die dann im letzten Drittel des 19. Jahrhunderts in der Herstellung von Kästen und anderem Tand völlig fehlen – gewissermaßen der Abglanz einer Vorstellung, die die Liebhaber der Kunst des 18. Jahrhunderts vom Vernis Martin noch hatten, und der doch nur einen Teil der vielfältigen Bereiche abdeckte, in denen sich diese Technik entfaltet hat.

Im Bereich des Mobiliars versuchten die Kunsthändler im Bewusstsein einer beständigen »atemlosen« Weiterentwicklung, die bei der Mode des Vernis-Martin-Dekors erwartet wurde, Neuheiten auf den Markt zu bringen und ihre Klientel zum Kauf zu animieren, etwa mit Möbeln, die mit lackierten Blechpaneelen dekoriert waren. Diese Produktion bot den Maler-Lackierern zwar einen neuen Absatzmarkt, hatte aber auch nur einen begrenzten Erfolg.

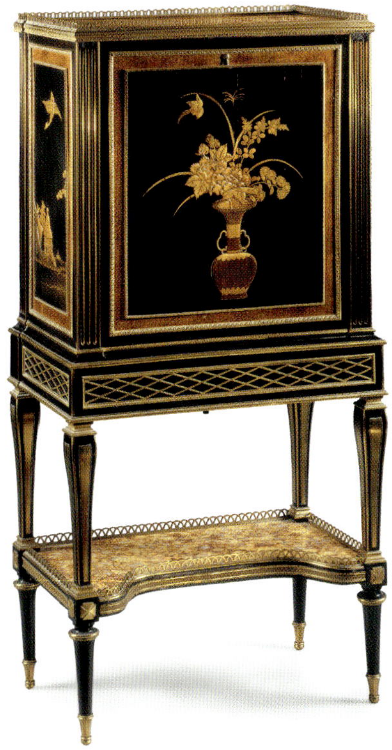

3 Sekretär »à abattant«, gestempelt Gaspard Schneider, Eichenholz, Japanlack, Pariser Aventurinlack, vergoldete Bronze, Brokatellmarmor aus Spanien, Paris, 1787; Paris, Musée Carnavalet (Inv.-Nr. MB719)

4 Kommode, gestempelt René Dubois, Eichen- und Nadelholz, Vernis Martin, vergoldete Bronze, Carraramarmor, Paris, um 1775; Waddesdon, The Rothschild Collection (The National Trust, Inv.-Nr. WI/26/2)

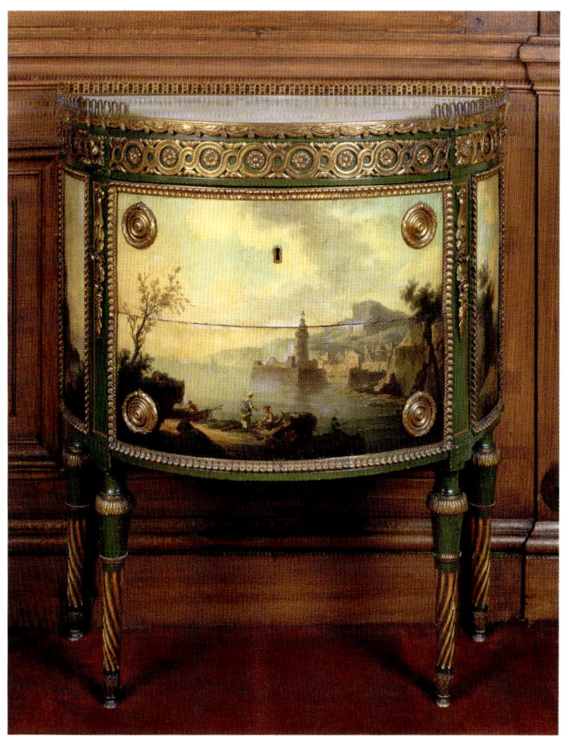

1 Vgl. die von Poirier an Mademoiselle de Sens gelieferte Kommode, Privatsammlung; Daniel Alcouffe in Paris 1974, S. 328–330.
2 Sieben kleine Tische dieser Art werden in öffentlichen Sammlungen aufbewahrt, weitere befinden sich in privater Hand; Daniel Alcouffe in Paris 1974, S. 332.
3 Paris, Archives nationales, M. C., XCIV, 262, 27. Juni 1773.
4 Paris, Archives nationales, M. C., XXXIII, 556, 22. Juli 1765.
5 Paris, Archives nationales, M. C., CV, 1302, 13. Juni 1770.
6 Daniel Alcouffe in Paris 1974, S. 332, und Courajod 1873, Bd. 2, S. 10.
7 Watson 1981, S. 157–166.
8 Mercier 1994, Bd. 7, S. 82–83.
9 Bellaigue 1974, Bd. 1, S. 224–229.
10 Paris, Archives nationales, M. C., XXXIII, 564, 11. April und 16. Juni 1767.
11 Ebd., CV, 1310, 20. März 1772.
12 Hinweise auf diese Dokumente finden sich in Aktenzeichen 5 und 6 im Inventar der Geschäftsunterlagen des nach dem Tod von Étienne-François Martin erstellten Inventars, Paris, Archives nationales, M. C., CV, 1309, 29. Oktober 1771.
13 Vgl. den Beitrag »Puttengrisaille und Streifen – die Entwicklung der Lackbijoux in den siebziger und achtziger Jahren« von Monika Kopplin, S. 156–163.

80 Schreibschrank

Korpus: Eichen- und Nadelholz; Vernis Martin: blauer und weißer Lack, Dekor in Ölmalerei *en grisaille*, Klarlack; im Innern als Rosenholz bemaltes Eichenholz und Rosenholz; ziselierte und vergoldete Bronze; geäderter weißer Marmor

H. 131 cm, B. 80 cm, T. 38 cm

Paris, René Dubois (1734–1798) zugeschrieben, um 1770

Paris, Petit Palais, Musée des Beaux-Arts de la Ville de Paris, Inv.-Nr. ODUIT01506

Literatur: Lapauze, Henry: Catalogue sommaire des collections Dutuit, Palais des Beaux-Arts de la Ville de Paris. Paris 1907, Nr. 1506, S. 296. – Janneau, Guillaume: Le meuble léger en France. Paris 1952, Nr. 118–189.

René Dubois führte als Besonderheit rot und grün lackierte, mit Grisailleszenen geschmückte Möbel aus, zweifellos Auftragsarbeiten für Kunsthändler. Obwohl er keinen Stempel aufweist, wird dieser Sekretär Dubois zugeschrieben und ist den sehr ähnlichen, ein Paar bildenden und von Dubois gestempelten Sekretären (Privatsammlung und Schloss Ludwigsburg bei Stuttgart) vergleichbar. Der in Ludwigsburg befindliche Sekretär wurde 1775 vom Landgrafen von Hessen erworben, beredtes Zeugnis für das starke Interesse ausländischer Fürsten an den Pariser Neuheiten.[1] Am Sekretär der Sammlung Dutuit ist der zusätzliche Effekt eines Trompe-l'œils bemerkenswert, der durch einen vorgetäuschten Rahmen um jede der Hauptszenen entsteht und übrigens auf den anderen Arbeiten des Ebenisten nicht vorkommt. Die Grisailleszenen sind denen des Bildhauers Louis-Félix de La Rue (1731–1765) in ihrem Rückgriff auf die Antike vergleichbar. Der Dekortypus in Camaieu könnte zu dem der Supraporten passen, die in den Jahren 1770 bis 1780 von der Hand des Malers Piat-Joseph Sauvage oder des Bildhauers und Stuckateurs Jean-Baptiste Boiston entstanden. Die Mode des Camaieudekors hat auf Möbeln, Berlinen und Tabatieren in der gemeinsamen Technik des Vernis Martin Ausdruck gefunden!

---

1 Pradère 1989, S. 298.

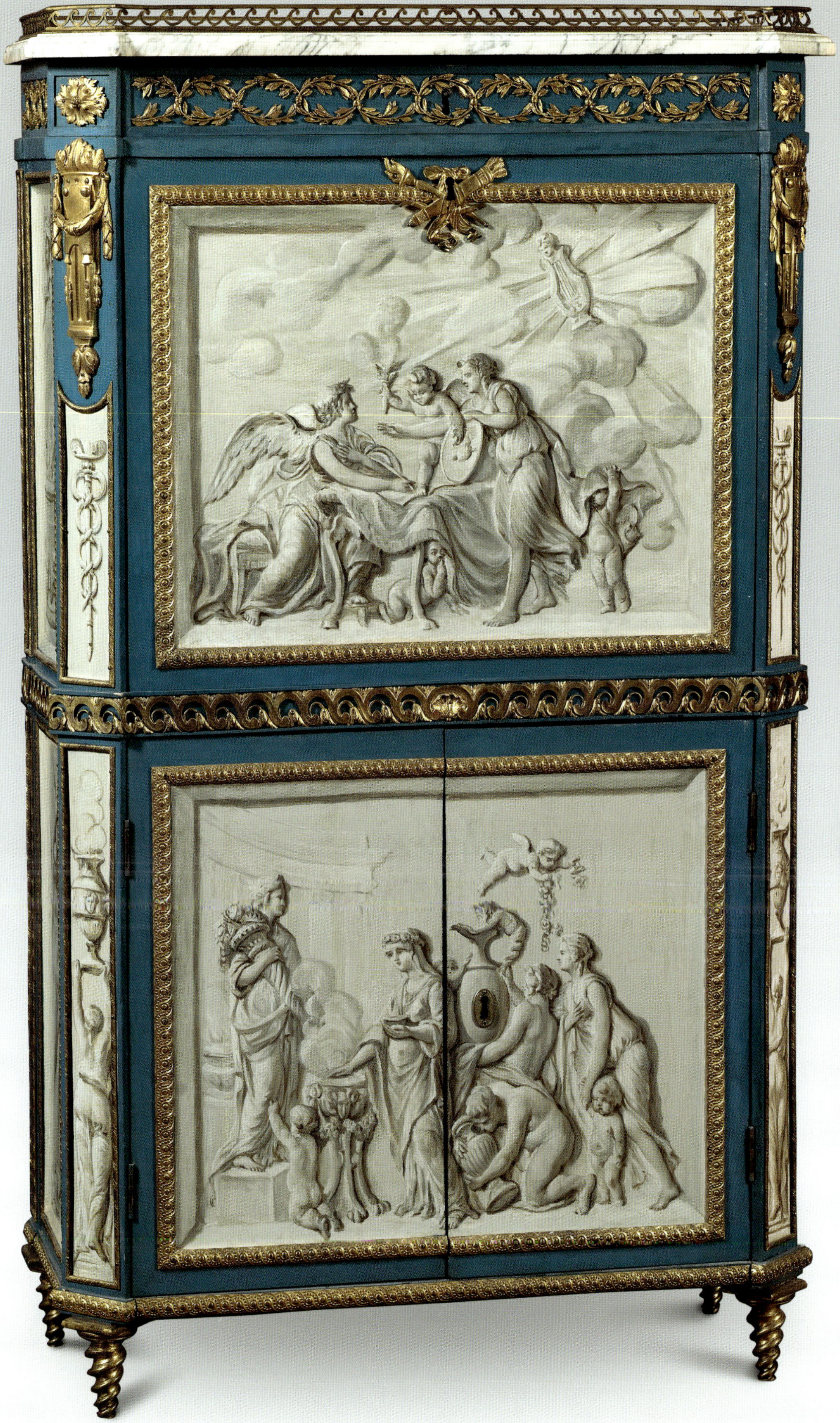

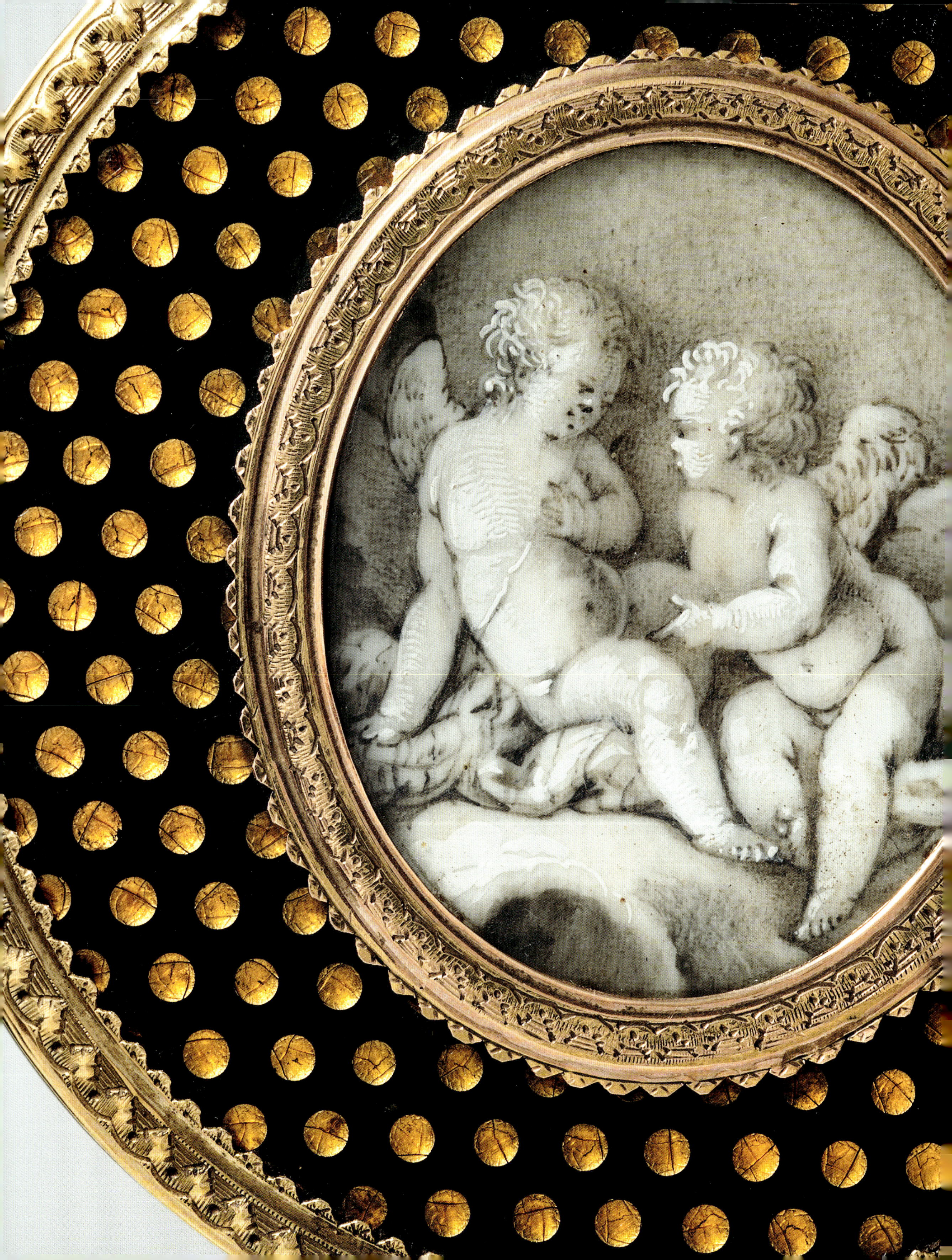

Monika Kopplin

Puttengrisaille und Streifen – die Entwicklung der Lackbijoux in den siebziger und achtziger Jahren

Es war Zufall und entbehrt doch nicht der symbolisch bedeutsamen Zäsur eines Generationenwechsels, dass das Wirken der fünf Brüder Martin in den Jahren des Übergangs vom Rokoko zum Klassizismus ausklang. Guillaume war als der mit Abstand älteste schon 1749 verstorben, 1765 gefolgt von seinen Brüdern Julien und Robert sowie 1770 von Étienne-Simon und Guillaume II. In der nachfolgenden Generation tat sich insbesondere Étienne-François als »vernisseur du Roi« hervor, aber auch er verstarb schon 1771 – vorzeitig nur ein Jahr nach seinem Vater Étienne-Simon. Da Guillaume-Jean (geb. 1713), auch er »vernisseur du Roi«, Frankreich in der zweiten Hälfte der vierziger Jahre den Rücken gekehrt hatte,[1] waren in den siebziger Jahren und darüber hinaus nur noch die Söhne Roberts in Paris ansässig, von denen Jean-Alexandre (geb. 1738) als »vernisseur du Roy de Prusse« die höchste Reputation besaß. Seine Tätigkeit als *peintre-vernisseur* ist noch in den achtziger Jahren durch die Anmietung der Manufaktur im Faubourg Saint-Martin 1784 dokumentiert.[2] Die Erzeugnisse der Pariser Lackwarenherstellung aus den Jahren zwischen 1770 und dem Ausbruch der Französischen Revolution 1789 können daher nur noch zu einem geringeren Teil aus Martinschen Werkstätten stammen, und gleichwohl lässt sich an den erhaltenen und in die fragliche Zeit datierbaren Objekten kein Bruch erkennen, der über die Anpassung an die allgemeine Stilentwicklung hinausginge. Vernis Martin hatte sich über das – 1762 von Jérôme de La Lande konstatierte – Kriterium höchster Qualität hinaus längst zur Gattung entwickelt, die sich durch die Fertigung eines übereinstimmenden Typus von Objekten mit den gleichen Materialien, Ziertechniken und stilistischen Merkmalen auszeichnete. Unter den namentlich bekannten Pariser Lackkünstlern des 18. Jahrhunderts gibt es jedoch nur wenige, die, wie beispielsweise Jean Charny und Louis Joseph Gautier, bis in die achtziger Jahre als Maler-Lackierer dokumentiert sind.[3] Die Zuweisung eines Lackbijou an Jean-Alexandre oder Antoine-Nicolas Martin (geb. 1742) bzw. einen der übrigen in den siebziger und achtziger Jahren tätigen Pariser Lackmaler muss aber weiterhin aufgrund des Fehlens von Kennzeichnungen oder schriftlich dokumentierter Objekte infrage gestellt bleiben, während die Pariser Manufaktur für lackierte Blechwaren von Veuve Gosse und Samousseau vermutlich in den späten siebziger Jahren – erstmalig im französischen Lackgewerbe – eine Marke zur Bezeichnung ihrer Artikel einführte (Kat.-Nr. 136).[4]

Bonbonniere, Detail, Papiermaché, Schwarzlack mit vergoldetem Punktmuster, Deckelminiatur in Grisaillemalerei, 1774–1780; Münster, Museum für Lackkunst (Kat.-Nr. 117)

Bonbonniere und Étui à tablettes

Neben den röhrenförmigen Etuis stand die Tabatiere weiterhin im Fokus der Produktion. Ihre Bestimmung zur aromaschützenden Aufbewahrung des Schnupftabaks und dem Mitführen eines kleinen Vorrats in der Kleidung stand im Vordergrund, doch waren ihrer Verwendung keine genau definierten Grenzen gesetzt. Aus zeitgenössischen Quellen geht vielmehr hervor, dass sie sich mannigfachen Gebrauchs erfreute: »Ich schicke Ihnen, meine beste Mama, eine Kleinigkeit, damit Sie sich wieder meiner erinnern. Sie können sich dieser Tabaksdose bedienen, um rote Schminke, Schönheitspflästerchen, Tabak, Zuckerwerk oder Pillen hineinzulegen«[5] – so Friedrich der Große 1762 in einem Schreiben an seine mütterliche Freundin Gräfin Sophie Charlotte von Camas. Während aber Schönheitspflästerchen oder Rouge in der Regel doch in kleineren und flacheren Behältnissen aufbewahrt wurden,[6] in deren Deckelinnenseite oft ein Spiegel eingelassen war,[7] lässt sich die Dose für »Zuckerwerk«, das heißt für Bonbons und Pastillen, von der eigentlichen Tabatiere allenfalls durch ein Konstruktionsmerkmal unterscheiden. Wie Bildnisse aristokratischer Damen und Herren und besonders anschaulich ein berühmtes Pastellporträt Maurice-Quentin de la Tours bezeugen, wurde die Tabatiere bei Gebrauch geöffnet in der Linken gehalten, während die Rechte mit graziöser Gebärde eine Prise entnahm (Abb. 1). Diese auch in Anleitungen zur »noble exercice de la tabatière«[8] beschriebene Handhabung ist aber nur möglich, wenn Deckel und Dosenkorpus durch ein Scharnier verbunden sind; andernfalls müsste der lose aufsitzende Deckel abgenommen und beiseitegelegt werden, was das Schnupfen insbesondere unterwegs behindert hätte. Bei Dosen mit Scharnierdeckel handelt es sich daher in der Regel um Tabatieren, während solche mit losem Deckel vorzugsweise als Bonbonnieren zu apostrophieren sind.

Der Begriff Bonbonniere, den man in den Inventaren der Martins aus den Jahren 1730, 1749, 1765 und 1770, im Journalbuch Lazare Duvaux' aus den Jahren 1748 bis 1758 oder auch im

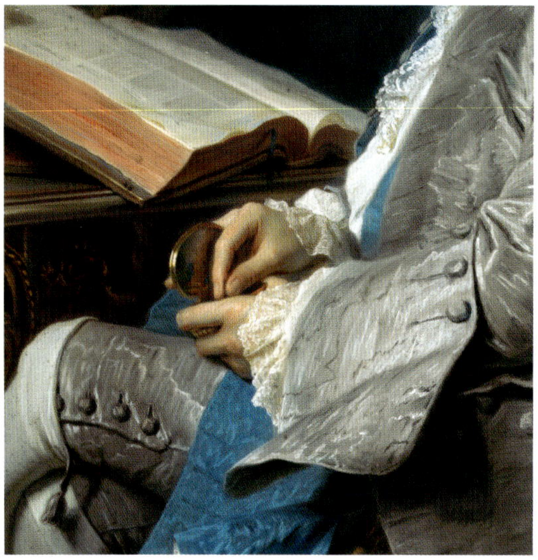

1 Maurice-Quentin de la Tour, Porträt des Louis Duval de l'Épinoy, Detail, 1745, Pastell; Lissabon, Museu Calouste Gulbenkian (Inv.-Nr. 2380)

Nachlassverzeichnis der Marquise de Pompadour aus dem Jahr 1764 wie dem der 1767 verstorbenen Dauphine Maria Josepha von Sachsen noch vergeblich sucht, kam erst zu Beginn der siebziger Jahre auf. Im *Mercure de France* finden sich im September 1772 »bonbonnières en écaille garnies ou non garnies« annonciert,[9] und die Pariser Luxuswarenhandlung »Le Petit Dunkerque« bot 1775 »bonbonnières en stuc, très légères« an.[10] Der Hinweis auf deren geringes Gewicht macht einmal mehr deutlich, dass Leichtheit ein wichtiges Kriterium darstellte – vor allem bei Behältnissen, die ihrerseits gefüllt und in der Kleidung mitgeführt werden sollten.

Ein anderes den Galanterien zugehöriges Utensil spielte in der französischen Goldschmiedekunst schon seit dem frühen 18. Jahrhundert eine Rolle, das *étui de tablettes* (*étui à tablettes*), auch als *tablette*, *souvenir* oder *carnet de bal* bezeichnet. Es handelt sich um ein kleines, rechteckiges und sehr flaches Behältnis mit Scharnierdeckel. In seinem Innern werden mehrere zusammengenietete Schreibtäfelchen aus Elfenbein (*tablettes*) mit einem oder zwei Stiften, mitunter auch weitere kleine Gerätschaften wie Schere und Pinzette aufbewahrt (Abb. 2). Ursprünglich zur Niederschrift kleiner Notizen entwickelt, wandelte es sich im Verlauf des 19. Jahrhunderts zu einem unentbehrlichen Ballaccessoire, indem die Abfolge der Tänzer auf dem kleinen Notizblock festgehalten wurde (*carnet de bal*). Geläufiger als die authentische Bezeichnung des 18. Jahrhunderts ist sein späterer Name.

Ein kostbares, aus Gold gefertigtes Geschenk, wie es schon Ludwig XIV. 1714 der Königin von Spanien überreichen ließ, lassen sich solche *tablettes* in den anlässlich ihrer Hochzeit zusammengestellten *corbeilles* etlicher französischer Prinzessinnen nachweisen.[11] In der Verbindung von Gold und Lack kommen sie in den fünfziger Jahren unter den Lieferungen Lazare Duvaux' an die Marquise de Pompadour mehrfach vor.[12] Da in diesen Einträgen stets nur von »laque« (»lacq«) und nicht von »vernis« oder »vernis de Martin« die Rede ist, scheint ausschließlich Gold mit Plaketten aus ostasiatischem Lack verarbeitet worden zu sein –

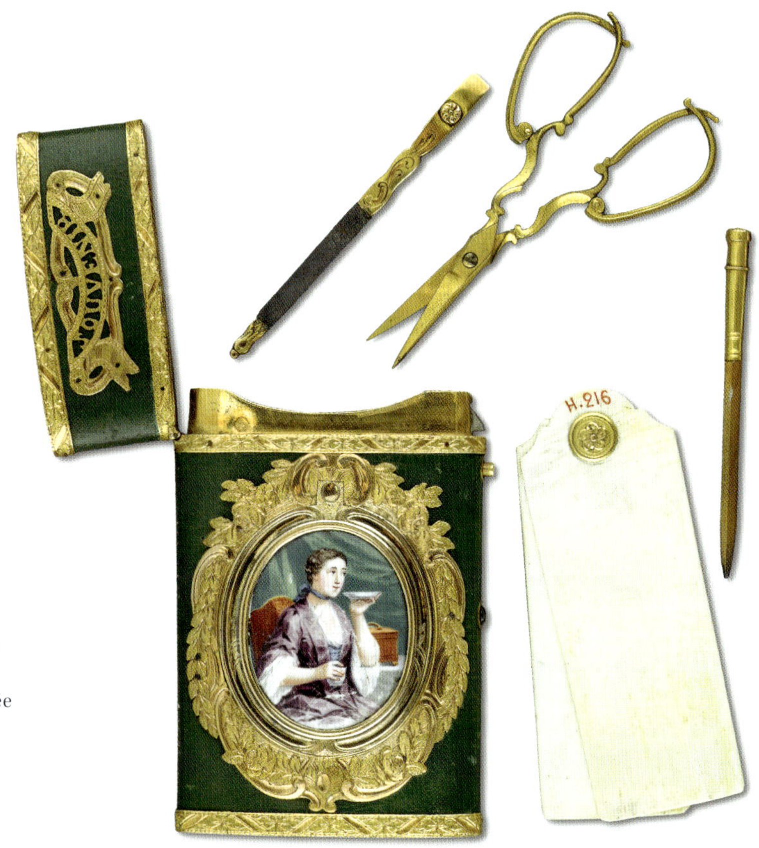

2 Étui à tablettes, geöffnet und mit Zubehör, Gold und grüner Lack, Paris, 1772/73; Paris, Musée Cognacq-Jay (Inv.-Nr. J. 626)

eine Verbindung, für die sich Beispiele aus dieser Zeit erhalten haben.[13] Die frühesten in Vernis Martin verzierten Étuis à tablettes datieren vom Anfang der siebziger Jahre des 18. Jahrhunderts[14] und sind von da an aus dem Repertoire der Pariser Lackwerkstätten nicht mehr wegzudenken (Kat.-Nr. 100, 103 und 104). Das Spektrum ihrer Dekore und der verarbeiteten Materialien ist ebenso reich wie bei den Dosen und schloss sogar – eine Besonderheit ihrer Gattung – Vernis-Martin-Malerei auf eingefärbter Haifischhaut ein, die sich als Galuchat im 18. Jahrhundert großer Beliebtheit erfreute.[15]

Die Grisaillemalerei

Mit Klarlack überfangene und polierte Ölmalerei hatte sich auf Lackbijoux schon in den fünfziger Jahren zu einer dem Dekor von Lackmöbeln entsprechenden Ziertechnik entwickelt, die, seit den sechziger Jahren über die ganze Fläche aufgetragen, vom gesamten Objekt Besitz ergriff. Winzige, aber nicht selten qualitätvolle Reproduktionen bekannter Gemälde der zeitgenössischen französischen Malerei legen sich um die Wandungen von Etuis oder überziehen die Deckel von Dosen. Mitunter liegen die figürlichen Szenen einem mit Blattsilber unterfütterten, metallisch schimmernden und mit Streifen dezent gemusterten Fond auf. Mit Beginn der siebziger Jahre halten die Lackmaler an der *peinture à l'huile vernie-polie* fest, doch erfährt das Kolorit eine grundlegende Änderung. Vermutlich nach dem Vorbild der Ton-in-Ton gehaltenen Emailmalerei auf Golddosen und zeitgleich mit der auf Möbeln einsetzenden Camaieu hält die Grisaille Einzug in die Lackmalerei kleiner Objekte. Vor allem ein Kennzeichen von René Dubois (1734–1798), der sich wie schon sein Vater auf Lackmöbel spezialisierte, zeichnen sich diese auch in ihrer Konstruktion und Ornamentik bereits dem Klassizismus verpflichteten Möbel durch eine zumeist beigefarbige oder graue Camaieumalerei aus. In ihrer Wirkung an antike Marmorreliefs erinnernd und letztlich auf diesen Vorbildern fußend, stellen sie überwiegend Amoretten beim Spiel dar, die sich unmittelbar auf plastische Arbeiten des Bildhauers Louis Félix de la Rue (1731–1765) mit Kindergruppen und Putten zurückführen lassen (Kat.-Nr. 80).[16] Auf den Lackbijoux zeigen sich die Amoretten anfänglich noch François Boucher verpflichtet, dessen Vorlagen in die aktuelle Grisaille übersetzt werden (Kat.-Nr. 81 und 82). Von dieser Motivquelle ausgehend und in Zusammenführung verschiedener gleichgerichteter Vorbilder, entwickelt sich die Puttengrisaille zu einem Leitmotiv der Bijoux im klassizistischen Stil. Es kommt als verselbstständigter Dekor in spielerischen Varianten (Kat.-Nr. 83–86), aber auch in Verbindung mit dem charakteristischen Punktmuster (Kat.-Nr. 117) und den nicht weniger beliebten Streifendekoren vor (Abb. 3).

Streifen im Rapport

Die ersten Beispiele von Lackarbeiten mit Streifenmustern datieren aus den frühen sechziger Jahren des 18. Jahrhunderts. Sie scheinen in schlichter Reihung von Längsstreifen hinter gemalten Szenen auf (Kat.-Nr. 65), begegnen aber auch schon als Hauptdekor, der einer Dose oder einem Etui das charakteristische Gepräge verleiht. Eine prachtvolle, aus Gold gearbeitete Dose von 1764/65 gibt bereits ein Grundschema dieser Verzierung zu erkennen, das auf dem Wechsel von schmalen Streifen und breiteren Bändern beruht. Die Streifen sind bei dieser Tabatiere aus farblich kontrastierendem dunklem Schildpatt eingelegt und übereinstimmend mit gereihtem Piqué gefüllt, während die Bänder in alternierender Abfolge antikisierende Ornamente aufweisen (Abb. 4). Ein Großteil der Bijoux mit gestreiftem Dekor folgt diesem Schema, wobei die Streifen verziert sein können oder sich als einfache durchgezogene Linien in farblichem Kontrast vom Lackgrund abheben. Eine Reihe von Tabatieren, Bonbonnieren und Etuis weist bei kongruenter Technik einen so übereinstimmenden Dekorstil auf, dass sie als Gruppe wahrgenommen werden und offensichtlich in derselben Werkstatt entstanden sind (Kat.-Nr. 97–101). Ihre Grundlackierung, in zarten rosafarbenen, graublauen oder weißlichen Tönen gehalten, ist opak und enthält möglicherweise Füllstoffe. Die Streifen und die Bänder mit ihrer Binnenmusterung sind in Längsrichtung eingraviert, mit Blatt-

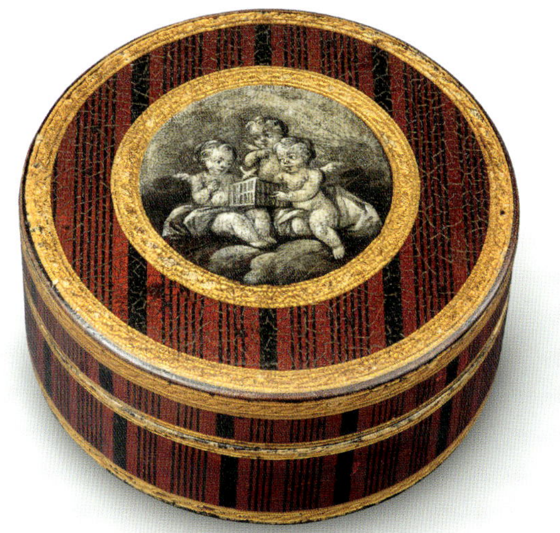

3 Bonbonniere, Puttengrisaille mit Streifenmuster und vorgetäuschter Goldmontierung, Paris, siebziger Jahre 18. Jahrhundert; Münster, Museum für Lackkunst (Inv.-Nr. GFL-2013-2, Geschenk von Detlev Richter)

4 Tabatiere, Unterseite, Gold, Rotlack mit eingelegtem Schildpatt, Gold- und Silberpiqué, Paris, 1764/65; Berlin, Privatsammlung (Kat.-Nr. 95)

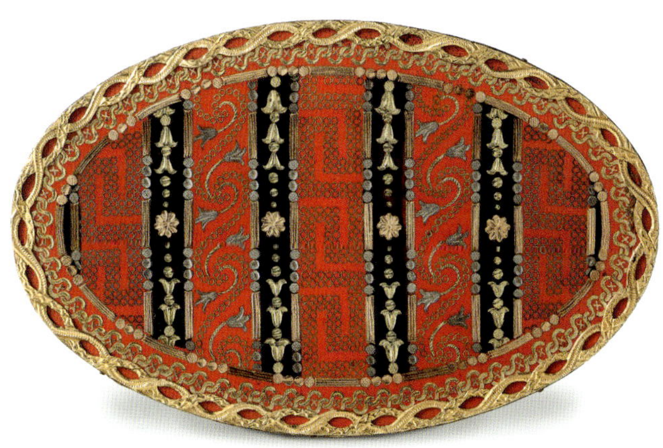

silber ausgekleidet und entweder mit gelblichem Klarlack gefüllt, sodass sie golden erscheinen, oder mit wechselnd rotem und grünem transluzidem Lack, der eine Emailverzierung suggeriert. Mitunter weisen die goldenen Streifen wiederum eine Binnenmusterung in Gestalt feiner Querstreifen auf und lassen so ein immer reicheres Bild entstehen (Kat.-Nr. 98). Die ornamentale Gestaltung der Bänder greift Motive auf, die sich auf goldenen Tabatieren schon in den vierziger Jahren nachweisen lassen, die aber in das strikte Schema der geradlinigen Streifenmusterung integriert werden. Lackbijoux dieser Art wurden in den siebziger und achtziger Jahren hergestellt und weisen nach Stil und Qualität ein homogenes Erscheinungsbild auf, ohne dass die Werkstatt bislang identifiziert werden könnte. Selbst ein 1789 entstandenes Etui ist mit seinem schlichten quergestreiften Dekor noch dieser Gruppe zugehörig und vermag zugleich die auf klare, schmucklose Regelmäßigkeit gerichtete weitere Stilentwicklung zu dokumentieren (Kat.-Nr. 101).

Die *boîte à portrait*

Handelt es sich um Dosen, so wird der Gestaltung des Deckels besondere Aufmerksamkeit geschenkt. An die Stelle der in den sechziger Jahren direkt und ganzflächig aufgetragenen Deckelmalerei tritt die Miniatur, die – losgelöst vom Lackobjekt – zumeist in Gouache auf Elfenbein angelegt und in kostbarer ziselierter Goldrahmung in den Deckel eingelassen ist. Dabei kann es sich um ein verallgemeinertes, keine bestimmte Person wiedergebendes und zumeist weibliches Idealporträt handeln (Kat.-Nr. 99), doch stellt die Deckelminiatur überwiegend das Brustbild einer nicht identifizierbaren Dame oder eines unbekannten Herrn dar, wie es auch auf Goldtabatieren in großer Zahl vorkommt. In diesem Fall liegt in der Regel das Konterfei des Schenkenden vor, da kostbare Dosen nicht nur zu den etablierten diplomatischen Präsenten unter den Herrschenden gehörten und mit dem Porträt des jeweiligen Königs oder Würdenträgers verziert waren, sondern allgemein als wertvolle Gabe von persönlicher Prägung geschätzt wurden. Die mit Lack gestaltete Dose stellte wiederum eine der emaillierten goldenen Tabatiere oder Bonbonniere ähnliche, aber weitaus kostengünstigere Alternative dar. Zu den frühesten Beispielen könnte eine von Lazare Duvaux 1752 an Madame de Pompadour gelieferte Dose dieses Typs gehört haben: »Un fond d'or gravé dans un dessus de boëte de lacq, où est encadré un portrait d'émail de Petitot.«[17] Allerdings schließt der terminus »lacq« die Wahrscheinlichkeit ein, dass es sich bei diesem Prototyp um eine Arbeit aus ostasiatischem, wahrscheinlich japanischem Lack mit französisch gestaltetem Deckel gehandelt hat. Der großen Nachfrage entsprechend haben sich etliche *boîtes à portrait* in Vernis Martin erhalten. Während die meisten gefüllte oder einfache Streifendekore aufweisen, weicht eine Bonbonniere von diesem sich wiederholenden Dekorschema ab und ragt durch den Rang der in der Deckelminiatur Dargestellten wie durch ihre Technik und vollendete künstlerische Gestaltung heraus. Durch die Punzen ihrer Goldmontierung in die Jahre zwischen 1775 und 1781 datierbar, ist die Dose allseitig mit sogenanntem Aventurinlack verziert (Abb. 5). In den Deckel ist ein hochovales Medaillon mit dem Miniaturbildnis der französischen Königin Maria Leszczyńska (1703–1768), der Gemahlin Ludwigs XV., eingelassen, zu deren Angedenken die Dose verschenkt worden sein mag.

5 Bonbonniere, Aventurinlack, im Deckel ein Miniaturbildnis der Königin Maria Leszczyńska, Paris, 1775–1781; Paris, Musée de Louvre, Département des objets d'art (Inv.-Nr. OA 6809)

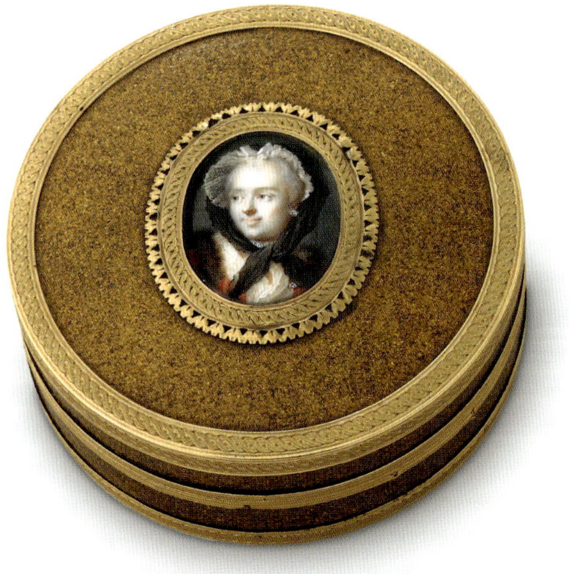

Der Aventurinlack

Aventurine (Aventurin) ist die von der Fachterminologie zur europäischen Lackkunst übernommene historische Bezeichnung für die Nachahmung der japanischen Goldstreutechnik, die ihrerseits unter dem japanischen Fachbegriff *nashiji* (Birnengrund) bekannt ist. In seiner berühmten Abhandlung *L'Art du peintre, doreur, vernisseur* widmet Jean-Félix Watin auch diesem Verfahren eine eingehende Würdigung und präzise technische Anleitung: »L'aventurine est une pierre rougeâtre ou jaunâtre, belle & agréable à la vue, toute parsemée de paillettes qui semblent de l'or. […] C'est pour imiter cette pierre aventurine que les Peintres se servent du clinquant haché, ou de la grosse bronze d'Allemagne. Cette sorte de Peinture étoit autrefois fort en vogue, on en embellissoit les bijoux, les meubles, les équipages. On ne s'en sert plus aujourd'hui; mais comme la mode pourroit fort bien en revenir, nous allons indiquer la façon de la faire.«[18] Sollte Watin mit seiner Einschätzung, dass Aventurinlack – zu Beginn der siebziger Jahre – etwas Gestriges sei, richtig liegen, so stellt die Dose mit dem Bildnis der Maria Leszczyńska ein auffallend spätes Beispiel dieser Technik dar. Das Verfahren wird aber noch im Inventar Julien Martins von 1765 erwähnt: »3 boîtes aventurine unie à 3 livres 9 livres.«[19]

Tatsächlich handelte es sich nicht um eine Imitation des Aventurinsteins, dessen glimmernde Einschlüsse aber an das Funkeln des japanischen *nashiji* erinnerten und aufgrund dieser Ähnlichkeit der europäischen Technik ihren Namen gaben. Beim *nashiji* werden in einen schwarzen Lackgrund in gleichmäßiger und möglichst geschlossener Dichte Gold- oder Silberspäne eingestreut und mit rötlich-gelbem Klarlack (*nashiji-urushi*) über-

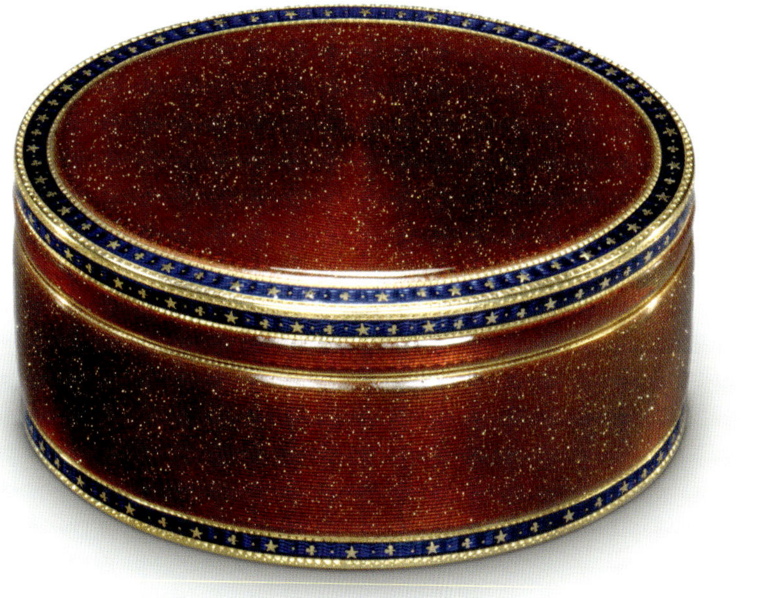

6 Tabatiere, Gold mit Email aventurine, Paris, 1784/85; München, Bayerisches Nationalmuseum (Inv.-Nr. 93/236), ausgestellt im Thurn und Taxis-Museum Regensburg

fangen. Er kam überwiegend als Hintergrundtechnik, seltener auch im Binnendekor (*e-nashiji*) zum Einsatz. Seine überaus kostbare und dekorative Wirkung rief in Europa so große Bewunderung hervor, dass er in einigen Werkstätten, so in der Gérard und Jacques Daglys in Berlin, schon im 17. Jahrhundert nachgeahmt wurde. Die Martins kannten das Verfahren und wandten es an; »avanturine« oder »fond avanturine« findet sich in beiden Inventaren Guillaume Martins, dem von 1730 und dem von 1749, mehrfach genannt. Das Glitzern des Aventurinlacks war als eine so exquisite Besonderheit angesehen, dass es – in seltener Umkehrung des Einflusses der Goldschmiedekunst auf die Lackbijoux – seinerseits auf französischen Goldtabatieren als raffinierter Schmuckeffekt aufgegriffen wurde (Abb. 6).[20] Die Nachahmung des *nashiji* mit Aventurinlack steht beispielhaft auch für die anhaltende Wertschätzung für Japanlack. In der Gestaltung des klassizistischen französischen Lackmöbels stellte er in Verbindung mit Goldbronzen oftmals das die Gesamtwirkung bestimmende Element dar. Entsprechend schlossen auch die Lackbijoux weiterhin die Applikation kleiner ausgeschnittener Teilstücke japanischer Lackarbeiten ein, so wie die Lackwerkstätten bis in die späten siebziger Jahre an der Fertigung von Objekten im Stil japanischer Goldstreulacke festhielten (Kat.-Nr. 31).

Das Vorbild der Goldschmiedekunst

Aus Gold gefertigte Tabatieren und Bonbonnieren waren mit ihren Ziertechniken weiterhin eine Quelle der Inspiration. Dies gilt insbesondere für die Lackgravur, die sich die Verfahren und Dekore der Metallgravierung schon in den vierziger und fünfziger Jahren zu eigen gemacht hatte. Guillochierter, blattversilberter und mit gelblichem Klarlack überfangener Schwarzlack nahm die Wirkung guillochierten Goldes an und verlieh den solcherart gestalteten Bijoux die vorgetäuschte Kostbarkeit der aus Edelmetall gearbeiteten Preziosen (Kat.-Nr. 109 und 111). An die Seite der guillochierten Wellen trat der Rapport aus Rauten (Kat.-Nr. 113) und – als neues Ornamentmotiv – das Fischgrätenmuster, das in seinem regelmäßigen Zickzack der klassizistischen Vorliebe für geradlinig angelegte, sich wiederholende Zierformen entsprach. Während es als *osier* (Weidengeflecht) auf zahlreichen Golddosen der siebziger Jahre begegnet und als vertikales, geripptes Streifenmuster unter verschieden getöntem transluzidem Email hervorschimmert,[21] stellt es unter den erhaltenen Lackbijoux eine Seltenheit dar. In rosa getönten Lack guillochiert, vermag es in unendlichem Rapport und einer ungewöhnlich monochromen, weiteren Schmuck ausschließenden Farbigkeit eine einprägsame Wirkung zu entfalten (Abb. 7). Auch eine als *grain d'orge* (Gerstenkorn) bezeichnete Guillochierung wurde mitunter auf Lackarbeiten eingesetzt (Kat.-Nr. 120). Häufiger kommt die ausdrucksvolle Punktmusterung vor – auch sie im Einklang mit den aktuellen Punktdekoren auf Goldarbeiten und zugleich einem allgemeinen Trend der Mode entsprechend (Kat.-Nr. 116–118).

Die Materialimitation

Nur mit wenigen Beispielen zu dokumentieren, stellen Lackbijoux, die unterschiedliche Materialien imitieren, eine Besonderheit in der Dekorvielfalt der siebziger und achtziger Jahre dar. Hatte die Materialimitation in den vorausgegangenen Jahrzehnten zwischen etwa 1710 und 1770, von wenigen Ausnahmen wie einer Lapislazuli vortäuschenden Tabatiere (Kat.-Nr. 21) abgesehen, keine Rolle gespielt,[22] war sie im späteren 17. und beginnenden 18. Jahrhundert, also der den Martins vorausgegangenen Zeit, sogar der dominierende Dekor gewesen. Die wenigen erhaltenen Beispiele französischer Lackmöbel aus der Epoche Ludwigs XIV. sind anschaulicher Beleg (S. 13, Abb. 1). Mit ihrer Vorliebe für Materialimitation entsprachen die französischen Ebenisten, die oder wiederum deren Auftraggeber mit der Ausführung dieser Arbeiten einschlägige Spezialisten betrauten, dem aktuellen und auch in den Nachbarländern verbreiteten Geschmack für virtuose Trompe-l'œil-Effekte.

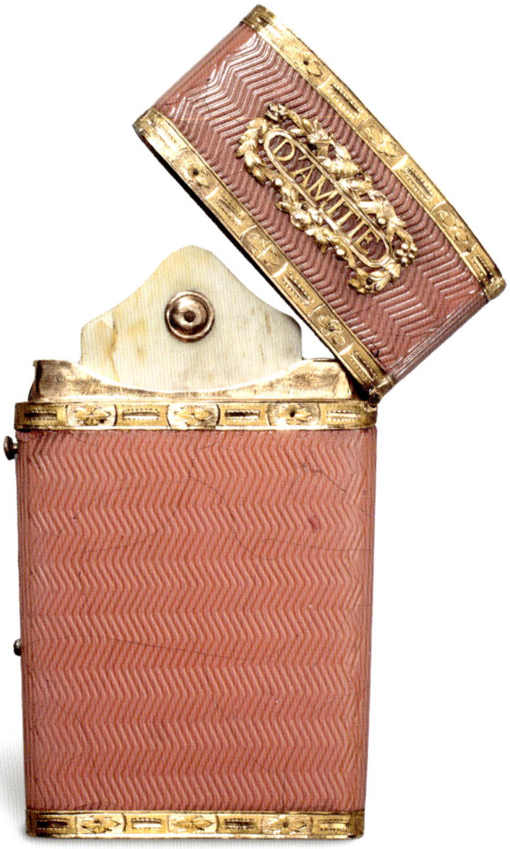

7 Étui à tablettes, Gold mit guillochiertem rosafarbenem Lack, Montierung aus Gold, Paris 1789; Staatliche Museen zu Berlin – Preußischer Kulturbesitz, Kunstgewerbemuseum (Inv.-Nr. 1972,14)

Erst in der Mitte der sechziger Jahre des 18. Jahrhunderts lässt sich erneut ein Lackmöbel dieser Art ausfindig machen – eine Kommode von François Reizell mit allseitig aufgebrachter Imitation ägyptischen Onyx' in frappierender Ähnlichkeit.[22] Die Nachahmung von Hartsteinen stand – wiederum dem Beispiel von Imitationen in Email auf Golddosen folgend[23] – auch auf den Lackbijoux im Vordergrund (Kat.-Nr. 123 und 124).[24] Wie beim *faux écaille*, das ebenfalls in den siebziger Jahren vereinzelt wieder auftritt (Kat.-Nr. 85 und 86), bediente sie sich allem Anschein nach überwiegend der Mittel der Malerei. Diesen jeweils singulär vorkommenden Beispielen gehört auch eine Bonbonniere an, die in ihrer eleganten Formgebung und mit ihrer exquisiten Vortäuschung chinesischen Seladonporzellans zu den schönsten Erzeugnissen unter den Lackbijoux im klassizistischen Stil gehört (Kat.-Nr. 127). Die auffallend kleine Zahl der erhaltenen Arbeiten mit Materialimitation lässt den Rückschluss zu, dass es sich wohl nicht zuletzt in Anbetracht des mit ihrer Fertigung verbundenen Aufwands nie um eine größere Produktion gehandelt hat.

Zur Bedeutung der Lackbijoux

Im Kontext der französischen Lackkunst des 18. Jahrhunderts nehmen die Bijoux – die Tabatieren, Bonbonnieren, Necessaires, Etuis und Navettes – nicht nur nach Quantität eine zentrale Position ein. Während die nicht weniger wichtige Kutschenmalerei und das Lackmöbel als weichenstellende Neuerung zur allgemeinen Entwicklung vor allem der Ölmalerei, *peinture à l'huile vernie-polie*, beigetragen haben, fiel der Lacktabatiere die Rolle zu, Vorreiter und Prototyp für ganze Generationen von Lackdosen in Frankreich wie in anderen europäischen Ländern zu sein. Es entstand überhaupt erst der Typus der kleinen, mit einer Hand zu umschließenden, leichten und schmucken Lackdose, die zu einem Standardartikel der Lackwerkstätten avancieren sollte. Die am weitesten entfernte Auswirkung zeitigte sie – auf dem Weg über deutsche Vorbilder – im Russland des 19. und selbst noch des 20. Jahrhunderts. Hierfür war nicht nur die Einführung des Papiermachés als eines Materials ausschlaggebend, das sich mit seiner Härte, Unempfindlichkeit, Formbarkeit, Leichtheit und kostengünstigen Herstellung durch ein ganzes Bündel hervorragender Eigenschaften auszeichnete. Guillaume Martin hat mit dem Wechsel vom Holz zum Papiermaché und mit der Perfektionierung seiner Herstellung für die weitere Entwicklung der europäischen Lackkunst die Weichen gestellt. In seinem Bestreben, der goldenen Tabatiere mit einer nicht weniger schön und reich gestalteten, aber leichten und billigen Lacktabatiere Konkurrenz zu machen, öffnete er die Lackkunst darüber hinaus dem Einfluss der Ziertechniken der Goldschmiedekunst. Obwohl dieser Schritt vermutlich ausschließlich kommerziellen Erwägungen geschuldet war, denn die Martins hielten auch in den folgenden Jahrzehnten an der Fertigung von Lackarbeiten in »imitation du Japon« fest, erwies er sich damit als ein wegweisender Neuerer der europäischen Lackkunst. Mit der entscheidenden Hinwendung zur *peinture à l'huile vernie-polie*, die in Verbindung mit dem französischen Sujet und leuchtender Polychromie auch auf den Bijoux zur Anwendung kam, wie zu den Gravurtechniken, dem Piqué und der Unterlegung von Lacküberzügen mit Blattmetallen fand die Loslösung vom ostasiatischen Vorbild statt – technologisch wie thematisch. An dieser von Guillaume Martin eingeleiteten, von seinen Brüdern mitgetragenen und fortgeführten Emanzipierung des französischen Lacks hat das kleine Objekt maßgeblichen Anteil. Im Gegensatz zum Lackmöbel, das im ausgehenden 18. Jahrhundert nur noch mit der Grisaillemalerei und der Applikation bemalter Blechpaneele vom Klassizismus geprägte neue Wege beschritt, zeichnen sich die Lackbijoux auch in den siebziger und achtziger Jahren durch eine Vielzahl unterschiedlicher Dekore und Verfahren aus, die auf den großen Flächen der Möbel und Kutschen nicht einsetzbar gewesen wären. Den Inros, japanischen Medizindöschen, hierin nicht unähnlich, erwiesen sie sich bis zuletzt als »Probierfeld« innovativer Gestaltung. Im Gegensatz auch zu den Möbeln, deren Lackfassung und -dekore sich durch wiederholte Abnutzung und Restaurierung bedingt nahezu nie unversehrt erhalten haben, konnten Lackbijoux – lichtgeschützt in Schubladen aufgehoben – in vielen Fällen ihr ursprüngliches, unverfälschtes Erscheinungsbild bewahren. Auch nach 250 Jahren vermögen sie von der Zusammensetzung des verwendeten Lacks, ihrer Machart und ihren Dekoren authentisch Zeugnis abzulegen.

1 Siehe Anne Forray-Carlier in ihrem Beitrag »Die Martin – zum Forschungsstand«, S. 21. Laut Forray-Carlier fand die Anmietung dieser Werkstätten schon 1772 statt.
2 Czarnocka 1989, S. 146.
3 Ebd., S. 175 und 183.
4 Kopplin 2010, S. 140. Die deutsche, in Braunschweig ansässige Manufaktur des Johann Heinrich Stobwasser führte dagegen, dokumentarisch belegt, schon 1775 eine vom Herzog genehmigte Stempelung ihrer Produkte ein; Richter 2005, S. 111.
5 Von Sanssouci nach Europa. Geschenke Friedrichs des Großen an europäische Höfe. Stiftung Schlösser und Gärten Potsdam-Sanssouci 1994 (Ausst.-Kat.), S. 153.
6 So gut erkennbar auf einem Porträt der Marquise de Pompadour von François Boucher aus dem Jahr 1758 im Fogg Art Museum, Cambridge; Ananoff 1976, Bd. 2, Nr. 497.
7 Seelig 2007, S. 42, Abb. 11.
8 Los Llanos / Grégoire 2011, S. 11.
9 Ebd., S. 28.
10 Ebd., S. 31.
11 So beispielsweise in der *corbeille* der Dauphine Maria Josepha von Sachsen; Bapst, Germain: Inventaire de Marie-Josèphe de Saxe, Dauphine de France. Paris 1883, S. 216–217. Siehe auch Maze-Sercier, A.: Les tablettes. In: Le livre de collectionneurs. Paris 1885, S. 821–823.
12 Courajod 1965, Bd. 2, Nr. 1428, 1760, 2274, 2277.
13 Los Llanos / Grégoire 2011, Nr. 142.
14 Ebd., Nr. 152.
15 Willemsen, Mathieu: Shagreen in Western Europe. Its Use and Manufacture in the Seventeenth and Eighteenth Centuries. In: Apollo. The International Magazine of the Arts, Bd. 145, 1997, Nr. 419, S. 38, Abb. 13.
16 Pradère 1990, S. 302, Abb. 340, und S. 303, Abb. 341. – Wolvesperges 2000, S. 233, Abb. 114, und S. 234, Abb. 115.
17 Courajod 1965, Bd. 2, S. 129, Nr. 1161.
18 Watin 1773, S. 172. Deutsche Übersetzung laut Watin 1774, S. 153: »Der Avanturinstein ist ein röthlicher gelber Stein, der schön und artig in die Augen fällt, und mit kleinen dem Golde ähnlichen Flinkern vermischt ist. […] Um diesen Stein nachzuahmen, nehmen die Maler kleingeschnittnes Flittergold, oder starkes Metallgold. Ehemals war diese Art der Malerey sehr Mode, man gebrauchte sie zu mehrerem Putze der Edelgesteine, bey Meublen und Kutschen; heutiges Tages ist es etwas altes. Da die Mode doch aber einmal wieder aufkommen könnte, so wollen wir hier die Verfertigung anzeigen.« Der Übersetzer des Watin-Textes hat das Wort »bijoux« in seiner erweiterten Bedeutung als Galanterieartikel nicht gekannt und irreführend mit »Edelgesteine« wiedergegeben.
19 Paris, Archives nationales, M. C., étude XXXIII, 556, 22. Juli 1765, fol. 7 verso.
20 Die Imitation von Aventurinlack in der Goldschmiedekunst ist auch in zeitgenössischen Quellen nachweisbar; so befanden sich 1773 in der »Corbeille de la Comtesse d'Artois« Dosen »émaillées […] en rouge à fond d'aventurine«; Seelig 2007, S. 365, Anm. 12.
21 Grandjean 1981, Nr. 81, 89, 141, 142, 144, 168.
22 So erwähnt Lazare Duvaux in seinem *livre-journal* unter den Einträgen vom April 1753 »Deux tablettes d'encoignure, forme ronde, en vernis poli imitant le placage« – also eine Marmorimitation; Courajod 1965, Bd. 2, S. 155, Nr. 1388. Imitationen von Lapislazuli, Malachit und Granit in Email *en plein* auf Golddosen datieren aus den späten sechziger und frühen siebziger Jahren des 18. Jahrhunderts; Truman 2013, Nr. 42, 44, 45 sowie S. 182, Abb. 44.3.
23 Antique Furniture and Decorative Arts. Unpaginierter Verkaufskatalog, Pelham Galleries, London o. J. [1993].
24 Alte Kunst. Lempertz, Köln, 24. November 1976 (Aukt.-Kat., Nr. 555), Los 270.

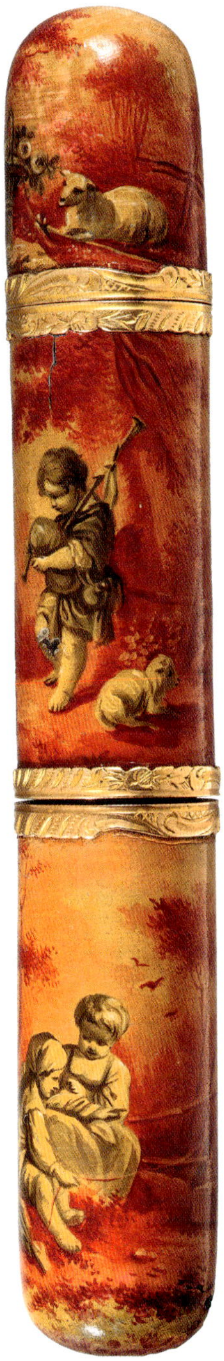

81 Etui

aus drei ungleich großen zylindrischen Teilstücken, mit gerundeten Enden

Holz und Papiermaché; Schwarzlack, Dekor in Ölmalerei, mit Klarlack überfangen; Montierung aus ziseliertem Gold; Steckhülsen aus Schildpatt, im oberen Teilstück ein Kristallflakon

H. 14,7 cm, Ø 2,2 cm; Gewicht: 26 g

L'Enfant berger und *La chasse* nach François Boucher

Paris, anonyme Lackwerkstatt, siebziger Jahre des 18. Jahrhunderts

Versailles, Musée national des châteaux de Versailles et de Trianon, Inv.-Nr. V 5845.202

Unveröffentlicht

Die Orientierung der gemalten Dekore an den in Reproduktionsstichen vervielfältigten Kompositionen François Bouchers hielt bis in die siebziger Jahre an (siehe Kat.-Nr. 62). Auch die qualitätvolle Malerei dieses Etuis schöpft aus dem reichen Motivschatz, doch kündigt sich in der Farbgebung bereits ein neuer Stil an. Vor beigefarbenem Fond hebt sich eine auf zwei Töne reduzierte Camaieumalerei ab; Schattierungen von bräunlichem Rosa in der Vegetation verbinden sich mit der Grisaille der figürlichen Motive zu elegantem Farbklang. Der kleine Dudelsackspieler, der im druckgrafischen Werk Bouchers mehrfach begegnet,[1] und die beiden Kinder beim Vogelfang[2] gehören noch ganz der ins Kindhafte flüchtenden Welt des führenden Rokokomalers an.

1 Jean-Richard 1978, Nr. 196 und 780.
2 Ebd., Nr. 1384.

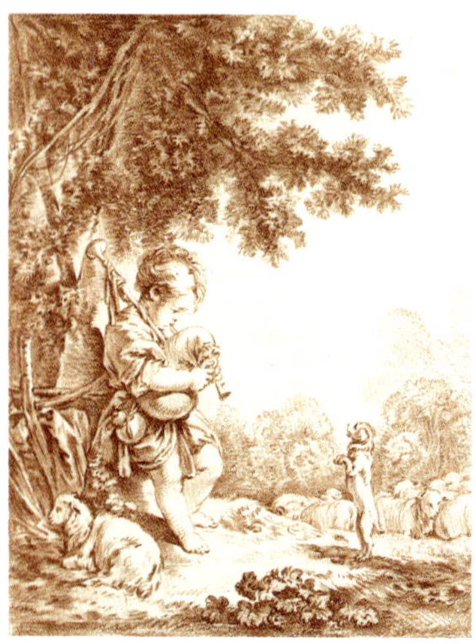

Gilles Demarteau nach François Boucher, *L'Enfant berger*, 1770, Radierung in Crayonmanier; Paris, Musée du Louvre, Cabinet des dessins, Collection Rothschild (Inv.-Nr. 19312 L.R.)

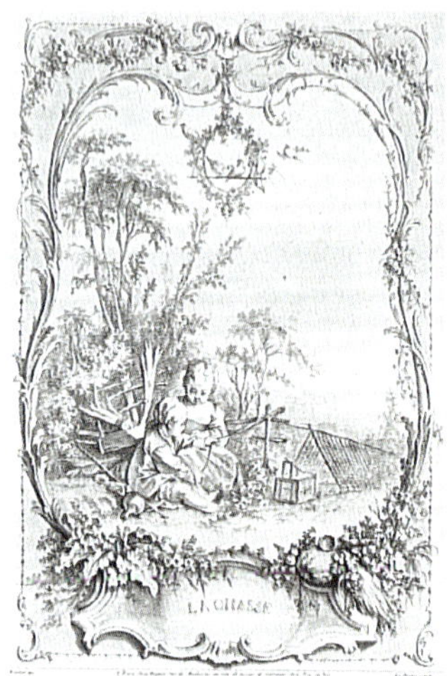

Jean-Baptiste Le Prince nach François Boucher, *La chasse*, Radierung; Paris, Musée du Louvre, Cabinet des dessins, Collection Rothschild (Inv.-Nr. 18859 L.R.)

82 Etui

aus zwei ungleich großen zylindrischen Hälften, mit gerundeten Enden

Holz und Papiermaché; Schwarzlack, grüner Lack, Dekor in Ölmalerei, mit Klarlack überfangen; Montierung aus vergoldetem Silber; Steckhülse aus Schildpatt

H. 14,3 cm, Ø 2,6 cm; Gewicht: 29 g

La tourterelle mise en cage und *L'Air* nach François Boucher; auf den Enden Liebestrophäen

Paris, anonyme Lackwerkstatt, siebziger Jahre des 18. Jahrhunderts

Paris, Musée Cognacq-Jay, Inv.-Nr. J. 576

Literatur: Ricci 1929, Nr. 576. – Jonas 1930, Nr. 576. – Los Llanos / Grégoire 2011, Nr. 156, Abb. S. 331.

Tollende Liebesgötter und spielende Kinder nehmen im Werk Bouchers eine zentrale Rolle ein; sie begegnen als Randfiguren in großangelegten Kompositionen oder sind selbst Bildgegenstand – auf Einzelblättern wie einem übergeordneten Thema gewidmeten druckgrafischen Folgen. In der Vielfalt der Bewegungsmotive und Perspektiven legt ihre Darstellung Zeugnis von Bouchers unerschöpflichem Erfindungsreichtum ab. Diesem Etui liegt eine frühe, eigenhändige Radierung[1] und das Blatt *L'Air* aus der 1742 von Jean Daullé gestochenen Folge *Les quatre éléments* zugrunde.[2]

1 Jean-Richard 1978, Nr. 3.
2 Ebd., Nr. 533.

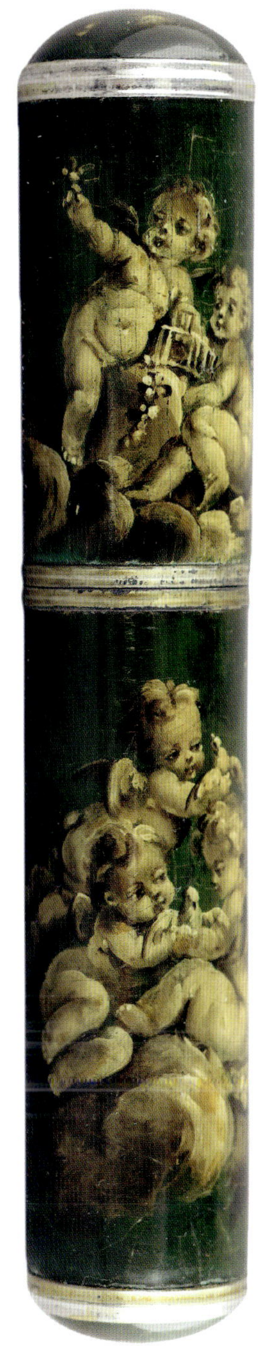

83 Etui

aus zwei ungleich großen zylindrischen Hälften, mit gerundeten Enden

Holz und Papiermaché; Schwarzlack, hellgrüner Lack, Dekor in Ölmalerei, mit Klarlack überfangen; Montierung aus ziseliertem Gold; Steckhülse aus Schildpatt

H. 14,4 cm, Ø 2 cm; Gewicht: 22 g

Amoretten mit Vogelkäfig und im Spiel; auf den Enden Birnen

Paris, anonyme Lackwerkstatt, siebziger Jahre des 18. Jahrhunderts

Bordeaux, Musée des arts décoratifs, Inv.-Nr. 69.3.426

Unveröffentlicht

Mit den folgenden Lackbijoux unterschiedlicher Zweckbestimmung bildet dieses Etui eine im Dekor homogene Gruppe, die auf die Fertigung in derselben Werkstatt weist. Das Motiv der Amoretten, aus der Bildwelt Bouchers in der Lackmalerei vielfach aufgegriffen (Kat.-Nr. 69 und 82), ist hier nicht nur übereinstimmend in Grisaille gestaltet. Die Amoretten selbst haben nichts mehr mit Bouchers drallen, schwellend geformten Erfindungen gemein; ihre kleinen, rundlichen Körper präsentieren sich in bereits klassizistisch ebenmäßiger Glätte. Die Wirksamkeit ihres Liebe stiftenden Tuns bleibt indessen mit den tradierten Attributen – Köcher mit Pfeil und Bogen – außer Frage gestellt. Auch die Symbolik des Vogelkäfigs und die als erotische Anspielung zu verstehende kurzweilige Beschäftigung mit Vögeln sind aus der Rokokomalerei übernommen.
Die Puttengrisaille sollte sich – wiederum in Anlehnung an Vorbilder aus der Emailmalerei auf Goldtabatieren[1] – zu einem eigenen Thema auch auf den Lackbijoux entwickeln.

1 The Ortiz-Patiño Collection of Highly Important French Gold Boxes. Christie, Manson & Woods, London, 27. November 1973 (Aukt.-Kat.), Part II, Los 12. – Seelig 2007, Nr. 9 und 35 (Berliner Dose nach Pariser Muster). – Los Llanos / Grégoire 2011, Nr. 48.

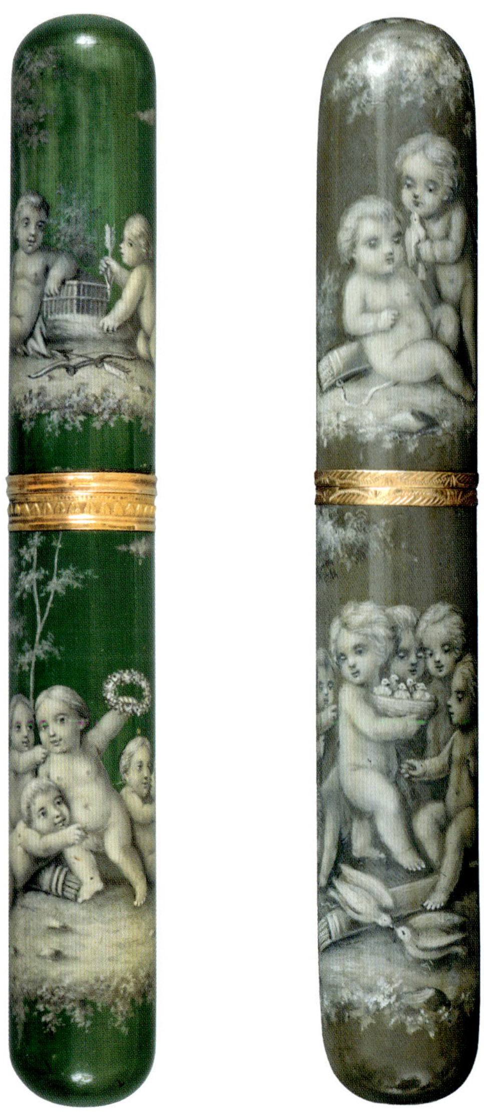

84 Etui

aus zwei ungleich großen zylindrischen Hälften, mit gerundeten Enden

Holz und Papiermaché; Schwarzlack, grauer Lack, Dekor in Ölmalerei, mit Klarlack überfangen; Montierung aus graviertem Gold; Steckhülse aus schwarz lackiertem Holz

H. 13,4 cm, Ø 2,1 cm; Gewicht: 24 g

Amoretten im Spiel mit Vögeln und einem Vogelnest

Paris, anonyme Lackwerkstatt, siebziger Jahre des 18. Jahrhunderts

Münster, Museum für Lackkunst, Inv.-Nr. 2011-85

Unveröffentlicht

85 Etui für Riechsalz *étui-vinaigrette*

queroval, mit Scharnierdeckel

Papiermaché; Schwarzlack, orangefarbener Lack, Dekor in Ölmalerei, mit Klarlack überfangen; Montierung aus graviertem Gold; im Deckel gemalte Schildpattimitation; Innendeckel aus ausgesägtem und graviertem Gold, im Innern ein Schwämmchen

H. 5,6 cm, B. 2,8 cm, T. 2,4 cm; Gewicht: 24 g

Amoretten mit Weinfass, rückseitig Früchte, auf Deckel und Unterseite krabbelnde Amoretten

Paris, anonyme Lackwerkstatt, siebziger Jahre des 18. Jahrhunderts

Münster, Museum für Lackkunst, Inv.-Nr. 2012-6

Unveröffentlicht

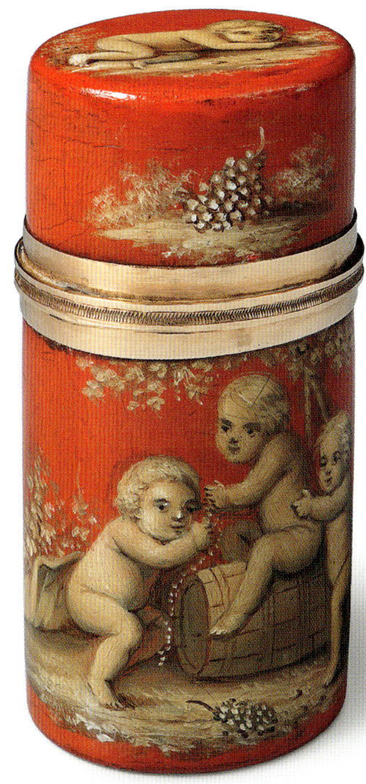

Das kleine Etui, eine Rarität unter den Lackbijoux, diente dem gleichen Zweck wie Riechfläschchen. Das in seinem Innern erhaltene Schwämmchen war mit einer auf Basis von Essig hergestellten Flüssigkeit (*vinaigrette*) oder einer Essenz getränkt, in der Riechsalze (*salia odorata*) aufgelöst worden waren. Im Zustand der Erschöpfung, der Schwäche oder einem Anfall von Ohnmacht vermochte das Einziehen der Dämpfe in die Nase Linderung zu verschaffen.

86 Bonbonniere

rund, mit abnehmbarem Deckel

Papiermaché; Schwarzlack, grauer Lack, Dekor in Ölmalerei, mit Klarlack überfangen; Montierung aus graviertem Silber; im Innern gemalte Schildpattimitation

H. 3,9 cm, Ø 7,7 cm, Gewicht: 78 g

Auf Deckel, Wandung und Unterseite Amoretten im Spiel mit Vögeln und einem Vogelnest

Paris, anonyme Lackwerkstatt, siebziger Jahre des 18. Jahrhunderts

Münster, Museum für Lackkunst, Inv.-Nr. EU-F-b-12

Literatur: Strässer / Hinton 1988, Nr. 206.

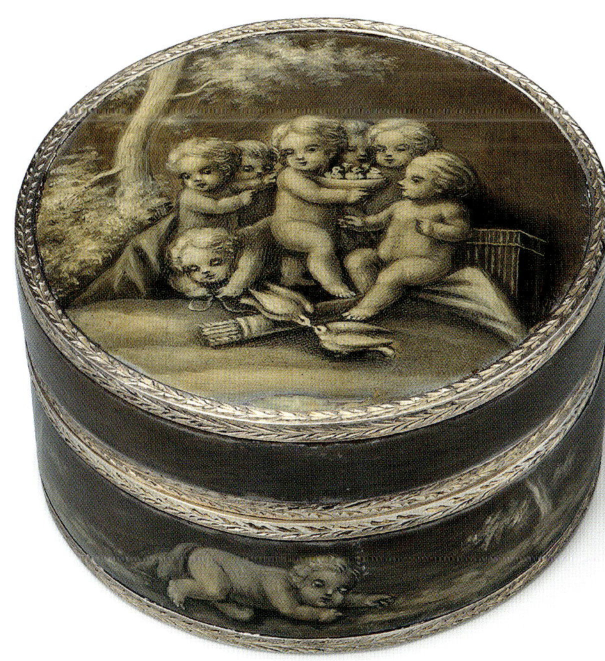

87 Etui

aus zwei ungleich großen zylindrischen Hälften, mit gerundeten Enden

Holz und Papiermaché; Schwarzlack, fliederfarbener Lack (durch einen vergilbten Lacküberzug von grauer Wirkung), Dekor in Ölmalerei, mit Klarlack überfangen; Montierung aus ziseliertem und graviertem Gold; Steckhülsen aus Holz und Gold

H. 11,3 cm, Ø 1,5 cm; Gewicht: 13 g

Schäferszenen; auf dem oberen Ende eine Fliege, auf dem unteren ein Baum

Paris, anonyme Lackwerkstatt, 1786–1789 (Quittungsstempel)

Münster, Museum für Lackkunst, Inv.-Nr. EU-F-d-4

Literatur: Holzhausen 1958, Taf. VI. – Huth 1971, Abb. 248. – Strässer / Hinton 1988, Nr. 205

Die Schäferszene, ein Leitmotiv der französischen Rokokomalerei, büßte im Klassizismus an Popularität nicht ein, wenn auch eine gewandelte Anschauung des Themas nicht zu übersehen ist. Anstelle des erotischen Charakters, der den meisten Schäferszenen Bouchers die Anmutung von *Amours pastorales* verleiht, steht jetzt der Aspekt der Freuden ländlich einfachen Lebens im Vordergrund. Nicht zufällig ließ sich Königin Marie-Antoinette in den mittachtziger Jahren im Park des Petit Trianon ihr eigenes kleines Dorf anlegen – ein Spielzeug für die *reine paysanne*. Die Verbindung höfischer und bäuerlicher Welt, die jeden Bezugs zur Realität entbehrte, kennzeichnet auch die Malerei des kleinen Etuis, auf dem ein kindlich wiedergegebener Schäfer auf der Schalmei bläst, während ein zweiter mit der Schur der Schafe befasst ist.

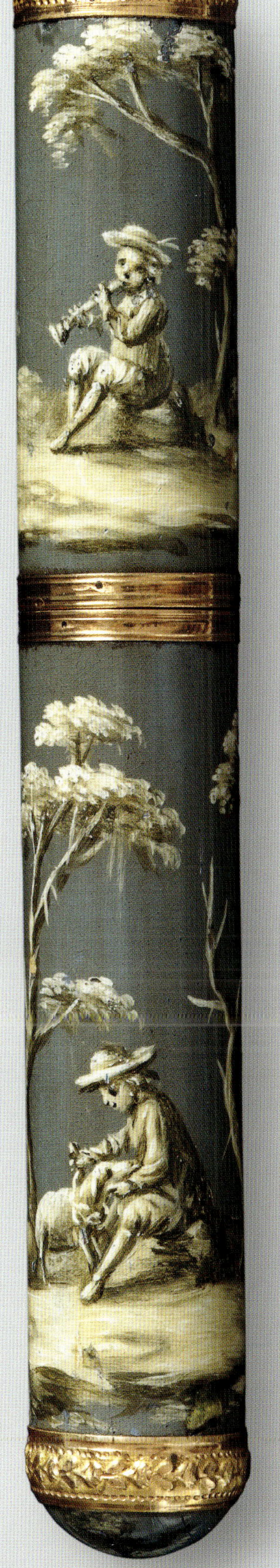

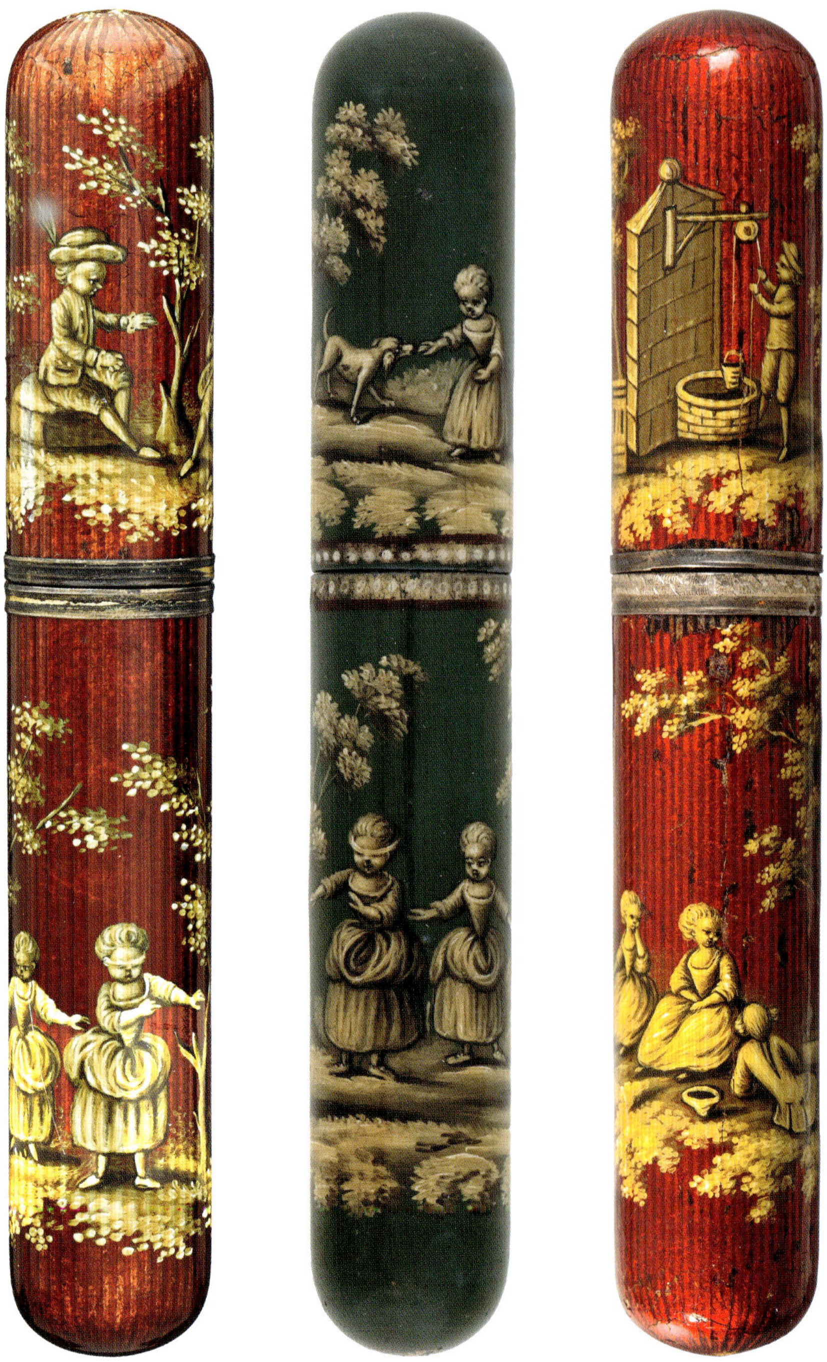

88 Etui

aus zwei ungleich großen zylindrischen Hälften, mit gerundeten Enden

Holz und Papiermaché; Schwarzlack, über ganzflächiger Auflage aus Blattmetall Längsstreifen in Rot und transluzider Rotlack, Dekor in Ölmalerei, mit Klarlack überfangen; Montierung aus vergoldetem Silber; Steckhülse aus Schildpatt

H. 13,5 cm, Ø 2,2 cm; Gewicht: 17 g

Das Blindekuhspiel, auf dem oberen Ende kleiner Zweig

Paris, anonyme Lackwerkstatt, achtziger Jahre des 18. Jahrhunderts

Paris, Musée du Louvre, Département des objets d'art, Inv.-Nr. OA 2364

Literatur: Grandjean 1981, Nr. 411.

Ein Raster vertikaler, mit gleichem oder in rhythmisch wechselndem Abstand angelegter Streifen auf metallischem Grund kommt in Verbindung mit Ölmalerei schon in den sechziger Jahren auf (Kat.-Nr. 65 und 73). Es verleiht dem Dekor in seiner Ganzheit einen preziösen, die Wirkung transluziden Emails auf Golddosen anstrebenden Charakter. An diesem Verfahren halten die Lackwerkstätten bis in die achtziger Jahre unverändert fest und passen nur die Malerei dem gewandelten Zeitgeschmack an. Eine Gruppe von Etuis ist durch so völlige Übereinstimmung in Technik und Stil ausgewiesen, dass an einer Herstellung in derselben Werkstatt nicht gezweifelt werden kann (Kat.-Nr. 89 und 90). Die figürlichen Szenen sind in Grisaillemalerei auf Streifenfond angelegt, ihre kindhaften Akteure von aristokratischem Habitus weisen alle denselben pausbäckigen Gesichtstypus auf.

89 Etui

aus zwei ungleich großen zylindrischen Hälften, mit gerundeten Enden

Holz und Papiermaché; Schwarzlack, hellblauer Lack (durch einen vergilbten Lacküberzug von grüner Wirkung), Dekor in Ölmalerei, mit Klarlack überfangen; Randeinfassung aus Goldlack mit weißem Punktmuster; Steckhülse aus schwarz lackiertem Holz

H. 13,3 cm, Ø 2,1 cm; Gewicht: 15 g

Das Blindekuhspiel, auf den Enden kleine Zweige

Paris, anonyme Lackwerkstatt, achtziger Jahre des 18. Jahrhunderts

Paris, Musée Carnavalet, Inv.-Nr. OM 3146

Unveröffentlicht

90 Etui

aus zwei ungleich großen zylindrischen Hälften, mit gerundeten Enden

Holz und Papiermaché; Schwarzlack, über ganzflächiger Auflage aus Blattmetall Längsstreifen in Schwarz und transluzider Rotlack, Dekor in Ölmalerei, mit Klarlack überfangen; Montierung aus graviertem Silber; Steckhülse aus Schildpatt

H. 13,8 cm, Ø 2,2 cm; Gewicht: 18 g

Auf der oberen Hälfte Szene an einem Ziehbrunnen, auf der unteren Hälfte galante Unterhaltung; auf dem oberen Ende ein Eimer, auf dem unteren Ende ein Zweig

Paris, anonyme Lackwerkstatt; 1782–1789 (Quittungsstempel)

Versailles, Musée national des châteaux de Versailles et de Trianon, Inv.-Nr. V 5845.204

Unveröffentlicht

91 Etui

aus zwei ungleich großen zylindrischen Hälften, mit gerundeten Enden

Holz und Papiermaché; Schwarzlack, über ganzflächiger Auflage aus Blattmetall Karomuster in Schwarz, mit Klarlack überfangen, Dekor in Ölmalerei mit Höhungen in rötlichbraunen Lasuren, mit Klarlack überfangen; Montierung aus graviertem Gold; Steckhülse aus Schildpatt

H. 14,3 cm, Ø 2,5 cm; Gewicht: 26,9 g

La route du marché nach François Boucher, auf den Enden floraler Dekor über strahlenförmig verlaufenden Streifen

Paris, anonyme Lackwerkstatt, achtziger Jahre des 18. Jahrhunderts

Paris, Musée Cognacq-Jay, Inv.-Nr. J. 582

Literatur: Ricci 1929, Nr. 582. – Jonas 1930, Nr. 582. – Los Llanos / Grégoire 2011, Nr. 160.

92 Etui

aus zwei ungleich großen zylindrischen Hälften, mit flachen Enden

Holz; Schwarzlack, über ganzflächiger Auflage aus Blattmetall transluzider grüner Lack, darüber angelegtes rotes Karomuster mit Klarlack überfangen, Dekor in Ölmalerei, mit Klarlack überfangen; Montierung aus graviertem Gold; Steckhülse aus Schildpatt

H. 12,6 cm, Ø 2,1 cm; Gewicht: 21 g

Auf der oberen Hälfte ein ruhender Bologneserhund und ein erlegter Hase, auf der unteren Hälfte Hundehütte mit Bologneserhund und buckelnder Katze, auf dem oberen Ende Rosenblüte

Paris, anonyme Lackwerkstatt, achtziger Jahre des 18. Jahrhunderts

Münster, Museum für Lackkunst, Inv.-Nr. 2004-2

Literatur: Glanz 1999, S. 43, Abb. 5.

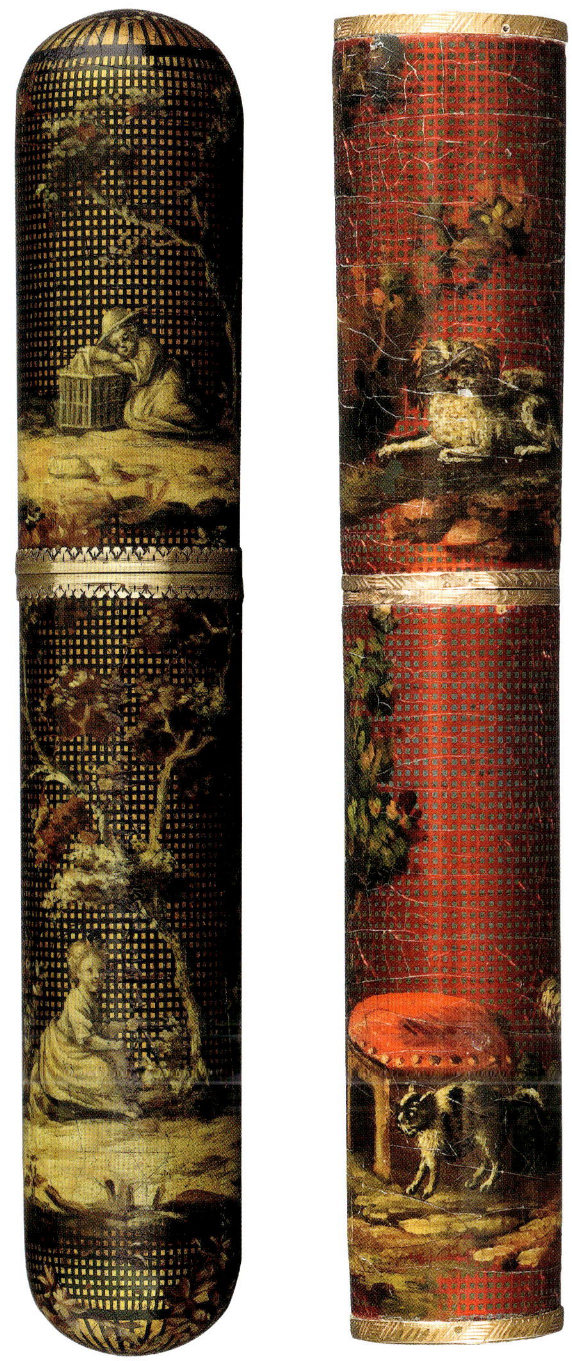

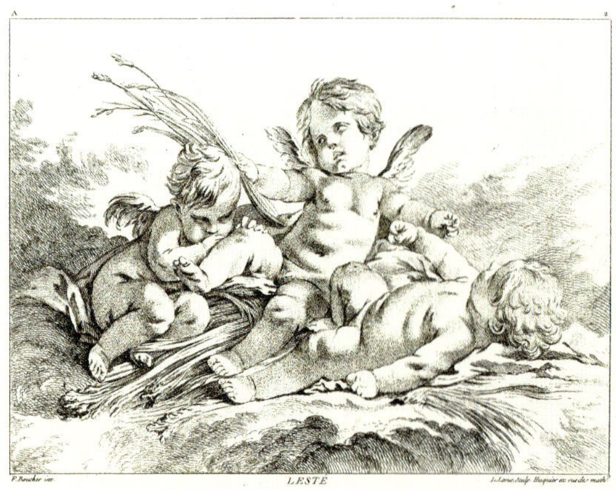

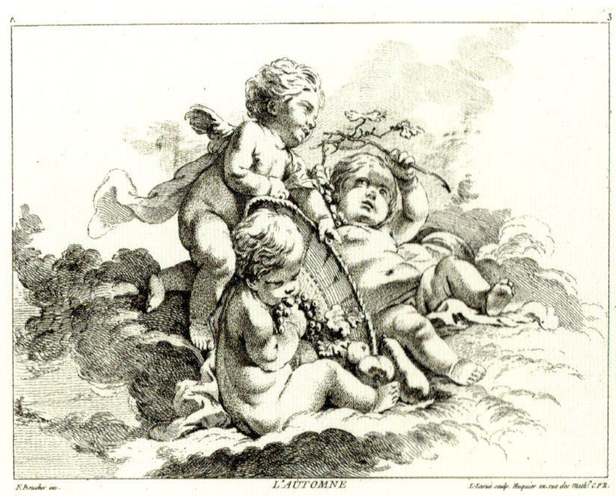

Louis-Félix de La Rue nach François Boucher, *Lesté und L'Automne*, Radierung; Paris, Musée du Louvre, Cabinet des dessins, Collection Rothschild (Inv.-Nr. 6012 L.R. und 6013 L.R.)

93 Etui

aus zwei ungleich großen zylindrischen Hälften, mit gerundeten Enden

Holz und Papiermaché; Schwarzlack, Haliotis-Perlmutter (*burgau*) in Längsstreifen und, zu kleinen Zierformen ausgeschnitten, als Rahmung der vier Bildreserven aufgelegt, Dekor in Ölmalerei, mit Klarlack überfangen; Montierung aus ziseliertem und graviertem Gold; Steckhülse aus Schildpatt

H. 16 cm, Ø 2,5 cm; Gewicht: 32 g

Streifenmuster, in den Bildreserven die vier von Amoretten repräsentierten Jahreszeiten nach François Boucher; auf den Enden stilisierte Blüten in Perlmutter, von einem gemalten Rosenkranz eingefasst

Paris, anonyme Lackwerkstatt, um 1770

Privatsammlung

Unveröffentlicht

Das Etui setzt die in den sechziger Jahren aufgekommene Verbindung von Streifenmusterung mit gemalten Dekoren fort. Die Ölmalerei liegt aber nicht mehr großflächig und mit nah gesehenen Figuren einem dezent gestreiften Fond auf, sondern ist von vier über beide Etuihälften verteilten Reserven umschlossen. Sie fassen Darstellungen der in Gestalt von Amoretten repräsentierten vier Jahreszeiten ein, die von einzelnen Figuren aus einer demselben Sujet gewidmeten Folge von Radierungen sowie einer zweiten zum Thema der vier Elemente nach François Boucher inspiriert sind.[1] Die Streifen wiederum dienen nicht mehr als bloße Verzierung des Hintergrunds, sondern sind gleichwertiger Bestandteil des Dekors. Aus dem Perlmutter der Seeohrschnecke (*Haliotis tuberculata*) zu sehr dünnen Teilen ausgeschnitten und auf den Schwarzlack appliziert, bestimmt ihr lebhaft schillerndes Farbspiel die dekorative Wirkung des Etuis. Verzierungen aus *burgau* (»burgot«), so die französische Bezeichnung für das changierende Haliotis-Perlmutter, werden schon im Nachlassinventar Guillaume Martins von 1749 wiederholt erwähnt,[2] doch haben sie sich aufgrund der Empfindlichkeit des Materials höchst selten erhalten.

---

1 Jean-Richard 1978, Nr. 1269, 1271, 1278.

2 Paris, Archives nationales, M. C., CXXI 345, 18. August 1749, fol. 3 verso.

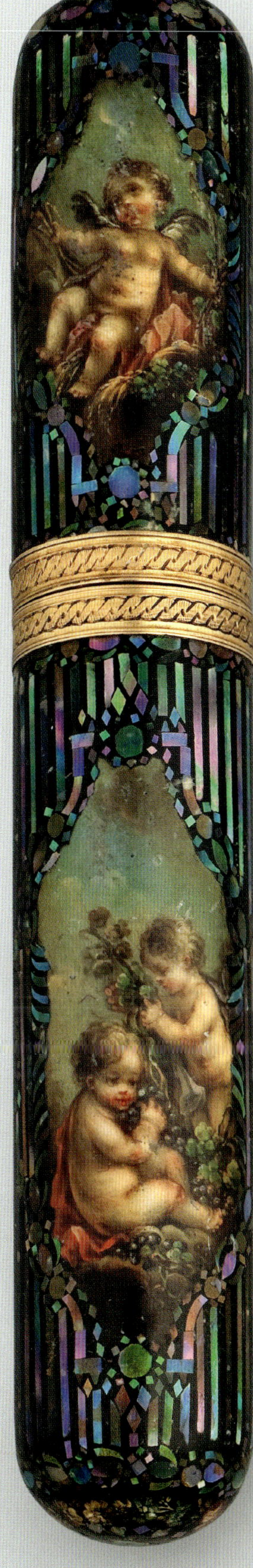

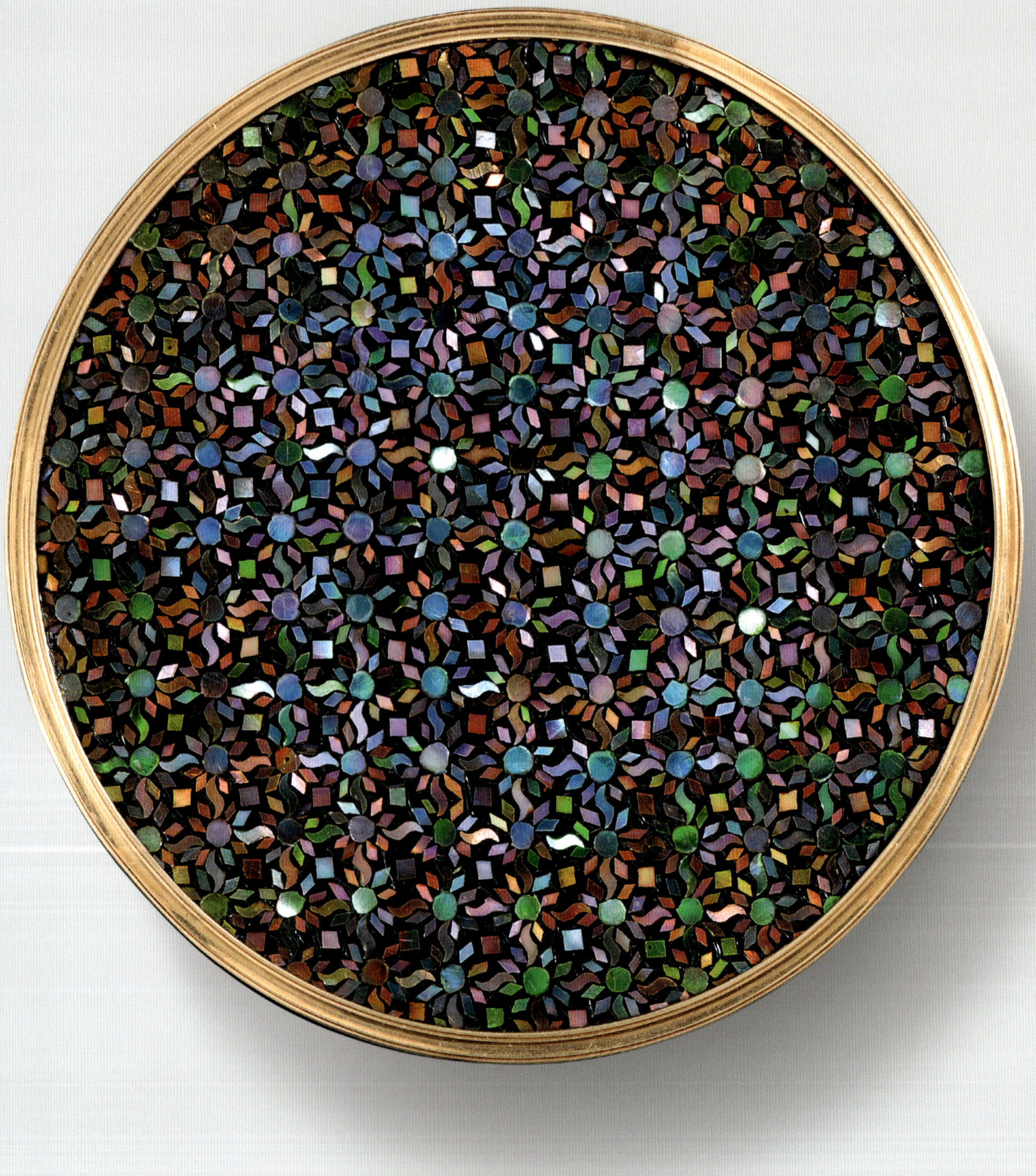

94 Bonbonniere

rund, mit abnehmbarem Deckel

Papiermaché; Schwarzlack, Haliotis-Perlmutter (*burgau*) zu kleinen Zierformen ausgestanzt und appliziert, mit Klarlack überfangen, in den Deckel eingelassen eine Miniatur in Pastell; Montierung aus ziseliertem und graviertem Gold; Futter aus Schildpatt

H. 3 cm, Ø 6,3 cm; Gewicht: 57 g

Auf Deckel, Wandung und Boden Flächenmuster aus Sternen, im Deckel eine Miniatur mit Brustbild eines unbekannten Herrn

Paris, anonyme Lackwerkstatt, 1768–1774 (Quittungsstempel)

Deutschland, Privatsammlung

Unveröffentlicht

Kleine, aus Haliotis ausgestanzte Zierformen – Punkte, Rauten und geschweifte Elemente – sind zu einem dichten Flächenmuster zusammengesetzt. Wirkt es in der Zusammenschau zunächst planlos und wie aufgestreut – ein Eindruck, den die bunt schillernden Perlmutterteilchen noch verstärken – gibt sich doch ein klares Grundraster zu erkennen. Die Punkte bilden das Zentrum kleiner, aus Rauten gefügter Blütensterne, die gerade unter- und nebeneinander gereiht und durch geschweifte Elemente zu Girlanden verbunden sind. Als Ornamentband gehören diese Blütensterne zu den beständig wiederkehrenden Motiven der Streifendekore, in denen das leuchtende Haliotis-Perlmutter noch in den achtziger Jahren seine changierende Wirkung entfaltet, wenn auch selten in der diese Dose auszeichnenden Intensität.

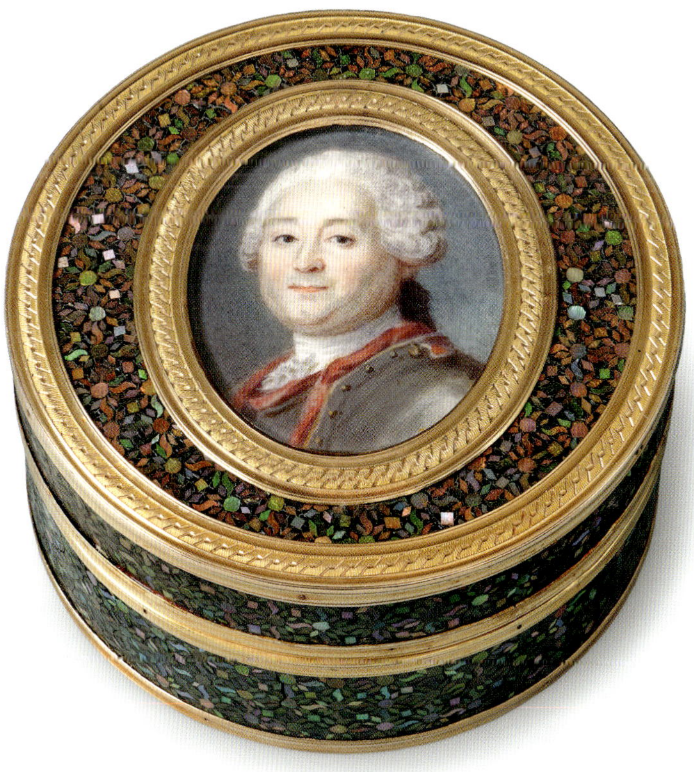

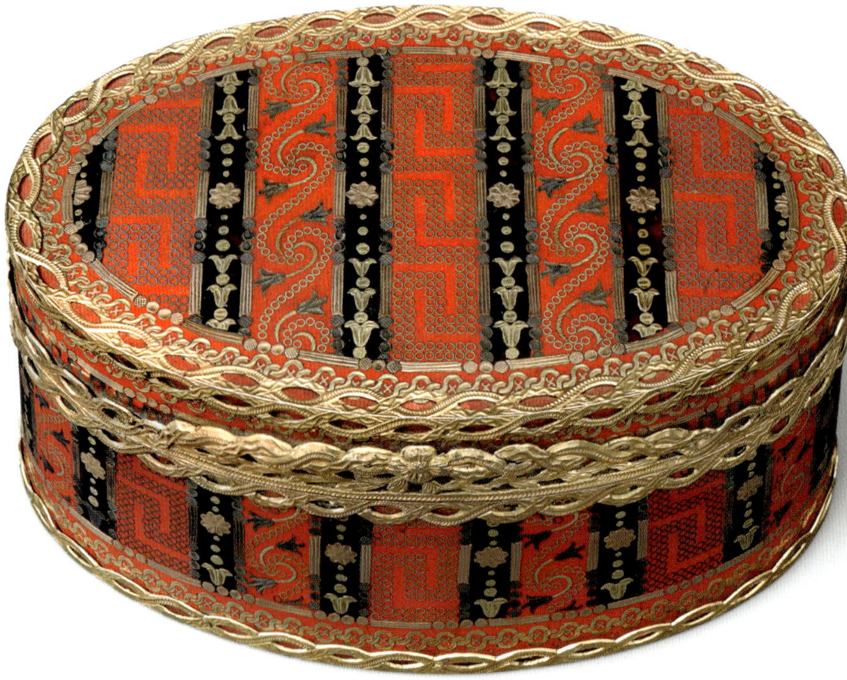

95 Tabatiere

queroval, mit Scharnierdeckel

Gold; Rotlack mit eingelegten Längsstreifen aus ornamentiertem Schildpatt sowie wechselnd gemusterten vertikalen Bändern aus Silber- und Goldpiqué; Montierung aus durchbrochen gearbeitetem, ziseliertem und graviertem Gold; Futter aus Gold

H. 4,3 cm, B. 9,2 cm, T. 5,7 cm; Gewicht: 176 g

Allseitig Dekor aus Streifen und Bändern mit variierenden Mustern

Paris, anonyme Lackwerkstatt, 1764/65 (Jahresbuchstabe der Zunft)

Berlin, Privatsammlung

Literatur: Bursche 1996, Nr. 20.

Die schwere Tischtabatiere ist ein genau datierbarer früher Beleg für die in den mittsechziger Jahren einsetzende Vorliebe für Streifendekore. Hier hebt sich ein geradliniges Muster aus schmaleren, in dunklem Schildpatt eingelegten Streifen und ungleich breiten Piquébändern vom farblich kontrastierenden Grund aus Rotlack ab. Die in Gold- bzw. in Gold- und Silberpiqué ornamentierten Bänder sind wechselnd und in gegenläufiger Richtung als Mäander und Laufender Hund gestaltet. Auch in diesen antiken Vorbildern entlehnten Ornamenten kündigt sich bereits der Wechsel zum Klassizismus an. In der Verwendung der Piquétechnik, sowohl mit eingebetteten Metallfäden als auch mit eingepressten kleinen Blüten, Knospen und Punkten, knüpft die Dose jedoch an eine Gruppe von Lackbijoux aus den späteren fünfziger und frühen sechziger Jahren an (Kat.-Nr. 48–51). Eine technisch und stilistisch verwandte, zeitgleich entstandene Bonbonniere befindet sich in der Gilbert Collection.[1] Im Katalog der Sammlung gibt Charles Truman als Basismaterial »red composition« an – ein wenig präziser und gleichwohl geläufiger Terminus, der eine unbekannte Materialzusammensetzung indiziert. Die Klärung, ob bei dieser und ähnlichen Dosen auf goldenem Trägermaterial mit Füllstoffen versetzter, als Masse aufgebrachter bzw. in gehärteten und zugeschnittenen Tafeln montierter Rotlack oder aber Rotlack in vielschichtigen Überzügen zum Einsatz kam, setzt genaue Analysen des Werkstoffs und des Schichtenaufbaus voraus.

1 Truman 1991, Nr. 20.

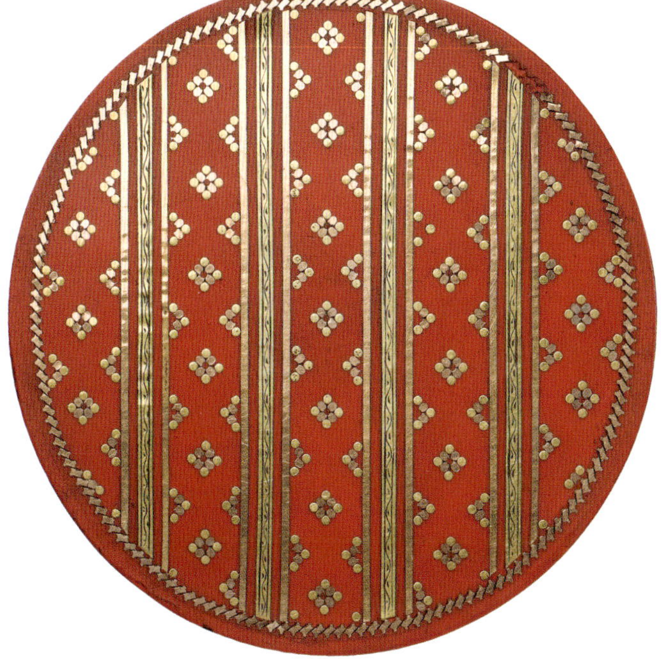

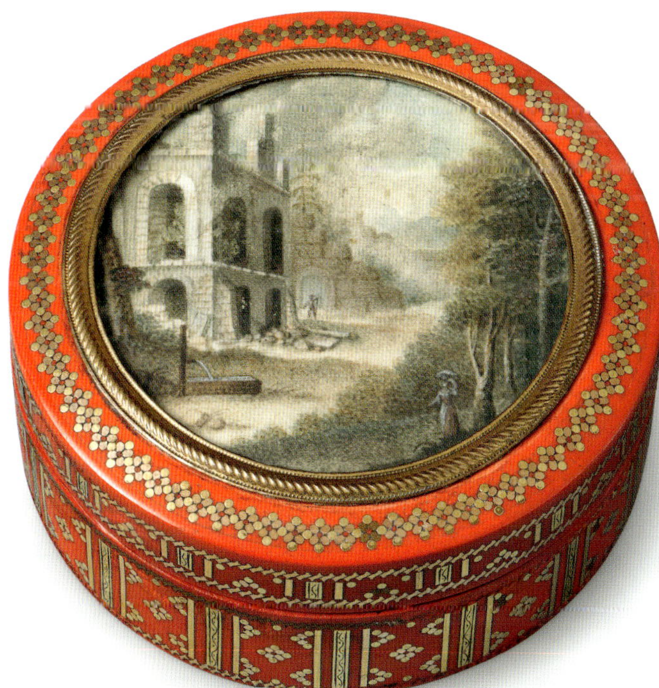

96 Bonbonniere

rund, mit abnehmbarem Deckel

Papiermaché, Rotlack, Längsstreifen aus vergoldetem und teilweise graviertem Kupferblech sowie zu Bändern angeordnete Punktmuster appliziert, in den Deckel eingelassen und mit ziseliertem Gold gerahmt eine Miniatur; Futter aus untermaltem Schildpatt

H. 3,2 cm, Ø 8,2 cm; Gewicht: 98 g

Allseitig Dekor aus Streifen und Bändern mit wechselnd variierenden Mustern, auf der Miniatur Landschaft mit Ruine

Paris, anonyme Lackwerkstatt, um 1770

Münster, Museum für Lackkunst, Inv.-Nr. EU-F-b-23

Literatur: Kopplin 2010, S. 103, Abb. 14.

97 Tabatiere

queroval, mit Scharnierdeckel

Papiermaché; Schwarzlack, rosafarbener Lack, im Wechsel Längsstreifen, vertikale gedoppelte Wellenlinien und floral gemusterte Bänder eingraviert, blattversilbert und durch Schleifpolitur freigelegt, partiell mit gelblichem Klarlack, partiell mit transluzidem grünem und rotem Lack gefüllt, mit Klarlack überfangen; in den Deckel eingelassen eine Miniatur; Montierung aus durchbrochen gearbeitetem und graviertem Gold; Futter aus untermaltem Schildpatt

H. 3,6 cm, B. 7,7 cm, T. 6 cm; Gewicht: 85 g

Allseitig Dekor aus Streifen und Bändern, die Deckelminiatur mit Brustbild einer unbekannten Dame

Paris, anonyme Lackwerkstatt, 1774–1780 (Quittungsstempel)

Privatsammlung

Unveröffentlicht

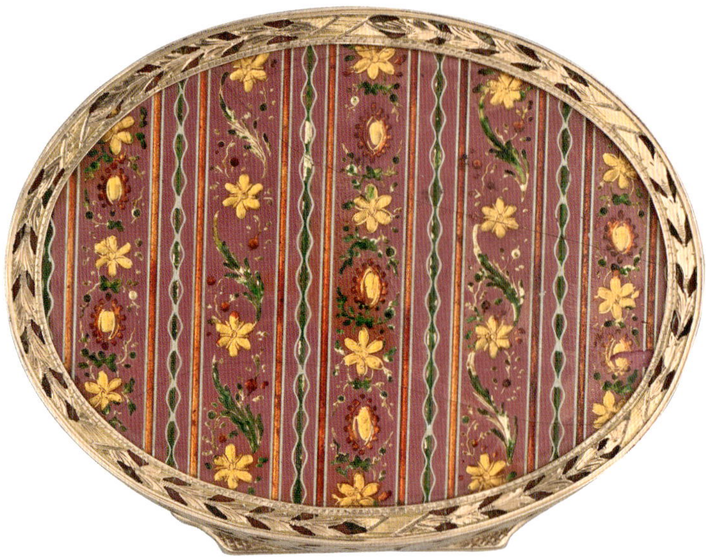

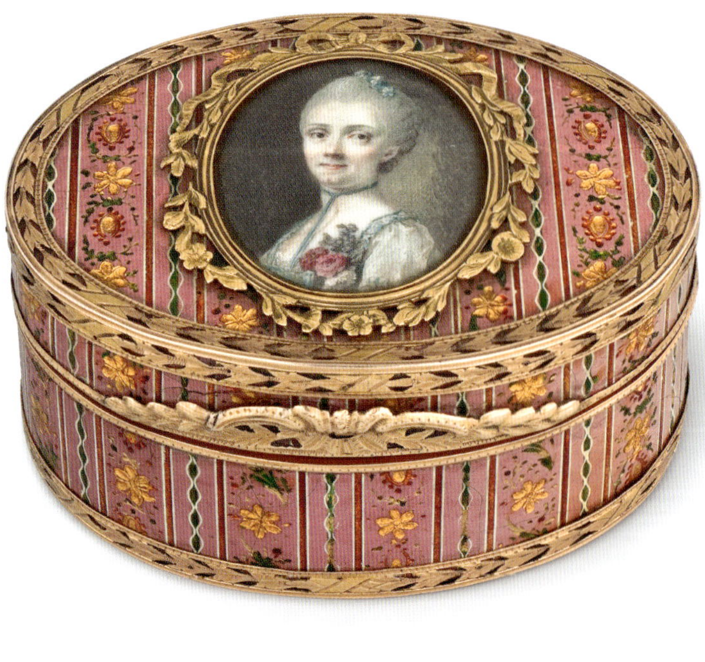

Die Tabatiere repräsentiert eine Gruppe übereinstimmend gestalteter Lackbijoux, die bis in die frühen achtziger Jahre gefertigt wurden und sich offensichtlich reger Nachfrage erfreuten. Ein Jahrzehnt nach der Dose mit den Piquéstreifen (Kat.-Nr. 95) entstanden, führt sie die weitere Entwicklung der Streifendekore in klassizistischer Manier vor Augen. Das Prinzip der Alternierung von schmaleren, mitunter gedoppelten Streifen und breiteren, reich ornamentierten Zierbändern ist beibehalten; an die Stelle der klassischen griechischen Mäander- und Wellenfriese sind jedoch mehrfarbig gestaltete Ranken aus geschweiften und gefiederten Blättern sowie sternförmigen Blüten getreten. Sie sind in einen opaken rosafarbenen Lack eingraviert, mit Blattsilber ausgeschlagen und mit transluzidem Lack in Rot und

Grün gefüllt. Der Farbkontrast erfährt durch den Wechsel von opakem zu transluzidem Lack eine weitere Steigerung. Mit der Lackgravur und deren Blattvergoldung bzw. -versilberung knüpfen diese Arbeiten an die in der »reichen Technik« gestalteten Bijoux der fünfziger Jahre an, doch ist das flächendeckende Ritzverfahren grundsätzlich durch das in Bahnen verlaufende der Streifendekore ersetzt. Zugleich nimmt die Stelle der in Ölmalerei aufgebrachten Deckelminiatur die zumeist in Gouache separat ausgeführte und in kostbarer Goldfassung in den Deckel eingelassene Porträtminiatur ein. Wie bei diesem Beispiel ist das Kolorit von Dose und Miniatur auf zarte, gebrochene Farbtöne abgestimmt.

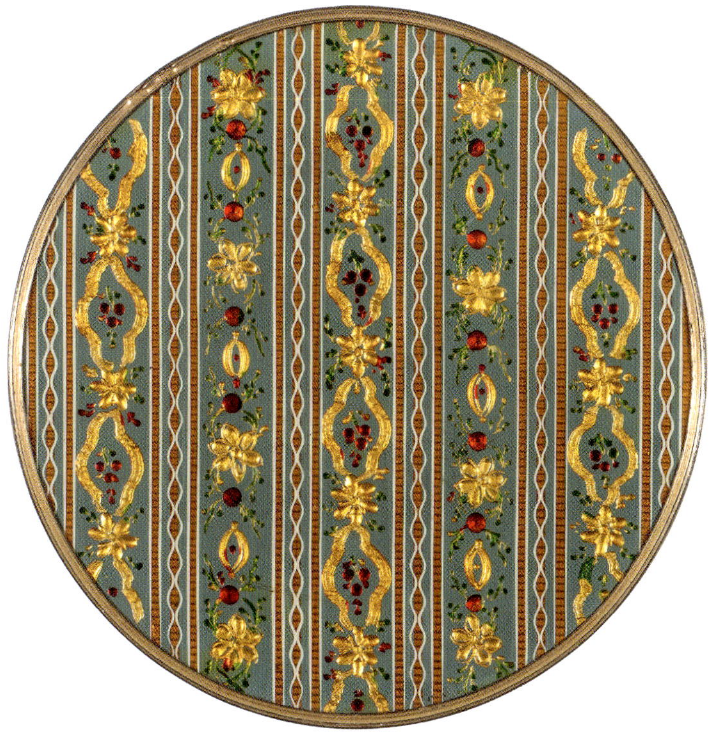

98 Bonbonniere

rund, mit abnehmbarem Deckel

Papiermaché; Schwarzlack, graublauer Lack, im Wechsel Längsstreifen, vertikale gedoppelte Wellenlinien und floral gemusterte Bänder eingraviert, blattversilbert und durch Schleifpolitur freigelegt, partiell mit gelblichem Klarlack, partiell mit transluzidem grünem und rotem Lack gefüllt, mit Klarlack überfangen; in den Deckel eingelassen eine Miniatur in Gouache auf Elfenbein; Montierung aus graviertem Gold; Futter aus untermaltem Schildpatt

H. 3,1 cm, Ø 7,8 cm; Gewicht: 85 g

Allseitig Dekor aus Streifen und Bändern, die Deckelminiatur mit Brustbild einer unbekannten Dame

Paris, anonyme Lackwerkstatt; siebziger Jahre des 18. Jahrhunderts

Paris, Musée des arts décoratifs, Inv.-Nr. 33449

Unveröffentlicht

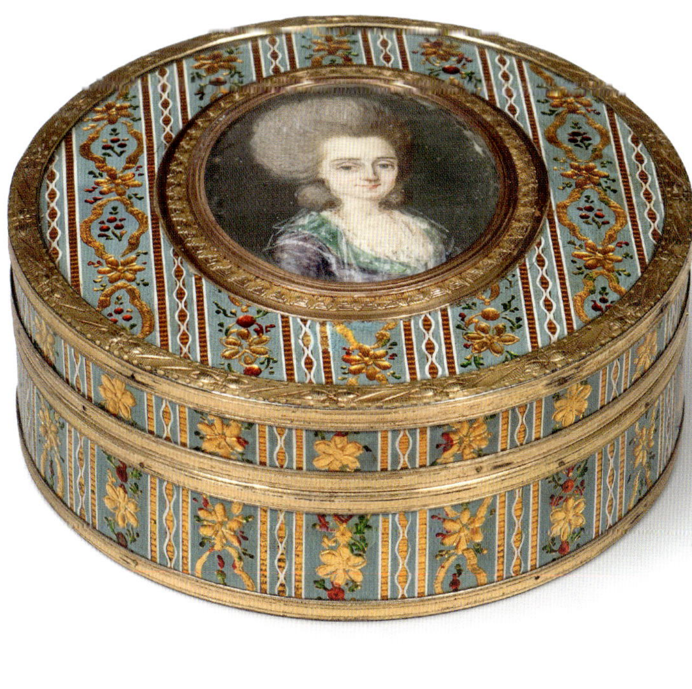

99 Bonbonniere

rund, mit abnehmbarem Deckel

Papiermaché; Schwarzlack, rosafarbener Lack, im Wechsel Längsstreifen sowie vertikale Bänder aus Paillettenmuster und mit Blüten besetzten Ranken eingraviert, blattversilbert und durch Schleifpolitur freigelegt, partiell mit gelblichem Klarlack, partiell mit transluzidem rotem und grünem Lack gefüllt, mit Klarlack überfangen; in den Deckel eingelassen eine Miniatur in Gouache auf Elfenbein; Montierung aus ziseliertem und graviertem Gold; Futter aus Schildpatt

H. 3,4 cm, Ø 8 cm; Gewicht: 91 g

Allseitig Dekor aus Streifen und Bändern, die Deckelminiatur mit Dame in Halbfigur, deren beweglich montierter Arm einen Blumenstrauß hält

Paris, anonyme Lackwerkstatt, 1780–1782 (Quittungsstempel)

Münster, Museum für Lackkunst, Inv.-Nr. EU-F-b-5

Literatur: Zürich 1976, Nr. 50, Abb. S. 19. – Sträßer 1977, Nr. 107, Abb. S. 165. – Libert 1984, S. 17, Abb. 3. – Sträßer 1986, Taf. 6, Abb. b. – Strässer / Hinton 1988, Nr. 193. – Kopplin 2010, S. 102, Abb. 13.

Die Dose gehört in Machart und Dekor der oben vorgestellten Gruppe an, doch sind die Zierbänder hier mit eingravierten, untereinander gereihten *paillons* und einem der Goldschmiedekunst entlehnten fortlaufenden Ornament aus Ranken mit Blütensternen und gewundenen Verbindungsstücken gefüllt (Abb.). Die Deckelminiatur weist eine mechanische Raffinesse auf: Analog zur Drehung ihres goldenen Rahmens hebt und senkt sich der beweglich montierte rechte Arm, sodass die hier dargestellte Dame ihr Gesicht bald vorzuzeigen, bald hinter dem Blumenstrauß zu verbergen vermag (Abb. Frontispiz). Eine vergleichbare Vorrichtung auf einer Lackdose lässt sich nur mit einer weiteren Bonbonniere aus der Dosensammlung von Waddesdon Manor nachweisen, auf der die Dame ihr Gesicht mit einer Maske verdecken kann (Abb.). Wahrscheinlich wurde dieser liebenswürdige mechanische Effekt durch die *tableaux animés* angeregt, die sich im 18. Jahrhundert allgemeiner Beliebtheit erfreuten und an denen auch Marie-Antoinette Gefallen fand.[1]

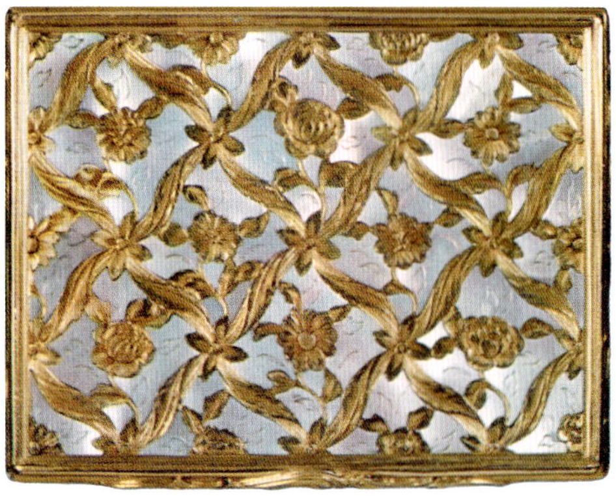

Deckel einer Tabatiere aus Perlmutter mit eingelegtem graviertem Goldornament, 1747; ehemals Sammlung Ortiz-Patiño, Standort unbekannt

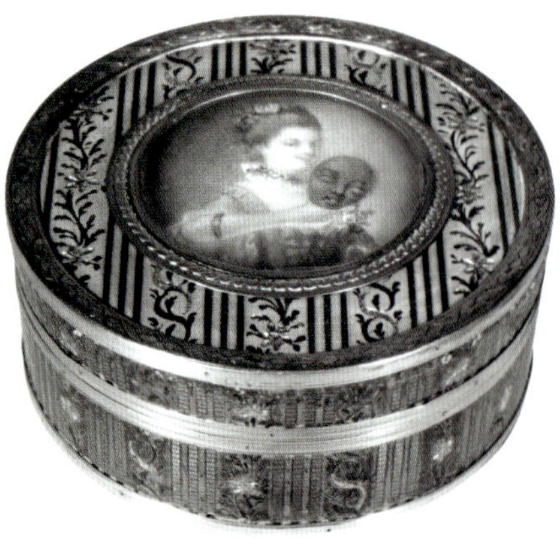

Bonbonniere mit Streifendekor und Miniatur einer Dame, deren beweglich montierter Arm eine Maske hält, 1768–1774; Waddesdon, The Rothschild Collection (The National Trust, Inv.-Nr. 106.1996)

1 Paris 2008, Nr. 75.

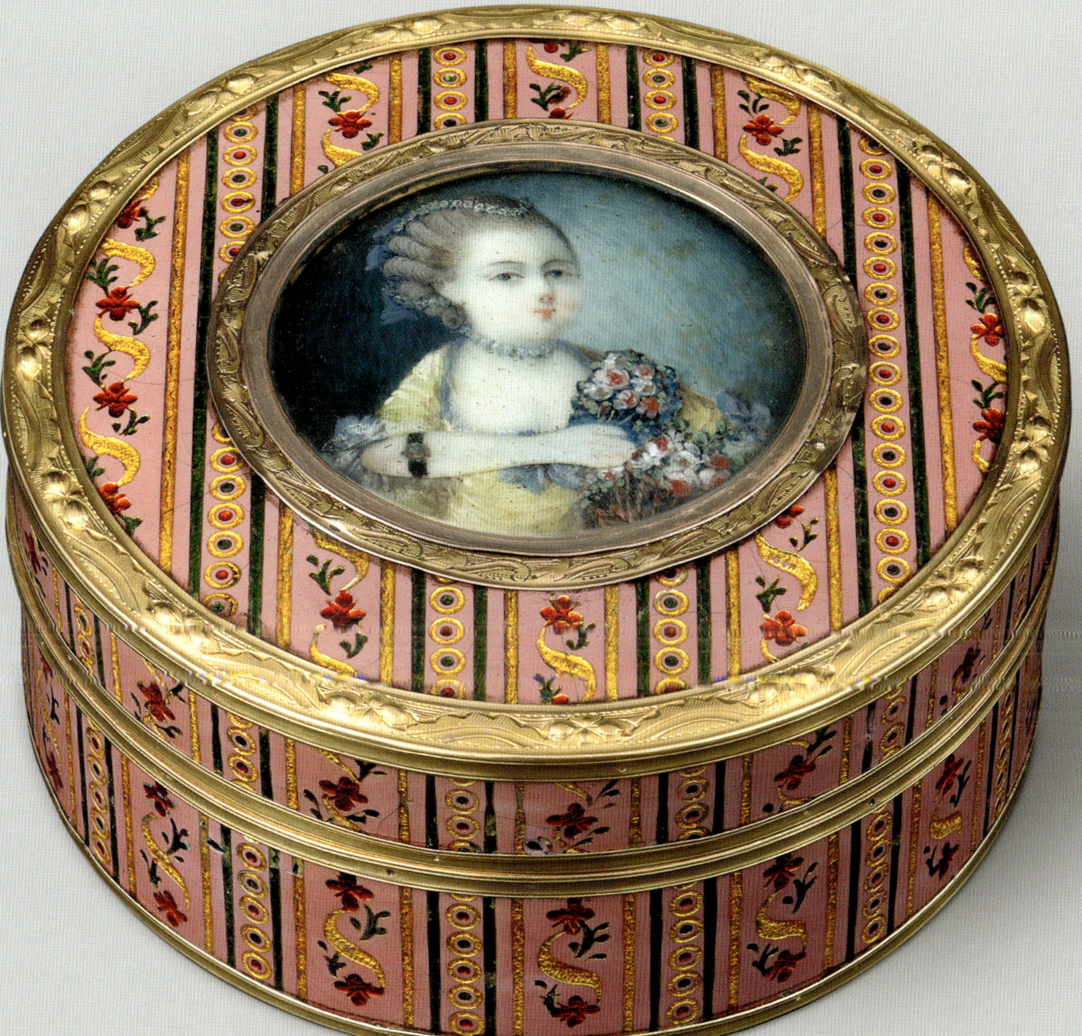

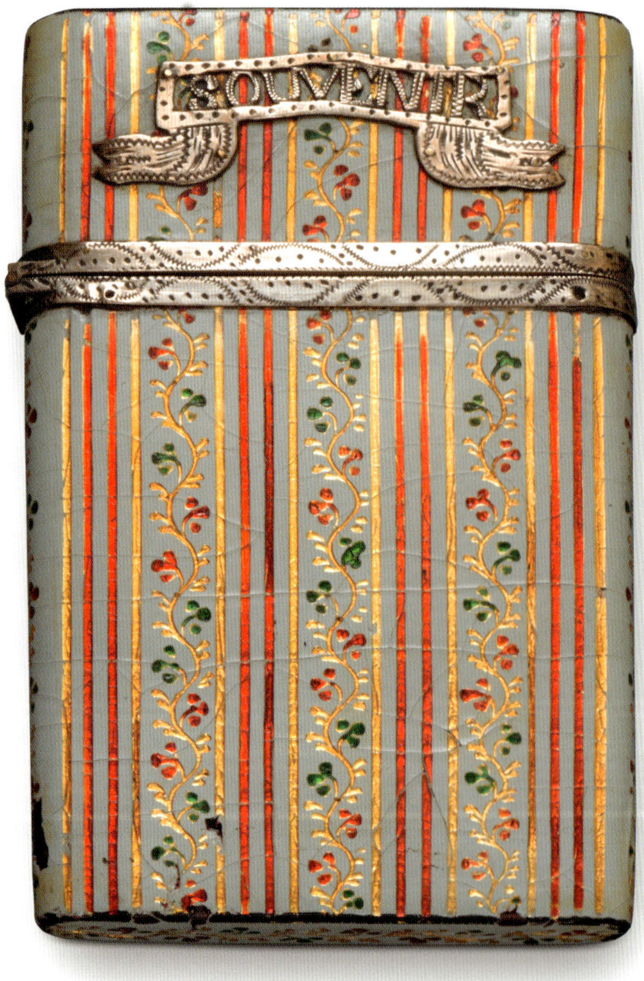

100 Étui à tablettes

hochrechteckig, mit Scharnierdeckel

Papiermaché; Schwarzlack, bläulich-weißer Lack, im Wechsel Längsstreifen und vertikale rankenverzierte Bänder eingraviert, blattversilbert und durch Schleifpolitur freigelegt, partiell mit gelblichem Klarlack, partiell mit transluzidem grünem und rotem Lack gefüllt, mit Klarlack überfangen; Montierung aus graviertem Silber, auf beiden Seiten des Deckels aufgesetzte Kartuschen aus graviertem Silber mit ausgesägter Inschrift »SOUVENIR / D'AMITIÉ«; im Innern kleiner Notizblock aus Elfenbein, der dazugehörige Stift ist verloren gegangen

H. 8,9 cm, B. 5,4 cm, T. 1,2; Gewicht: 38 g (mit Inhalt 44 g)

Allseitig Dekor aus Streifen und Bändern

Paris, anonyme Lackwerkstatt, 1780–1782 (Quittungsstempel)

Bordeaux, Musée des arts décoratifs, Inv.-Nr. 69.3.298

Unveröffentlicht

101 Flakonetui *étui-flaconnier*

aus zwei ungleich großen zylindrischen Hälften, mit gerundeten Enden

Holz und Papiermaché; Schwarzlack, weißer Lack, Querstreifen eingraviert, blattversilbert, durch Schleifpolitur freigelegt und partiell mit gelbem Klarlack, partiell mit transluzidem rotem Lack gefüllt, mit Klarlack überfangen; Montierung aus ziseliertem und graviertem Gold; Steckhülse aus Schildpatt, im Innern ein Kristallflakon (Quittungsstempel von 1789)

H. 9,4 cm, Ø 2,4 cm; Gewicht: 20 g (mit Inhalt 42 g)

Muster aus Querstreifen

Paris, anonyme Lackwerkstatt, 1789 (Quittungsstempel)

Deutschland, Privatsammlung

Unveröffentlicht

Durch seine Datierung an das Ende einer Epoche und einer ein halbes Jahrhundert umspannenden Fertigung von Lackbijoux gestellt, führt das Etui vor Augen, wie innovativ diese Luxusproduktion bis zuletzt war. Im Vergleich zu den üblichen schlanken Etuis von gedrungener Formgebung, dient es ausschließlich dem Zweck, leichtes und elegantes Behältnis eines einzelnen, ungewöhnlich langgestreckten Parfümflakons zu sein. Es ist das einzige bekannte Beispiel dieser Art. Sein Dekor trägt den durch die bedeutend kürzeren Röhren veränderten Proportionen Rechnung, indem das Streifenmuster horizontal angelegt ist. Im Wechsel von Gold und metallischem Rot heben sich die Bänder von einem wie weiße Atlasseide schimmernden Grund ab.

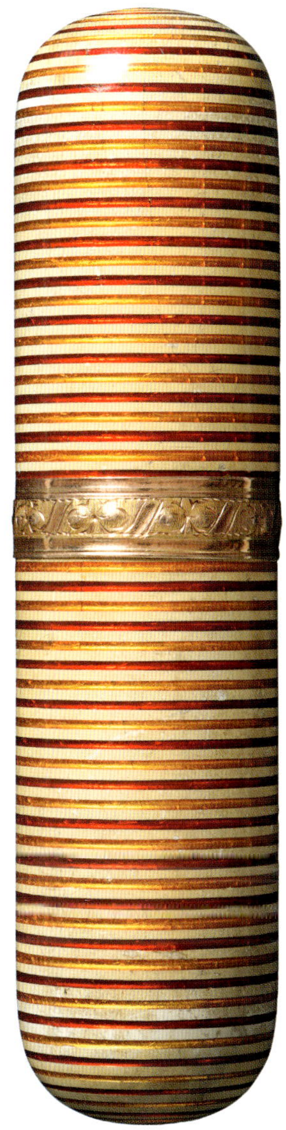

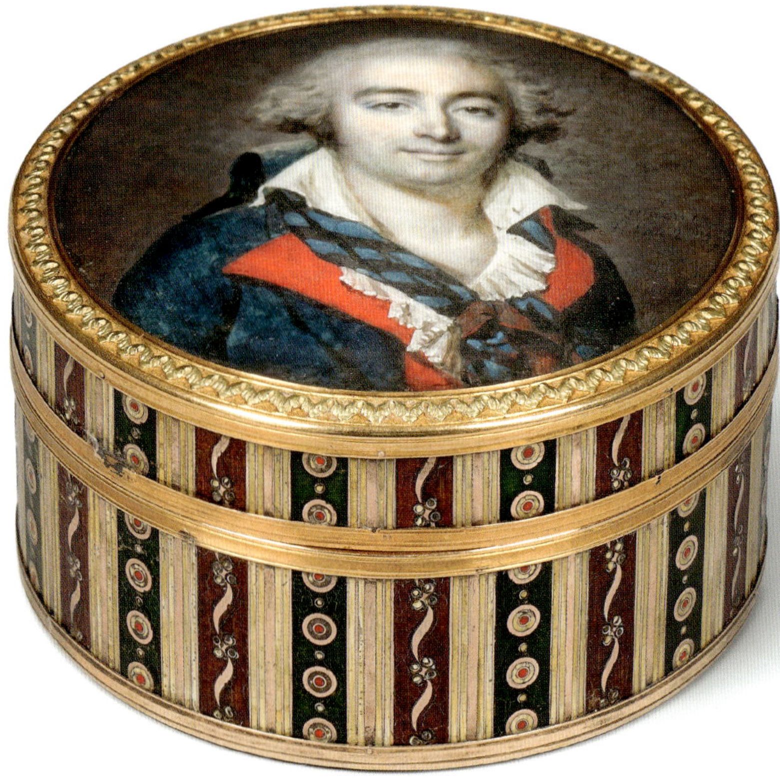

102 Bonbonniere

rund, mit abnehmbarem Deckel

Papiermaché; Schwarzlack, weißer Lack, im Wechsel Längsstreifen, zu vertikalen Bändern angeordnete Pailletten und Ranken mit Blüten aus vergoldetem Kupferblech appliziert, die Pailletten auf mit Blattsilber unterlegtem transluzidem grünem Lack, die floralen Bänder auf mit Blattsilber unterlegtem transluzidem rotem Lack, mit Klarlack überfangen; in den Deckel eingelassen eine Miniatur in Gouache auf Elfenbein; Montierung aus ziseliertem Gold in zwei Farben; Futter aus untermaltem Schildpatt

H. 4,1 cm, Ø7,8 cm; Gewicht: 162 g

Allseitig Dekor aus Streifen und Bändern, die Deckelminiatur mit Brustbild eines unbekannten Herrn, signiert »Dumont A l'an 2 [unleserlicher Buchstabe]« (= 1794)

Paris, anonyme Lackwerkstatt, achtziger Jahre des 18. Jahrhunderts; die Deckelminiatur von François Dumont aus dem Jahr 1794

Paris, Musée des arts décoratifs, Inv.-Nr. 26613

Unveröffentlicht

Der Streifendekor dieser Dose entspricht genau dem einer Bonbonniere in opakem rosafarbenem Lack (Kat.-Nr. 99). Gerade die völlige Übereinstimmung in Art und Abfolge der Muster macht aber die unterschiedliche Wirkung deutlich, die den mit Blattmetall unterlegten und mit transluzidem Lack überzogenen Zierbändern aus ausgestanzter Kupferfolie geschuldet ist. Sie verleihen der Dose einen metallischen Glanz. Eine originale Deckelminiatur wurde entweder ausgetauscht oder eine noch nicht damit bestückte Dose im Nachhinein, dem Jahr 2 der neuen revolutionären Zeitrechnung, mit einer Miniatur versehen.

103 Étui à tablettes

hochrechteckig, mit Scharnierdeckel und Schnappverschluss

Papiermaché (?); Schwarzlack, ganzflächige Auflage aus Blattmetall mit transluzidem Rotlack überfangen, vertikales Linienraster eingraviert, im Wechsel mit Pailletten aus Silberblech und aus Perlmutter belegt, denen wiederum kleine Silberpailletten aufliegen, mit gelblichem Klarlack überfangen und paillettenbündig abgeschliffen; Montierung aus graviertem Gold, auf beiden Seiten des Deckels aufgesetzte Kartuschen aus graviertem Gold mit ausgesägter Inschrift »SOUVENIR / D'AMITIÉ«; Futter aus lachsfarbener Seide, im Innern kleiner Notizblock aus Elfenbein, der zugehörige Stift ist verlorengegangen

H. 8,5 cm, B. 4,8 cm, T. 1 cm; Gewicht: 32 g (mit Inhalt 37 g)

Allseitig Dekor aus Streifen und Bändern

Paris, anonyme Lackwerkstatt; 1774–1780 (Quittungsstempel)

Münster, Museum für Lackkunst, Inv.-Nr. EU-F-d-2

Literatur: Sträßer 1977, Nr. 110, Abb. S. 179. – Strässer / Hinton 1988, Nr. 194. – Kopplin 1998, Nr. 19. – Kopplin 2010, Nr. 21.

Gegen 1780 kam in der Herstellung von Lackbijoux ein Verfahren zur Anwendung, das wie viele französische Lacktechniken des 18. Jahrhunderts auf Vorbilder emailverzierter Goldschmiedearbeiten zurückgeführt werden kann. Charakteristisches Zierelement sind die *paillons* – kleine, runde, aus Gold-, Silber- oder Kupferfolie ausgestanzte Plättchen, die wie metallische Punkte wirken. Analog zum *émail translucide à paillons*, bei dem sie ganz von transluzidem Email umschlossen sind,[1] werden sie auf Lackarbeiten in einen vielschichtigen Überzug aus Lack eingebettet. Die Anordnung erfolgt der aktuellen Mode entsprechend in Streifen und trägt zugleich der Vorliebe für gepunktete Muster Rechnung. Auf diesem *Étui à tablettes* wechseln sich Bänder aus silbernen, durch einen Überzug aus gelblichem Klarlack golden erscheinenden *paillons* mit aus Perlmutter gefertigten ab, die dem metallischen Glanz einen changierenden Effekt hinzufügen. Wie aktuell *paillons* in den achtziger Jahren waren, zeigt ein Blick auf die Mode. Neben den dominierenden Streifenmustern enthält die Aufstellung der Garderobe und Putzsachen der Königin Marie-Antoinette aus dem Jahr 1882 eine Stoffprobe mit aufgenähten Pailletten (Abb.).[2] Selbst gegen Ende des 18. Jahrhunderts waren Kleider und passend gefertigte Schuhe mit von weitem als glänzendes Punktmuster wahrgenommenem Paillettenbesatz noch en vogue.[3]

1 Seelig 2007, S. 54.
2 Leleu, Véronique (Hg.): Gazette des atours de Marie-Antoinette. o. O. [Paris] 2006, Abb. auf unpaginierter Seite des Faksimiles.
3 An Elegant Art. Fashion and Fantasy in the Eighteenth Century. Los Angeles County Museum of Art (Ausst.-Kat.), Los Angeles und New York 1983, S. 148–151.

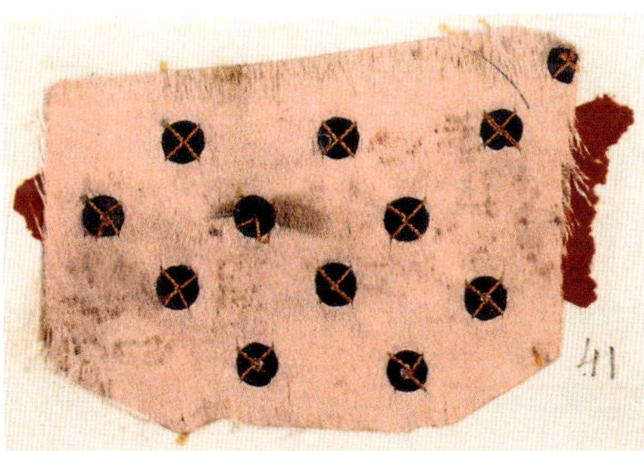

Stoffprobe mit aufgenähten Pailletten aus dem Garderobebuch der Königin Marie-Antoinette von 1782

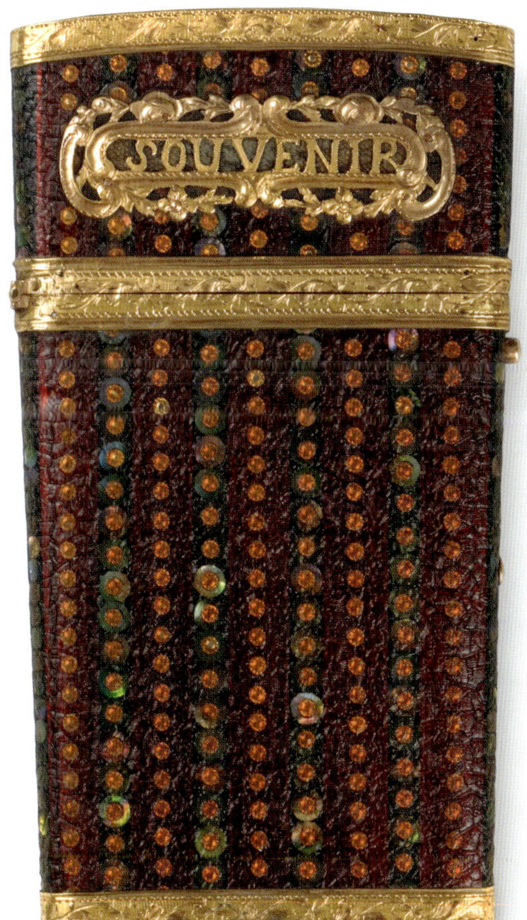

104 Étui à tablettes

hochrechteckig, mit Scharnierdeckel und Schnappverschluss

Papiermaché; Schwarzlack, hellblauer Lack, Längsstreifen aus Silberfolie eingelegt, mit Klarlack überfangen; Montierung aus graviertem Silber, auf beiden Seiten des Deckels aufgesetzte Kartuschen aus graviertem Silber mit ausgesägter Inschrift »SOUVENIR / D'AMITIÉ«; Futter aus Silber, im Innern Notizblock aus Elfenbein, der zugehörige Stift ist verlorengegangen

H. 8,9 cm, B. 5,7 cm, T. 1,2 cm; Gewicht: 43 g (mit Inhalt 50 g)

Allseitig Streifendekor

Paris, anonyme Lackwerkstatt; 1774–1780 (Quittungsstempel)

Paris, Musée des arts décoratifs, Inv.-Nr. 11854

Unveröffentlicht

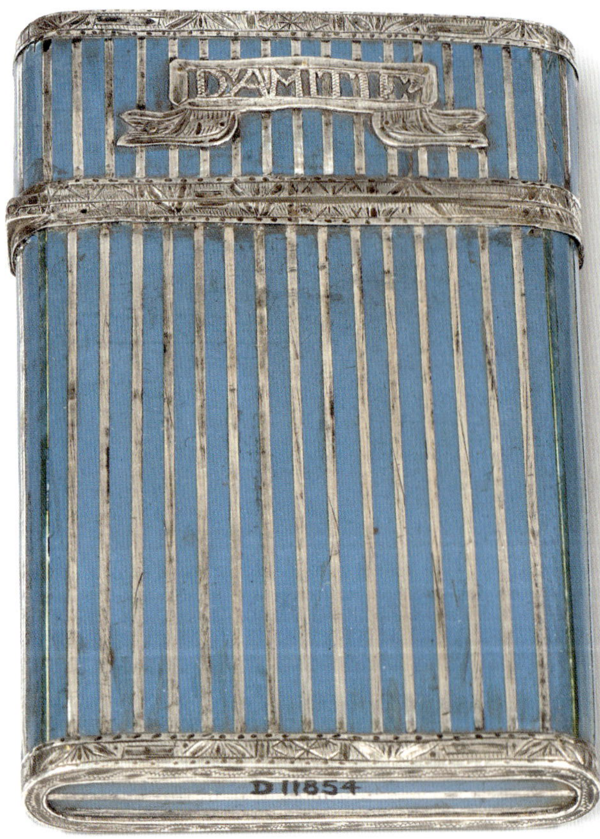

»Bleu céleste«, himmelblau, gehörte zu den favorisierten Farben des französischen Rokoko. In ungebrochener Intensität kam es auf Lackmobiliar und -kästen (Kat.-Nr. 41), auf Möbeln mit aufgelegten Porzellanplatten aus Sèvres, aber insbesondere auch auf Sèvres-Porzellanen zur Geltung, wie beispielsweise auf dem königlichen Service und dem Rohan-Service mit Vogel-Dekor.[1] Auf Möbeln begegnet es als leuchtender Lackgrund oder, wie bei der blau-weißen Kommode von Madame de Mailly, in der mit Ölfarben angelegten Malerei (S. 47, Abb. 4). Auf Lackbijoux scheint es dagegen ausschließlich in monochromer Verwendung vorzukommen und sich – wie hier – mit Einlagen aus Silber zu elegantem Farbkontrast zu verbinden.

1 Faniel 1956, Abb. S. 84.

105 Bonbonniere

rund, mit abnehmbarem Deckel

Papiermaché; Schwarzlack, hellblauer Lack, Längsstreifen aus Goldfolie oder vergoldeter Kupferfolie eingelegt, mit Klarlack überfangen; in den Deckel eingelassen und mit zweifarbigem Gold gerahmt eine ovale Miniatur; Montierung aus ziseliertem und graviertem Gold; Futter aus Schildpatt

H. 3,5 cm, Ø 7,8 cm; Gewicht: 90 g

Allseitig Streifendekor, die Deckelminiatur mit Brustbildnis der Königin Marie-Thérèse, Gemahlin Ludwigs XIV.

Paris, anonyme Lackwerkstatt, 1780/81 (Jahresbuchstabe der Zunft)

Paris, Musée du Louvre, Département des objets d'art, Inv.-Nr. OA 2207

Literatur: Nocq / Dreyfus 1930, Nr. 687. – Grandjean 1981, Nr. 262.

Die Dose führt einmal mehr und hier in frappierender Ähnlichkeit die mit Lack angestrebte Wirkung einer emaillierten Goldtabatiere vor Augen. Aus Gold oder auch Schildpatt gefertigte Tabatieren mit Streifendekor und in den Deckel eingelassenen Porträts oder szenischen Miniaturen waren in den späteren sechziger Jahren aufgekommen und wurden bis in die achtziger Jahre hergestellt.[1] Das Himmelblau des Lacks entspricht dem opaken Emails auf Golddosen.[2]

1 Grandjean 1981, Nr. 4, 245, 254. – Los Llanos / Grégoire 2011, Nr. 22.

2 Snowman 1966, Abb. 376.

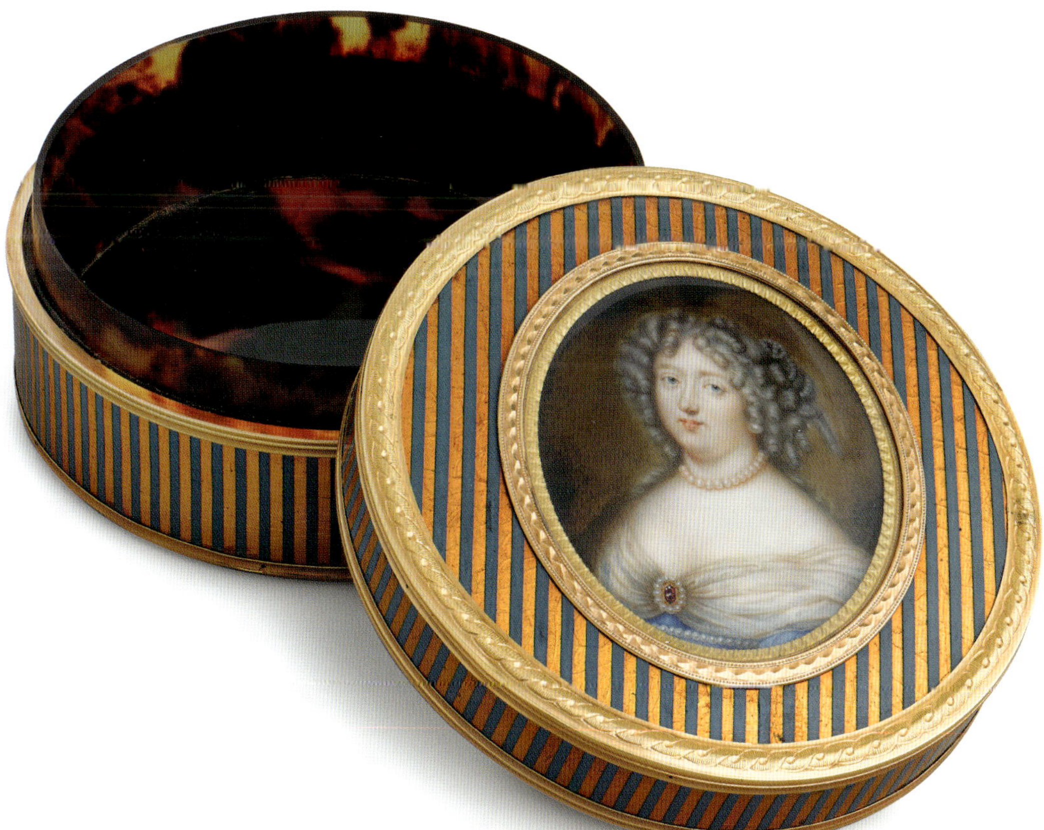

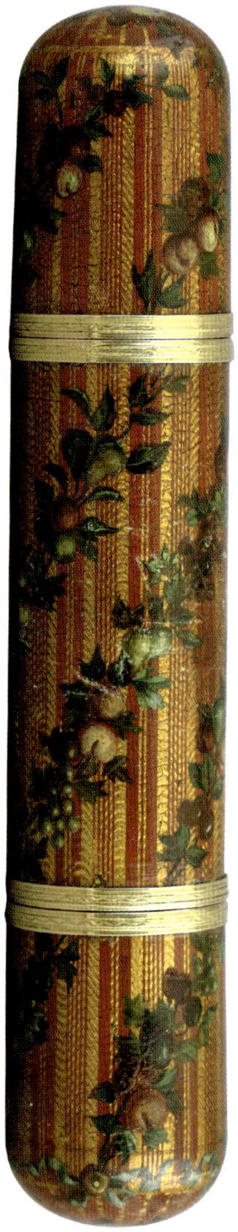

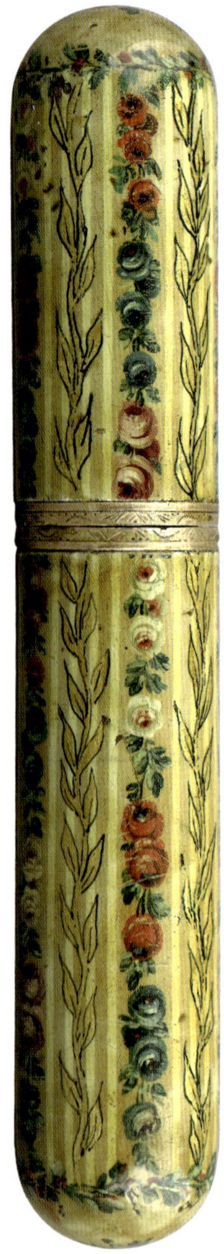

106 Etui

aus drei ungleich großen zylindrischen Teilstücken, mit gerundeten Enden

Holz und Papiermaché; Schwarzlack, hellbrauner Lack, im Wechsel Längsstreifen und vertikale Bänder aus Blattgold aufgelegt und partiell graviert, mit Klarlack überfangen, diagonal geführte Bänder aus Früchteketten in Ölmalerei, mit Klarlack überfangen; Montierung aus graviertem Gold; Steckhülsen aus Schildpatt

H. 13,7 cm, Ø 2,5 cm; Gewicht: 33,6 g

Vertikal und diagonal angelegter Dekor aus Streifen und Bändern; auf den Enden über sternförmig zulaufenden Streifen Anhäufung von Früchten

Paris, anonyme Lackwerkstatt, siebziger bis achtziger Jahre des 18. Jahrhunderts

Paris, Musée Cognacq-Jay, Inv.-Nr. J. 588

Literatur: Ricci 1929, Nr. 588. – Jonas 1930, Nr. 588. – Los Llanos / Grégoire 2011, Nr. 169, Abb. S. 344.

107 Etui

aus zwei ungleich großen zylindrischen Hälften, mit gerundeten Enden

Holz und Papiermaché; Schwarzlack, gelblicher (vermutlich vergilbter weißer) Lack, Streifenraster im Wechsel mit Blattranken in Muschelgold und Höhungen in Schwarz und mit Rosenketten in Ölmalerei gefüllt, mit Klarlack überfangen; Montierung aus graviertem Gold; Steckhülse aus Schildpatt

H. 14,3 cm, Ø 2,5 cm; Gewicht: 25,2 g

Gefülltes Streifenmuster; auf den Enden Rosenzweige

Paris, unbekannte Lackwerkstatt, siebziger bis achtziger Jahre des 18. Jahrhunderts

Paris, Musée Cognacq-Jay, Inv.-Nr. J. 583

Literatur: Ricci 1929, Nr. 583. – Jonas 1930, Nr. 583. – Los Llanos / Grégoire 2011, Nr. 170, Abb. S. 344.

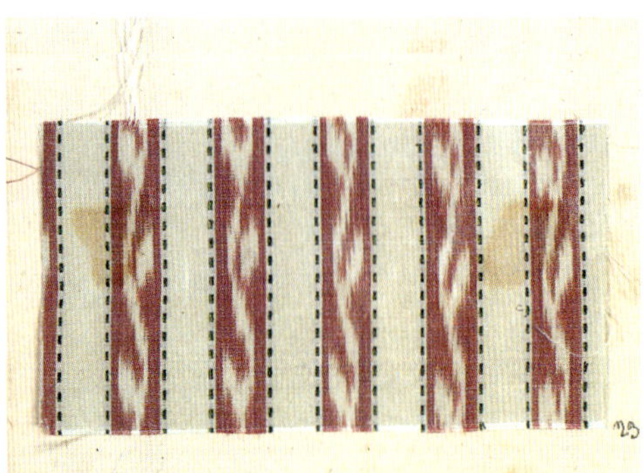

Stoffprobe mit Streifenmuster aus dem Garderobebuch der Königin Marie-Antoinette von 1782

Die Aufstellung der Garderobe und Putzsachen der Königin Marie-Antoinette für das Jahr 1782 verdeutlicht die Dominanz von Streifenmustern in den siebziger und achtziger Jahren (Abb.).[1] Dieser Mode für geradlinige, zumeist alternierend angelegte Muster wurde auch in den zeitgleichen Lackbijoux Rechnung getragen, deren Dekor auf den gleichen Ornamentvorlagen fußt.

1 Leleu, Véronique (Hg.): Gazette des atours de Marie-Antoinette. o. O. [Paris] 2006, Abb. auf unpaginierter Seite des Faksimiles.

108 Bonbonniere

rund, mit abnehmbarem Deckel

Papiermaché; Schwarzlack, ganzflächige Auflage aus Blattgold mit transluzidem Rotlack überfangen, darüber im Wechsel Längsstreifen aus Blattgold sowie Ranken mit Blättern und Blüten aus kleinen Gold- und Perlmutterrhomben, mit Klarlack überfangen; in den Deckel eingelassen eine ovale Zierplakette aus facettiertem Goldblech mit aus Goldblech ausgeschnittenem Amor und seinen Attributen im Lorbeerkranz; Montierung aus ziseliertem Gold; Futter aus untermaltem Schildpatt

H. 2,6 cm, Ø 4,8 cm; Gewicht: 27 g

Allseitig Dekor aus Streifen und Bändern, im Deckelmedaillon Amor mit Fackel und schnäbelndem Taubenpaar

Paris, anonyme Lackwerkstatt, 1789 (Quittungsstempel)

Münster, Museum für Lackkunst, Inv.-Nr. EU-F-b-19

Literatur: Sträßer 1977, Nr. 108, Abb. S. 177.

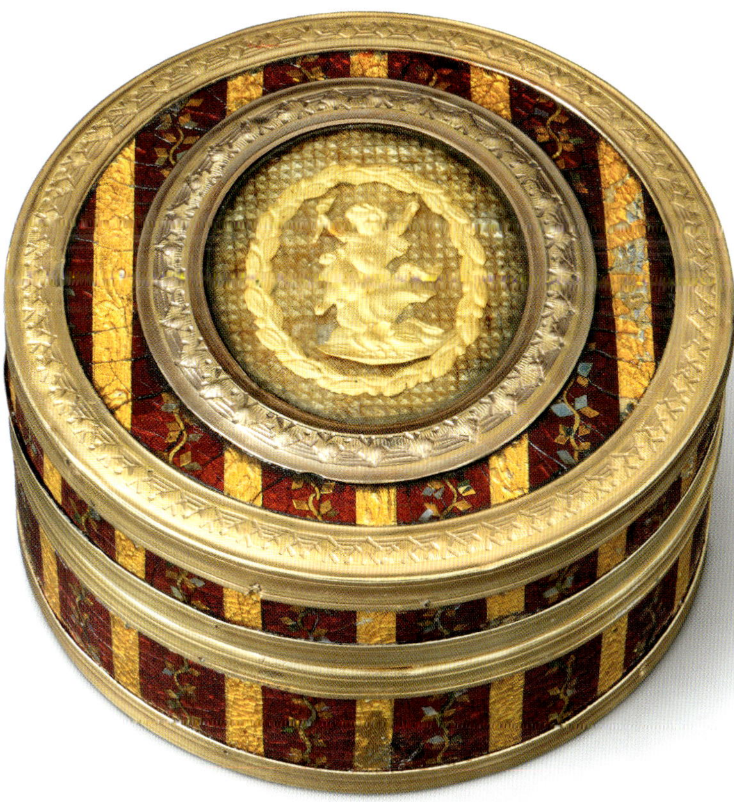

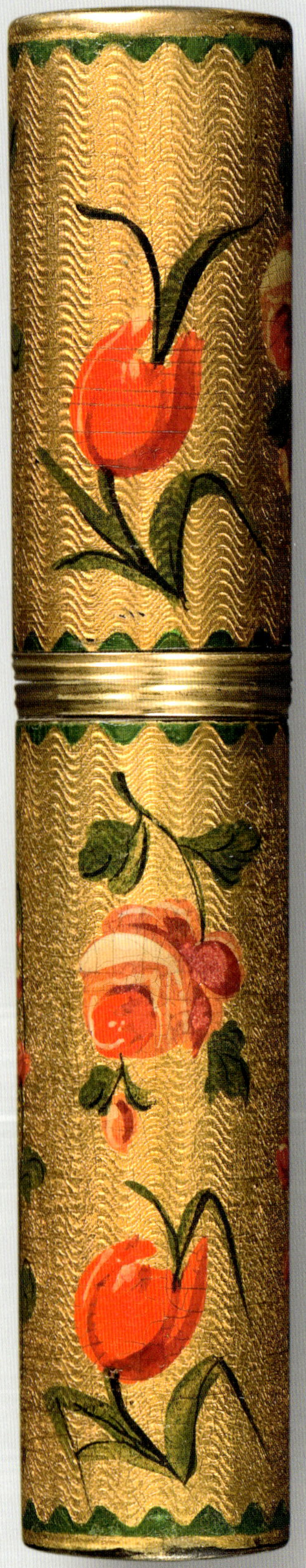

109 Etui

aus zwei ungleich großen zylindrischen Hälften, mit flachen Enden

Holz; Schwarzlack, guillochiert und blattversilbert, mit gelblichem Klarlack überfangen, Dekor in partiell lasierender Ölmalerei, mit Klarlack überfangen; Montierung aus Gold; Steckhülse aus Schildpatt

H. 13,6 cm, Ø 2,6 cm; Gewicht: 27 g

In vertikaler Reihung Tulpen, Rosen und Malven, am oberen und unteren Rand Wellenbordüre, auf den Enden kleine Blütenzweige in Wellenbordüre

Paris, anonyme Lackwerkstatt, Anfang siebziger Jahre des 18. Jahrhunderts

Münster, Museum für Lackkunst, Inv.-Nr. EU-F-d-5

Literatur: Holzhausen 1958, Taf. VI. – Huth 1971, Abb. 248. – Zürich 1976, Nr. 55. – Sträßer 1977, Nr. 114, Abb. S. 182. – Kopplin 1998, Nr. 18. – Kopplin 2010, Nr. 19.

Wie bei Arbeiten in der »reichen Technik« wurde auch bei diesem Etui eine vielschichtige schwarze Grundlackierung rundum guillochiert, blattversilbert und mit gelblichem Klarlack überfangen, um der Wirkung transluzid guillochierten Goldes zu entsprechen (Kat.-Nr. 112). An den Rändern greifen hellgrün lasierte Einfassungen die Wellenform der Guillochen auf. In der linearen Anordnung der in wenigen Farben aufgemalten Blütenzweige scheint die Präferenz gestreifter und in ornamentierten Bahnen verlaufender Dekore auf. Zwei Etuis, eines davon mit spielenden Amoretten auf guillochiertem Grund, sind in derselben Werkstatt entstanden (Kat.-Nr. 110 und 111).

110 Etui

aus zwei ungleich großen zylindrischen Hälften, mit flachen Enden

Holz; Schwarzlack, guillochiert und blattvergoldet, mit Klarlack überfangen, Dekor in Ölmalerei, mit Klarlack überfangen; die Montierung scheint verloren gegangen; Steckhülse aus Silber

H. 12,8 cm, Ø 2,4 cm; Gewicht: 31 g

In vertikaler Reihung blühende und knospende Rosenzweige, auf den Enden kleine Blütenzweige in Wellenbordüre

Paris, anonyme Lackwerkstatt, Anfang siebziger Jahre des 18. Jahrhunderts

Privatsammlung

Unveröffentlicht

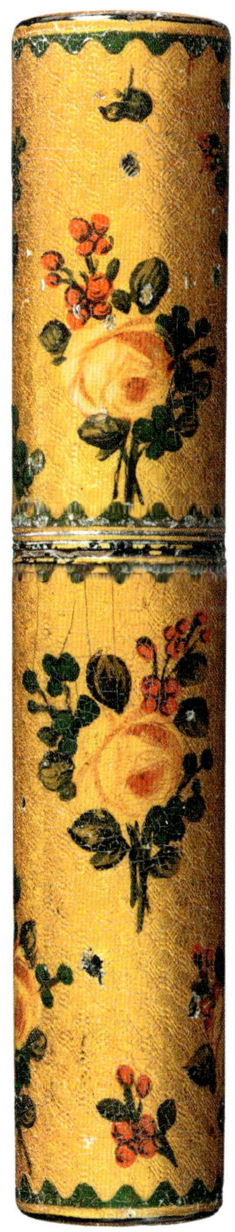

111 Etui

aus drei ungleich großen zylindrischen Teilstücken, mit gerundeten Enden

Holz; Schwarzlack, guillochiert und blattversilbert, mit gelblichem Klarlack überfangen, Dekor in partiell lasierender Ölmalerei, mit Klarlack überfangen; Montierung aus graviertem Silber; Steckhülse aus Schildpatt

H. 14,5 cm, Ø 2,4 cm; Gewicht: 39,1 g

Amoretten auf Wolken, am oberen und unteren Rand Wellenbordüren, auf den Enden Rosenzweige in einem Kreis

Paris, anonyme Lackwerkstatt, Anfang siebziger Jahre des 18. Jahrhunderts

Paris, Musée Cognacq-Jay, Inv.-Nr. J. 587

Literatur: Ricci 1929, Nr. 587. – Jonas 1930, Nr. 587. – Los Llanos / Grégoire 2011, Nr. 165, Abb. S. 339.

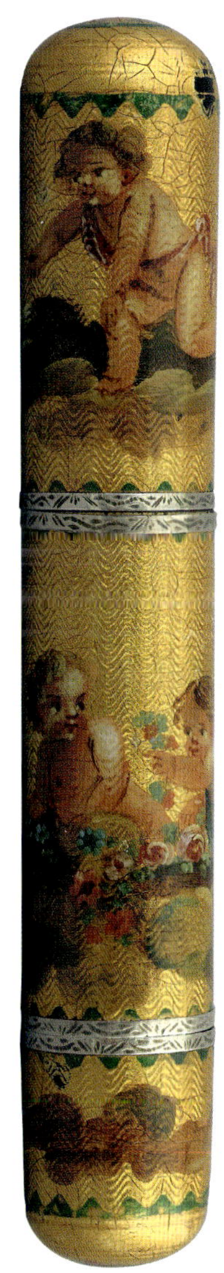

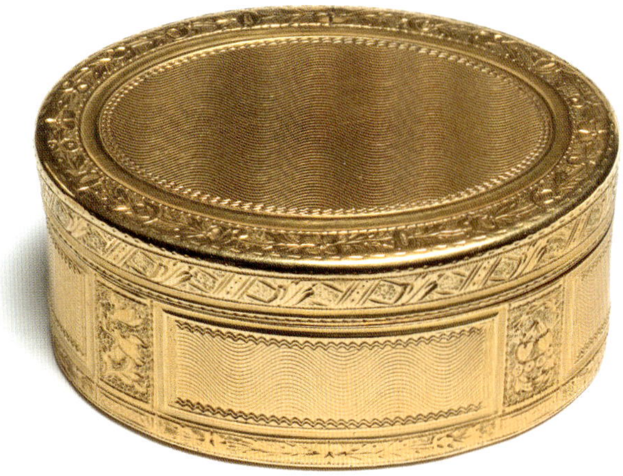

112 Tabatiere

queroval, mit Scharnierdeckel

Gold; auf Deckel, Wandung und Unterseite guillochierte Reserven in ziselierter und gravierter Bordürenrahmung

H. 2,3 cm, B. 5,4 cm, T. 4 cm; Gewicht: 60 g

Paris, Charles-Alexandre Bouillerot, 1774/75 (Jahresbuchstabe der Zunft)

Paris, Musée des arts décoratifs, Inv.-Nr. 43506

Unveröffentlicht

113 Schiffchen für Spitze *navette*

Holz; Schwarzlack, Rautenmuster eingraviert und blattversilbert, mit gelblichem Klarlack überfangen, Dekor in partiell lasierender Ölmalerei, mit Klarlack überfangen; Innenseiten und Garnspule mit Schwarzlack

H. 2,8 cm, B. 15,5, T. 4,1 cm; Gewicht: 30 g

Auf beiden Hälften Zweige blühender und knospender Rosen

Paris, anonyme Lackwerkstatt, wohl Julien Martin, mittsechziger Jahre des 18. Jahrhunderts

Münster, Museum für Lackkunst, Inv.-Nr. EU-F-d-26

Literatur: Sträßer 1977, Nr. 115, Abb. S. 183. – Kopplin 1998, Nr. 18. – Kopplin 2010, Nr. 19.

Anstelle von Guillochen überzieht ein in Schwarzlack eingraviertes, blattversilbertes und mit gelb getöntem Klarlack über-

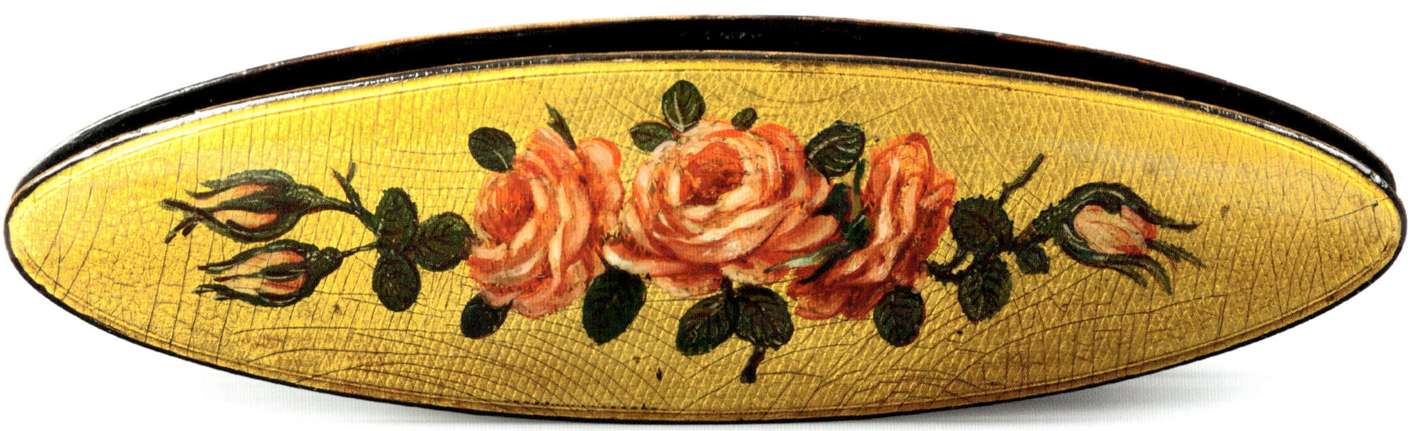

zogenes Muster aus Rauten den Grund und suggeriert ein aus Gold gefertigtes Schiffchen. Goldene Navettes wurden aber im Vergleich zu Tabatieren in nur kleiner Anzahl hergestellt, von der sich wiederum nur sehr wenige erhalten haben.[1] Auch die Vorzeichnung für den Dekor einer goldenen Navette stellt eine Seltenheit dar.[2]

Die Technik der Lackgravur und die in teilweise lasierenden Ölfarben aufgemalten Rosenzweige stimmen mit Einträgen im Nachlassinventar Julien Martins von 1765 überein. Die Beschreibung der darin aufgeführten »3 navettes à fleurs prisées 15 livres«[3] und »12 navettes gravées à 3 livres«[4] schließt die Möglichkeit ein, dass dieses Schiffchen aus der Werkstatt Julien Martins stammt. Es wird auch deutlich, dass diese Bijoux um ein Nichts verkauft wurden.

---

1 Grandjean u. a. 1975, Nr. 60. – Truman 2013, Nr. 19 und 49
2 Myers, Mary L.: French Architectural and Ornament Drawings of the Eighteenth Century. The Metropolitan Museum of Art (Bestandskatalog), New York 1991, Nr. 44.
3 Paris, Archives nationales, M. C., XXXIII, 556, 22. Juli 1765, fol. 7 verso.
4 Ebd., fol. 8 recto.

114 Tabatiere

spitzelliptisch, mit Scharnierdeckel

Zweifarbiges Gold; auf Deckel und Wandung rautenförmiges Muster aus versetzt eingravierten Wellenlinien in ziselierter und punzierter Bordürenrahmung, auf dem Deckel ziseliertes Medaillon

H. 3 cm, B. [illegible] cm, T. 4,5 cm; Gewicht: 99 g

Auf dem Deckelmedaillon Trophäe mit Lorbeerzweigen und Lyra

Paris, Charles-Alexandre Bouillerot, 1774/75 (Jahresbuchstabe der Zunft)

Paris, Musée des arts décoratifs, Inv.-Nr. 43505

Unveröffentlicht

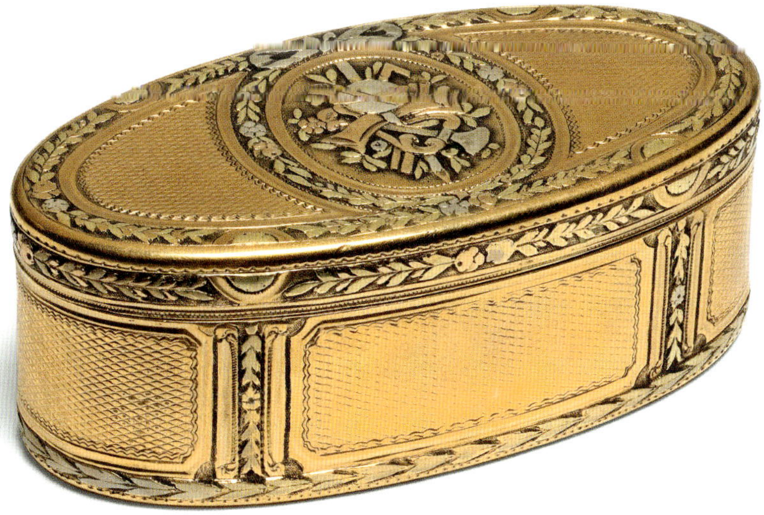

115 Etui

aus zwei ungleich großen zylindrischen Hälften, mit gerundeten Enden

Holz und Papiermaché; Schwarzlack, ganzflächige Auflage aus Blattgold, Rotlack, zu fleckigem Muster bis auf den Schwarzlackgrund abgeschliffen, sichelförmiges Rapportmuster in den Rotlack eingraviert, mit Klarlack überfangen; Montierung aus graviertem Gold; Steckhülse aus Schildpatt

H. 13,2 cm, Ø 2,2 cm; Gewicht: 20 g

Unregelmäßiges Fleckenmuster

Paris, anonyme Lackwerkstatt, siebziger Jahre des 18. Jahrhunderts

Paris, Musée Carnavalet, Inv.-Nr. OM 3141

Unveröffentlicht

Der extravagante und nur durch dieses eine Beispiel bekannte Dekor des Etuis ist möglicherweise in Anlehnung an die in den siebziger Jahren häufiger anzutreffende Emailverzierung von Goldtabatieren nach Art der fleckigen Zeichnung des Leopardenfells entstanden (Abb.).[1] In einer 1777 erschienenen Annonce des Pariser Luxusgeschäfts »Au Petit Dunkerque« wurden solche Dosen als »bonbonnières en or et émail tigrées« angeboten.[2]

Im Fall der Golddosen hebt sich ein übereinstimmend unregelmäßig geformtes, aber regelmäßig verteiltes Muster aus dunkel konturierten orangefarbenen oder roten Flecken vom hellen Grund des transluzid emaillierten Goldes ab. Das Etui, zu dem sich keine wirkliche Entsprechung in der Goldschmiedekunst auffinden ließ, greift das Prinzip gleichsam im Gegensinn auf: Ein schwarzer Lackgrund wurde ganzflächig blattvergoldet und anschließend mit Rotlack überfangen. Das Muster aus unregelmäßig geformten, unterschiedlich großen und unregelmäßig verteilten Flecken entstand durch Schleifpolitur, indem zunächst wolkige Aussparungen aus Blattgold freigelegt wurden. Erst in einem zweiten Schritt polierte der Vernisseur bis auf den Schwarzlackgrund herunter, wobei er jeweils einen feinen Rand aus Blattgold stehen ließ. Kleine, in der Wirkung sehr dezente sichelförmige Liniengravuren vervollständigen das ausdrucksvolle und überaus dekorative Erscheinungsbild.

Im Farbkontrast von Rot und Schwarz wie in der vermeintlichen Zufälligkeit des Fleckenmusters erinnert der Dekor aber auch an die japanischen Negoro-Lacke, die – in der Abfolge schwarzer und darüber aufgetragener roter Lackschichten – ihre lebhafte Wirkung der durch benutzungsbedingten Abrieb erzeugten fleckig-streifigen Zeichnung verdanken (Abb.). Die dem langwährenden unvermeidlichen Alterungs- und Gebrauchsprozess geschuldete Ästhetik der Negoro-Lacke,[3] die ausschließlich für den heimischen Markt bestimmt waren und dem Sortiment der Exportlacke zu keinem Zeitpunkt angehörten, scheint dem französischen, auf Aktualität gerichteten Geschmack grundsätzlich fremd. Gleichwohl ist es nicht ausgeschlossen, dass – wie vereinzelt chinesische Schnitzlacke[4] – auch Negoro-Lacke im Ausnahmefall nach Europa gelangten und zur Nachahmung anregten. Das ungewöhnliche Etui gibt Anlass zu weitreichenden Spekulationen.

---

1 Seelig 2007, Nr. 12. Weitere Dosen mit *émail tigré* bei Snowman 1966, Abb. 423; Grandjean 1981, Nr. 143.

2 Seelig 2007, S. 182.

3 Ursprünglich immer durch altersbedingten Abrieb entstanden, wurde das fleckige Muster der Negoro-Lacke von der Edo-Zeit (1603–1867) an auch künstlich durch Schleifpolitur erzeugt.

4 Eine zutreffend beschreibende Anmerkung Jean-Félix Watins ist hinlängliches Indiz, dass ihm chinesische Schnitzlacke bekannt waren: »L'ancien laque de la Chine est tout en relief, orné de quantités de figures & d'animaux«; Watin 1773, S. 286 (Watin 1774, S. 277); siehe auch Kopplin 2010, S. 19.

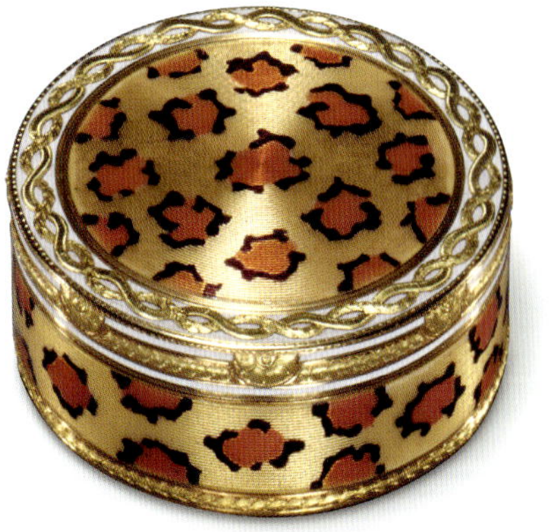

Bonbonniere, Gold in zwei Farbtönen, Email, Paris, um 1774/75; München, Bayerisches Nationalmuseum (Inv.-Nr. 93/226), ausgestellt im Thurn und Taxis-Museum Regensburg

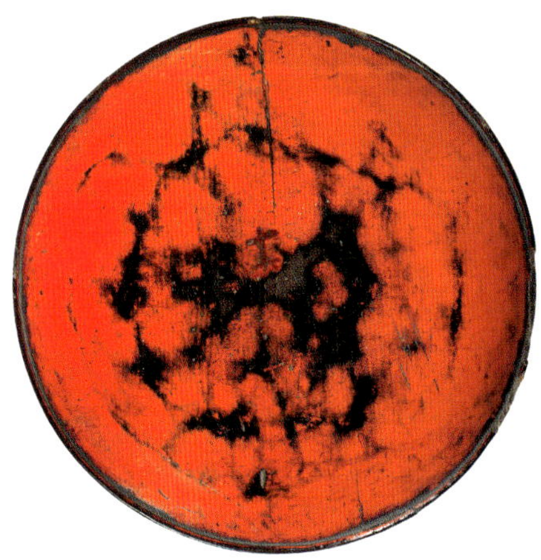

Großes Tablett in Negoro-Lack, datiert 1298; Nara, Tōdaiji

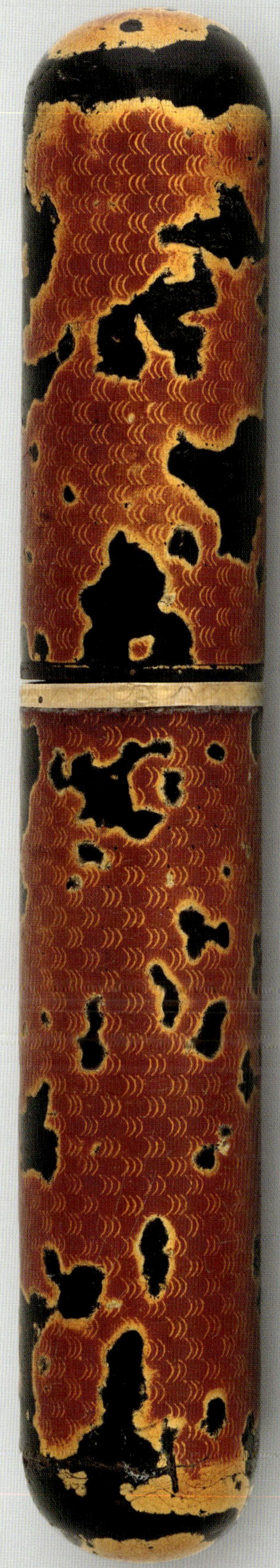

116 Etui

aus zwei ungleich großen Hälften, mit gerundeten Enden

Holz und Papiermaché; Schwarzlack mit eingedrilltem Punktmuster, blattvergoldet, durch Schleifpolitur freigelegt und mit Klarlack überfangen; Montierung aus Gold; Steckhülse aus Metall

H. 9,9 cm, Ø 1,2 cm; Gewicht: 8 g

Allseitig Punktmuster, auf den Enden Sterne

Paris, anonyme Lackwerkstatt, siebziger Jahre des 18. Jahrhunderts

Deutschland, Privatsammlung

Literatur: Kopplin 2010, S. 146, Abb. 1.

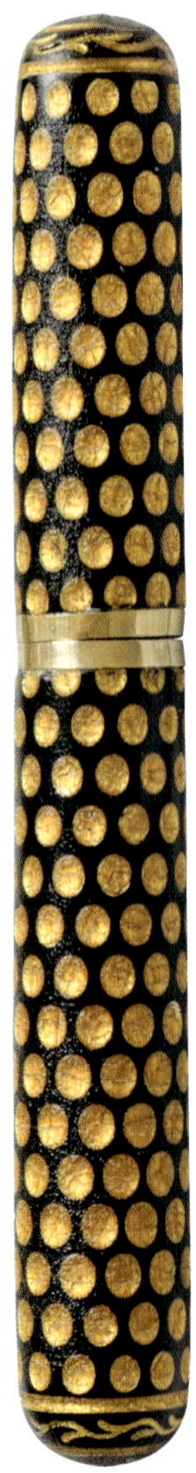

117 Bonbonniere

Papiermaché; Schwarzlack, eingedrilltes Punktmuster, blattvergoldet, durch Schleifpolitur freigelegt und mit Klarlack überfangen, in den Deckel eingelassen eine hochovale goldgerahmte Miniatur in Grisaillemalerei auf Elfenbein; Montierung aus ziseliertem Gold, Futter aus untermaltem Schildpatt

H. 2,8 cm, Ø 7,5 cm; Gewicht: 73 g

Allseitig Punktmuster, die Deckelminiatur mit Amoretten nach François Boucher

Paris, anonyme Lackwerkstatt, 1774–1780 (Quittungsstempel)

Münster, Museum für Lackkunst, Inv.-Nr. EU-F-b-20

Literatur: Zürich 1976, Nr. 64, Abb. S. 39. – Sträßer 1977, Nr. 109, Abb. S. 178. – Richter 1988, S. 68, Abb. 64. – Strässer / Hinton 1988, Nr. 195. – Kopplin 1998, Nr. 20. – Kopplin 2010, Nr. 22.

Die Dose zeichnet ein außerordentlich präzise gearbeitetes dichtes Punktmuster aus, dessen eingedrillte, mit Blattgold ausgelegte und mit Klarlack gefüllte Höhlungen eben diesem Verfahren eine besondere Tiefenwirkung verdanken. In dekorativem Kontrast hebt es sich vom schwarzen Lackgrund ab. Als Vorbild dienten wiederum Golddosen mit emaillierten Punktdekoren,[1] gefolgt von solchen mit schlichtem, guillochiertem Punktmuster (Kat.-Nr. 119), die sich in den achtziger Jahren großer Nachfrage erfreuten.[2] An die Stelle der Punkte konnten auch Sterne oder eine Mischung aus Punkten und Sternen treten.

In den Deckel eingelassen ist eine Miniatur in Grisaille, die Motive des vor 1734 entstandenen Boucher-Gemäldes *L'Amour oiseleur* nach dem von Bernard Lépicié angefertigten Reproduktionsstich aufgreift.[3] Obschon das Sujet der französischen Rokokomalerei entlehnt ist, zeigt sich seine Umsetzung in der glatteren Körpermodellierung des Klassizismus und der charakteristischen Technik der Grisaille dem aktuellen Stil verpflichtet und bildet im Zusammenklang mit der strengen Eleganz seiner gold-schwarzen Lackrahmung eine vollendete Einheit.

---

1 Le Corbeiller 1966, Nr. 197. – Grandjean 1981, Nr. 33, 237, 247.

2 Grandjean 1981, Nr. 133, 276. – Seelig 2007, Nr. 24. – Los Llanos / Grégoire 2011, Nr. 7. Goldene Punktmuster auf schwarzem Grund blieben im Porzellandekor bis in die Revolutionszeit aktuell; Faniel 1956, S. 88, Abb. C.

3 Jean-Richard 1978, Nr. 1377.

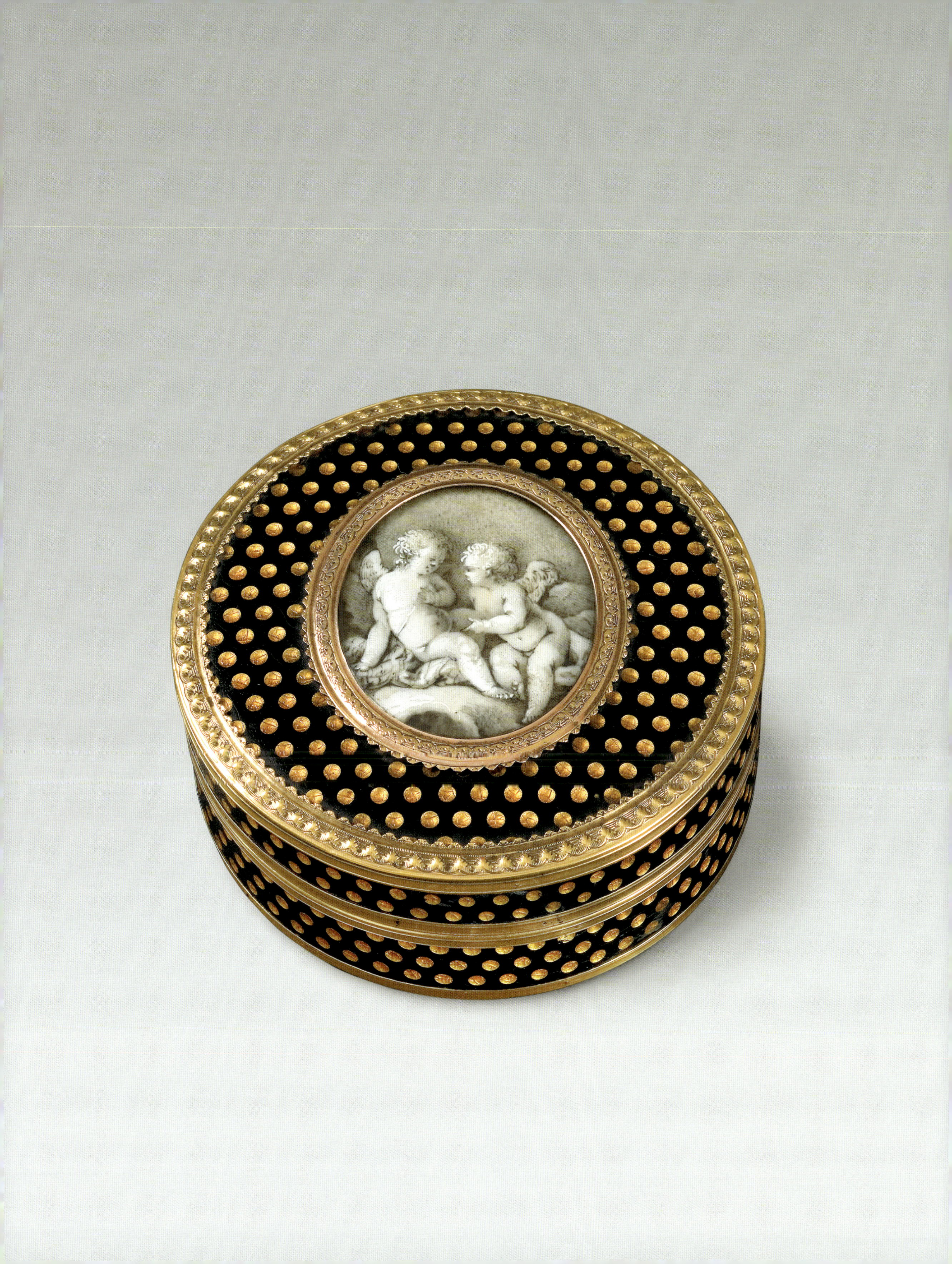

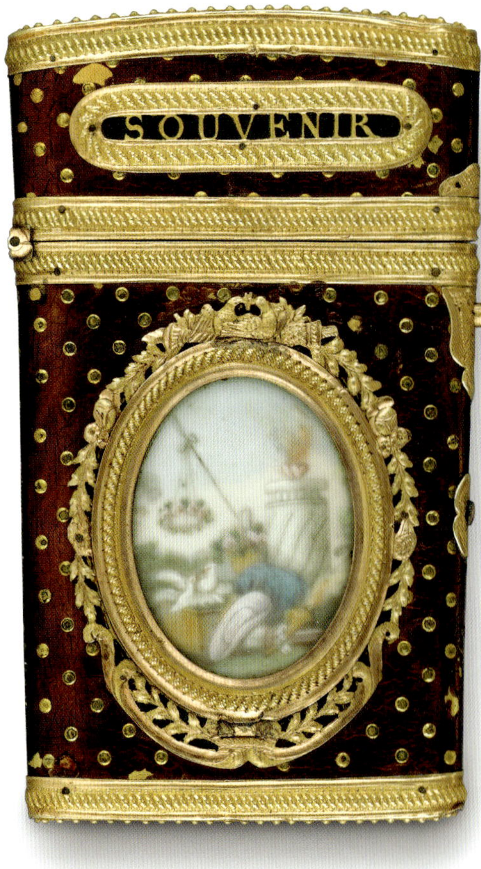

118 Étui à tablettes

hochrechteckig, mit Scharnierdeckel und Schnappverschluss

Gold; rotbrauner transluzider Lack, aus Goldfolie aufgelegtes Punktmuster, mit Klarlack überfangen; auf Vorder- und Rückseite eingelassen je eine goldgerahmte Miniatur in Gouache auf Elfenbein; Montierung aus ziseliertem und graviertem Gold, auf beiden Seiten des Deckels aufgesetzte Kartuschen aus ziseliertem Gold mit ausgesägter Inschrift »SOUVENIR / D'AMITIÉ«; Futter aus rosafarbenem Samt, im Innern kleiner Notizblock aus Elfenbein und ein kleiner goldgefasster Stift

H. 8,6 cm, B. 5,4 cm, T. 1,3 cm; Gewicht: 75 g (mit Inhalt 78,5 g)

Allseitig Punktmuster

Paris, anonyme Lackwerkstatt, 1782–1789 (Quittungsstempel)

Paris, Musée Cognacq-Jay, Inv.-Nr. J. 622

Literatur: Ricci 1929, Nr. 622. – Jonas 1930, Nr. 622. – Los Llanos / Grégoire 2011, Nr. 151.

119 Bonbonniere

rund, mit abnehmbarem Deckel

Gold; auf Deckel und Wandung guillochiertes Linien- und Punktmuster, im Zentrum des Deckels aufgesetzte Wirbelrosette, an den Rändern punzierte Bordüren mit aufgesetzten Halbkugeln

H. 1,9 cm, Ø 5,1 cm; Gewicht: 60 g

Paris, 1780/81 (Jahresbuchstabe der Zunft)

Paris, Musée des arts décoratifs, Inv.-Nr. 32547

Unveröffentlicht

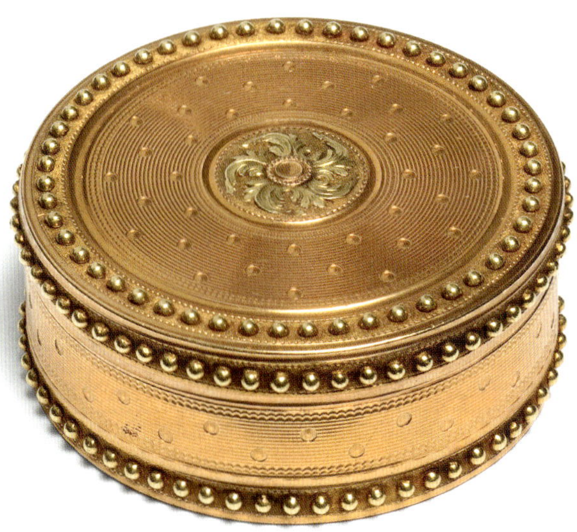

120 Etui

aus zwei ungleich großen zylindrischen Hälften, mit flachen Enden

Holz; nach Art der *grain-d'orge*-Guillochierung gravierter Schwarzlack, blattversilbert und mit gelblichem Klarlack überfangen, Dekor in Ölmalerei, mit Klarlack überfangen; Montierung aus graviertem Gold; Steckhülse aus Schildpatt

H. 12,5 cm, Ø 2 cm; Gewicht: 21 g

Kinder beim Spiel, auf dem oberen Ende ein Marienkäfer, auf dem unteren Ende ein Schmetterling

Paris, anonyme Lackwerkstatt, siebziger Jahre des 18. Jahrhunderts

Versailles, Musée national des châteaux de Versailles et de Trianon, Inv.-Nr. V 5845.201

Unveröffentlicht

121 Etui

oval, aus zwei ungleich großen zylindrischen Hälften, mit flachem unteren und gerundetem oberen Ende

Gold, *grain-d'orge*-Guillochierung, an den Rändern ziselierte, punzierte und gravierte Bordüren aus zweifarbigem Gold

H. 9,2 cm, B. 1,2 cm, T. 1 cm; Gewicht: 18 g

Paris, 1762–1768 (Quittungsstempel)

Paris, Musée des arts décoratifs, Inv.-Nr. 30496

Unveröffentlicht

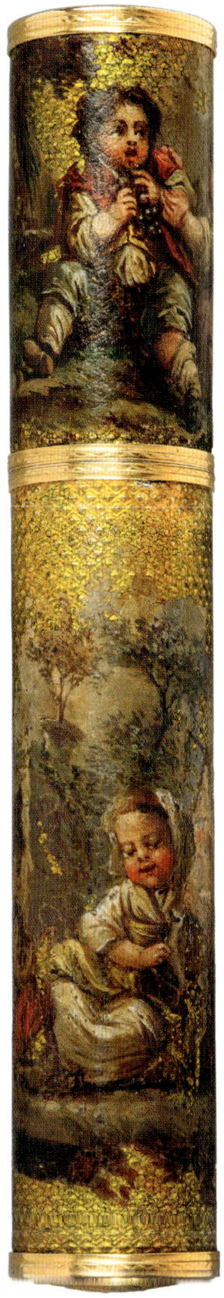

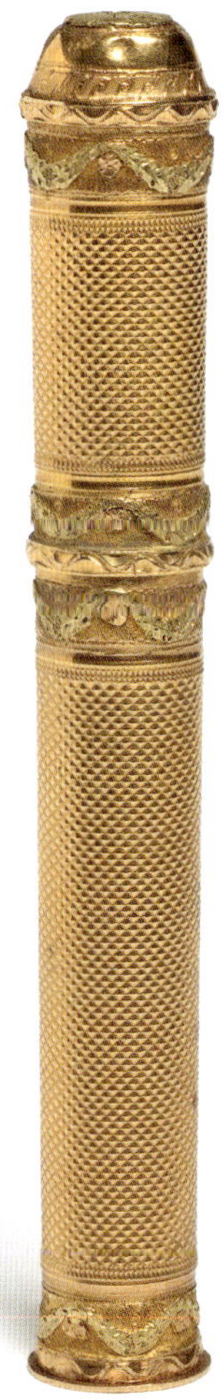

122 Bonbonniere

Papiermaché; Schwarzlack, ganzflächige Auflage aus Blattsilber, transluzider rosafarbener Lack, Dekor in Ölmalerei und Muschelgold, mit Klarlack überfangen; Montierung aus graviertem Gold, Futter aus untermaltem Schildpatt

H. 2,8 cm, Ø 7,5 cm; Gewicht: 89 g

Auf dem Deckel vier Medaillons mit galanten Szenen, in den Zwickeln Musik- und Schäfertrophäen, auf Wandung und Unterseite Streublumen

Paris, anonyme Lackwerkstatt, siebziger Jahre des 18. Jahrhunderts

Münster, Museum für Lackkunst, Inv.-Nr. 1999-6

Literatur: Kopplin 2010, S. 100, Abb. 11.

In der Verbindung eines mit Blattsilber unterlegten, metallisch schimmernden Lackgrunds mit einem Dekor in Ölmalerei gehört die Dose einer Reihe von Arbeiten aus den späten sechziger bis siebziger Jahren an. Die szenischen Darstellungen sind hier jedoch von hochovalen Reserven in gepunkteten Goldrahmen eingefasst. Diese Medaillonrahmung und die Kleidung der kindhaften, in galanter Zweisamkeit erfassten Figuren legen eine Entstehung der Dose Mitte der siebziger Jahre nahe. Wandung und Unterseite mit dichtem Streublumendekor auf leuchtendem, durchsichtigem Rosa zeigen Effekte auf, wie sie nur mit den Vielschichtigkeit und die Wirkung unterschiedlicher Materialien verbindenden Ziertechniken der Lackkunst erzielt werden können.

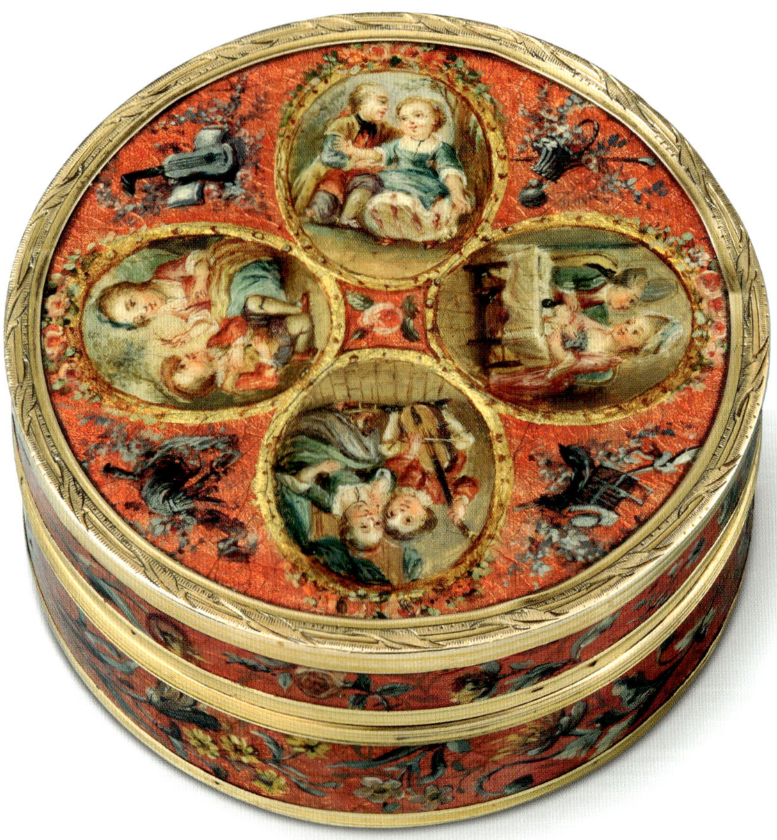

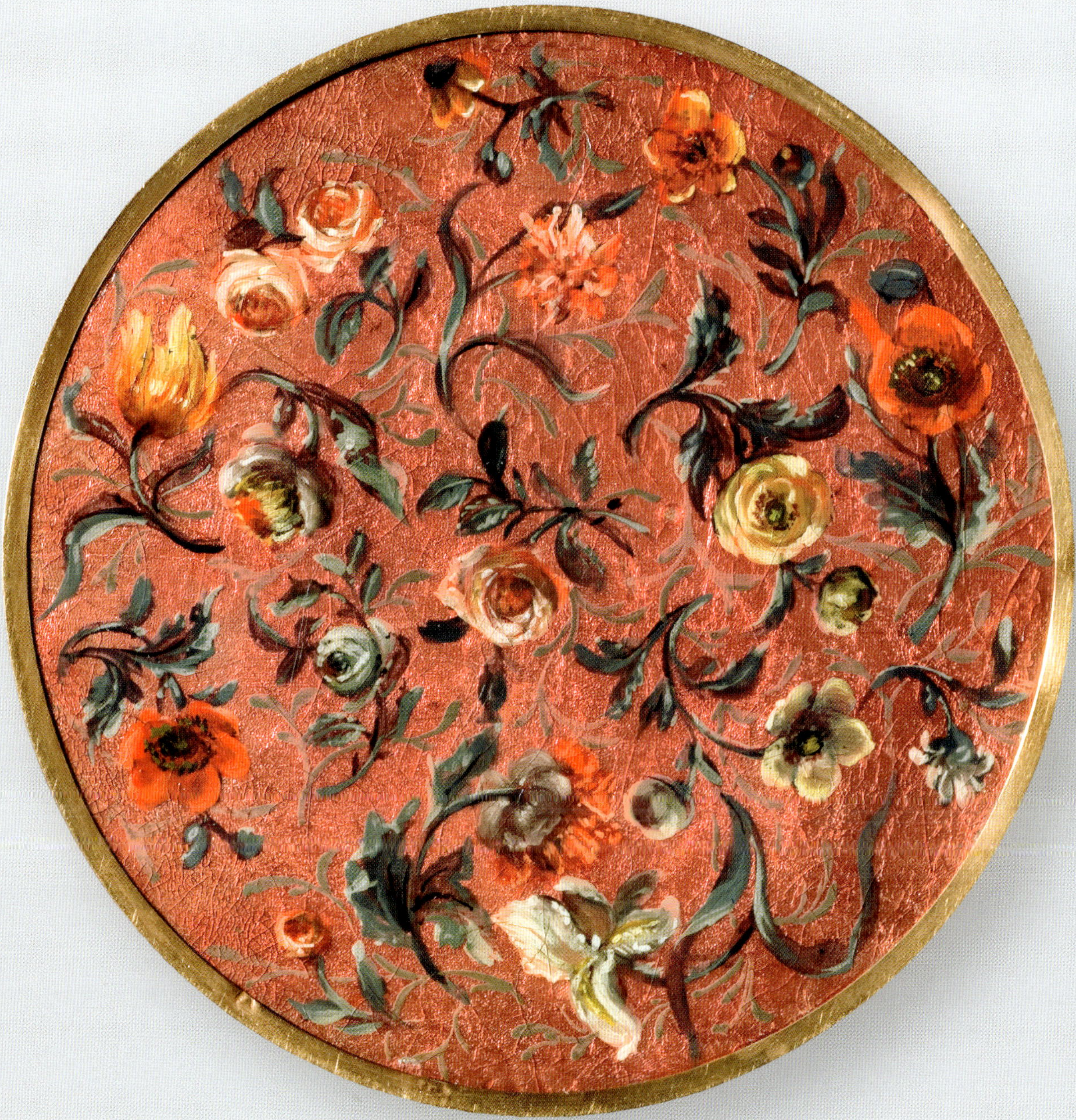

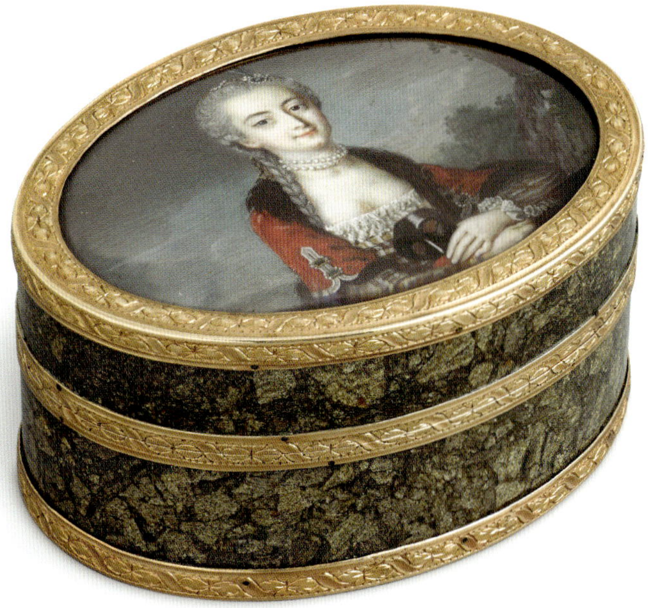

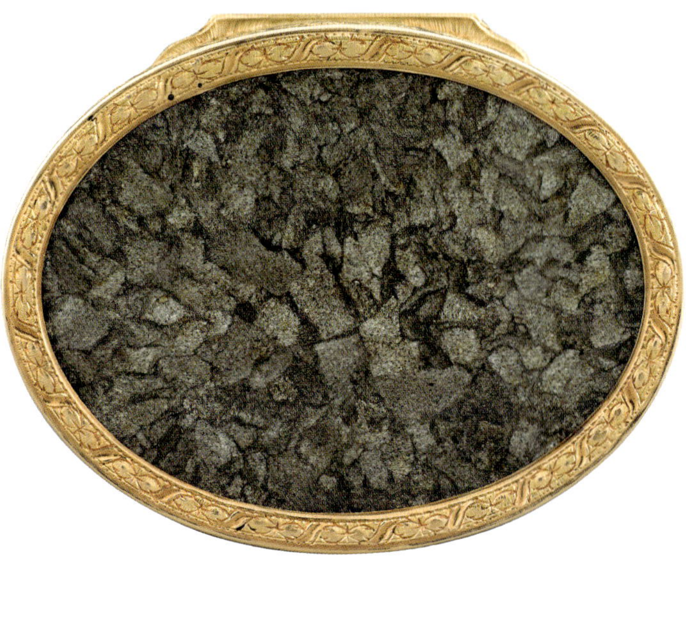

123 Tabatiere

queroval, mit Scharnierdeckel

Papiermaché; Schwarzlack, zerteiltes und übereinandergelegtes Blattsilber (?), mit getöntem Klarlack überfangen; in den Deckel eingelassen eine Miniatur in Gouache; Montierung aus ziseliertem und graviertem Gold; Futter aus Schildpatt

H. 3,8 cm, B. 7 cm, T. 5,8 cm; Gewicht: 91 g

Auf Wandung und Unterseite Imitation von Granit, die Deckelminiatur mit Brustbild einer Dame

Paris, anonyme Lackwerkstatt, 1771/72 (Jahresbuchstabe der Zunft)

Paris, Musée du Louvre, Département des objets d'art, Inv.-Nr. OA 2210

Literatur: Le Corbeiller 1966, Nr. 675. – Grandjean 1981, Nr. 242

Im Katalog der Tabatieren des Louvre ist die Wirkung des Lackfonds dieser Dose als »gris-marbré« – »marmoriertes Grau« beschrieben. So zutreffend diese Bezeichnung auch ist, vermag sie doch das Verfahren nicht zu erklären. Da dem unregelmäßigen Muster aus eckig gebrochenen Bestandteilen ein metallischer Glanz eigen ist, darf wiederum von dem Einsatz von Blattmetall ausgegangen werden, das mit transparentem, aber getöntem Lack überfangen wurde. Möglicherweise handelte es sich um Blattsilber, das einem grüngrauen Grund aufgelegt und zu ungleichmäßigen Vielecken zerteilt wurde. Auch der Einsatz sehr fein geschliffenen und gebrochenen Perlmutters kommt in Betracht. Welches Material mit dieser Technik nachgeahmt werden sollte, ist ebenfalls nicht klar ersichtlich. Die Wirkung erinnert an manche Arten von Granit, der auf Golddosen mit anderen, *poudre d'écaille* oder Email *en plein* einsetzenden Methoden imitiert wurde.[1]

Nicht zuletzt ruft der hier erzielte Effekt das Verfahren des »moiré métallique« in Erinnerung, das – eine 1815 ausgezeichnete Erfindung des Pariser Lackfabrikanten Alard – aber ausschließlich auf Gegenständen aus Weißblech zur Anwendung kam[2] und wenig später von der in Braunschweig und Berlin ansässigen Lackmanufaktur Stobwasser aufgegriffen wurde.[3]

1 Highly Important Gold Boxes. Christie, Manson & Woods Ltd., London, 30. Juni 1982 (Aukt.-Kat.), Los 383. – Truman 2013, Nr. 45.

2 Gilbert, Ludwig Wilhelm (Hg.): Annalen der Physik. Bd. 64, Leipzig 1820; darin Kapitel V: Moiriertes Metall und Malerei darin, oder das Moiré metallique, S. 279–302.

3 Richter 2005, Nr. 161, Abb. S. 50. – Richter / Willscheid 2013, Nr. 149.

124 Bonbonniere

rund, mit abnehmbarem Deckel

Papiermaché; Schwarzlack, gemalte Imitation von Jaspis, in den Deckel eingelassen eine Miniatur in Gouache; Montierung aus zweifarbigem, ziseliertem und graviertem Gold; Futter aus Schildpatt

H. 2 cm, Ø 7,6 cm; Gewicht: 95 g

Auf Wandung und Unterseite Imitation von Jaspis, die Deckelminiatur mit Szene der Commedia dell'arte und Zuschauern, signiert und datiert »V. Blarenberghe 1752«

Paris, anonyme Lackwerkstatt, 1781–1783 (Quittungsstempel)

Paris, Musée du Louvre, Département des objets d'art, Inv.-Nr. OA 2211

Literatur: Grandjean 1981, Nr. 268, Abb. S. 198.

Wie die Tabatiere mit Granitimitation (Kat.-Nr. 123) stellt auch der Dekor dieser Dose eine bislang nur durch dieses Beispiel dokumentierte Besonderheit dar. Auf opakem rötlich-violettem Lack wurde die charakteristische Äderung des Jaspis vermutlich in Ölmalerei täuschend ähnlich nachgeahmt.

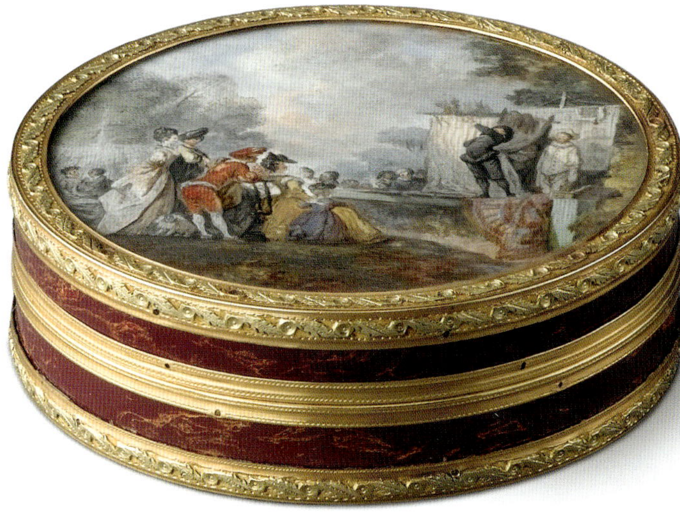

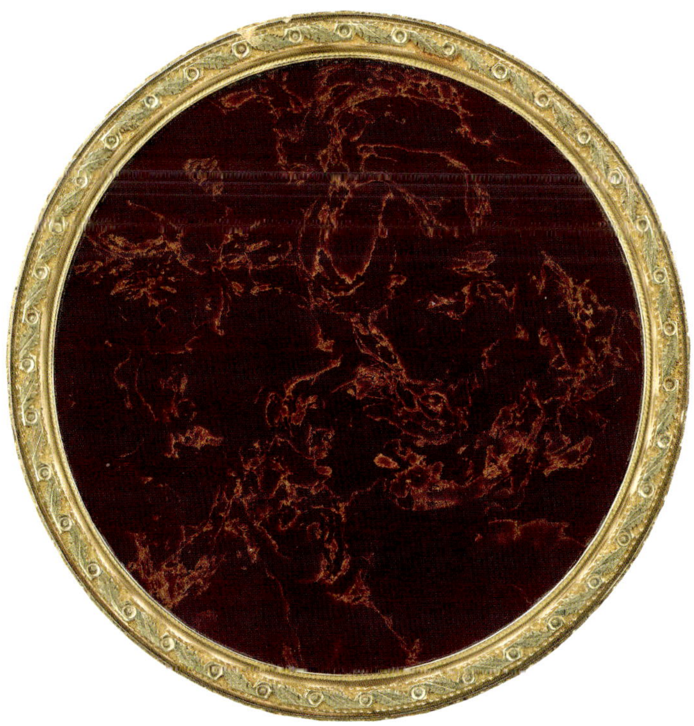

125 Etui *ohne Abb.*

aus drei ungleich großen zylindrischen Teilstücken, mit gerundeten Enden

Holz und Papiermaché; Schwarzlack, bläulich weißer Lack, Dekor in Ölmalerei, mit Klarlack überfangen; Montierung aus vergoldetem Silber; Steckhülsen aus Schildpatt, im unteren Teilstück ein Kristallflakon

H. 15,3 cm, Ø 2,4 cm; Gewicht: 30 g (mit Inhalt 43 g)

Vögel im Gezweig

Paris, anonyme Lackwerkstatt, siebziger Jahre des 18. Jahrhunderts

Paris, Musée des arts décoratifs, Inv.-Nr. 34137

Unveröffentlicht

Das Etui scheint ein seltenes Beispiel für die Nachahmung von Porzellan. Etuis aus deutschem oder französischem Porzellan zählten zu den üblichen Galanteriewaren.[1]

---

1 Los Llanos / Grégoire 2011, Nr. 129–132.

126 Bonbonniere *ohne Abb.*

rund, mit abnehmbarem Deckel

Papiermaché; blauer Lack, auf dem Deckel Dekor in Ölmalerei und Gold; Montierung aus ziseliertem und graviertem Gold; Futter aus Strohmosaik

H. 3,5 cm, Ø 6,2 cm; Gewicht: 32 g

Auf Deckel und Unterseite monochrom blauer Lack

Paris, anonyme Lackwerkstatt, Anfang achtziger Jahre des 18. Jahrhunderts

Privatsammlung

Unveröffentlicht

Ohne jeden Zweifel ging diese Dose aus derselben Lackwerkstatt hervor wie die mit Bergamotteschale gefütterte (Kat.-Nr. 127). Größe, Formgebung und eine monochrome Lackfassung stimmen überein sowie nicht zuletzt die Auskleidung mit einem ungewöhnlichen Material. Anstelle getrockneter Bergamotteschale ist es hier teilweise eingefärbtes Stroh, das auf Deckelinnenseite und Boden zu einem floralen Mosaik verarbeitet wurde (Abb.). Strohmosaik erfreute sich im 18. Jahrhundert großer Beliebtheit und eine Vielzahl kleiner Behältnisse und Galanteriewaren wurde daraus hergestellt.[1] Die seltene Verwendung der *marqueterie de paille* in Lackarbeiten ist durch eine weitere Bonbonniere im Musée des arts décoratifs in Paris dokumentiert.[2] Die nachträgliche Ausmalung des Deckeltondos mit einem Bologneserhündchen stammt von der Hand eines Autodidakten.

1 Caunes, Lison de, Baumgartner, Catherine: La marqueterie de paille. Dourdan 2004.

2 Inv.-Nr. 31235.

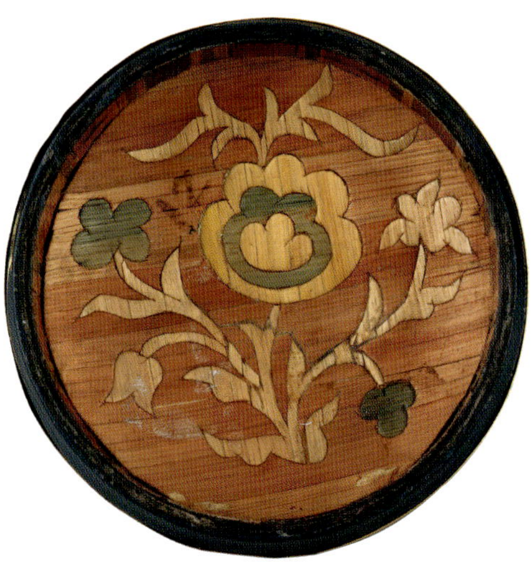

127 Bonbonniere *boîte bergamote*

rund, mit abnehmbarem Deckel

Papiermaché; Schwarzlack, blassgrüner, künstlich craquelierter Lack in Nachahmung chinesischen Seladonporzellans; Montierung aus ziseliertem und graviertem Gold; Futter aus Bergamotteschale

H. 3,2 cm, Ø 6,3 cm; Gewicht: 40 g

Auf Deckel und Unterseite Seladonimitation

Paris, anonyme Lackwerkstatt, 1780–1782 (Quittungsstempel)

Münster, Museum für Lackkunst, Inv.-Nr. EU-F-b-22

Literatur: Sträßer 1977, Nr. 111, Abb. S. 180. – Strässer / Hinton 1988, Nr. 207. – Czarnocka 1994, S. 70, Abb. 11. – Kopplin 1998, Nr. 21. – Kopplin 2010, Nr. 23.

Die gleichmäßig konvexe Wölbung von Deckel und Unterseite und die gekehlte Wandung verleihen der Dose eine straffe, elegante Form. Ihr entspricht der ebenso sparsame wie raffinierte Dekor, der sich auf einen opaken, weißlich grünen Lacküberzug mit einem allem Anschein nach künstlich hervorgerufenen, weitmaschig gesprungenen Craquelé von zarter Äderung beschränkt. Dieser durch Lichteinwirkung verblasste Lack ahmt in vollendeter Weise Farbe und Oberflächencharakter des chinesischen Seladonporzellans nach, das sich im 18. Jahrhundert unter französischen Sammlern großer Wertschätzung erfreute und nicht selten mit prachtvollen Montierungen aus vergoldeter Bronze versehen wurde.[1]

Nicht weniger als der in seiner Machart bislang nicht rekonstruierbare Dekor entspricht die Auskleidung der Dose mit einem Futter aus getrockneter Schale der Bergamotte (*Citrus Bergamia*), einer Schwesterart von Apfelsine und Zitrone, der luxuriösen Verfeinerung der in den Werkstätten der Martins gefertigten Lackbijoux. So gab der Pariser Händler Chervain schon im Januar 1757 im *Mercure de France* eine Werbeannonce für Lacktabatieren auf:

»Le Sieur Chervain, Marchand, donne avis au Public qu'il vient de mettre au jour de nouvelles Tabatières dont il ose se flatter d'être le seul possesseur: elles sont du vernis du sieur Martin, vernisseur du Roi, et sont doublées de Bergamotte. Il les annonce pour être au dessus de toutes celles qui ont paru jusqu'à présent. Il espère que le Public lui rendra justice en les voyant, tant pour leur solidité, que pour leur beauté et leur goût nouveau …«.[2]

Die Auskleidung mit Bergamotteschale stellte nicht weniger eine Nouveauté dar, waren Dosen aus getrockneter, bemalter und lackierter Bergamotteschale doch erst um die Mitte des 18. Jahrhunderts in der Parfümstadt Grasse aufgekommen; in diesen duftenden *bergamotes* wurden Bergamottebonbons bestens konserviert.[3] Auch die Pariser Luxusfabrikation hat sich dieses südlichen Materials für eine wohlriechende Auskleidung ihrer Erzeugnisse bedient.

Unklar bleibt, welcher der Martins in der Anzeige im *Mercure* angesprochen ist. Gauillaume lebte zu der Zeit nicht mehr; vermutlich war Julien gemeint, der sich vor allem in der Fertigung unterschiedlicher Lackbijoux hervorgetan hat.

1 Lunsingh Scheurleer, D. F.: Chinesisches und japanisches Porzellan in europäischen Fassungen. Braunschweig 1980, S. 91–98. – Wilson, Gillian: Mounted Oriental Porcelain in the J. Paul Getty Museum. Los Angeles 1999, Nr. 13 und 15.

2 Zitiert nach Czarnocka 1989, S. 154. »Händler Sieur Chervain gibt bekannt, dass er neue Tabatieren auf den Markt bringt, als deren einziger Besitzer er sich rühmen darf: Lackiert von Sieur Martin, dem Vernisseur des Königs, sind sie mit Bergamotte ausgekleidet. Er kündigt sie an, um die bisher dagewesenen [Tabatieren] zu übertreffen. Er hofft, dass das Publikum ihm Gerechtigkeit widerfahren lässt, wenn es sie bewundert und Stabilität und Schönheit ebenso bemerkt wie auch ihren neuen Geschmack …«

3 Algoud, Henri: Les boîtes dites »bergamotes« de Grasse au XVIIIe siècle. In: Artisans et paysans de France. Straßburg 1946, Bd. 1, S. 179–183. – Vindry, Georges: Bergamotes à Grasse. In: L'Œil. Revue d'Art Mensuelle, 1977, Nr. 264, S. 12–19.

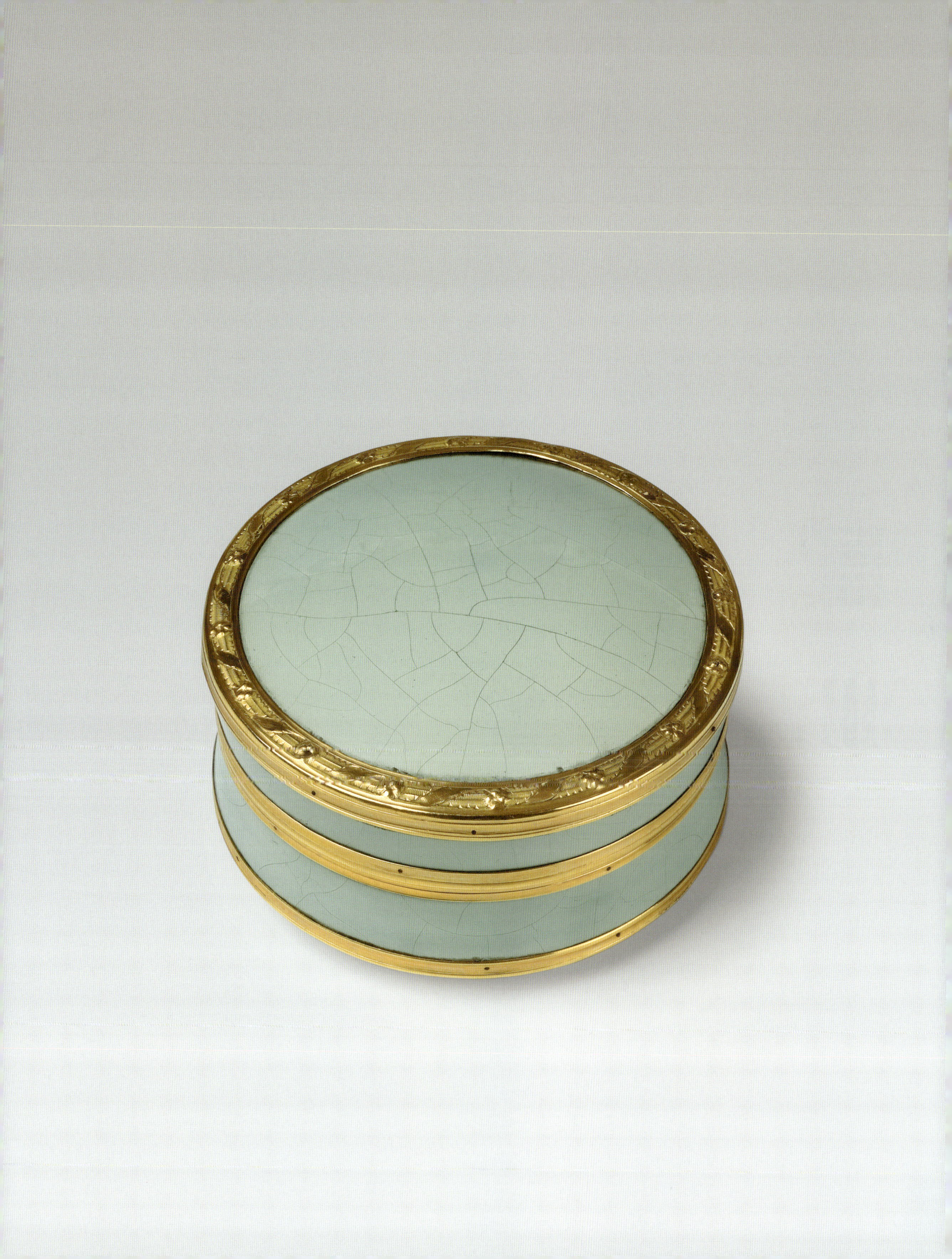

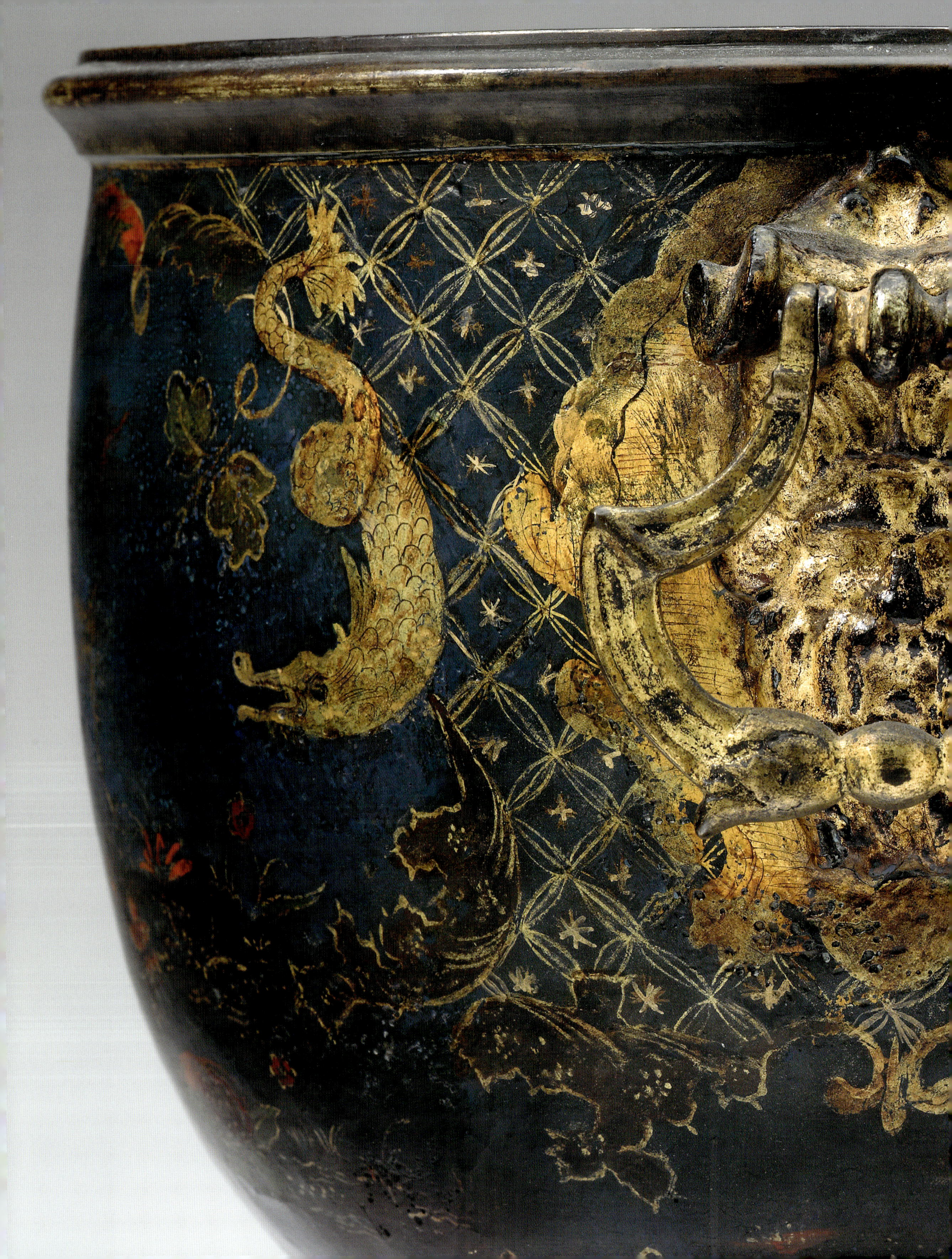

Véronique Plotard-Cieslik

Objekte aus lackiertem Blech

Lackiertes Blech wurde in der Kunstgeschichte eher stiefmütterlich behandelt und ist bisher nicht Gegenstand einer Monografie gewesen. Ein Großteil der Studien zum Thema bezieht sich auf die Passion des Sammlers oder reiht sich ein in die weltweiten Publikationen zur Nachahmung fernöstlicher Lacke.[1] So hat beispielsweise Henri-René d'Allemagne, ein Sammler des beginnenden 20. Jahrhunderts, ein interessantes Kapitel seines Buches *Les accessoires du costume et du mobilier* der Geschichte der lackierten Blechs gewidmet.[2] Einige speziellere Beiträge haben den hier besprochenen Zeitraum in chronologischer Hinsicht bereits hinter sich gelassen, da sie sich der ersten Hälfte des 19. Jahrhunderts widmen, dem Goldenen Zeitalter des lackierten Blechs.[3] Die jüngsten und zugleich am besten belegten Untersuchungen stammen von Thibaut Wolvesperges,[4] dessen Arbeit *Le meuble français en laque au XVIIIe siècle* neue Informationen zum vergleichsweise kleinen Bereich des Mobiliars mit lackiertem Blech beiträgt.[5]

Die ersten Gegenstände aus lackiertem Blech sind kommerzielle Waren. Sie erscheinen Anfang des 18. Jahrhunderts im Handel mit Luxusgütern und in einer Zeit allgemeiner Begeisterung für fernöstlichen Lack und zugleich der fieberhaften Suche nach einem Weg, solche Lacke zu imitieren. Die ältesten erhaltenen französischen Objekte sind Flaschenkühler – in der Regel als Paar – aus der Zeit der Régence oder Ludwigs XV. Zwar ahmt der Dekor dieser Objekte Lack nach, jedoch sind Formen und Typen von Anfang an durch das Tafelsilber, vor allem aber durch Fayence und Porzellan beeinflusst. Blechobjekte sind daher relativ sicher durch Vergleiche mit Fayence oder Porzellan zu datieren. Im Herstellungsprozess spielt Feuer eine Rolle, was wohl einige der Fayencekünstler zu Experimenten verleitete. Unter diesen ersten Kühlern trägt ein Paar die Signatur »François Louis Dorez fecit à Lille 1734« (Abb. 1).[6] Die Dorez waren eine Familie von Fayencekünstlern in Lille, doch enthalten die von Jeannine Bonifas im Rahmen ihrer kleinen Studie eingesehenen Dokumente zu dieser Familie nicht den geringsten Hinweis auf die Beschäftigung mit Lackblech.[7] Möglicherweise ist die Existenz dieses Paars Flaschenkühler einem kurzlebigen Experiment zu verdanken, das ein wissbegieriger Fayencemaler unternahm, der vielleicht bei dieser Gelegenheit die Dienste eines Maler-Lackierers hinzuzog und in dem Ofen, mit dem die Werkstatt ausgestattet war, ausnahmsweise nicht die übliche Fayence, sondern dieses Blechstück erhitzte.[8] So gesehen erscheint das lackierte Blech gleichsam wie ein Ersatz für die Fayence und vor allem für das viel kostspieligere Porzellan. Seit der Régence und der Zeit Ludwigs XV. ist es für Tischgerät, Gläser, Flaschenkühler oder Platten, aber auch Blumenkästen, Bouquetieren und alle Gegenstände in Gebrauch, die mit Wasser in Berührung kommen. Stellte die Keramik dafür noch ein ideales Material dar, so bedurfte das rostgefährdete Blech einer schützenden Lackierung. Ferner wurde es für Schreibzeug, Vasen, Räuchergefäße und andere dekorative Gegenstände verwendet.

Flaschenkühler, Detail, Blech, Dekor in Lackmalerei und Gold, 1720–1730; Privatsammlung (Kat.-Nr. 128)

Während die Technik nach wie vor vom ostasiatischen Lack inspiriert war, näherten sich unter Ludwig XV. nicht mehr nur die Formen, sondern auch die Dekore dem Porzellan an. Zwar existieren unmittelbar vom ostasiatischen Lack inspirierte Objekte aus lackiertem Blech mit einem Dekor auf schwarzem Hintergrund und chinoisen Figuren mit Vergoldung, darunter die schönsten Beispiele mit Reliefdekor. Doch meist sind die Hintergründe farbig, in »bleu céleste«, Hellviolett, Elfenbein oder Rosa und ahmen die farbigen Fonds des Porzellans nach. Über solchen Fonds in zarten oder leuchtenden Farben heben sich Reserven mit Porträts, kleinen Amoretten, Blumensträußen, Stillleben oder Landschaften ab. Weitere sehr schöne Beispiele zeigen direkt auf den farbigen Grund gemalte Wildblumen, wieder andere mischen die Einflüsse des Porzellans mit denen ostasiatischen Lacks, etwa in Form von farbigen Fonds mit einer Reserve, die eine Chinoiserie umfängt. Von einigen Ausnahmen abgesehen, verhindert leider das Fehlen von Signaturen auf den reizvollen Objekten die bessere Kenntnis ihrer Urheber (siehe Kat.-Nr. 136).[9]

In der zweiten Hälfte des 18. Jahrhunderts blüht die Mode des lackierten Blechs wieder auf. Das Ende des Siebenjährigen Krieges 1763 markiert die Wiederaufnahme der Handelsbeziehungen zwischen Frankreich und Großbritannien sowie den Beginn einer bisher noch nie dagewesenen Anglomanie und Begeisterung der französischen Gesellschaft für englische Moden. Im englischen Pontypool gab es seit den dreißiger Jahren des 18. Jahrhunderts eine auch im Exportgeschäft sehr erfolgreiche Manufaktur für lackiertes Blech (*japanware*). In Frankreich waren als Reaktion auf die Importe aus Großbritannien zwei ausschließlich jenen Erzeugnissen gewidmete Manufakturen entstanden,[10] was im Bereich der Imitation fernöstlichen Lacks die wichtigste Neuheit in der zweiten Jahrhunderthälfte in Paris war. Zwei Manufakturen widmeten sich ausschließlich der Herstellung lackierten Blechs; ganz im Unterschied übrigens zu den Maler-Lackierern, die auf verschiedenen Trägermaterialien arbeiteten. Eine andere Novität betraf die Rechtsform, denn die neuen Manufakturen waren Gesellschaften mit Kapitalanlegern und keine aus Meistern, Gesellen und Lehrlingen bestehenden traditionellen Werkstätten.

Der Gründung beider Manufakturen war die Eröffnung zweier unter anderem auf englische Erzeugnisse und deren Imitate spezialisierter Geschäfte vorausgegangen. Das erste war das von 1766 bis 1776 von Madame Blakey in der Rue des Prouvaires geführte »Magasin anglais«. Wie der Name sagte, bot es diverse von jenseits des Ärmelkanals importierte Produkte an, wie Schmuck, Schließen und Schuhschnallen aus poliertem Stahl, Sporne,[11] diverse Werkzeuge, aber auch »cabarets« (Tabletts), Tischgerät und so weiter. In den *Factures diverses de Londres* von 1769[12] kommen zwei für 46 Livres und 16 Sols von Madame Blakey erworbene »bouilloires de fer vernies« sowie zwölf für 1 Livre und 4 Sols pro Stück erworbene »petits plateaux de fer verni« vor, zahlreiche andere runde oder quadratische Tabletts mit rotem, gelbem, grünem oder blauem Hintergrund, die Preise je nach Größe gestaffelt, von denen einige die Bezeichnung »de Pontipool« [sic] tragen. Weiterhin werden Körbe, Schreibzeuge oder Salzfässer, immer mit der Angabe »de fer verni« genannt. Doch ist belegt, dass sich Madame Blakey auch bei Pariser Kollegen wie dem Kunsthändler Dubuisson eindeckte, der selbst mehrere Engländer zu seinen Kunden zählte, und sich von Canabas mit Blechplatten versehene Tische aus Mahagoniholz (mit der Bezeichnung »aus England«) liefern ließ.[13]

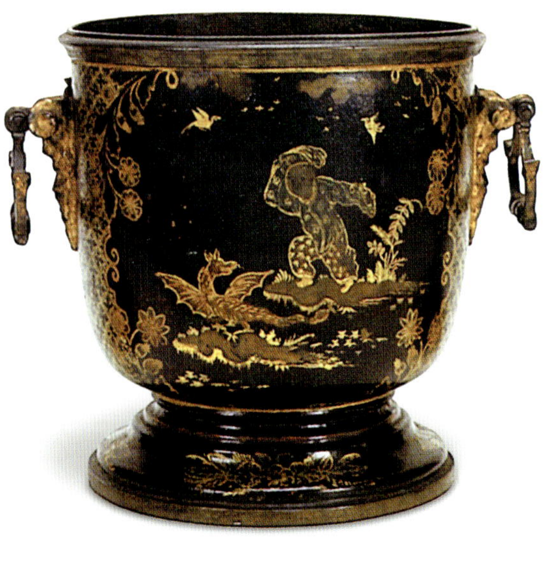

1 Flaschenkühler aus einem Paar, Blech, Lack, signiert »François Louis Dorez fecit à Lille 1734«; Auktion Sotheby's, London, 5. Juli 1985, Los 62

Der zweite Laden mit dem Firmenschild »Petit Dunkerque« war gegen Ende des 18. Jahrhunderts eines der modernsten Geschäfte von Paris. Sein Eigentümer, der Kunsthändler Granchez, verkaufte ebenfalls Gegenstände aus lackiertem Blech, darunter Dosen, Bijoux, Rohrstöcke mit goldenem Knauf, Operngläser, Armbänder, Uhrenketten und einzelne Silberwaren, die die Grundlage seines Geschäfts ausmachten. Wie das nach dem Tod seiner Frau 1784 erstellte Inventar belegt, kaufte er direkt in England ein. Das Inventar nennt bei einer Gesamtzahl von 58 Gläubigern vier englische, was auf den ersten Blick wenig erscheinen könnte, wenn die geschuldete Summe nicht ein Drittel der Gesamtschulden des Händlers ausmachte.[14] Zu den vier Gläubigern gehörte Glover aus Birmingham, bei dem sich auch Madame Blakey mit Ware eindeckte. Auch Granchez kaufte bei den beiden Blechmanufakturen in Paris, namentlich bei der »Manufacture de la Petite Pologne«. Ein Dokument vermerkt explizit: »Dans le courant d'avril ou de mai 1770 le sieur Grangé [sic] marchand à Paris a choisi sur les marchandises de tôle vernie exposées pour être vendues judiciairement une partie montant à 2 169 livres [...]«.[15]

Die Manufaktur bestand nur für kurze Zeit und war stets – wie auch ihr Konkurrent – in prekärer Situation.[16] Am 5. Mai 1768 gründeten der Blechschmiedgehilfe Jacques Moser und der Maler-Lackierer Jean-Baptiste Clément mit weiteren Mitgesellschaftern eine »manufacture [d'ouvrages ayant] le goût et la forme de ceux qui viennent du Japon«,[17] die sie wegen der Standortwahl im Quartier der Plaine Monceau »Manufacture de la Petite Pologne« nannten. Eine 1770 im *L'Avant-coureur* erschienene Annonce pries ihre Erzeugnisse als von »solidité à l'épreuve« zum Preis »bien inférieur à celui de l'argent et de la porcelaine« und »d'un coup d'œil bien plus agréable, et par la variété du vernis et par la beauté des dessins«.[18] Die Gesellschaft wurde im Verlauf der Jahre mehrfach aufgelöst und auf Basis neuer Vereinbarungen zwischen den Gesellschaftern neu gegründet.

Die Lektüre der verschiedenen daraus folgenden Rechtsakte unterrichtet darüber, wie die Manufaktur über die Vermittlung verschiedener Händler in Paris – bei Framery, Rue Saint-Honoré, dann bei Dulac in derselben Straße – sowie in der Provinz in Lyon, Bordeaux, Nantes, Rouen, La Rochelle und im Ausland in Madrid, Amsterdam und Hamburg ihre Lagervorräte absetzte.[19] Obwohl in erster Linie Ausländer und Fremde untereinander geschäftlich verbunden waren, gewann die Tätigkeit auch einen familiären Aspekt, denn der Sohn und der Neffe von Jean-Baptiste Clément arbeiteten dort als »japoneurs«.

Clément war weder unbekannt noch ein kleiner Meister in seinem Bereich. Auch Watin – um dies noch einmal hervorzuheben – zitiert ihn im Vorwort von *L'Art du peintre, doreur, vernisseur* neben Martin wie eine Referenz unter den Maler-Lackierern.[20] Gleichwohl gelang es nicht, dieser Manufaktur zu nachhaltigem Erfolg zu verhelfen. Thibaut Wolvesperges konstatierte daher einen über die finanziellen Engpässe der Gesellschafter hinausgehenden vergleichsweisen Misserfolg des lackierten Blechs, zumal die Verkäufe offenbar in keiner Weise den Erwartungen der Gesellschafter entsprachen. Möglicherweise vermittelte das lackierte Blech wegen des Ausgangsmaterials auch eine »arme« Anmutung und litt an einer gewissen Abneigung der Öffentlichkeit.[21]

Die zweite Pariser Manufaktur wurde am 30. März 1771 gegründet[22] und war ungefähr ein Jahr zuvor von mehreren Gesellschaftern geplant und entwickelt worden, die sich um eine Madame Gosse scharten. Sie war die Witwe eines Maler-Lackierers und Erfinders einer Lackzusammensetzung »de la plus grande bonté et d'une très grande utilité«.[23] Dazu gehörte ihr Schwiegersohn Samousseau, der ebenfalls Maler-Lackierer war. Das Unternehmen strebte die Errichtung »d'une manufacture royale de vernis en façon de la Chine dont ladite dame veuve Gosse et lesdits sieur et dame Samousseau possèdent seuls le secret, lesquels en vertu dudit secret ont obtenu un privilège du roi revêtu de lettres patentes« an.[24] Doch die infrage kommenden Mitgesellschafter zogen es in Anbetracht unsicherer Gewinne und beträchtlicher durch das Unternehmen erzeugter Kosten vor, sich von dem Vorhaben zurückzuziehen. Zur eigentlichen Gesellschaftsgründung blieben nur die Witwe Gosse, ihr Schwiegersohn sowie Sieur Delabarre als Direktor des Unternehmens übrig. Das königliche Privileg, das sie 1768 erhalten hatten, »pour établir à Paris une manufacture de vernis façon de la Chine [pour] appliquer sur toutes sortes de métaux, sur bois, cuir, carton, papier, terres cuites ou crues, faïence et porcelaine«,[25] schützte sie nicht vor der Konkurrenz und vor allem nicht vor den wirtschaftlichen Schwierigkeiten, denen sich auch die andere Manufaktur ausgesetzt sah. Das eigene Unternehmen verdankte sein Überleben schließlich nur der Herstellung von Schlossereiwaren, deren Wert den der Lackobjekte im Jahr 1776 um etwa ein Dreifaches überstieg.[26]

Die Manufacture de la Petite Pologne produzierte hingegen ausschließlich lackiertes Blech und stellte ihren Betrieb im Dezember 1772 ein. Einige ihrer Arbeiter scheinen allerdings schnell wieder eine Tätigkeit gefunden zu haben: Nach Jaubert waren sie »sur le point de se disperser et de porter ailleurs leurs talents, lorsque le sieur Framery, marchand bijoutier à Paris, rue Saint-Honoré, hasarda de les rassembler et de les faire travailler pour son compte«.[27] Framery, der die Erzeugnisse der Manufacture de la Petite Pologne verkaufte, hätte sich gewünscht, die Produktion wäre fortgesetzt worden, woraus zu schließen ist, dass das lackierte Blech aus kommerzieller Sicht trotz allem kein absolut uninteressanter Bereich war. Übrigens erwähnen mehrere Autoren[28] eine im *Mercure de France* erschienene Anzeige vom Januar 1778, die auf die Existenz einer neuen Manufaktur für lackiertes Blech in Clignancourt verwies. Nach Thibaut Wolvesperges ist sie von Granchez selbst gegründet worden. Die Existenz der Fabrik stellt dennoch ein Rätsel dar, da die in Rede stehende Annonce unauffindbar ist und bis heute kein Archivdokument den Vorgang bestätigt. 1784 beschäftigt Granchez zumindest eine »Veuve Clément, vernisseuse«, zweifellos die Ehefrau und mittlerweile Witwe von Jean-Baptiste Clément.[29] Solchen beruflichen Verbindungen nachzugehen bringt zumindest die Erkenntnis, dass das Abenteuer der Manufacture de la Petite Pologne, obwohl sie nur kurz Bestand hatte, folgenreich war.

Der Vergleich zwischen den erhaltenen und den in den Inventaren beschriebenen Objekten verdeutlicht die Verwandtschaft.

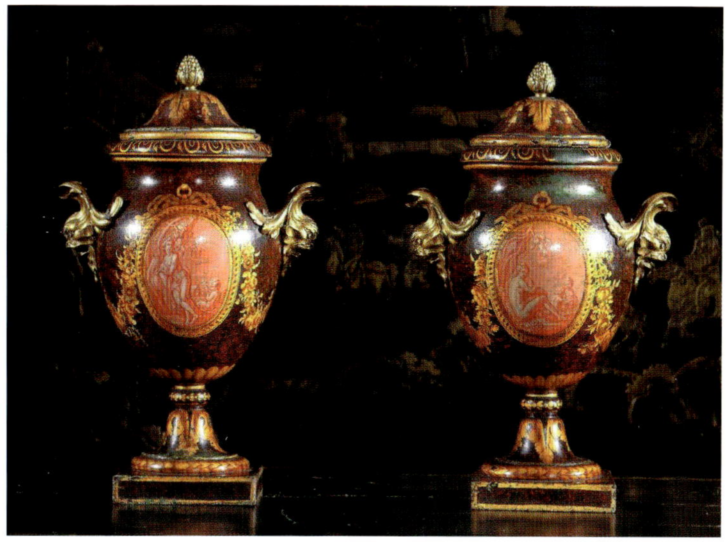

2 Paar Vasen, Blech, Lack, Paris, um 1775, Manufacture de la Veuve Gosse et Samousseau zugeschrieben; Paris, Galerie Steinitz, Biennale des Antiquaires de Paris, 2010

Die Lagervorräte der Manufacture de la Petite Pologne verzeichnen Dekore in Gestalt von »fleurs ordinaires«, »à miniatures«, »en trophée«, »à paysage«, manchmal in »bas-relief«,[30] die der Manufacture de la veuve Gosse Hintergründe, die als »fonds roses cartel vert au chinois«, als »fonds vert japonné en bas-relief« oder als »fonds bleu d'azur japonné en relief« beschrieben werden (Abb. 2).[31]

Möbel mit lackiertem Blech oder für Möbel bestimmte Blechplatten – eine besondere Kategorie in diesem Bereich – werden in denselben Inventaren wiederum in nur geringer Zahl erwähnt. Dennoch sind einige wenige, wenn auch bedauerlicherweise nicht hinreichend dokumentiert. Die Existenz dieser Möbel ist den Kunsthändlern zu verdanken, da sie in Hinblick auf Findigkeit und Einfallsreichtum untereinander in großer Konkurrenz standen und bereits das Lackmöbel und dann das mit Porzellanplatten geschmückte Möbel auf den Markt gebracht hatten. Blech wurde erneut über den ihm eigenen dekorativen Charakter hinaus gewählt, um die kostspieligen Materialien zu ersetzen. Einige Meisterwerke sind erhalten geblieben, so etwa die Kommode »à l'anglaise« von Claude-Charles Saunier mit schwarzem Dekor und Gold in Nachahmung des Japanlacks[32] oder eine »Lutz« gestempelte, zweifellos von Pierre Macret ausgeführte Kommode im Übergangsstil, deren Flügel und Seiten auf schwarzem Hintergrund einen Dekor vergoldeter Fächer zeigt, die mit japanischen Landschaften verziert sind. Die ostasiatische Inspiration entfaltet sich unverhohlen und scheint vollkommen gelungen. Die Schönheit dieser Dekore ist dem Talent des Maler-Lackierers, der die Blechplatten ausführte, zu verdanken. Gehörte er zu einer der beiden Pariser Manufakturen? Wenn sich auch kein Anhaltspunkt hierfür bietet, spricht jedenfalls vieles dafür. Die Qualität gewisser Stücke in lackiertem Blech sowie das Renommee eines Meisters wie Jean-Baptiste Clément machen eine solche Hypothese wahrscheinlich. Im Inventar der Manufacture de la Veuve Gosse werden »deux armoires vernies et japonnées (150 l[ivres])« und »une encoignure *idem* (60 l[ivres])« erwähnt;[33] es sind die einzigen aufgefundenen Indizien, die aber doch beweisen, dass die Tätigkeit dieser Manufaktur sich auch auf Möbel erstreckte.

Über die außergewöhnlichen, ostasiatischen Lack imitierenden Möbel hinaus wurden auch bescheidenere Möbel nach dem Vorbild der mit Porzellanplatten geschmückten Stücke ausgeführt. Von dem Kunsthändler Poirier auf den Markt gebracht, waren sie seinerzeit äußerst modern. Es handelte sich in der Regel um kleine Tische mit Blechplatten und Blechverkleidung an der Zarge (Abb. 3). Das Inventar des *Magasin anglais* listet im Jahr 1776 mehrere davon auf, unterschiedlich dekoriert mit Blumen, Früchten, Landschaften, Seestücken und so weiter.[34] Obgleich nur eine Randgruppe, schließt der Einsatz von lackiertem Blech im Mobiliar durchaus die Entstehung von Meisterwerken wie auch einer Produktion preiswerter kleiner Möbel mit einem Dekor in Nachahmung der Porzellanplatten ein.

Möbel und Objekte aus Blech stellen nicht zuletzt deswegen eine Rarität und eine interessante Gruppe dar, weil diese Technik heute nahezu unbekannt ist. Zwar wurden in Vorbereitung zu dieser Ausstellung diesbezüglich neue Studien durch das Centre de recherche et de restauration des musées de France durchgeführt,[35] gleichwohl ist die Technik durch die alten Traktate bekannt. Bereits seit dem 18. Jahrhundert wird sie in den Werken, die die Kunst der Lackmalerei behandeln, als spezielle Technik der Lackbemalung erwähnt. Als einer der ersten widmet sich der italienische Jesuitenpater Bonnani mit einem ganzen Kapitel der Frage des »Vernis qu'on applique sur les métaux«.[36] Watin wiederum erwähnt die Lackmalerei auf Metall nur kurz.[37] Jaubert liefert 1773 vollständigere Informationen zu Geschichte und Technik des lackierten Blechs.[38] Er beschreibt einen Lack aus Bernstein mit Leinöl, dessen Zubereitung lange dauert und schwierig ist. Ist der Lack erst einmal zur Verwendung bereit, muss der Gegenstand zuvor sorgfältig mit Bimsstein, dann mit Schachtelhalm und schließlich mit Kieselgur poliert werden. Man bringt anschließend mehrere Schichten Lack auf, wobei darauf zu achten ist, dass der Pinsel immer in dieselbe Richtung aufträgt, und lässt den Lack dann zwischen zwei Lagen gut trocknen, wozu ein Ofen nötig ist. Nach der Politur des Objekts kann der Dekor in Form einer Bemalung oder Vergoldung aufgetragen werden, und zwar über einem Anlegemittel, das aus gelbem Ocker und Lack hergestellt wird. Schließlich wird das Objekt noch einmal lackiert, um den Dekor zu schützen.

3 Tisch, Rosenholz, Blech, Lack, vergoldete Bronze, gestempelt Jacques-Laurent Cosson, Paris, um 1775; Privatsammlung

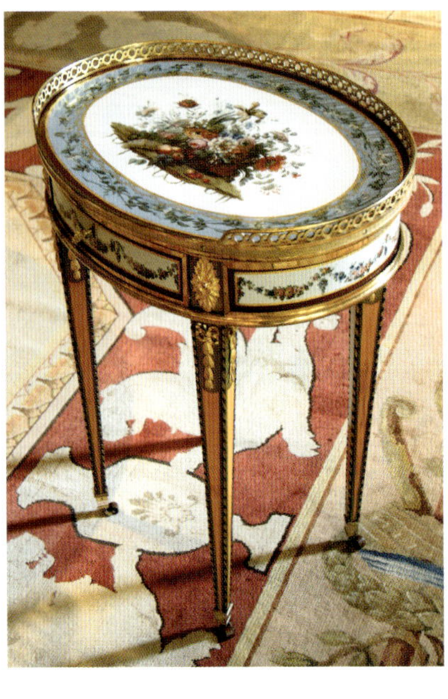

Freilich ist die von Jaubert übermittelte Rezeptur nicht die einzige, die verwendet wurde. Darüber hinaus ist die Verschiedenheit der Werkstattrezepturen zu berücksichtigen wie auch die Vorkehrungen der Inhaber, um die Zusammensetzung ihres Lacks geheim zu halten. Gleichwohl liefert sie interessante Informationen, die die Analysen des Centre de recherche et de restauration des musées de France bestätigen.

Ein Dokument, das sich auf die Manufacture de la Petite Pologne bezieht, informiert – um diesen kurzen Einblick zu vervollständigen – über den Betrieb eines solchen Unternehmens.[39] Lieferanten wie »Delorme ferblantier« (»Blechschmied Delorme«), »Cloquer chaudronnier« (»Kupferschmied Cloquer«) und Moser, der Mitgesellschafter Cléments, ebenfalls »ferblantier«, stellten die für die Lackierung bestimmten Blechgegenstände her. Unter den Lieferanten waren auch Lebensmittelhändler, bei denen die Manufaktur sich mit Leinöl und Pigmenten bevorratete. In der Herstellung der Lackdekore selbst teilten sich Tagelöhner und Arbeiter in zwei Kategorien: Polierer und Schleifer einerseits, Maler, Vergolder, »japoneurs« und Lackierer andererseits. Die Aufbringung der verschiedenen Lackschichten war allein den Vernisseuren vorbehalten, denn es erforderte eine besondere Geschicklichkeit, den Lack immer in derselben Richtung und derselben Stärke aufzutragen. Den Malern und Vergoldern fiel die Ausführung des Dekors im eigentlichen Sinn zu: Wurde hier in Farbe gemalt, so dort das Gold aufgetragen. Was die »japoneurs« angeht, so galt ihre spezielle Fertigkeit der Ausführung der Reliefmotive in Nachahmung des Japanlacks. Zwischen »ponceurs« (»Schleifer«) und »polisseurs« (»Polierer«) wird deutlich unterschieden; erstere benutzten wahrscheinlich Bimsstein, letztere arbeiteten mit Schachtelhalm und Kieselgur für die Endbearbeitung.

Die knappe Zusammenstellung der in der Manufacture de la Petite Pologne gleichzeitig beschäftigten Berufe illustriert die in technischen Traktaten zu findenden und durch Analysen bestätigten Angaben. Das Dekorprinzip ist auch beim lackierten Blech dasselbe wie bei den anderen Trägermaterialien: ein aus vielen Schichten bestehender Lack, der nach jedem Auftrag sorgfältig geschliffen und poliert und nach jedem Dekor, den er schützte und zur Geltung brachte, aufgetragen wurde. Im Spektrum der im 18. Jahrhundert durch die Pariser Maler-Lackierer zur Vollkommenheit geführten Lackarbeiten stellt das lackierte Blech in der Technik wie in der Schönheit seines Dekors einen besonders interessanten Aspekt dar.

1 Namentlich Whitehead 1992, S. 184–197.
2 Allemagne 1928, S. 196–200.
3 Connaissance des Arts, Mai 1955, S. 52–57; Ledoux-Lebard, Oktober 1977, S. 70–75.
4 Wolvesperges 2004, S. 273–274.
5 Wolvesperges 2000, S. 234–237; siehe auch Renner 2009, S. 106–129.
6 Whitehead 1992, S. 192.
7 Bonifas, Jeannine: Les Dorez, faïenciers à Lille, Valenciennes et Saint-Amand-les-Eaux au XVIIIe siècle; Auszug aus: Valenciennes et les anciens Pays-Bas. Mélanges offerts à Paul Lefrancq. Bd. 9; Publication du Cercle archéologique et historique de Valenciennes à l'occasion de son cinquantenaire. Valenciennes 1976.
8 Eine andere Verbindung zwischen Fayence und Lack tat sich in einer ebenso berühmten Familie wie der der Martin auf: Die erste Frau Guillaume Martins war die Schwester von François-Servais Lamy, zunächst Fayencemaler, dann Vernisseur (Wolvesperges 2000, S. 403).
9 Das Paar der »Dorez« signierten Flaschenkühler wurde bereits erwähnt. Ein anderes Paar im Musée des arts décoratifs de Paris (Inv.-Nr. PR 2013.2.511.1-2; siehe Kat.-Nr. 132) trägt eine kaum leserliche Aufschrift: »20 [?] piece« – möglicherweise die Angabe eines Preises?
10 Paris, Archives nationales, M. C., X, 603: Gründungsakt der Gesellschaft der Petite Pologne, 5. Mai 1768 ; ebd., XLVIII, 186: Gründungsakt der königlichen Manufaktur für Lack »façon de la Chine«, 30. März 1771.
11 Polierter Stahl und Sattlereiwaren waren zwei äußerst gut gehende Posten der englischen Herstellung und Ausfuhr.
12 Archives nationales, Y 13701: Facture FB Nr. 6 bis 8. London, 1. Dezember 1769.
13 Sargentson 1996, S. 118–119. Die Platten dieser Tische werden als »tôle d'Angleterre« beschrieben, doch weiß man nicht, ob sie wirklich aus England stammten oder nur Nachahmungen englischen Blechs waren.
14 Paris, Archives nationales, M. C., IX, 795: Inventar nach dem Tod von Marguerite Lévêque, Gattin von Charles-Raymond Granchez, 4. Oktober 1784.
15 Paris, Archives nationales, M. C., XLII, 523: Vereinbarung und Abtretung; Auflösung der Gesellschaft, Abtretung und Transport, 11. Mai 1771. »Im Verlauf des April oder des Mai 1770 hat Sieur Grangé [sic] Händler in Paris unter den ausgestellten, zum Verkauf bestimmten Waren in lackiertem Blech gerichtlich einen sich auf 2169 Livres belaufenden Teil ausgewählt […]«.
16 Wolvesperges 2004, S. 273–279.
17 Paris, Archives nationales, M. C., X, 603, 5. Mai 1768.
18 L'Avant-coureur, Nr. 34, 20. August 1770.
19 Paris, Archives nationales, M. C., XLII, 523, 11. Mai 1771.
20 Watin 1774, S. VI des Vorworts. Clément wird auch als Experte anlässlich des Todes von Guillaume Martin 1749 genannt; vgl. Paris, Archives nationales, M. C., CXXI, 343, 18. August 1749.
21 Jaubert 1773, Bd. 4, S. 278, erklärt den Misserfolg der Manufacture de la Petite Pologne mit der schlechten Qualität ihrer Erzeugnisse: »Wie sehr man sich in dieser neuen Fabrik auch darum bemühte, all dem, was von dort kam, einen gewissen Grad an Perfektion zu verleihen, erzeugte das Unternehmen nur Arbeiten, die um einiges schlechter waren als die der Engländer«.
22 Paris, Archives nationales, M. C., XLVIII, 186: Société, 30. März 1771.
23 Ebd.
24 Ebd.: »einer königlichen Manufaktur für chinesischen Lack, dessen Geheimnis allein die genannte Madame Witwe Gosse und die genannten Herr und Frau Samousseau besitzen, die aufgrund des besagten Geheimnisses ein mit einem Dekret versehenes königliches Privileg erhalten haben«.
25 Paris, Archives nationales, X1a, 8785: Dekret vom 29. März 1768.
26 Paris, Archives nationales, M. C., LIII, 526: Verkauf, 12. August 1776: Inventare vom 12. Juni und 13. Juli 1776.
27 Jaubert 1773, Bd. 4, S. 278: »sie waren im Begriff, sich zu zerstreuen und ihre Talente anderswo einzubringen, als Sieur Framery, Schmuckhändler in Paris, Rue Saint-Honoré, es riskierte, sie aufzunehmen und sie auf seine Rechnung arbeiten zu lassen«.
28 Havard 1887–1890, Spalte 135; Allemagne 1928, S. 197; Wolvesperges 2000, S. 237 und Anm. 162, S. 389.
29 Paris, Archives nationales, M. C., IX, 795: »Note de ce qui est dû aux différents ouvriers […] 226. Veuve Clément, vernisseuse (67 l[ivres] 10 s[ols])«.
30 Ebd., XLII, 523, 11. Mai 1771.
31 Ebd., LIII, 526, 12. August 1776.
32 Privatsammlung; abgebildet bei Wolvesperges 2000, S. 215, Nr. 106, und bei Renner 2009, S. 109. Ihr Dekor zeigt den Grad der Vollkommenheit, den das lackierte Blech in der Nachahmung bis hin zur Täuschung der Experten erreichen konnte. Im Auktionskatalog der Sammlung Biron (Galerie Georges Petit, 9.–11. Juni 1914) wird die Kommode als ein »meuble d'entre-deux [à] panneaux de laque à fond noir et décor en dorure de style chinois« beschrieben.
33 Paris, Archives nationales, M. C., LIII, 526, 12. August 1776.
34 Paris, Archives nationales, M. C., LXXVIII, 817, 29. Dezember 1776.
35 Vgl. oben Centre de recherche et de restauration des musées de France.
36 Bonnani 1733, S. 118–133.
37 Watin 1774, S. 280.
38 Jaubert 1773, Bd. 4, S. 272–279; zehn Jahre später wiederaufgenommen von Lacombe 1782–1791, Bd. 8, S. 133–136.
39 Paris, Archives nationales, M. C., XLII, 523, 11. Mai 1771.

128 Paar Flaschenkühler

Blech; Grundierung, blauer Lack, Dekor in Gold, Rot- und Braunlack; im Innern Schwarzlack; goldlackierte Bronze

H. je 21 cm, Ø je 26 cm

Paris, anonyme Lackwerkstatt, 1720–1730

Deutschland, Privatsammlung

Unveröffentlicht

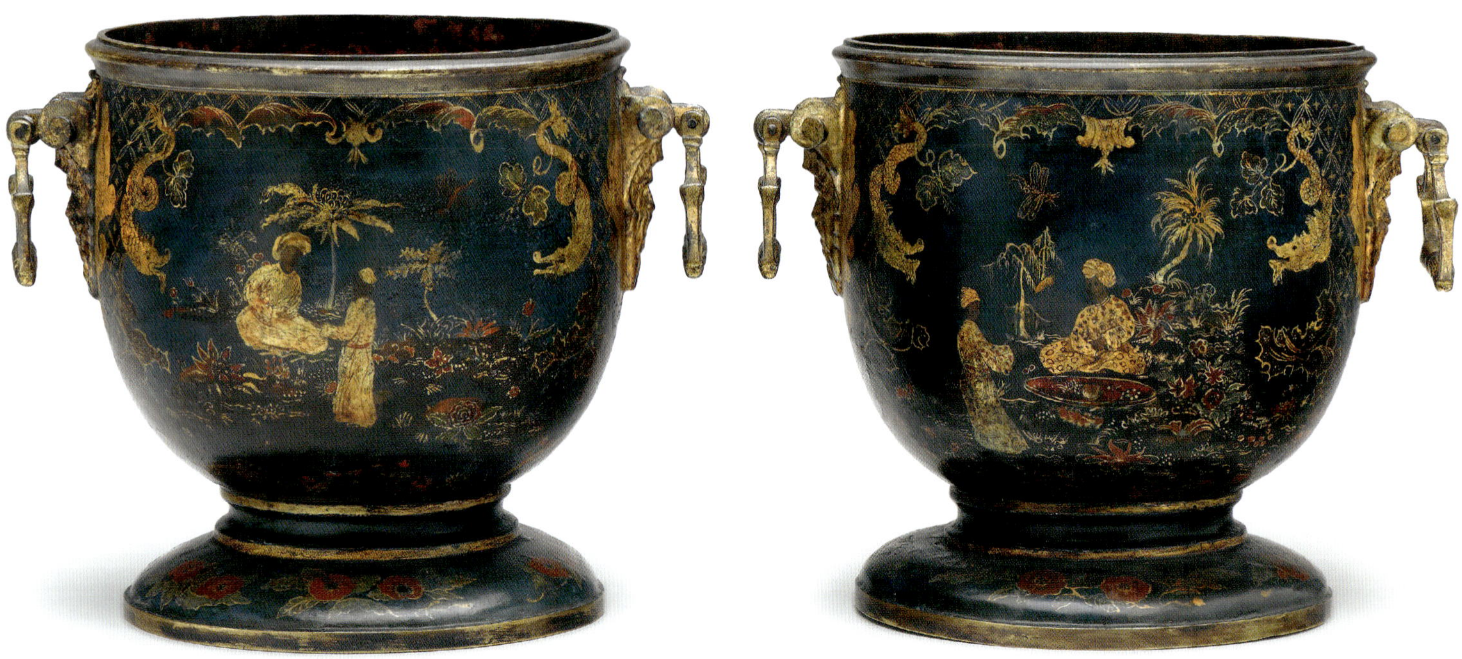

129 Paar Flaschenkühler

Blech; Grundierung, blauer Lack, Dekor in Gold, Rot- und Braunlack; im Innern Reste von Rotlack; goldlackierte Bronze

H. je 15 cm, Ø je 15 cm mit Henkel

Paris, anonyme Lackwerkstatt, 1720–1730

Paris, Musée des arts décoratifs, Inv.-Nr. 36120 A – B

Unveröffentlicht

Der Flaschenkühler als ein mit zerstoßenem Eis angefülltes Behältnis, in das die Flaschen zur Kühlung hineingestellt wurden, war einer der Gegenstände der Tischgarnitur. Lackiertes Blech ersetzte sehr früh Fayence und Silber. Die beiden Paare sind, obwohl von unterschiedlicher Form, in ihrem Dekor auf dunkelblauem Lack mit figürlichen und landschaftlichen Chinoiserien vergleichbar. Auch weisen beide das im Rapport angelegte chinesische Münzmuster auf. Das Münzmuster findet sich etwa fünfzig Jahre später auf einigen Möbeln mit Blechpaneelen des Ebenisten Pierre Macret (1727–1796) wieder.[1] Diese vier Flaschenkühler sind darüber hinaus mit übereinstimmenden Maskaron-Henkeln und beweglichen Ringen versehen und stellen ein schönes Beispiel der frühesten Erzeugnisse des »tôle peinte« der Pariser Maler-Lackierer in den Jahren 1720 bis 1730 dar.

1 Pradère 1989, S. 221.

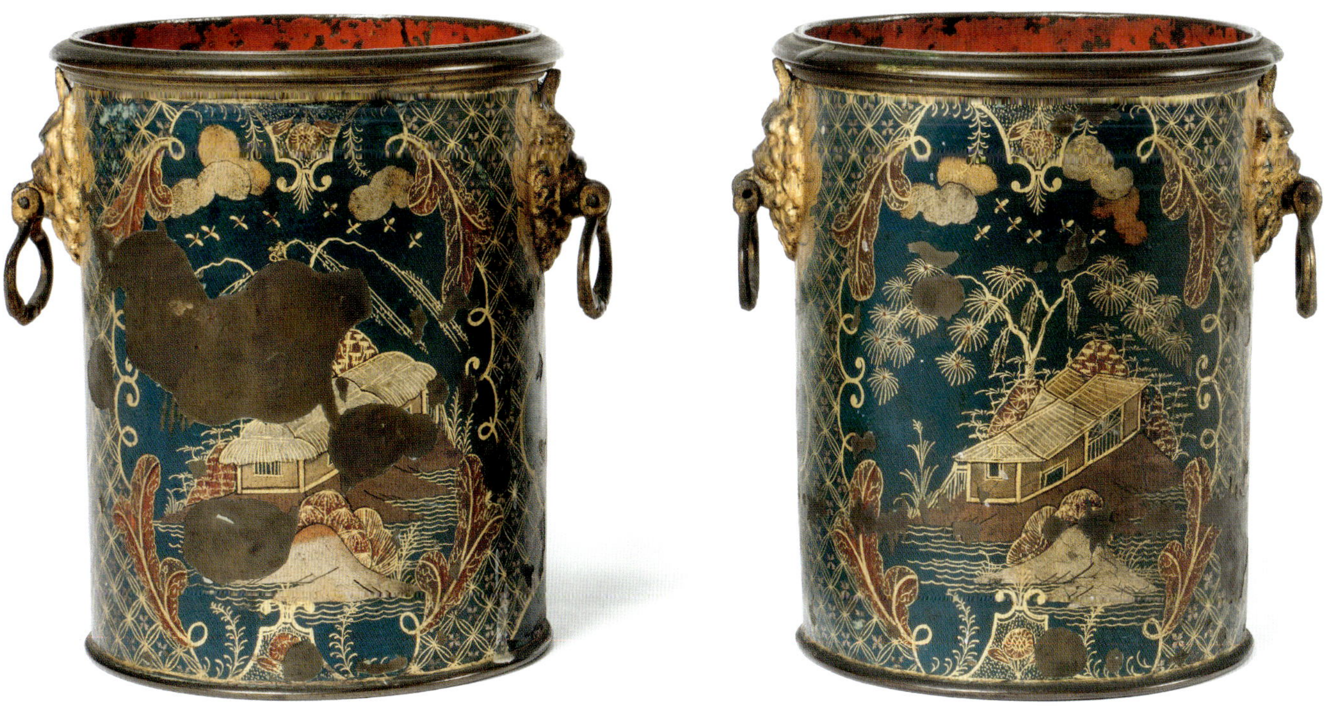

130 Deckelschüssel

Messing, gehämmert; Grundierung, Schwarzlack, leicht reliefierter Dekor in Goldlack mit braunen Höhungen, Gesichter und Hände in Ölmalerei, Klarlack

H. 20 cm, Ø 27 cm

Frankreich?, anonyme Lackwerkstatt, um 1750

Münster, Museum für Lackkunst, Inv.-Nr. EU-F-d-39

Literatur: Holzhausen 1958, S. 122, Abb. 81. – Sträßer 1986, S. 253, Abb. 9. – Strässer / Hinton 1988, Nr. 167

Die eigentliche Schale wie auch der Deckel dieses in seiner Ausführung außerordentlich erstaunlichen Objekts bestehen jeweils aus einem einzigen gekrümmten und geschweißten Stück. Auf den Innenseiten sind die Spuren regelmäßigen Hämmerns zu sehen. Im Innern unbearbeitet belassen, weist die Oberfläche einen Dekor aus ockerfarbenem Lack auf schwarzem Hintergrund auf. Der Dekor zeigt chinesische Szenen in europäischer Interpretation und bildet in der Verbindung mit einer rein ostasiatischen Form keine Einheit. Die Schale weist auf einer Seite eine Fischereiszene auf, die Gabriel Huquier nach den *Scènes de la vie chinoise* von François Boucher gestochen hat,[1] eine Szene, die durch Reproduktionen auf Porzellan oder Supraporten vertraut ist. Wozu könnte eine so offenkundig in Europa gefertigte Schale gedient haben? Der Künstler verlieh der Szene mit dem Rückgriff auf eine leichte Modellierung ostasiatische Akzente und erweist sich gleichwohl der westliche Ästhetik verpflichtet. Das Fehlen einer Marke und vergleichbarer Werke lassen die Fragen der Provenienz und der Zuschreibung offen.

1 Jean-Richard 1978, Nr. 1133, S. 277–278.

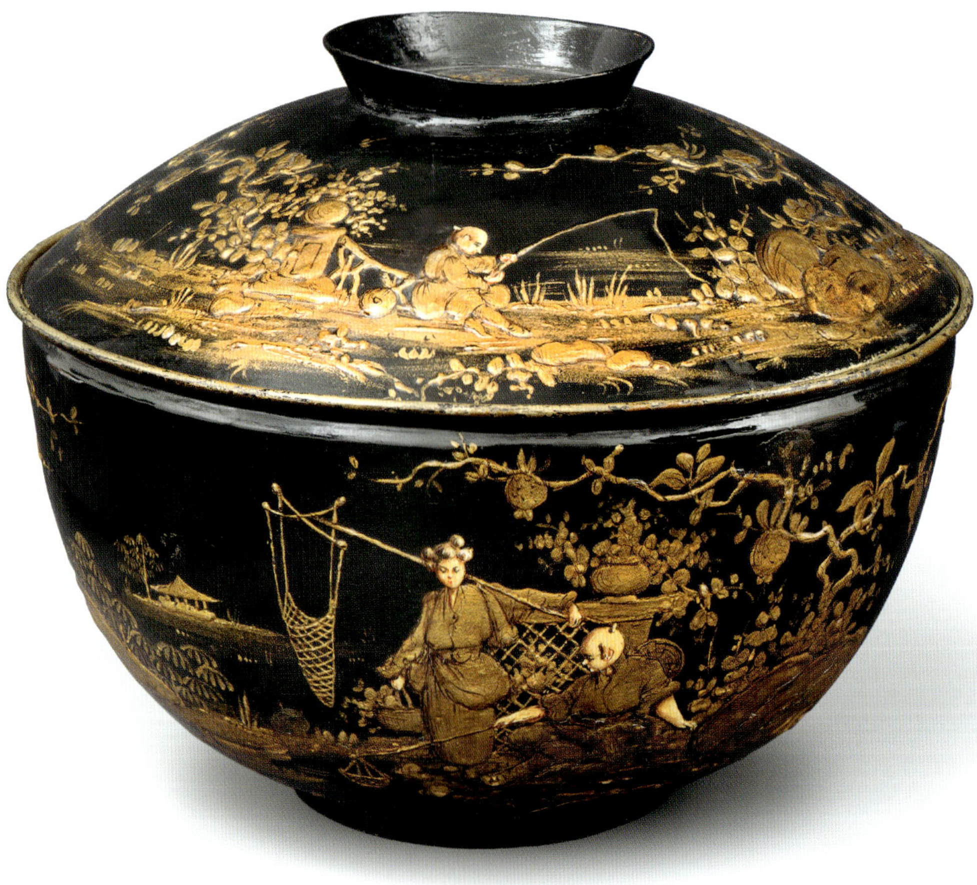

131 Flaschenkühler

Blech; Grundierung, Schwarzlack, Dekor in Lackrelief mit zweifarbigem Goldlack auf Rotlack, Metallpulver, grüne und ockerfarbene Lasur, Ölmalerei; goldfarben lackiertes Eisen

H. 17 cm, Ø 19,2 cm

Paris, anonyme Lackwerkstatt, 3. Viertel 18. Jahrhundert

Münster, Museum für Lackkunst, Inv.-Nr. EU-F-d-27

Literatur: Kopplin 2010, S. 105, Abb. 17

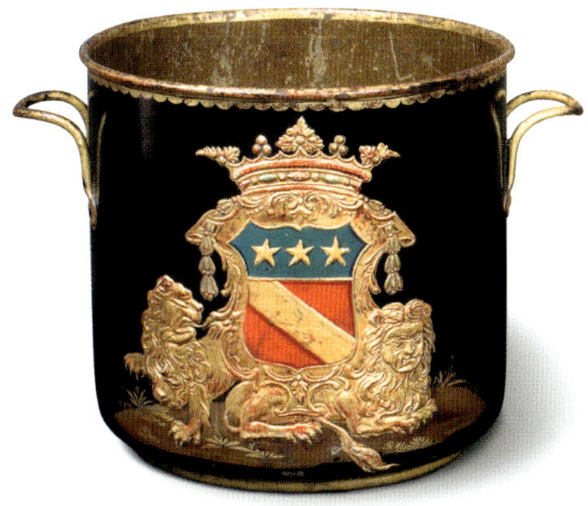

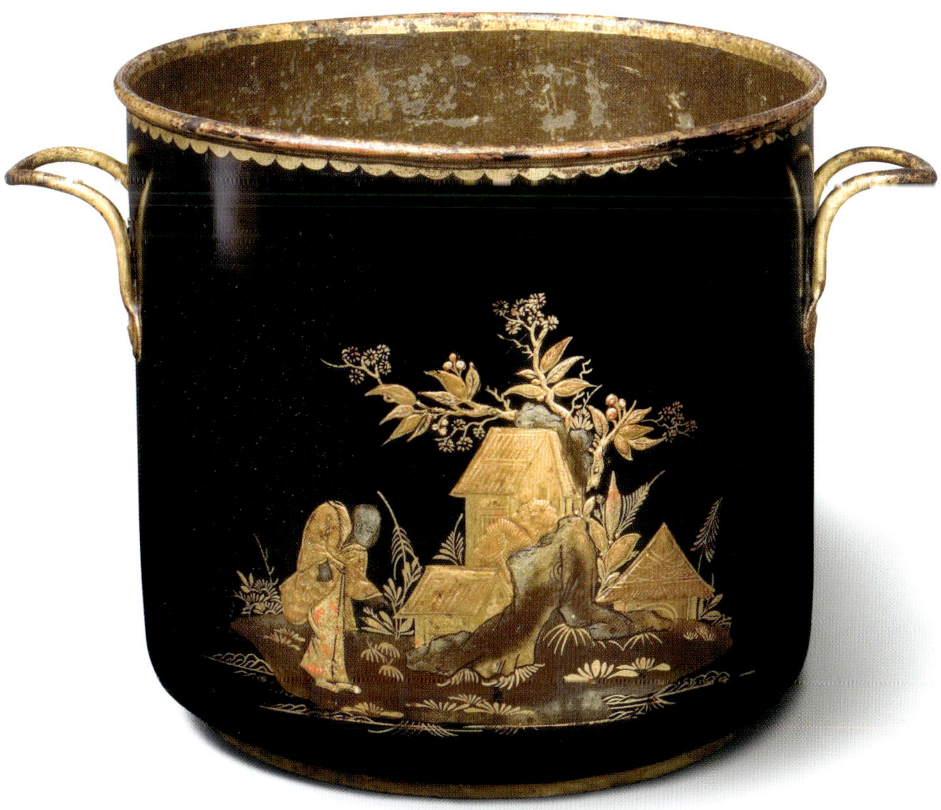

132 Paar Flaschenkühler

Blech; Grundierung, blauer Lack, weiß für die Kartuschen, Dekor in polychromem Lack in leichtem Relief, Aventurinlack; goldlackiertes Eisen, Futter in Zink

H. je 13,1 cm, L. je 18,3 cm, T. je 13,4 cm

Paris, anonyme Lackwerkstatt, 3. Viertel 18. Jahrhundert

Paris, Musée des arts décoratifs, Inv.-Nr. PR 2013.2.511.1–2

Unveröffentlicht

In einer im Vergleich zu den vorangegangenen Beispielen etwas jüngeren Form stellen diese Flaschenkühler den Beleg für die Fortdauer der fernöstlichen Inspirationsquelle für die Dekore lackierter Blechgeschirre dar. Besonders fällt dies an dem in Münster aufbewahrten Kühler auf: Der schwarze Hintergrund und die Chinoiserie in Gold und in Relief auf der einen Seite lehnen sich an ostasiatische, genauer gesagt japanische Vorbilder an. Die andere Seite weist das Wappen der Familie Peirou de Bar auf, was eine Auftragsarbeit nahelegt, dem Maler-Lackierer womöglich unmittelbar durch ein Mitglied der Familie erteilt.

Das Paar des Musée des arts décoratifs zeigt dagegen den beginnenden Einfluss des Porzellans auf den Dekor, nicht mehr nur in den Formen, sondern auch in den weißgrundierten Reserven auf blauem Hintergrund. Wissenschaftliche Analysen haben bei diesen Dekoren eine komplexe Stratigrafie ergeben, die sich aus verschiedenen Lackschichten (Öl mit Harz angereichert) zusammensetzen. Auf die erste folgt eine kohlehaltige schwarze Lackschicht, die dem endgültigen Resultat eine besondere Tiefe verleiht, dann Schichten aus Bleiweiß, das je nach Dekor mit Farbpigmenten und Messingpartikeln vermischt ist. Beide Kühler tragen jeweils auf einer Seite, und zwar am oberen Rand der Reserve, eine merkwürdige Aufschrift, deren Entzifferung sich als schwierig erwies. Die in leichter Streutechnik (*hirameji*) gestaltete Unterseite bezeugt die Kunstfertigkeit der Pariser Maler-Lackierer in der Nachahmung fernöstlicher Lacke.

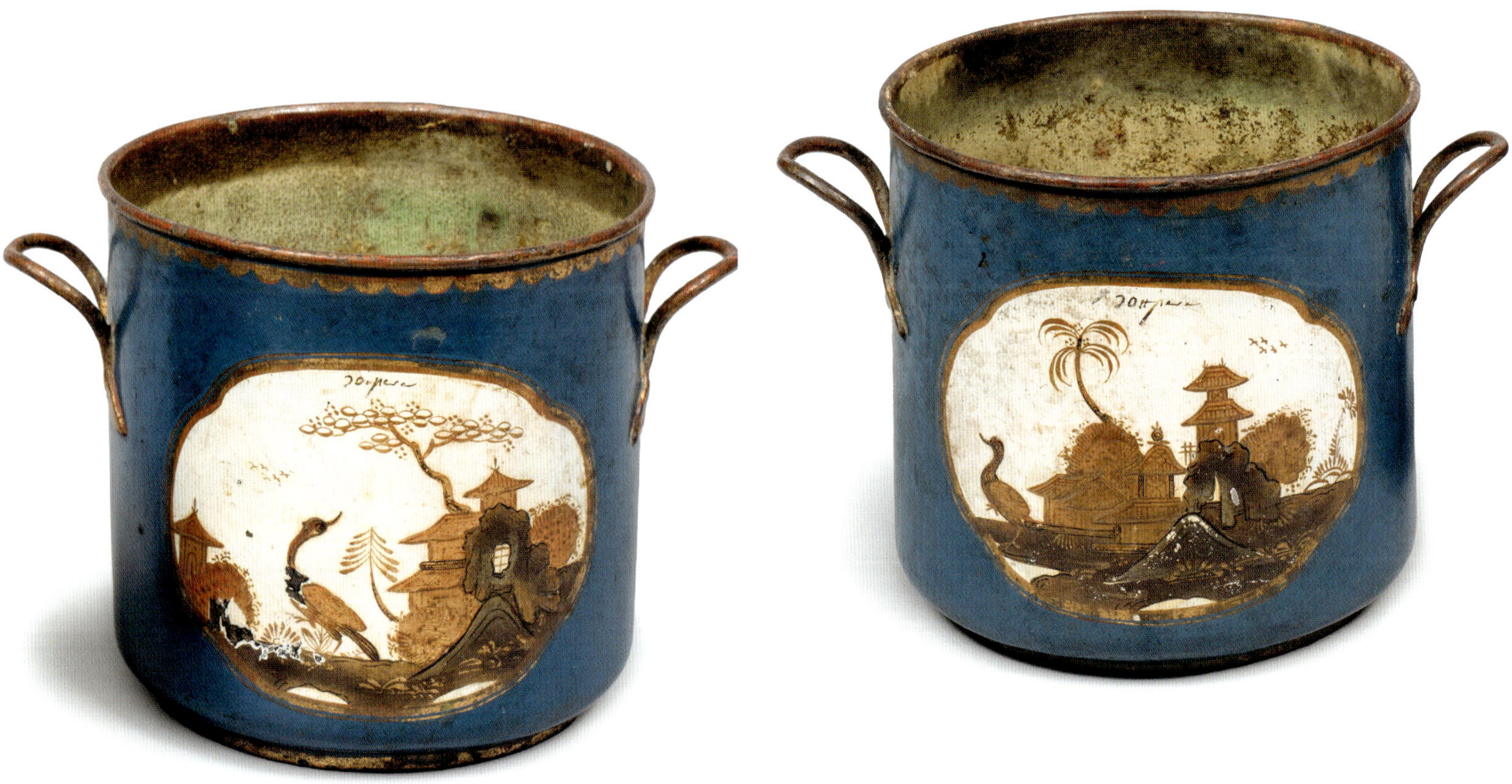

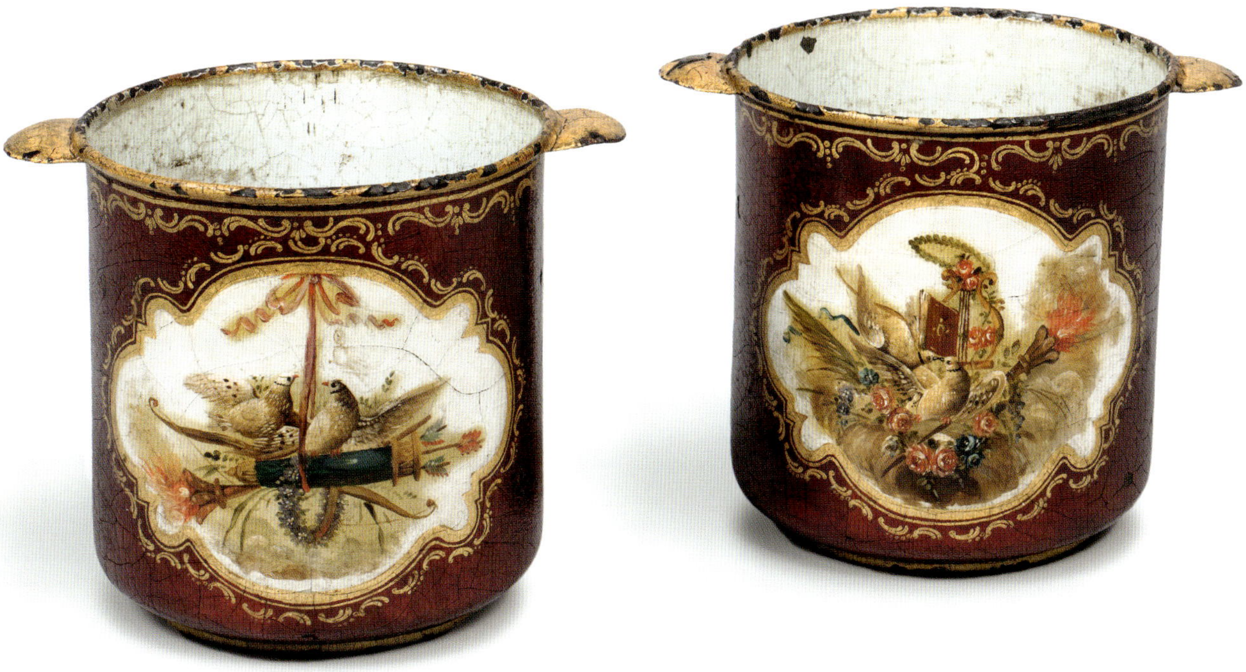

133 Paar Flaschenkühler

Blech; organische Grundierung, Blattsilber, Rotlack, Weißlack für die Reserve, Dekor in Ölmalerei und Gold, Klarlack; auf der Unterseite organische Grundierung, Rotlack, Weißlack

H. je 11,5 cm, B. je 14,8 cm, Ø je 11,2 cm

Paris, anonyme Lackwerkstatt, um 1770

Paris, Musée des arts décoratifs, Inv.-Nr. 31198 A-B

Unveröffentlicht

Sorgfältig gemalte, von einer Reserve umschlossene Trophäen aus Vögeln, Blumen, Fackeln und Köchern schmücken die Seiten dieser Kühler. Wie auch die Goldmotive verrät dieser Dekor den Einfluss des Porzellans. Alle Besonderheiten des Lackblechs, alle seine dekorativen Möglichkeiten scheinen dagegen in der herrlichen Fondfarbe dieser Objekte auf, einem metallisch reflektierenden Rubinrot. Genau genommen handelt es sich um metallische Reflexe, denn die stratigrafische Analyse dieser Stücke ergab eine Schicht von Blattsilber über den vorbereitenden Lackschichten und unter dem Rotlack. Der Rotlack wurde seinerseits in zehn Schichten aufgebracht und wie der gemalte und vergoldete Dekor durch einen transparenten Lack geschützt. Auch die Technik des Lackblechs konnte im Spiel zwischen dem metallischen Glanz des Silbers und der farbigen Transparenz des Lacks eine solche dekorative Wirkung erzeugen, wie sie für die Lackbijoux vielfach und bedeutend früher belegt ist.[1]

1 Siehe das Kapitel »Bijoux – kleine Kostbarkeiten aus Lack« von Monika Kopplin, S. 72–83.

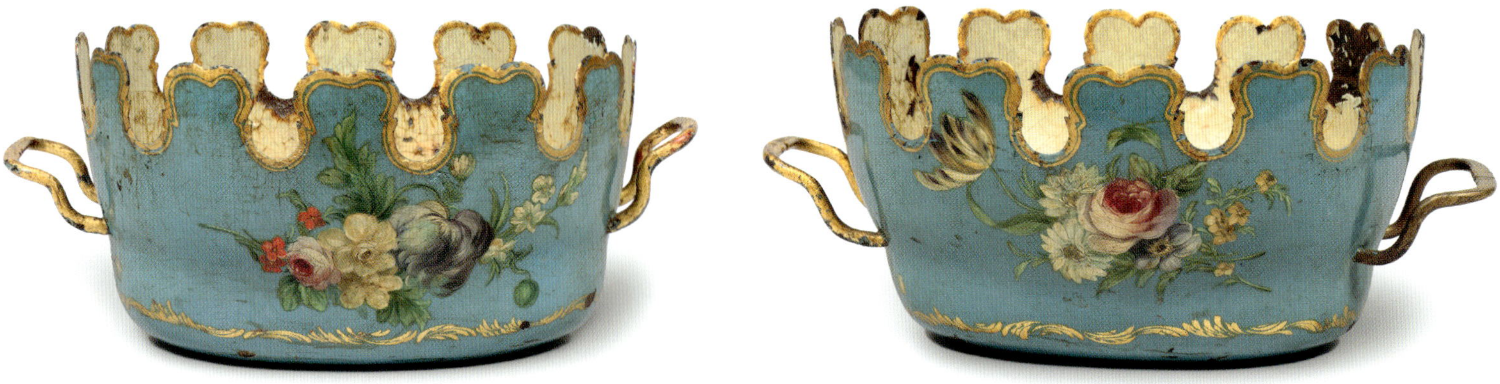

134 Paar Gläserkühler *verrières*

Blech; Grundierung braun und weiß, blauer Lack, Dekor in Ölmalerei und Gold, Klarlack; im Innern Grundierung, weißer Lack; goldlackiertes Eisen

H. je 13,2 cm, L. je 32 cm, T. je 22 cm

Paris, anonyme Lackwerkstatt, um 1770

Paris, Musée des arts décoratifs, Inv.-Nr. 643 und 643 bis

Unveröffentlicht

135 Flaschenkühler

Blech; Grundierung, blauer Lack, weißer Lack für die Reserve, Dekor in Ölmalerei und Gold, Klarlack; im Innern Schwarzlack; goldlackiertes Eisen

H. 17 cm, Ø 18,5 cm

Paris, anonyme Lackwerkstatt, um 1780

Münster, Museum für Lackkunst, Inv.-Nr. EU-F-d-17

Unveröffentlicht

Inspiriert von ein und derselben Quelle, dem Porzellan, imitiert der Dekor dieser drei Objekte mit dem azurblauen Hintergrund das »bleu céleste«, das 1753 in der Manufaktur Sèvres entwickelt wurde. Das Inventar der Manufacture de la Veuve Gosse[1] erwähnt »deux verrières fond bleu d'azur japonné en relief«. Im vorliegenden Fall handelt es sich nicht um Motive »japonné«, sondern um einen vom Porzellan inspirierten gemalten Wildblumendekor, der in den Inventaren oft als »fleurs ordinaires« bezeichnet wird. Die Blumen sind hier entweder direkt auf den blauen Hintergrund oder in ein Reservemedaillon mit blauem Hintergrund aufgemalt. Die zudem leicht geschweifte Form der beiden Gläserkühler sowie die goldenen Girlanden begründen eine Datierung auf etwa 1770 und damit ein wenig früher als den Kühler, dessen zwei ovale, von Perlkränzen eingefasste Medaillons für eine etwas spätere Datierung auf etwa 1780 sprechen. Gegen Ende des Jahrhunderts orientiert sich die Erzeugung von lackiertem Blech nachhaltig an ganz und gar europäischen Objekten und nichts an ihrem Dekor erinnert mehr an die fernöstliche Inspiration. Die an einem der Gläserkühler (Inv.-Nr. 643 bis) durchgeführten Analysen haben nicht weniger als zwanzig Schichten ergeben, die zur Ausführung dieses Lacks erforderlich waren.

---

1 Archives nationales, M. C., LIII, 526: Verkauf des Privilegs und des geheimen [Lackrezepts], 8. August 1776; Verkauf, 12. August 1776.

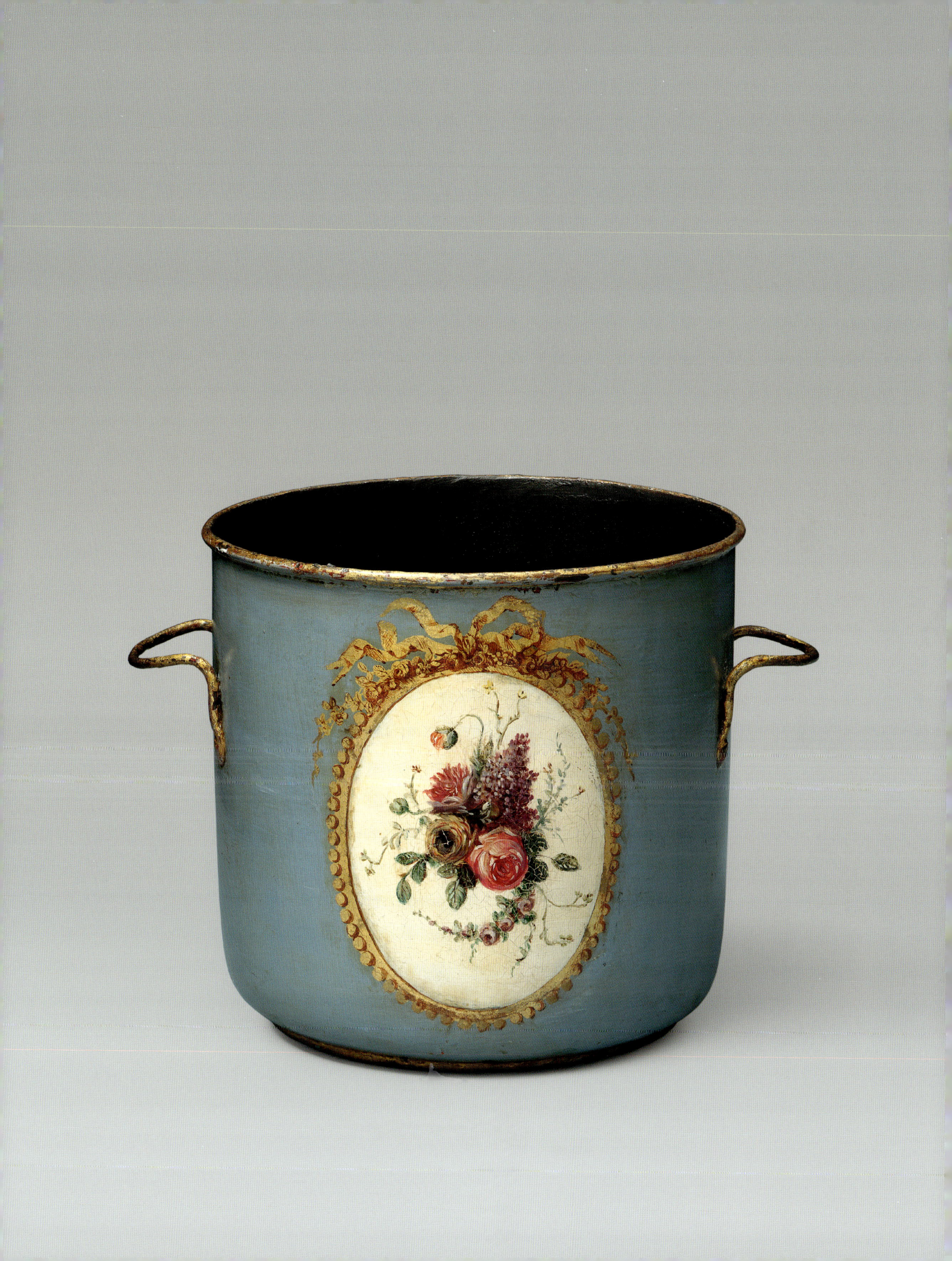

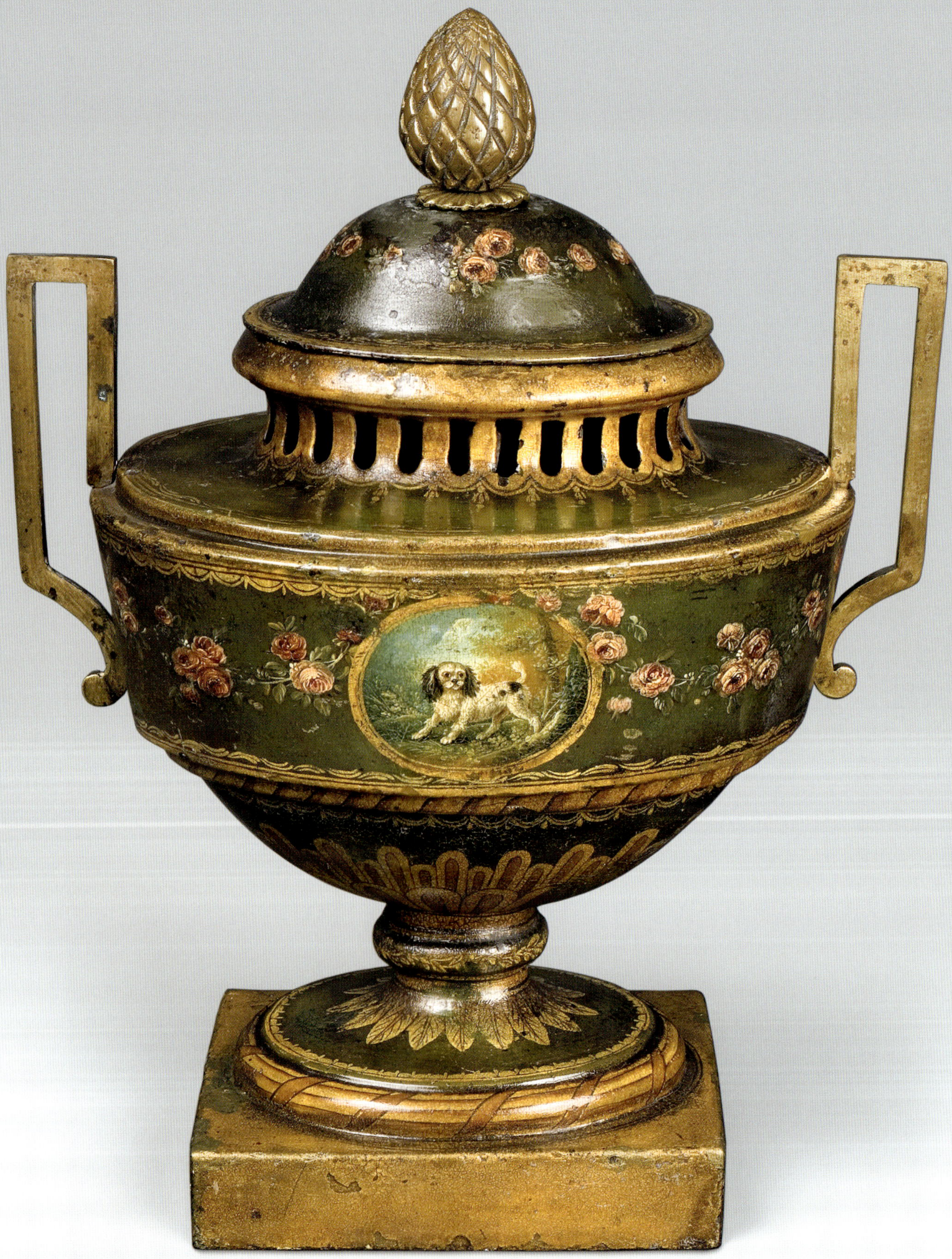

136 Räuchergefäß *cassolette*

Blech; Grundierung, grüner Lack, Dekor in Ölmalerei, Blattgold; im Innern Schwarzlack; goldfarben lackiertes Eisen, vergoldetes Messing

H. 27,5 cm, B. 21 cm, T. 12,5 cm

Paris, Manufacture de la Veuve Gosse et Samousseau, 1770–1780

Münster, Museum für Lackkunst, Inv.-Nr. EU-F-d-36

Literatur: Kopplin 2010, Nr. 20.

137 Räuchergefäß *cassolette*

Blech; Grundierung, Weißlack, Dekor in Ölmalerei, Blattgold; im Innern Schwarzlack; goldfarben lackiertes Eisen, vergoldetes Messing

H. 26,5 cm, B. 12,5 cm, T. 9,1 cm

Paris, Manufacture de la Veuve Gosse et Samousseau zugeschrieben, 1770–1780

Paris, Musée des arts décoratifs, Inv.-Nr. 18549

Unveröffentlicht

Räuchergefäße (»cassolettes«) waren im ganzen 18. Jahrhundert in Mode. Die neoklassizistischen Formen gingen mit den antiken Ursprüngen des Gefäßes eine besonders bezaubernde Verbindung ein. Obwohl es Beispiele in Porzellan gibt, wurden sie vornehmlich in Metall ausgeführt und sind dem Typus nach ein besonders luxuriöses Objekt, dem sich die Technik des Lackblechs vollkommen anpasst. Die Ähnlichkeit der beiden Gefäße lässt an einen gemeinsamen Ursprung denken: Beide täuschen die Form einer auf einem quadratischen Sockel stehenden Vase mit langgezogenen griechischen Henkeln und einem Deckelknauf in Form eines Pinienzapfens vor. Der Dekor ist in übereinanderliegenden Registern gegliedert, im Mittelfeld jeder Vase erscheint auf beiden Seiten ein ovales Medaillon mit dem kleinen Porträt eines vertrauten Tieres, einem Hund oder einer Katze. Die in Münster aufbewahrte Cassolette trägt unter ihrem Sockel eine Marke aus zwei ineinander verflochtenen, von einer Lilie bekrönten Buchstaben – ein »V« und ein »G«, die zweifelsfrei als die Signatur der Manufaktur Veuve Gosse (und Samousseau) gelesen werden können (Abb).[1] Es handelt sich unserer Kenntnis nach um die einzige existierende Herstellermarke auf einem Objekt aus Lackblech. Die Cassolette des Musée des arts décoratifs trägt keine Marke, stammt aber dennoch aus derselben Werkstatt. Das Inventar vom 12. Juni 1776 der Manufacture de la Veuve Gosse erwähnt tatsächlich »3 vases en cassolette fond blanc peints en oiseaux et en guirlandes de fleurs (96 l[ivres])«, eine Beschreibung, die sich gut auf die vorliegende Cassolette beziehen ließe.

1 Kopplin 2010, Nr. 20.

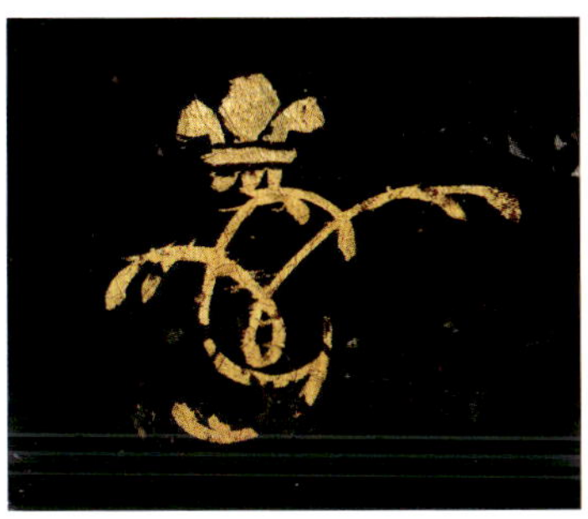

Räuchergefäß, Marke der Manufacture de la Veuve Gosse et Samousseau auf dem Boden; Münster, Museum für Lackkunst (Kat.-Nr. 136)

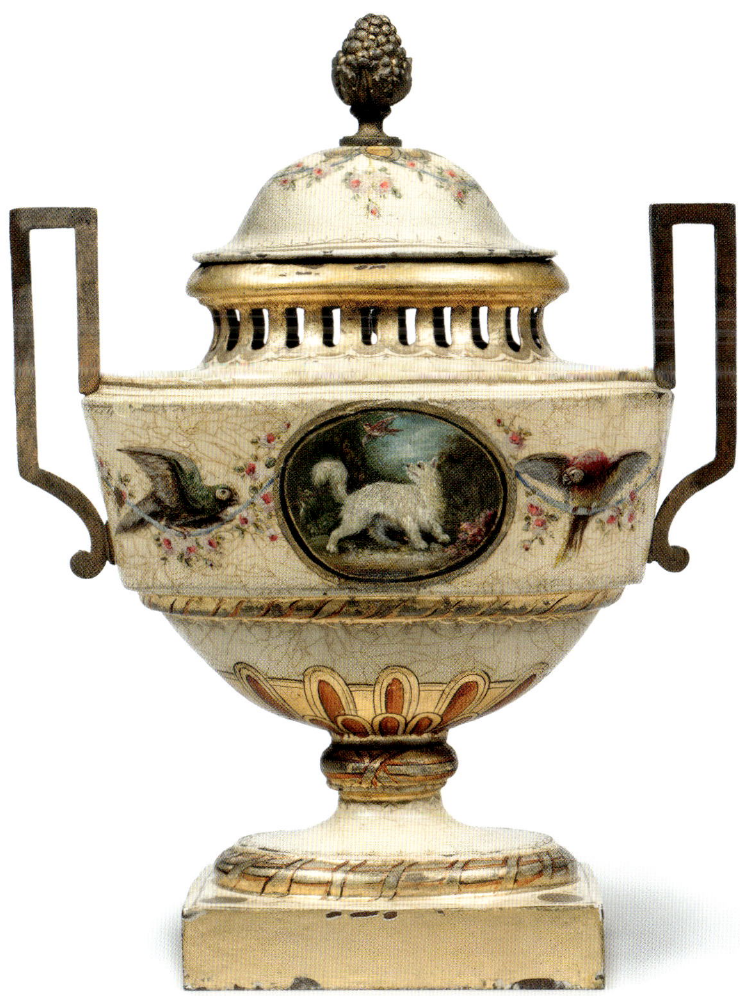

138 Pendule

Blech; Grundierung, Schwarzlack, Dekor in Ölmalerei und Gold, Klarlack; Stahl und vergoldete Bronze, Email

H. 54 cm, B. 17,5 cm, T. 17,5 cm

Paris, anonyme Lackwerkstatt, letztes Viertel 18. Jahrhundert

Privatsammlung

Unveröffentlicht

Lackblech beschränkt sich nicht nur auf den Bereich der Tischkultur, sondern findet in vielen häuslichen Objekten seine Anwendung. Unterschiede in der Technik werden übrigens hier, zwischen den Pagoden aus lackierter Bronze und an den auf Pendulen und Schilder montierten Platten deutlich. Die vom Laboratoire de recherches des Musées de France durchgeführten Untersuchungen zeigen, dass die Materialien zwar dieselben sind, sich aber die Oberflächengestaltung des Trägers unterscheiden kann, denn – dem Mobiliar und den Lackbijoux vergleichbar – ist ein von Blumengirlanden eingefasster Dekor in Camaieumalerei von gemalten Amoretten begleitet. Von einem nützlichen Gegenstand ist die Pendule zu einem Bestandteil der Welt der Eleganz und des Luxus geworden. Wenn die Technik des Vernis Martin schon einige Jahre früher erschienen wäre, hätten die immer um Innovation konkurrierenden Kunsthändler schon eher zu diesem Mittel gegriffen, die Formen und Inspirationsquellen zu ergänzen und zu erneuern, um das mechanische Wunder der Pendeluhren zu verschönern. Die Medaillons zeigen Allegorien der Künste und der Wissenschaften und heben sich vom schwarzen Lackgrund ab. Dieser überzieht schmale dreieckige Platten, die zusammen einen Obelisken bilden, über dem eine Erdkugel den Mechanismus schützt. Die Pendule gehört zu den raren Beispielen, die zeigen, dass Vernis Martin auch im Bereich der lackierten Bleche an der neoklassizistischen Stilrichtung teilhatte.

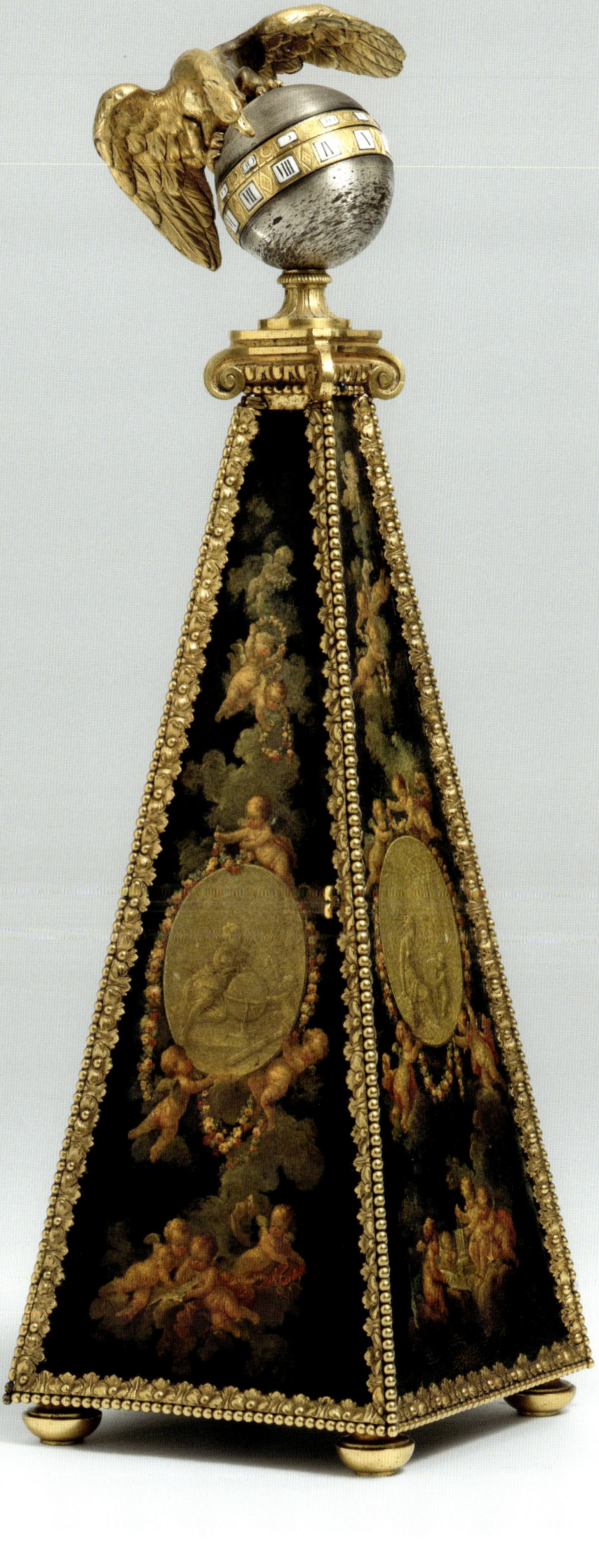

139 Apparat zum Studium der Druckübertragung zwischen Flüssigkeiten von Abbé Nollet

Holz; Vernis Martin: Grundierung, Schwarz- und Rotlack, Golddekor, Klarlack; bemaltes Metall, Glas

H. 89 cm, B. 53 cm, T. 28 cm

Paris, anonyme Lackwerkstatt, um 1760

Paris, Musée des arts et métiers – Cnam, Inv.-Nr. 08070

Unveröffentlicht

Wissenschaftliche Instrumente waren zu allen Zeiten nicht nur Gegenstände der entwickelten Technologie, sondern reflektierten auch die ästhetischen Moden ihrer Zeit. Auch Vernis Martin fand hier ein fruchtbares Anwendungsfeld, umso mehr in einem Jahrhundert, in dem die aristokratische Gesellschaft Zeuge einer wahren Euphorie für die Wissenschaften und ihre Experimente wurde, ein Phänomen, das sich in den Salons multiplizierte. Die Wissenschaften begegneten der Ästhetik auf Augenhöhe, und um ein Publikum aus Amateuren zu verführen, musste das Gerät dem Auge gefallen.

Zu den großen Wissenschaftlern des 18. Jahrhunderts gehörte Abbé Jean-Antoine Nollet (1700–1770), der Begründer der wissenschaftlichen Ausbildung und Populärwissenschaft. Früh hatte er sich selbst wissenschaftlichen Experimenten gewidmet, die er, indem er einen Physikkurs etablierte, anderen Interessenten zur Teilnahme öffnete. Nollet entwickelte seine Geräte selbst und setzte sich zusammen mit seinen Zuhörern mit gewöhnlicher Mechanik, Astronomie, Optik und Elektrizität auseinander. Die daraus erwachsende Begeisterung erreichte selbst den Hof. Unter seinen eifrigen Zuhörern in den Vorlesungen und bei den Experimenten, die er im Cabinet des médailles von Schloss Versailles durchführte, befanden sich Königin Maria Leszczyńska und die Dauphine Marie-Thérèse-Raphaëlle von Spanien. Nollet verfügte über mehrere Geräte, die allgemein größte Bewunderung erregten. Gerühmt wurden »goût et l'intelligence«[1] ihrer Konzeption. Die erhaltenen Instrumente[2] weisen meist einen Dekor in Vernis Martin auf schwarzem Hintergrund mit mehr oder weniger von asiatischen Motiven inspirierter floraler Ornamentik auf. Sie dienten als Vorbilder für viele andere, die in den Dekor und die Mode ihrer Zeit integriert wurden (Kat.-Nr. 140–142).[3] Dieses Gerät zur Untersuchung der Druckübertragung zwischen Flüssigkeiten stammt aus seinem physikalischen Kabinett und zeigt einen deutlich chinoisen Dekor mit kleinen Landschaften und Architekturen. Trotz einer einfachen Behandlung der Motive zeigte der Maler-Lackierer das Bestreben, eine gewisse Nuancierung einzuführen, indem er die Wirkung von Goldpuder auf den Felsen vorzutäuschen versuchte.

1 Luynes, Charles-Philippe d'Albert, Duc de: Mémoires du duc de Luynes sur la Cour de Louis XV (1735–1758), Paris 1860–1865, Bd. 5, S. 453.

2 Einige der Apparaturen sind erhalten und befinden sich im Lycée Hoche in Versailles, im Conservatoire National des Arts et Métiers in Paris, im Musée de la Société archéologique de Touraines sowie im Musée d'art et d'histoire in Genf. Vgl. Pyenson / Gauvin 2002; Ausst.-Kat. Versailles 2010.

3 Im Jahr 1770 veröffentlichte er ein Buch mit Hinweisen und Ratschlägen zur Konstruktion der Apparate; Nollet, Jean-Antoine: L'Art des expériences ou avis aux amateurs de la physique sur le choix, la construction et l'usage des instruments …, 3 Bde., Paris 1770. Das Bayerische Nationalmuseum in München wie auch das Musée Stewart im Fort de l'Ile Sainte-Hélène in Montreal bewahren Instrumente, die nach Vorbildern von Nollet ausgeführt wurden. Vgl. Pyenson / Gauvin 2002, S. 98–118.

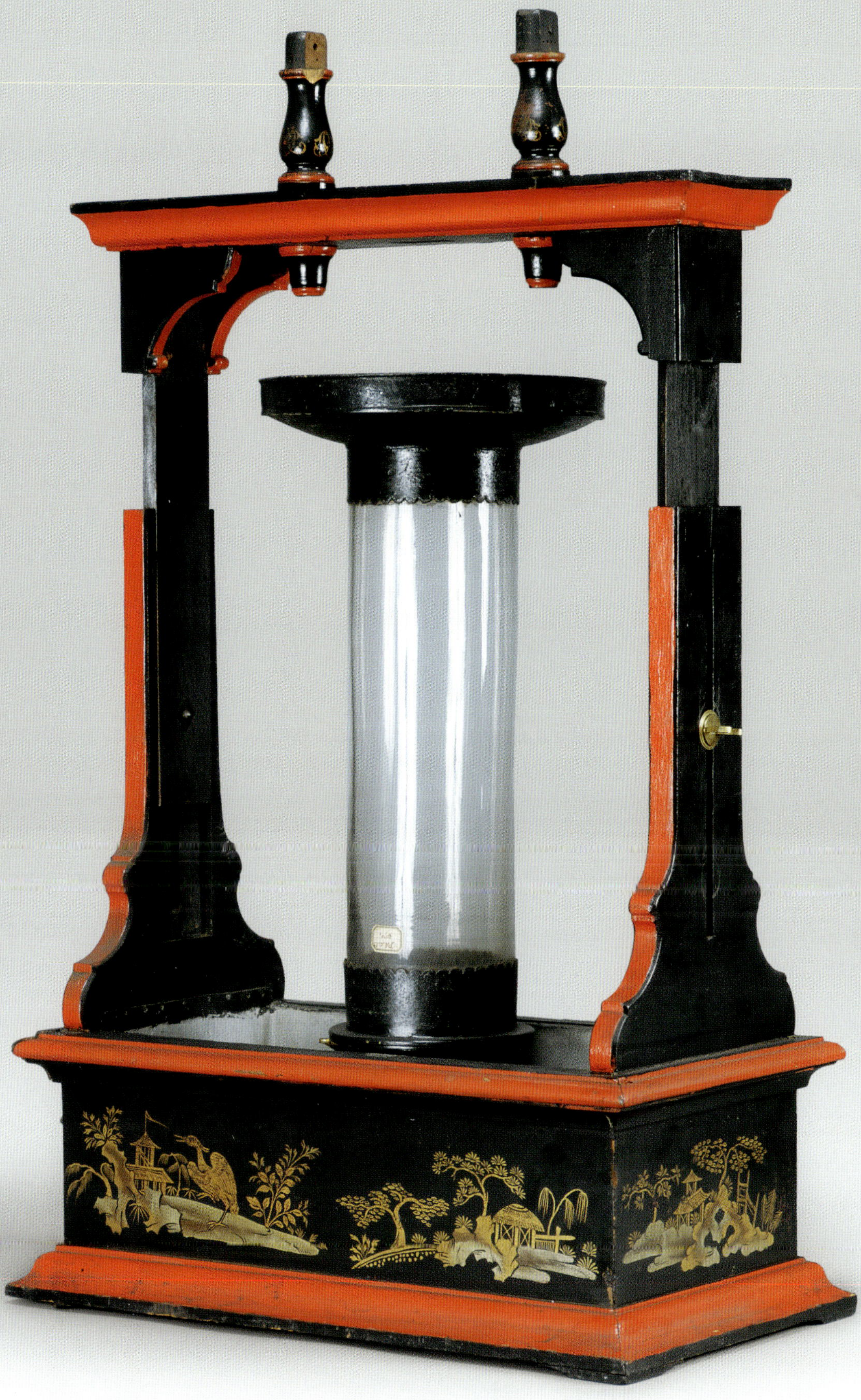

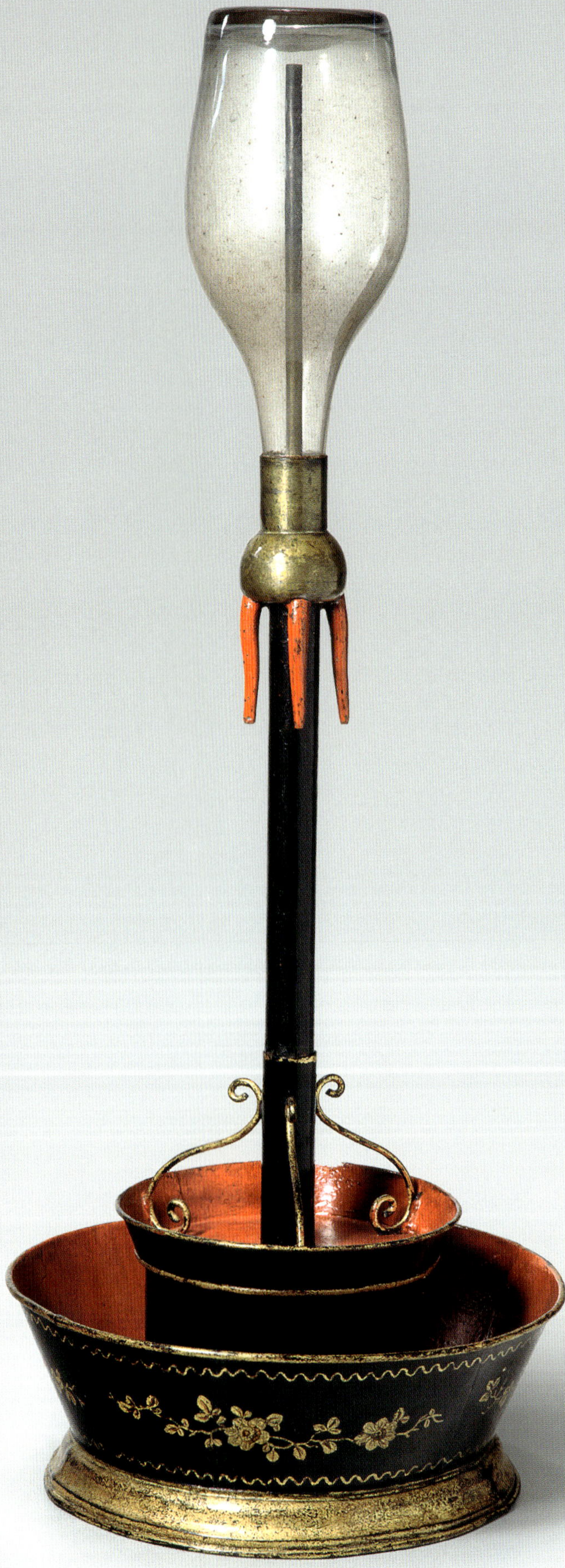

140 Modell eines intermittierenden Springbrunnens

nach Abbé Jean-Antoine Nollet (1700–1770)

Holz, Kupferblech und Messing; Schwarz- und Rotlack, Dekor in Gold; Hohlkörper aus Glas

H. 85 cm, B. 31 cm, T. 32 cm

Paris, anonyme Lackwerkstatt, um 1750

München, Bayerisches Nationalmuseum, Inv.-Nr. 75/194

Literatur: Münchner Jahrbuch der bildenden Kunst 27, 1976, S. 254 f. – Pyenson / Gauvin 2002, S. 180 f. – Pyenson, Lewis, Gauvin, Jean-Francois: The Art of Teaching Physics: The Eighteenth-Century Demonstration Apparatus of Jean Antoine Nollet. Québec 2002, S. 180 f.

Aus dem gläsernen Kopf ergießt sich das Wasser durch vier Zapfen in ein kleines Auffangbecken über einem geschlossenen Behälter. Aus dessen Mitte wächst die Röhre empor, in der das Wasser wieder nach oben in den gläsernen Kopf aufsteigt.

Nach Reisen durch England und Holland begann Abbé Nollet mit dem Bau von physikalischen Instrumenten, die er bei seinen Vorlesungen als Professor für Experimentalphysik am Collège de Navarre und an der École Militaire in Paris verwendete. Auf solche Weise konnten die Erkenntnisse der »nützlichen Wissenschaften« in das breite Bildungswesen eindringen. Dementsprechend wurde das Instrumentarium des Nolletschen Kabinetts – nach den in den Publikationen des Abbé enthaltenen Angaben – in verschiedenen Exemplaren ausgeführt. Wie die dekorative Lackmalerei von hoher Qualität erweist, wurden die Instrumente ausschließlich als Demonstrationsgeräte eingesetzt. Der hier ausgestellte Satz stammt aus der Akademie der Wissenschaften in Dijon.

141 Kompressionsmaschine (Heronsball)

nach Abbé Jean-Antoine Nollet (1700–1770)

Kupferblech und Messing; Schwarz- und Rotlack, Dekor in Gold

H. 44 cm, B. 28 cm, T. 28 cm

Paris, anonyme Lackwerkstatt, um 1750

München, Bayerisches Nationalmuseum, Inv.-Nr. 75/199

Literatur: wie Kat.-Nr. 140

Wenn mittels einer anzusetzenden Pumpe der Luftdruck in der Hohlkugel erhöht wird, spritzt das in der Kugel befindliche Wasser aus einer von einer Düse abgeschlossenen, senkrechten Röhre fontänenartig empor (benannt nach dem Mathematiker Heron von Alexandria).

142 Doppelkegel mit ansteigenden Leisten

nach Abbé Jean-Antoine Nollet (1700–1770)

Holz; Schwarz- und Rotlack, Dekor in Gold

H. 19 cm, B. 53 cm, T. 32 cm

Paris, anonyme Lackwerkstatt, um 1750

München, Bayerisches Nationalmuseum, Inv.-Nr. 75/191 a-b

Literatur: wie Kat.-Nr. 140

Bei Bewegung rollt der Doppelkegel paradoxerweise auf der schiefen Ebene – hier in Form zweier ansteigender Leisten – nach oben. Damit wird das stabile Gleichgewicht demonstriert.

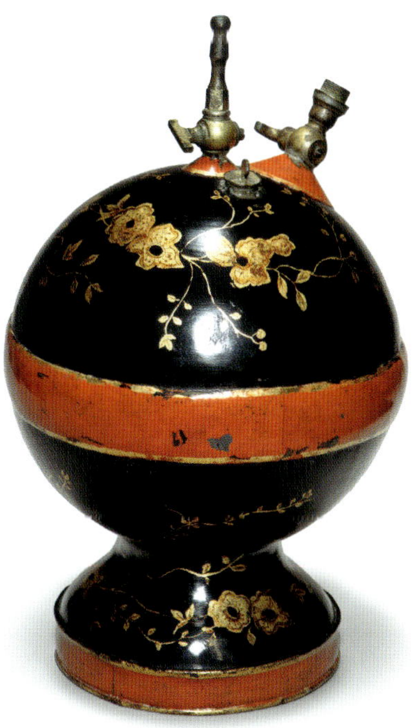

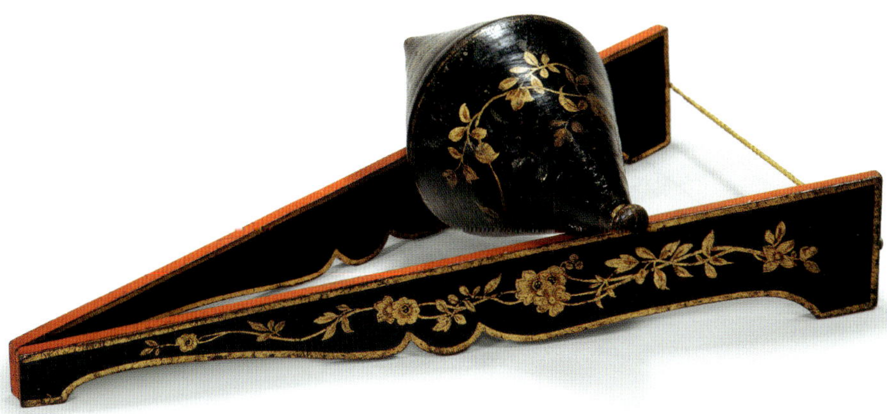

Bibliografie

Alcouffe 1974 Alcouffe, Daniel: Un moment de perfection de l'art français. Hôtel de la Monnaie, Paris 1974 (Ausst.-Kat.).

Alcouffe 2008 Alcouffe, Daniel: Les artisans décorateurs du bois au faubourg Saint-Antoine sous le règne de Louis XIV. Dijon 2008.

Allemagne 1928 Allemagne, Henri-René d': Les accessoires du costume et du mobilier. Paris 1928.

Ananoff 1976 Ananoff, Alexandre: François Boucher. 2 Bde., Lausanne und Paris 1976 (La Bibliothèque des Arts).

Arminjon / Blondel 1984 Arminjon, Catherine, Blondel, Nicole: Objets civils domestiques. Paris 1984.

Arras 2012 Roulez carrosses! Le château de Versailles à Arras. Arras 2012 (Ausst.-Kat.).

Bastide 1993 Bastide, Jean-François de: La petite maison. In: Contes de M. de Bastide. Paris 1763 (Ausg. Paris 1993).

Beaucamp-Markowsky 1985 Beaucamp-Markowsky, Barbara: Porzellandosen des 18. Jahrhunderts. München 1985.

Belevitch-Stankevitch 1910 Belevitch-Stankevitch, Hélène: Le goût chinois en France au temps de Louis XIV. Paris 1910.

Bellaigue 1974 Bellaigue, Geoffroy de: Furniture, Clocks and Gilt Bronzes. The James A. de Rothschild Collection at Waddesdon Manor. 2 Bde., London und Fribourg 1974.

Berlin 1973 China und Europa. Chinaverständnis und Chinamode im 17. und 18. Jahrhundert. Schloß Charlottenburg, Berlin 1973 (Ausst.-Kat.).

Berville 1887 Berville, Léon: Notice sur le vernis Martin. Paris 1887.

Bessone 1993 Bessone, Silvana: Le Musée National des Carrosses, Lisbonne. Paris und Lissabon 1993 (Nachdr. 2000).

Bessone 2000 Bessone, Silvana: Les voitures françaises de la collection du Musée national des carrosses de Lisbonne. In: Roche, Daniel (Hg.): Voitures, chevaux et attelages du XVIe au XIXe siècle. Versailles 2000.

Bonnani 1720 Bonnani, Filippo, Pater: Trattato sopra la vernice detta communemente Cinese. Rom 1720 (frz. Ausg., Paris 1733).

Bouvier 1991 Bouvier, Roselyne: Majorelle. Nancy 1991 (Ausst.-Kat.).

Bremer-David 2011 Bremer-David, Charissa (Hg.): Paris. Life and Luxury in the Eighteenth Century. The J. Paul Getty Museum, Los Angeles 2011 (Ausst.-Kat.).

Bresinsky 1988 Bresinsky, Hermann: Montierter Lack. Französische Möbel des 18. Jahrhunderts hergestellt unter Verwendung ostasiatischer Lackarbeiten. Teil I und II. In: Restauro, Zeitschrift für Kunsttechniken, Restaurierung und Museumsfragen, Jg. 94, 1988, Nr. 3, S. 195–210, und Jg. 94, 1988, Nr. 4, S. 269–284.

Bruzen de la Martinière 1737–1741 Bruzen de la Martinière, Antoine-Augustin: Le Grand dictionnaire Géographique et Critique. Venedig 1737–1741.

Bursche 1996 Bursche, Stefan: Galanterien. Eine Berliner Privatsammlung. Berlin 1996.

Champeaux 1885 Champeaux, Alfred de: Le meuble. 2 Bde., Paris 1885.

Chantilly 2011 Singes et Dragons. La Chine et le Japon à Chantilly au XVIIIe siècle. Musée Condé, Chantilly 2011 (Ausst.-Kat.).

Compin / Roquebert 1986 Compin, Isabelle, Roquebert, Anne (Hg.): Catalogue sommaire illustré des peintures du Musée du Louvre. Paris 1986 (Bestandskatalog).

Cordier 1910 Cordier, Henri: La Chine en France au XVIIIe siècle. Paris 1910.

Courajod 1873 Courajod, Louis: Livre-journal de Lazare Duvaux marchand-bijoutier ordinaire du Roi, 1748–1758 précédé d'une étude sur le goût et sur le commerce des objets d'art au milieu du XVIIIe siècle. 2 Bde., Paris 1873.

Courajod 1965 Courajod, Louis: Livre-journal de Lazare Duvaux, marchand-bijoutier ordinaire du Roy 1748–1758, précédé d'une étude sur le goût et sur le commerce des objets d'art au milieu du XVIIIe siècle. 2 Bde., Paris 1965 (Nachdr.).

Croÿ 1906–1907 Croy, Emmanuel duc de: Journal inédit du duc de Croÿ (1718–1784), publié par le vicomte de Grouchy et Paul Cottin. 4 Bde., Paris 1906–1907.

Czarnocka 1989 Czarnocka, Anna Honorata: Aspekte der »Chinoiserie« in der französischen Lackkunst des XVIII. Jahrhunderts. Phil. Diss. Universität Bonn 1989.

Czarnocka 1994 Czarnocka, Anna: Vernis Martin. The Lacquerwork of the Martin Family in Eighteenth-Century France. In: Studies in the Decorative Arts, Bd. 2, 1994, Nr. 1, S. 56–74.

Delft 1976 China – Delft – Europa. Chinoiserie. Het Prinsenhof, Delft 1976 (Ausst.-Kat.).

Demetrescu 1992 Demetrescu, Calin: D. F., un ébéniste identifié. In: L'Estampille – L'Objet d'art, 1992, Nr. 262, S. 64–81.

Dezallier d'Argenville 1762 Dezallier d'Argenville, Antoine-Nicolas: Voyage pittoresque des environs de Paris. Paris 1762.

Diderot / d'Alembert 1751–1765 / 1772 Diderot, Denis, d'Alembert, Jean le Rond (Hg.): Encyclopédie, ou dictionnaire raisonné des sciences, des arts et des métiers. 17 Bde., Paris 1751–1765 / 1772.

Didier 2004 Didier, Frédéric: Un témoin inédit au sein de l'appartement intérieur du Roi: le »boudoir de Louis XV«. In: Versalia, Revue de la Société des Amis de Versailles, Nr. 7, 2004, S. 70–73.

Dilke 1901 Dilke, Lady: French Furniture and Decoration in the XVIIIth Century. London 1901.

Faniel 1956 Faniel, Stéphane (Hg.): Le dix-huitième siècle français. O. O. 1956 (Connaissance des arts).

Fournier 1878 Fournier, Édouard (Hg.): Abraham du Pradel. Le livre commode des adresses de Paris pour 1692. 2 Bde., Paris 1878.

Garsault 1756 Garsault, François Alexandre de: Traité des voitures pour servir de supplément au Nouveau Parfait Maréchal, avec la construction d'une berline nouvelle nommée l'Inversable. Paris 1756.

Germann 1979 Germann, Sheridan: La décoration des clavecins français, allemand et anglais. In: Musique et loisirs, Mai 1979, S. 17–25.

Glanz 1999 Glanz, Jürgen: Historisches und Frivoles auf Lackdosen des 18. und 19. Jahrhunderts. Eine Londoner Sammlung in Hamburg. Museum für Kunst und Gewerbe, Hamburg 1999 (Ausst.-Kat.).

Grandjean 1981 Grandjean, Serge: Catalogue des tabatières, boîtes et étuis des XVIIIe et XIXe siècles du musée du Louvre. Paris 1981.

Grandjean u. a. 1975 Grandjean, Serge, Aschengreen Piacenti, Kirsten, Truman, Charles, Blunt, Anthony: The James A. de Rothschild Collection at Waddesdon Manor. Gold Boxes and Miniatures of the Eighteenth Century. London und Fribourg 1975.

Gruber 1992 Gruber, Alain (Hg.): L'Art décoratif en Europe: Classique et baroque. 2 Bde., Paris 1992.

Haudrère 1989 Haudrère, Philippe: La Compagnie française des Indes au XVIIIe siècle (1719–1795). 4 Bde., Paris 1989 (Nachdr. 2 Bde., Les Indes-savantes, Paris 2005).

Havard 1887 Havard, Henry: Dictionnaire de l'ameublement et de la décoration. 4 Bde., Paris o. J. [1887–1890].

Holzhausen 1958 Holzhausen, Walter: Lackkunst in Europa. Braunschweig 1958.

Hongkong 2008 Paris 1730–1930. A Taste for China. Museum of Art, Hongkong 2008 (Ausst.-Kat.).

Honour 1961 Honour, Hugh: Chinoiserie. The Vision of Cathay. London 1961.

Honour 1991 Honour, Hugh: Les laques. In: Antiquités et objets d'art, Nr. 15, 1991, S. 47–60.

Husson 1906 Husson, François: Les selliers-carrossiers et les bourreliers. Paris 1906.

Huth 1955 Huth, Hans: Europäische Lackarbeiten 1600–1850. Darmstadt o. J. [1955] (Wohnkunst und Hausrat einst und jetzt, Bd. 16).

Huth 1971 Huth, Hans: Lacquer of the West. The History of a Craft and an Industry 1550–1950. Chicago und London 1971.

Huth 1975 Huth, Hans: Art et technique. Les laques européennes et leur influence sur l'art décoratif. In: Plaisir de France, 1975, Nr. 431, S. 24–29.

Impey / Jörg 2005 Impey, Oliver, Jörg, Christiaan: Japanese Export Lacquer 1580–1850. Amsterdam 2005.

Impey / Kisluk-Grosheide 1994 Impey, Oliver, Kisluk-Grosheide, Daniëlle: The Japanese Connection: French Eighteenth-Century Furniture and Export Lacquer. In: Apollo, Bd. 139, 1994, Nr. 383, S. 48–61.

Impey / Whitehead 1988 Impey, Oliver, Whitehead, John: Les laques du Japon dans les arts décoratifs français aux 17e et 18e siècles. In: Connaissance des arts, 1988, Nr. 432, S. 86–97.

Impey / Whitehead 1990 Impey, Oliver, Whitehead, John: From Japanese Box to French Royal Furniture. In: Apollo, Bd. 132, 1990, Nr. 343, S. 159–165.

Ingersoll-Smouse 1928 Ingersoll-Smouse, Florence: Pater. Paris 1928.

Jacobson 1993 Jacobson, Dawn: Chinoiserie. London 1993.

Jacquemart 1861 Jacquemart, Albert: Une manufacture de laque à Paris en 1767. In: Gazette des Beaux-Arts, Bd. 9, 1861, S. 309–311.

Jarry 1981 Jarry, Madeleine: Chinoiseries. Le rayonnement du goût chinois et les arts décoratifs des XVIIe et XVIIIe siècles. Fribourg 1981.

Jaubert 1773 Jaubert, Pierre: Dictionnaire des arts et métiers. 5 Bde., Paris 1773.

Jean-Richard 1978 Jean-Richard, Pierrette: L'Œuvre gravé de François Boucher dans la Collection Edmond de Rothschild. Paris 1978 (Inventaire général des gravures. École française, Bd. 1).

Jonas 1930 Jonas, Édouard: Collections léguées à la Ville de Paris par Ernest Cognacq. Paris 1930.

Julian 1999 Julian, Eric: Le mobilier en laque de Demoulin. In: L'Estampille – L'Objet d'art, 1999, Nr. 338, S. 74–83.

Jullian 1962 Jullian, Philippe: Comment identifier le vernis Martin. In: Connaissance des Arts, 1962, Nr. 119, S. 42–49.

Kisluk-Grosheide 2002 Kisluk-Grosheide, Daniëlle O.: The Reign of Magots and Pagods. In: Essays in Honor of Clare Le Corbeiller, Metropolitan Museum Journal, Nr. 37, 2002, S. 177–197.

Klinge / Lüdke 2005 Klinge, Margret, Lüdke, Dietmar: David Teniers der Jüngere, 1610–1690. Alltag und Vergnügen in Flandern. Staatliche Kunsthalle Karlsruhe (Ausst.-Kat.), Heidelberg 2005.

Kopplin 1998 Kopplin, Monika: Europäische Lackkunst. Ausgewählte Arbeiten. Museum für Lackkunst, Münster 1998 (Bestandskatalog).

Kopplin 2001a Kopplin, Monika: Les laques du Japon. Collections de Marie-Antoinette. Musée national des châteaux de Versailles et de Trianon, Versailles (Ausst.-Kat.), Paris 2001.

Kopplin 2001b Kopplin, Monika: Japanische Lacke. Die Sammlung der Königin Marie-Antoinette. Museum für Lackkunst, Münster 2002 (Ausst.-Kat.), München 2001.

Kopplin 2003 Kopplin, Monika (Hg.): Schwartz Porcelain. Die Leidenschaft für Lack und ihre Wirkung auf das europäische Porzellan. Museum für Lackkunst, Münster (Ausst.-Kat.), München 2003.

Kopplin 2005 Kopplin, Monika: Chinois. Dresdener Lackkunst in Schloss Wilanów. Münster 2005.

Kopplin 2010 Kopplin, Monika: European Lacquer. Selected Works from the Museum für Lackkunst Münster. Museum für Lackkunst, Münster (Bestandskatalog), München 2010.

Kugler 1980 Kugler, Georg Johannes: Quand le prince de Liechtenstein, ambassadeur à la cour de France, commandait son carrosse à Nicolas Pineau. In: Connaissance des Arts, 1980, Nr. 338, S. 60–69.

Kyoto 2008 Japan maki-e. Kyūden o kazaru. Tōyō no kirameki (Japan. Das Schloss schmücken. Der Glanz des Fernen Ostens). Export Lacquer: Reflection of the West in Black and Gold Makie. Kyoto National Museum (Ausst.-Kat.), Osaka 2008.

Lacombe 1782–1791 Lacombe, Jacques: Encyclopédie méthodique, Arts et Métiers Mécaniques, 8 Bde., Paris 1782–1791.

Leben 2004 Leben, Ulrich: De Cressent à Riesener : Chefs-d'œuvre du mobilier français du XVIIIe. In: Les collections exceptionnelles des Rothschild: Waddesdon Manor. (Sonderdruck L'Estampille – L'Objet d'Art, Nr. 14). Dijon 2004, S. 10–21, hier S. 19–20.

Le Corbeiller 1966 Le Corbeiller, Clare: European and American Snuff Boxes 1730–1830. New York 1966.

Ledoux-Lebard 1989 Ledoux-Lebard, Denise: Le mobilier français du XIXe siècle. Paris 1989.

Le Duc 1996 Le Duc, Geneviève: Porcelaine tendre de Chantilly au XVIIIe siècle. Paris 1996.

Le Hô u. a. 2011 Le Hô, Anne-Solenn, Ravaud, Elisabeth, Langlois, Juliette, Laval, E., Mathieu-Daude, Agnès, Jacquin, Anne, Chochod, Isabelle, Begué, Marie, Mertens, Juliette, Deschamp, Marie-Laure, Forray-Carlier, Anne: 18th Century Lacquer Art in Paris: Green Japanning Panels from a Chinese Cabinet in the Mansion of Duke of Richelieu. ICOM-CC Triennial 16th Conference Lisbon, 19.–23. September 2011.

L'Hour 1989 L'Hour, Michel: À l'aube du capitalisme commercial. L'Histoire des Compagnies des Indes. In: Neptunia, 1989, Nr. 173, S. 8–13.

Libert 1984 Libert, Lutz: Von Tabak, Dosen und Pfeifen. Leipzig 1984.

Libourel 2005 Libourel, Jean-Louis: Voitures hippomobiles. Vocabulaire typologique et technique. Paris 2005.

Los Llanos / Grégoire 2011 Los Llanos, José de, Grégoire, Christiane: Musée Cognacq-Jay. Les collections. Boîtes en or et objets de vertu. Paris 2011.

Luynes 1860–1865 Luynes, Charles-Philippe d'Albert duc de: Mémoires du duc de Luynes sur la cour de Louis XV (1735–1758). 17 Bde., Paris 1860–1865.

Maze-Sencier 1885 Maze-Sencier, Alphonse: Le livre des collectionneurs. Paris 1885.

Mercier 1994 Mercier, Louis-Sébastien: Tableau de Paris. 1781–1789, hg. von Jean-Claude Bonnet mit einer Einl. von Jean-Claude Bonnet, Shelly Charles und Michel Schlup, Paris 1994.

Mercier-Ythier 1990 Mercier-Ythier, Claude: Les clavecins. Paris 1990.

Mirabeau 1755 Mirabeau, Victor Riqueti, Marquis de: L'Ami des hommes. o. O. 1755 (dt. Ausg. Der politische und ökonomische Menschenfreund oder practische Vorschläge zum Aufnehmen der Bevölkerung …, Hamburg 1756).

Nocq / Dreyfus 1930 Nocq, Henry, Dreyfus, Carle: Tabatières, boîtes et étuis, orfèvreries de Paris XVIIIe siècle et début du XIXe, des collections du Musée du Louvre. Paris 1930.

Nolhac 1898 Nolhac, Pierre de: Le château de Versailles sous Louis XV. Paris 1898.

Oberkirch 1970 Oberkirch, Henriette-Louise de Waldner de Freundstein, baronne d': Mémoires sur la cour de Louis XVI et la société française avant 1789. Paris 1970.

Paris 1727 Statuts, ordonnances et réglemens du corps des marchands merciers, grossiers, jouailliers de cette ville de Paris. Paris 1727.

Paris 1742 Articles, statuts, ordonnances et règlemens de la communauté des gardes-jurés, anciens bacheliers et marchands verriers, maîtres couvreurs de flacons et bouteilles en osier, fayance et autres espèces de marchandises de verre, de la ville, fauxbourgs, banlieue, prévôté et vicomté de Paris, Paris 1742.

Paris 1885 La Peinture Vernis-Martin. Guide pratique pour son exécution. Paris 1885.

Paris 1974 Louis XV. Un moment de perfection de l'art français. Hôtel de la Monnaie, Paris 1974 (Ausst.-Kat.).

Paris 1982 J[ean]-B[aptiste] Oudry, 1686–1755. Galeries nationales du Grand Palais, Paris 1982 (Ausst.-Kat.).

Paris 1989 Trafic d'influences. Meubles de laque et goût extrême-oriental aux XVIIe et XVIIIe siècles. Bibliothèque Nationale, Paris 1989 (Ausst.-Kat.).

Paris 1995 Nouvelles acquisitions du département des Objets d'art du Louvre 1990–1994. Paris 1995.

Paris 2007 Pagodes et dragons. Exotisme et fantaisie dans l'Europe rococo 1720–1770. Musée Cernuschi, Paris 2007 (Ausst.-Kat.).

Paris 2008 Marie-Antoinette. Galeries nationales du Grand Palais, Paris 2008 (Ausst.-Kat.).

Phenal 1890–1891 Phenal, A.: Le vernis Martin autrefois et aujourd'hui. In: Revue des Arts décoratifs, Bd. 11, 1890–1891, S. 382–385.

Pradère 1989 Pradère, Alexandre: Les ébénistes français de Louis XIV à la Révolution. Paris 1989.

Pradère 1990 Pradère, Alexandre: Die Kunst des französischen Möbels. Ebenisten von Ludwig XIV. bis zur Revolution. München 1990 (dt. Ausg.).

Pyenson / Gauvin 2002 Pyenson, Lewis, Gauvin, Jean-François (Hg.): L'Art d'enseigner la physique. Les appareils de démonstration de Jean-Antoine Nollet, 1700–1770. Québec 2002.

Quette 1996 Quette, Anne-Marie: Le mobilier français. Louis XIII, Louis XIV. Paris 1996.

Renner 2009 Renner, Alain: Mobilier de métal, de l'Ancien Régime à la Restauration. Saint-Rémy-en-l'Eau 2009.

Ricci 1929 Ricci, Seymour de: Musée Cognacq-Jay. Paris 1929 (Bestandskatalog).

Richter 1988 Richter, Detlev: Lackdosen. München 1988.

Richter 2005 Richter, Detlev: Stobwasser. Lackkunst aus Braunschweig & Berlin. Museum für Lackkunst, Münster (Ausst.-Kat.), München u. a. 2005 (Braunschweigisches Kunsthandwerk, Bd. 2.1).

Richter / Willscheid 2013 Richter, Detlev, Willscheid, Bernd: Reinheit, Feuer & Glanz. Stobwasser und Roentgen – Kunsthandwerk von Weltrang. Roentgen-Museum, Neuwied 2013 (Ausst.-Kat.).

Robert 1892 Robert, Karl: Les procédés des vernis Martin. Paris 1892.

Roche 2000 Roche, Daniel (Hg.): Voitures, chevaux et attelages du XVIe au XIXe siècle. Association pour l'Academie d'Art Équestre de Versailles, Paris 2000.

Rosenberg / Sebastiani 1977 Rosenberg, Pierre, Sebastiani, Odile: Trois berlines peintes par Mauro Gandolfi. In: Antologia di Belli Arte, 1977, Nr. 3, S. 225–245.

Salmon 2002 Salmon, Xavier (Hg.): Madame de Pompadour et les arts. Musée national des châteaux de Versailles et de Trianon (Ausst.-Kat.), Paris 2002.

Sargentson 1996 Sargentson, Carolyn: Merchants and Luxury Markets. The Marchands Merciers of Eighteenth-Century Paris. London 1996.

Seelig 2007 Seelig, Lorenz: Golddosen des 18. Jahrhunderts aus dem Besitz der Fürsten von Thurn und Taxis. Die Sammlung des Bayerischen Nationalmuseums im Thurn und Taxis-Museum Regensburg. München 2007 (Kataloge des Bayerischen Nationalmuseums, Neue Folge, Bd. 3).

Setterwall 1966 Setterwall, Åke: Signed French Furniture in the Swedish Royal Collection. In: Opuscula in honorem C. Hernmarck. Stockholm 1966, S. 226–244.

Shôno-Sládek 2002 Shôno-Sládek, Masako: Leuchtend wie Kristall. Lackkunst aus Ostasien und Europa. Museum für Ostasiatische Kunst, Köln 2002 (Ausst.-Kat.).

Snowman 1966 Snowman, A. Kenneth: Eighteenth Century Gold Boxes of Europe. Boston 1966.

Sonenscher 1989 Sonenscher, Michael: Work & Wages. Natural Law, Politics & the Eighteenth-Century French Trades. Cambridge 1989.

Stalker / Parker 1688 Stalker, John, Parker, George: A Treatise of Japaning and Varnishing. Oxford 1688.

Stockholm 1990 Dosor, Dosor, Dosor. Nationalmuseum, Stockholm 1990 (Ausst.-Kat.).

Sträßer 1977 Sträßer, Edith M. H.: Ex oriente lux. Lackkunst aus Ostasien und Europa, hg. von BASF Farben & Fasern AG, Ludwigshafen 1977 (Ausst.-Kat.).

Sträßer 1986 Sträßer, Edith M. H.: Lackkunst. In: Reclams Handbuch der künstlerischen Techniken. 3 Bde., Stuttgart 1986, Bd. 3, S. 211–293.

Strässer / Hinton 1988 Strässer, Edith, Hinton, Mark: Oriental and European Lacquer from the BASF Lacquer Museum Cologne. Christie's, London 1988 (Ausst.-Kat.).

Teuber 1756 Teuber, Johann Martin: Vollständiger Unterricht von der gemeinen und höhern Dreh-Kunst. Regensburg und Wien 1756.

Truman 1991 Truman, Charles: The Gilbert Collection of Gold Boxes. Los Angeles County Museum of Art, Los Angeles und New York 1991.

Truman 2013 Truman, Charles: The Wallace Collection. Catalogue of Gold Boxes. London 2013.

Verlet 1945–1990 Verlet, Pierre: Le mobilier royal français. Meubles de la couronne conservés en France, 4 Bde., Paris 1945–1990.

Versailles 2010 Sciences et curiosités à la Cour de Versailles. Domaine national des châteaux de Versailles et de Trianon, Versailles 2010 (Ausst.-Kat.).

Wackernagel 1966 Wackernagel, Rudolf H.: Der französische Krönungswagen von 1696–1825. Berlin 1966.

Wackernagel 2002 Wackernagel, Rudolf H.: Staats- und Galawagen der Wittelsbacher / Wittelsbach State and Ceremonial Carriages. 2 Bde., Stuttgart 2002.

Watin 1773 Watin, Sieur [Jean-Félix]: L'Art du peintre, doreur, vernisseur. 2. Aufl., Paris 1773.

Watin 1774 Watin, [Jean-Félix]: Der Staffirmaler, oder die Kunst anzustreichen, zu vergolden und zu lackiren. Nach der zweyten viel verbesserten Französischen Ausgabe übersetzt. Leipzig 1774.

Watin 2005 Watin, Jean-Félix: L'Art du peintre, doreur, vernisseur, et du fabricant de couleurs, hg. von Thierry Verdier, Clamecy 2005.

Watson 1981 Watson, Francis: A Note on French Marquetry and Oriental Lacquer. In: The J. Paul Getty Museum Journal, Bd. 9, 1981, S. 157–166.

Whitehead 1992 Whitehead, John: Mobilier et arts décoratifs en France au XVIIIe siècle. Paris 1992.

Wien 1977 Der Goldene Wagen des Fürsten Joseph Wenzel von Liechtenstein. Kunsthistorisches Museum, Wien 1977 (Ausst.-Kat.).

Wilhelm 1967 Wilhelm, Jacques: Le grand cabinet chinois de l'hôtel du duc de Richelieu, place Royale. In: Bulletin du musée Carnavalet, Nr. 1, 1967, S. 2–14.

Wolvesperges 1995 Wolvesperges, Thibaut: The Royal Lacquer Workshop at the Gobelins, 1713–1757. In: Studies in the Decorative Arts, Bd. 2, 1995, Nr. 2, S. 55–76.

Wolvesperges 1998 Wolvesperges, Thibaut: Les vicissitudes du marché des laques à Paris au XVIIe siècle. In: Histoire de l'Art, Bd. 40/41, 1998, Nr. 5, S. 59–73.

Wolvesperges 2000 Wolvesperges, Thibaut: Le meuble français en laque au XVIIIe siècle. Brüssel und Paris 2000.

Wolvesperges 2004 Wolvesperges, Thibaut: Les manufactures de tôle vernie à Paris vers 1760–1770 »veuve Gosse et François Samousseau«, »La petite Pologne«. In: Objets d'art. Mélanges en l'honneur de Daniel Alcouffe. Dijon 2004, S. 273–279.

Zürich 1976 Europäische Lackkunst vom 18. bis 20. Jahrhundert. Museum Bellerive, Zürich 1976 (Ausst.-Kat.).

Abbildungsnachweis

Berlin Bpk/RMN–Grand Palais (Musée national des châteaux de Versailles et de Trianon)/Jean-Marc Manai: S. 10. – Staatliche Museen zu Berlin Preußischer Kulturbesitz, Kunstgewerbemuseum, Foto Hans-Joachim Bartsch: S. 162/7. – Stiftung Preußische Schlösser und Gärten Berlin-Brandenburg, Foto Jörg O. Anders: S. 29/3.

Bordeaux Collection Musée des arts décoratifs de Bordeaux © Mairie de Bordeaux, Foto Lysiane Gauthier: Kat.-Nr. 59, 65, 67, 68, 83, 100.

Braunschweig Herzog Anton Ulrich-Museum Braunschweig, Kunstmuseum des Landes Niedersachsen, Foto Museumsfotograf: S. 92.

Compiègne © RMN Grand Palais (domaine de Compiègne/Musée national du Château de Compiègne, Foto Franck Raux: S. 121.

Den Haag Rijksbureau voor Kunsthistorische Dokumentatie (RKD), Den Haag, Foto Henk Platenburg: S. 146.

Fontainebleau © Paris, RMN-Grand Palais (Château de Fontainebleau), Foto Gerard Blot: S. 45/2.

Genf © Musée d'art et d'histoire, Cabinet des Dessins, Ville de Genève: S. 80/9.

Hamburg Museum für Kunst und Gewerbe Hamburg: Kat.-Nr. 20, 29.

Kopenhagen © The National Museum of Denmark, Ethnographic Collection: S. 110. – Sammlung David, Kopenhagen, Foto Pernille Klemp: S. 28/2.

Kotka Maritime Centre Vellamo, Foto Matti Huuhka: S. 77/4.

Lissabon © Calouste Gulbenkian Foundation, Lissabon M.C.G., Foto Catarina Gomes Ferreira: S. 158/1.

London © The British Library Board (Davis 536): S. 15. – © Sotheby's Picture Library: S. 208/1. – Image © Victoria and Albert Museum: S. 28/1, 84. – © By kind permission of the Trustees of the Wallace Collection, London: S. 78/5, 117.

Moskau Staatliches Historisches Museum: S. 78/6.

München Bayerisches Nationalmuseum, Fotograf unbekannt D78115: S. 161/6; D78500: S. 194; Foto Walter Haberland D28216: Kat.-Nr. 140; D28218 und D28223: Kat.-Nr. 141, 142.

Münster Museum für Lackkunst, Foto Tomasz Samek: S. 5, 18, 26, 60, 72, 74/1, 76/2 und 3, 108, 156, 159/3; Kat.-Nr. 2, 5, 14, 15, 17, 31, 43, 44, 46, 48, 49, 53, 54, 58, 63, 64, 69, 75, 77, 78, 79, 84, 85, 86, 87, 92, 96, 99, 103, 108, 109, 113, 117, 122, 127, 130, 131, 135, 136.

Paris © Paris, Les Arts Décoratifs, Musée Nissim de Camondo, Foto Jean Tholance: S. 150. – Bibliothèque nationale de France: S. 88. – © Galerie Steinitz, Foto Nicolas Dubois – ArtDigitalStudio: Kat.-Nr. 19. © Foto Paul Steinitz: S. 209/2. – Musee Carnavalet: S. 14/2. Foto J.-Y. et N. Dubois, Editions Faton: S. 30/5, 153/3. Foto © Musée Carnavalet/Roger-Viollet: Kat.-Nr. 89, 115. – Musée Cognacq-Jay: Foto © Carole Rabourdin, Roger-Viollet: Kat.-Nr. 23, 27, 60, 61, 73, 106, 107, 111, 118. Foto © Françoise Cochennec et Carole Rabourdin/Musée Cognacq-Jay/Roger-Viollet: Kat.-Nr. 60, 72. Foto © Françoise Cochennec/Musée Cognacq-Jay/Roger-Viollet: Kat.-Nr. 66, 73, 82. Foto © Françoise Cochennec et A. Llaurency/Musée Cognacq-Jay/Roger-Viollet: S. 158/2; Kat.-Nr. 91. – Musée des arts et métiers–Cnam, Foto Pascal Faligot: Kat-Nr. 139. – Musée des arts décoratifs © Paris, Les Arts Décoratifs, Foto Jean Tholance: S. 8, 13/1, 41, 63/3, 81/10, 132, 152/2; Kat.-Nr. 6, 10, 11, 16, 18, 24, 25, 34, 35, 36, 38, 39, 40, 50, 51, 52, 70, 76, 98, 102, 104, 112, 114, 119, 121, 129, 132, 133, 134, 137. – Musée du Louvre © RMN-Grand Palais (musée du Louvre), Foto Studio Sebert: S. 44/1; Foto Thierry Ollivier: S. 47/4 und 5; Foto Jean-Gilles Berizzi: S. 87. Musée du Louvre, Cabinet des dessins, Collection Rothschild: S. 138. © RMN-Grand Palais (musee du Louvre), Foto Tony Querrec: S. 164 (rechts); unbekannt S. 164 (links); S. 172. Musée du Louvre, Département des objets d'art © RMN-Grand Palais (musee du Louvre), Foto Stephane Marechalle: S. 121, 152/1; Kat.-Nr. 21, 30, 42, 88, 105, 123, 124. Foto Martine Beck-Coppola: S. 160/5. Musée du Louvre, Département de peintures, © RMN-Grand Palais (musee du Louvre), Foto Christian Jean: Kat.-Nr. 1; Foto Angele Dequier: S. 140. – Musée de la Marine © RMN-Grand Palais: S. 149. – Petit Palais, Musée des Beaux-Arts de la Ville de Paris © Eric Emo / Petit Palais / Roger-Viollet: Kat.-Nr. 80. – Sotheby's © ArtDigitalStudio / Sotheby's: S. 29/4.

Stockholm The Museum of Far Eastern Antiquities, Stockholm/Östasiatiska Museet, Foto Karl Zetterström: Kat.-Nr. 37.

Stuttgart Staatsgalerie Stuttgart, Graphische Sammlung © Foto Staatsgalerie Stuttgart: S. 130

Tokio Tokyo National Museum/TNM Image Archives: S. 102.

Versailles Musée national des châteaux de Versailles et de Trianon: S. 46/3; Kat.-Nr. 81, 90. Foto Christophe Fouin: Kat.-Nr. 120. Foto Franck Raux: Kat.-Nr. 32.

Waddesdon The Rothschild Collection (The Rothschild Family Trust), Foto Hugo Maertens © The National Trust, Waddesdon Manor: S. 48/6; Foto Mike Fear © The National Trust, Waddesdon Manor: S. 58, 153/4; Kat.-Nr. 13; Foto Michael Hardy © The National Trust, Waddesdon Manor: S. 180.

Wien © Liechtenstein. The Princely Collections, Vaduz–Wien, Foto: S. 62/1. – © Schloss Schönbrunn Kultur- und Betriebsgesellschaft, Sammlung Bundesmobilienverwaltung, Schloss Schönbrunn, Foto Edgar Knaack: S. 64/4.

Privatsammlung Privatsammlung: S. 50, 206; Kat.-Nr. 3, 7, 8, 41, 45, 47, 94, 110, 126. ©Aveline: Kat.-Nr. 9. © Foto Jean Tholance: Kat.-Nr. 26, 28, 55, 56, 57, 93, 97. – Foto ©Christie's Images/Bridgeman: S. 31/6. ©Editions Monelle Hayot, Saint-Remy-en-l'Eau: S. 210/3. Foto Mike Fear: Kat.-Nr. 33, 138. – Berlin, Privatsammlung, Foto Tomasz Samek: S. 159/4; Kat.-Nr. 22, 74, 95. – Deutschland: S. 42, 79/8; Kat.-Nr. 4, 12, 62, 101, 116; Foto Christian Mitko: Kat.-Nr. 128.

Reproduktionen S. 62/2 aus: Encyclopédie des Arts et des Sciences, Bd. 9, 1771, Taf. 1. – S. 79/7 aus: The Ortiz-Patiño Collection of Highly Important French Gold Boxes. Part I and II. London, Christie, Manson & Woods, 27. Juni 1973 (Aukt.-Kat.), Part I, Los 17. – S. 102 aus: Thibault Wolvesperges: Le meuble Français en laque au XVIIIe siécle. Brüssel und Paris 2000, S. 314, Abb. 178. – S. 110 aus: Nihon Bijutsu Kaiga Zenshu (Japanese Fine Art Paintings and Drawings). Bd. 9: Kano Eitoku (1543–90), Misunobu (1561–1602). Tokio 1980. – S. 136 aus: Importants tableaux anciens et du XIX siècle. Sotheby's Monaco, Monte Carlo 21.–22. Juni 1991 (Aukt.-Kat.), Los 265. – S. 180 aus: The Ortiz-Patiño Collection of Highly Important French Gold Boxes. Part I and II. London, Christie, Manson & Woods, 27. Juni 1973 (Aukt.-Kat.), Part I, Los 16. – S. 185, 188 aus: Leleu, Véronique (Hg.): Gazette des atours de Marie-Antoinette. o. O. [Paris] 2006, Abb. auf unpaginierten Seiten des Faksimiles. – S. 194 aus: Negoro. Okura Museum of Art, Tokio 2009 (Ausst.-Kat.), S. 120, Nr. 93.

Ausstellung Monika Kopplin, Anne Forray-Carlier

Katalog Monika Kopplin, Museum für Lackkunst; Anne Forray-Carlier und Véronique Plotard-Cieslik, Musée des arts décoratifs

Redaktion Monika Kopplin
Übersetzung aus dem Französischen Katrin Boskamp-Priever
Bildredaktion Kristina Hein, Ameline Thomas
Lektorat Katrin Boskamp-Priever
Gestaltung und Herstellung Peter Grassinger
Lithografie Zanotto / Brisotto, Tezze di Piave
Druck und Bindung Printer Trento, Trento

Bibliografische Information der Deutschen Nationalbibliothek Die Deutsche Nationalbibliothek verzeichnet diese Publikation in der Deutschen Nationalbibliografie; detaillierte bibliografische Daten sind im Internet über »http://www.dnb.de« abrufbar.

ISBN 978-3-7774-2138-4

Museum für Lackkunst
Windthorststraße 26
48143 Münster
www.museum-fuer-lackkunst.de

Hirmer Verlag
Nymphenburger Straße 84
80636 München
www.hirmerverlag.de

Umschlagmotiv Bonbonniere, Detail, fünfziger Jahre 18. Jahrhundert; Münster, Museum für Lackkunst (Kat.-Nr. 44)
Frontispiz Bonbonniere, Detail, 1780–1782; Münster, Museum für Lackkunst (Kat.-Nr. 99)
Abb. S. 5 Paar Paneele einer Berline, Detail, um 1745; Münster, Museum für Lackkunst (Kat.-Nr. 15)
Abb. S. 8 Fragment einer Berline oder eines Cembalos, Detail, um 1745; Paris, Musée des arts décoratifs (Kat.-Nr. 16)